卓别林自传

Charles Chaplin

My Autobiography

[英国] 查理·卓别林 著

叶冬心 译

译林出版社

图书在版编目（CIP）数据

卓别林自传／（英）查理·卓别林（Charles Chaplin）著；叶冬心译．—南京：译林出版社，2022.2（2023.8重印）
（传记译林）
书名原文：My Autobiography
ISBN 978-7-5447-8297-5

Ⅰ.①卓…　Ⅱ.①查…②叶…　Ⅲ.①卓别林（Chaplin, Charlie 1889－1977）－自传　Ⅳ.①K835.615.78

中国版本图书馆 CIP 数据核字（2020）第 083173 号

著作权合同登记号　图字：10－2020－74号

卓别林自传　［英国］查理·卓别林／著　叶冬心／译

责任编辑　於　梅
装帧设计　韦　枫
校　　对　王　敏
责任印制　董　虎

原文出版　Penguin Books, 2003
出版发行　译林出版社
地　　址　南京市湖南路 1 号 A 楼
邮　　箱　yilin@yilin.com
网　　址　www.yilin.com
市场热线　025-86633278
排　　版　南京展望文化发展有限公司
印　　刷　江苏凤凰新华印务集团有限公司
开　　本　652 毫米 ×960 毫米　1/16
印　　张　33.75
插　　页　12
版　　次　2022 年 2 月第 1 版
印　　次　2023 年 8 月第 2 次印刷
书　　号　ISBN 978-7-5447-8297-5
定　　价　88.00 元

献给乌娜

序　幕

在威斯敏斯特桥通车之前，肯宁顿路还只是一条骑道。1750 年后，才从桥头那儿新辟了一条路，直接通到布赖顿。这样一来，在我度过大部分童年的肯宁顿路上，就出现了一些建筑得很华美的房子，它们临街的一面都有铁栏杆围着的阳台，居民也许还在那上面看到过乔治四世驾幸布赖顿。

到了 19 世纪中叶，那儿多数的房子已经零落破败，改成了论间出租的住房和公寓。然而，其中仍有一些保持着原状，里面住的都是医生、富商和歌舞剧名角。每逢星期日上午，沿肯宁顿路，不时可以看到一辆时髦的双轮弹簧马车，在一幢房子门口停下，准备接一位歌舞剧演员去兜风；经过十英里路程的行驶，他可以远达诺伍德或默顿，回来时还要沿途停车，光顾各个酒馆，如白马酒馆、号角酒馆，以及肯宁顿路上的巨盅酒馆等。

我十二岁那年，常常站在巨盅酒馆外面，留心看这些大名鼎鼎的先生跳下马车，走进酒馆休息室，那是歌舞剧名角聚会的地方；原来他们星期日回家吃午饭之前，习惯是要在那儿来上最后“一杯”的。瞧他们风头多足啊：身上穿的是格纹衣服，头上戴的是灰色常礼帽，钻石戒指和领带别针灿灿闪亮！星期日午后两点，酒馆暂停营业，于是这些顾客都一溜儿走到外边，彼此开一会儿玩笑，然后互相道别。这时候我总是出神地紧瞅着他们，觉得非常有趣，因为有的人大摇大摆地走路时，显出可笑的神态。

等到所有的人都走了以后，那情景就好像是太阳隐进了云层一样。这时我才走向肯宁顿路后面不远处那排凄凉的破旧屋子，回到波纳尔弄3号，走上那道通向我家的小阁楼、摇晃得像就要倒塌的扶梯。屋子里的情景让人感到沮丧，那儿空气污浊，只看到桶里的污水和破旧的衣服。在我要谈到的那个星期日，母亲正坐在那儿向窗外呆看。后来，她转过身，衰弱无力地笑了笑。屋子很压抑，只略大于十二英尺见方，并且看上去显得更小，斜倾的屋顶也显得更低。靠墙的桌子上摆满了脏盘子和脏茶杯，低矮的墙根那里恰够安放母亲那张给漆成了白色的旧铁床。床与窗之间是一个小火炉，床脚那儿是一张旧扶手椅，它被拆开了改装成一张单人床，我哥哥雪尼就睡在上面。但是，那时候雪尼出海去了。

那个星期日，屋子里的气氛更使人感到压抑，因为，不知道为了什么，母亲没有收拾屋子。往常，她总是把屋子收拾得干干净净，因为她性情开朗，兴致很好，而且年纪还轻，那时还不到三十七岁，她能使那间寒碜的阁楼显得十分舒适。特别是在冬天的星期日早晨，她总是让我在床上吃早饭，我一醒就看见小屋子里收拾得挺整齐，小火炉里的火烧得挺旺，炉台上的水壶热气腾腾，火炉围栏前放着一条鳕鱼或一条熏鲱鱼，这样她烤面包时鱼就不致冷了。母亲喜滋滋地出现在我身边，屋子给人一种舒适的感觉，开水灌进陶制茶壶时发出柔和低沉的声音，我看自己的漫画周报：这一切是我在一个宁静的星期日早晨享受到的乐趣。

但是，那个星期日她却无精打采地坐在那儿望着窗外。最近三天里，她一直坐在那个窗口，显得沉默寡言、心事重重。我知道她很烦恼。雪尼出海了，我们已经两个月没有收到他的信了，而母亲租来拼命做活计、挣点钱维持生活的那架缝纫机，已经因为过期未付分期款项而被收去了（这种事情是司空见惯的）。我靠教舞蹈挣来补贴家用的每星期5先令也突然落空了。

我不大留意我们的经济恐慌，因为我们经常在那种恐慌中过日子；

再说，我自己还是一个孩子，对家中的烦恼事情很容易就忘记了。仍旧和往常一样，我总是放学后才回家，帮母亲做点杂事、倒掉污水并拎一桶干净水上楼，接着就匆忙赶到麦卡西家去，在他们那儿度过整个黄昏——只想到要躲开我家那间令人愁闷的阁楼。

麦卡西夫妇是我母亲在歌舞剧团内演唱时认识的老朋友。他们在肯宁顿路比较幽静的地方租了一套舒适的公寓，过的那种生活在我们看来是相当富裕的。麦卡西夫妇有一个儿子叫沃利，我总是和他一起玩到天黑，照例要被留下来吃茶点。那样流连着不走，我就叨扰了他们好多顿晚饭。有时候麦卡西夫人探询母亲的近况，问最近怎么没有见到她，于是我就托词掩饰一下。母亲自从生活潦倒后，就难得去看剧团里的那些朋友了。

当然，有时候我也待在自己家里，于是母亲就沏上茶，用烤肉上滴下的油煎面包，我吃得津津有味，母亲再读一个小时的书给我听，她读得非常好听，这时我就感到和母亲在一起很快乐，觉得自己待在家里要比去麦卡西家更好玩。

那天我一走进屋子，她就转过身来，用谴责的目光瞅着我。我看到她那副模样，不觉大吃一惊。她面孔消瘦，形容憔悴，眼睛里露出了一个人熬受着痛苦时的神情。一种无法形容的悲哀控制了我，我一时感到为难，不知如何是好：又想要留在家里陪着她，又急于摆脱家中的一切烦恼。她愣头愣脑地瞅着我。“你干吗不上麦卡西家去呀？”她说。

我差点哭了出来：“我要陪着你。”

她别过脸去，茫然地望着窗外：“快到麦卡西家去吃你的晚饭吧——家里没你吃的啦。”

我听出她的口气是在责备我，但是我仍旧赖着不肯走。“既然你要我去，那么，我就去吧。”我最后勉勉强强地说。

她苦笑了笑，拍了拍我的脑袋：“好，好，你快去吧。”虽然我也曾央求她让我留下，但是她坚持要我走。看到她一个人留在那间可怜的阁楼里，我走的时候怀着负疚的心情，但是当时压根没想到，就在此后几天内，可怖的噩运就要降临在她身上了。

一

我于 1889 年 4 月 16 日晚上 8 时，出生在沃尔沃斯区的东街。此后不久，我们一家人就搬到了兰贝斯区圣乔治路的西广场。据母亲说，当时我的生活是幸福的。我们的家境相当宽裕，一家人住了三间陈设很优雅的屋子。我至今记得：母亲每天晚上去剧院之前，总让我和雪尼睡在一张舒适的床上，爱怜地给我们把被窝掖好，然后将我们嘱托给一个女仆。三岁半时，我闯了个祸。比我大四岁的雪尼变戏法，把一枚硬币吞下肚去，再从脖子后边取出来，我不甘示弱，也同样把一枚半便士的硬币吞了下去，害得母亲只好去请医生。

每天夜里从剧院回到家，母亲照例要留一些好吃的东西在桌上——一块那不勒斯蛋糕[①] 或几颗糖果——让我和雪尼第二天早晨吃，讲好了要我们早晨别吵闹，因为她往往睡得很迟。

母亲是杂剧场的喜剧演员，那时年纪刚近三十岁，长得娇小玲珑，面孔白皙，眼睛是蓝紫色的，淡棕色的长发一直垂到腰下。我和雪尼都很爱母亲。虽然实际上她并不是一位倾国倾城的佳人，但我们都觉得她美得像天仙一样。多年以后，认识她的人还对我说，她当时娇艳可爱，有着一种迷人的风韵。她常常很得意地把我们弟兄俩打扮得整整齐齐，星期日一起出去远足，雪尼穿的是伊顿公学的学生装和长裤，我穿一件蓝色天鹅绒上衣，配一副蓝色手套。我们沿着肯宁顿路漫步，一路上出

---

① 一种多层夹心蛋糕。（书中所有注释，除特别注明外，均由译者所加。）

足了风头。

在那些日子里，伦敦的一切都是那样从容不迫。动作的节拍是从容的；甚至马拉着的有轨车，沿威斯敏斯特桥路跑下去时，也踏着从容的步子，然后，到了桥尽头，在旋转盘[①]上，也从容不迫地拐过弯去。在母亲走红的那些日子里，我们也住在威斯敏斯特桥路。那儿的人都显得欢欣而和蔼，街上都是吸引人的店铺、酒馆和音乐厅。路拐角上对着桥的那家水果店陈设得五彩缤纷，铺子外面也都是排得整整齐齐、堆得高高的水果——橘子、苹果、梨和香蕉，而这就跟河对面那座庄严灰暗的议会大厦形成了鲜明的对照。

这就是我童年时代的伦敦，这就是我情感渐萌、思路初开时的伦敦：记得那春光明媚的兰贝斯；记得那些琐碎细微的事情；记得怎样和母亲坐在公共马车的顶层上，试着去触那掠过去的紫丁香树枝；记得那些扔在有轨马车和公共马车站附近人行道上的五颜六色的车票——橘的、蓝的、粉的、绿的；记得威斯敏斯特桥路拐角上那些脸色红润的卖花姑娘，她们正在做一些鲜艳的纽扣眼插花，灵巧的手指拨弄着闪亮的锡箔和颤巍巍的羊齿草；记得那些刚洒过水的玫瑰花，它们在润湿中散发着香味，勾起了我迷离恍惚的忧郁；记得那些令人感到郁郁寡欢的星期日，那些面色苍白的父母带着他们的孩子，孩子走过威斯敏斯特桥，很小心地拿好他们的玩具风车和彩色气球；记得那些一便士的妈妈船[②]，它们驶过桥底时，会轻轻地把烟囱倒下来。我相信，我的心灵就是在这一切琐事中成长的。

我们家客厅里的一些物件也影响了我的情绪：母亲那幅和真人一般大小的蕾尔·格温[③]的画像，使我感到厌恶；餐具架上的那些长颈水瓶，

---

① 为使有轨车便于在狭窄的地方掉头而于终点站设置的旋转装置，系上面铺有轨道、可以旋转的金属圆板。有轨车驶上旋转盘，旋转盘随即旋转，盘轨与另一条路轨衔接，有轨车即沿返回路线驶去。

② 一种每次收费一便士的游艇，因船身宽大，行驶甚缓，故有此称。

③ 蕾尔·格温（1650—1687）：伦敦名噪一时的舞女和演员，英王查理二世的情妇。

使我感到愁闷；那个圆形小八音盒的珐琅面上绘了几个云雾中的天使，我看了又是欢喜又是迷惑。我喜爱的是那把用6便士从吉卜赛人那儿买来的玩具椅子，它使我体会到一种占有财物的特殊感觉。

我记忆中的一些不平凡的大事是：一次跟母亲一起去皇家水族馆[①]看杂耍，看到了“她”，那是一个活生生的女人，在熊熊烈火中伸出脑袋向人微笑。我们还花了6便士摸彩，母亲把我举到一个装满木屑的大桶口边，让我从里面摸一包意想不到的东西，结果是一块吹不出声音的口哨糖，还有一枚玩具红宝石胸针。还有一次是去坎特伯雷游艺场，我坐在一张红丝绒椅子上，看父亲表演……

后来，天黑了，我坐在一辆四匹马拉的马车的顶上，母亲把我裹在一条旅行毯里，车上还有她剧团里的一些朋友。我们的吹鼓手吹响了号角，和着马匹的得得蹄声和挽具的叮叮铃声。我们沿着肯宁顿路驶去，我沉浸在他们的欢乐和嬉笑声中。

后来，发生了一件事情。在事情发生后的一个月，也可能是几天以后，我突然觉出母亲的举动和外界的情形都不大对头。那一天她整个上午都和一个女性朋友在外面，回到家里时她是那么激动。我正在地板上玩耍，意识到笼罩在我上空的气氛极度紧张，而我则好像是在井底下倾听什么似的。母亲又是哭又是喊，她一再提到一个叫阿姆斯特朗的家伙——阿姆斯特朗说这呀，阿姆斯特朗说那呀，瞧阿姆斯特朗这个畜生！她异乎寻常地激动和紧张，于是我哭了，哭得很厉害，母亲只好抱起我来哄我。又过了几年，我才知道那天下午是为了什么。原来母亲刚从法院回来，她告父亲不扶养她的孩子，可是官司打得不太顺利。阿姆斯特朗是我父亲的律师。

---

① 坐落在威斯敏斯特教堂对面维多利亚街转角上的一个游乐场，里面有游艺项目和杂耍表演等。——原注

我不大知道自己有一个父亲，也不记得他曾经和我们在一起生活过。他也是一位喜剧演员，性情安静，喜欢沉思，有着一双乌黑的眼睛。母亲说他长得像拿破仑。他还有一条洪亮的嗓子，被公认为一位优秀的艺人。在那个年代里，他也能挣到每星期 40 镑的高薪。但他嗜酒如命，据母亲说，就因为这个缘故他们俩离了婚。

在那个年头里，歌舞剧演员不喝酒，是一件难以做到的事情，因为所有的剧院都卖酒。演员演完戏后，总要到剧院附设的酒吧和主顾们对饮。一些剧院的酒吧赚的钱比票房赚的还多。更有许多名角之所以能拿到大量的薪酬，不仅因为他们有演唱的才能，而且因为他们把大部分钱都花在剧院的酒吧里。不少艺人都在酩酊中毁了自己的一生，而我父亲就是其中一个。他因饮酒过度病故，死时年仅三十七岁。

母亲总是以幽默和愁怨的口气谈到有关他的事情。他喝酒时脾气很暴躁，有一次他大发雷霆，母亲就和几个朋友一起跑到了布赖顿，父亲盛怒之下拍了一封电报："你打算怎样？立即电复！"她的回电是："打算跳舞、宴会、野餐，亲爱的！"

母亲在姐妹二人中居长。外祖父名叫查尔斯·希尔，出生于爱尔兰科克郡，是一个皮匠。他面色红润，白发蓬松，胡子长得有些像惠斯勒[①]所画的卡莱尔。风湿痛把他折磨得够苦，据他说，民族主义者起义的时候，他因为要躲避警察而睡在潮湿的地上，结果就染上了这毛病。最后他在伦敦落了户，在沃尔沃斯区的东街靠修皮鞋过日子。

外祖母有一半吉卜赛血统。这件事原是我们家的一个秘密。然而外祖母却常常夸口，说什么她家是一向付高价地租的。她娘家姓史密斯。我只记得她是一个性情活泼的小老太婆，每次看见了我，总是学着小孩讲话的声调跟我亲热。我还不满六岁那年，她就死了。她早已和外祖父

---

① 惠斯勒（1834—1903）：美国画家，他给英国历史学家卡莱尔画的一幅像，被认为是他油画中的精品。

分开，至于是为了什么，他们俩谁也不肯说明。但是据凯特姨妈透露，那是因为家里发生了三角恋爱纠纷，外祖母和她的新欢在一起时被外祖父撞破了。

如果以普通的标准来衡量我们家的道德观，那就像将一支体温计放在沸水里一样荒唐。由于有这样一种家风，皮匠的两个漂亮女儿很快就离开了家庭，被吸引到舞台上去了。

母亲的妹妹凯特姨妈也是一位喜剧演员，但有关她的事我们几乎一无所知，因为她只间或在我们的生活中出现一下。她长得很标致，可脾气挺大，始终不能和我母亲融洽相处。她也偶尔来我家玩，但往往因为母亲说了一句什么话，或做了一件什么事，就突然大动肝火，两人闹得不欢而散。

母亲十八岁那年和一个中年男子私奔，逃到了非洲。她后来常常谈起她在那里的生活：拥有大农场，雇有仆人，养有驯马，那生活是够豪奢的。

在她十八岁那年，我哥哥雪尼出世了。我听说，他是一位爵爷的儿子，等到年满二十一岁，就可以继承一笔价值2000镑的遗产，这件事我听了又是高兴又是懊恼。

母亲并没有在非洲待很久，就回到了英国，和我父亲结了婚。我不知道非洲的那宗公案又是如何了结的。但是，每逢我们家穷极无奈时，我就责怪母亲不该放弃了那样美好的生活。她总是笑着说，那时候她年纪太轻了，做事不谨慎也不聪明。

我不知道她对我父亲的感情究竟深到什么程度，但是，每次谈到父亲的时候，她并没有怨恨的口气，而这就使我怀疑，她当时十分冷静客观，并未深深陷入情网。有时候她用同情的口气叙述有关父亲的事，有时候也谈到他如何酗酒和动武。以后几年，每逢生我气的时候，她总是伤心地说：“你会像你父亲那样穷苦而死的。”

她在去非洲之前就认识了父亲。他们俩互相爱恋，并且合演过一出爱尔兰情节剧《沙默斯·奥布赖恩》。十六岁那年，她已开始演主角。随着这个剧团作巡回演出的时候，她遇到了那个中年的爵爷，跟他一起逃到了非洲。等她再回到英国时，父亲和她重温旧情，于是他们结了婚。婚后三年，我出世了。

我不知道除酗酒外，还有什么其他不愉快的事情，只知道我出生后一年，我的父母就离了婚。当时母亲并没有申请扶养费。她有足够的资格当一名红角，每星期挣 25 镑，尽可以维持自己和她两个孩子的生活。只是后来时运不济了，她才请求救济，否则她是不会去打官司的。

她的嗓子早就常常失润。她的喉咙本来就容易感染，稍微受了点风寒就会患喉炎，一病就是几星期，然而又必须继续演唱，于是她的声音越来越差。她对自己的嗓子已经没有把握。唱到一半，它会变得沙哑，突然低得像是在轻声细语，于是听众就哄堂大笑，开始喧哗。她为自己的嗓子提心吊胆，这影响了她的健康，使她在精神上垮了下来。结果是，她在剧团里的演出越来越少，最后完全没有演出了。

由于母亲的嗓子不好，我五岁那年就第一次登上了舞台。母亲不愿意把我一个人留在那间分租的房子里，晚上常常带我上剧院。那时候她正在奥尔德肖特[①]的俱乐部里演唱，那实际上是一家肮脏的下等剧院，招待的对象多数是士兵。那些士兵都很粗野，一不满意，就会恶作剧。一般演员都把在奥尔德肖特演出的一星期看作恐怖的一星期。

记得当时我正站在条幕后面，母亲的嗓子哑了，声音低得像是在悄声说话。听众开始嘲笑她，有的憋着嗓子唱歌，有的学猫儿怪叫。我稀里糊涂，也闹不清楚发生了什么事情。但是喧闹声越来越大，最后母亲不得不离开了舞台。她走到条幕后面，心里很不痛快，就跟舞台经理吵

① 伦敦西南三十四英里处的一个市镇，当时是驻军的地方。

了起来，经理以前曾看到我在母亲的朋友面前表演过，这时就提议由我代替母亲演下去。

在那片混乱中，他搀着我走出去，向观众解释了几句，就把我一个人留在舞台上了。于是，面对着灿烂夺目的脚灯和烟雾迷蒙中的人脸，我唱起歌来，乐队试着和了一下我的调门，就开始替我伴奏。那是一首家喻户晓的歌，叫《杰克·琼斯》，歌词是：

一谈起杰克·琼斯，哪一个不知道？
你不是见过吗？他常常在市场上跑。
我可没找到杰克的错儿，
只要呀，只要他仍旧像以前一样好。
可是，自从他有了金条，
这一来他可变坏了，只瞧他怎样对待他的哥儿们，
就叫我心里十分地糟。
现在，星期日早晨他要读《电讯》，
可以前呀，他只翻一翻《明星报》。
自从杰克·琼斯有了那点钞票，
咳，他得意得不知道怎样办才好。

我刚唱到一半，钱就像雨点似的扔到台上来。我立即停下，说我必须先拾起钱，才可以接下去唱。这几句话引起了哄堂大笑。舞台经理拿着一块手帕走过来，帮我拾起了那些钱。我以为他是要自己收了去。我心里这样想着，嘴里就向观众们说了出来，这样一来他们就笑得更欢了，尤其是看到经理拿着钱走下舞台，我急切地紧跟着他。一直等到他把钱都交给了母亲，我才重新回到台上，继续唱歌。我一点也不感到拘束。我向观众们说话，跳舞，还做了几个模仿动作，有一次是模仿母亲唱她

那支爱尔兰进行曲，歌词是这样的：

赖利，赖利，就是他那个小白脸叫我着了迷，
赖利，赖利，就是他那个小白脸中我的意。
我走遍了大大小小所有的部队里，
谁也比不上他那样又漂亮又整齐，
比不上雄赳赳的八十八部队里，
那一位高贵的中士，他叫赖利。

我重复地唱歌曲中的副歌部分时，完全出于无心，也学母亲那样沙哑着嗓子唱，没想到观众却大为欣赏。他们有的大笑，有的喝彩，接着把更多的钱扔了上来。当母亲走上台来，领我走时，观众都报以热烈的掌声。那天夜里在台上露脸，是我的第一次，也是母亲的最后一次。

命运之神捉弄人时，既不稍存怜悯，又不顾及公道。他对母亲就是那样。母亲的嗓子此后始终不曾恢复。深秋转入寒冬了，我们家的境况也越来越拮据了。虽然母亲平时有打算，储蓄了一点钱，但那点钱很快就花光了，而她的首饰和其他少数财物，为了度日，也给送进了当铺，她仍旧希望自己的嗓子能够恢复。

我们已经从三间舒适的住屋搬进了两间屋子，最后搬进了一间屋子，我们的家当逐渐减少，而新搬去的地方，周边环境也显得更加乏味。

她信了教，据我猜想，这是指望信仰可以修复她的嗓子。她经常去威斯敏斯特桥路的基督教堂做礼拜，每逢星期日我都得在那儿坐到巴赫的风琴乐曲奏完，焦急地耐着性子听 F.B. 迈耶牧师讲道，牧师热情激动、扣人心弦的声音在教堂中回荡，好像谁拖着脚步走过来。他的讲道肯定是很动人的，因为有时候我看见母亲悄悄地擦眼泪，这使我感到有点不安。

我清楚地记得我是怎样在一个炎热的夏天领圣餐，那个凉凉的银杯里面盛着鲜美的葡萄汁，沿着一排排信徒传递过来；当我呷得过多时，母亲的那只手轻轻地阻止了我。当牧师合上《圣经》时，我又感到如释重负，因为这表示讲道就快结束，大伙儿就要开始祈祷、唱最后的赞美诗了。

母亲自从信了教，就难得再去看她剧团里的朋友。那个世界已经烟消云散，只留下一片回忆了。那时候我们好像一直过着困苦的日子。短短的一年，仿佛是漫长无尽的辛苦的一生。当时我们生活在郁郁寡欢的阴暗中；工作本来就不容易找，何况母亲除了演唱以外什么也没有学过，找工作就更加不容易了。像她这样一个身材矮小、漂亮灵活的女人，在维多利亚时代奋斗是很不利的，因为那个时代里贫富有着天壤之别，穷苦的妇女没有其他选择，只能干一些粗重的活儿，或是在血汗工厂里做苦工。偶尔她也找到了看护的活儿，但是那种机会究竟难得，况且雇用的时间又很短。然而她很有主意：由于曾经替自己制戏装，她能做一手好针线，可以为一些教友做衣服，靠这个挣几个先令。但这点收入不够维持我们一家三口的生活。由于父亲酗酒，他在剧院的演出时断时续，他每星期 10 先令的补贴也就没有按期付给我们。

母亲这时候已经卖掉了大部分的东西。最后可以出手的只剩下了那一箱子戏装。这点东西她一直死保住不肯放，希望嗓子能够恢复，可以重新登台。有时候，她偶尔翻箱子找什么东西，我们就会看见一件闪亮的绣金戏装或是一顶假发，于是就央求她穿戴起来。我记得，有一次她穿戴了法官的长袍和帽子，用衰弱的嗓子唱出一支她从前自己编写、曾经唱红了的歌曲。那支歌曲轻快活泼，是二拍子的，歌词是：

我是一位女法官，
也是一位好法官。

判断案子很公平，
审理官司可真行。
我要教律师
明白几件事，
还要让他们看一看，
女孩儿到底有多大能耐……

接着，她就以惊人的潇洒姿态，开始表演优美的舞蹈，一时竟忘了她的缝纫活，只顾唱另几支得意的歌曲逗我们乐，还和着那些歌曲跳舞，到后来跳得气喘吁吁，筋疲力尽。这时候她就要谈到从前的那些事，给我们看一些她的旧戏单。有一张戏单上面是：

特约！

扮相美丽　技艺超群

正派喜剧女角擅长舞蹈、反串

莉莉·哈利

她向我们表演时，不但拿出了她自己那些歌舞剧的玩意儿，而且模仿了她在那些所谓正派剧院中所看到的其他女演员。

她每说一出戏，总要同时扮演几个角色，比如说到《神奇的十字架》，她就要扮演梅茜亚怎样眼中闪出了神灵的光芒，走进兽圈去让狮子吃。她还要模仿穿着五英寸高跟鞋（因为生得矮小）的威尔逊·巴雷特[①]，装出祭司长的腔调宣布："这基督教是个什么玩意儿，我不明白。但有一点我是肯定的，那就是，既然它能够造就梅茜亚这样的女人，那么

① 威尔逊·巴雷特（1846—1904）：原名威廉·亨利·巴雷特，英国名演员，曾写剧本、开剧院，在英国、澳大利亚和美国演出，《神奇的十字架》是他编写和串演的一出名剧。

罗马，不，那么整个世界都会变得更纯洁了！”……她演到这里时，带着点幽默的神情，也在领会巴雷特的演技。

她具有一种直觉，永远能够辨认出那些有真正才能的艺人。不论是谈到女演员中的爱伦·泰丽[1]，还是杂剧厅里的乔·埃尔文，她都要分析他们的艺术。她理解演戏的技巧，是出于一种本能。只有一个爱好戏剧的人，才能像她那样谈论戏剧。

她总是讲一些有趣的逸事，边说边表演，比如她叙述拿破仑皇帝生平的一件事情时，说他在书房里踮起了脚去取一本书，这时候内伊[2]元帅拦住了他（母亲同时扮演两个角色，但总是表演得很诙谐），说：“陛下，让我来给您拿吧。我人更崇高。”这时候拿破仑把眉头一皱，把脸一板，说：“什么更崇高？应该说更高！”

她扮演蕾尔·格温，有声有色地描绘蕾尔抱着她的孩子，在王宫中从楼梯上探出身子，威胁查理二世道：“给这个孩子一个封号，否则我就要扔下去摔死他！”于是查理国王来不及地答应，说：“好的好的！封他为圣奥尔本斯公爵。”

我记得，一天傍晚，在奥克利街我们地下室的那间屋子里，我高烧后身体尚未痊愈，仍旧在床上躺着。雪尼到夜校里读书去了，家里只有母亲和我两个人。那天下午，天已经很晚，她背对着窗户坐着，一面读《新约》，一面以他人无法模拟的神态表演和解说书中的故事，叙述基督如何爱怜穷人和小孩。她那样伤感，也许是因为当时我在生病吧，但是以前我的确不曾听过或看到，谁像她那样清晰动人地说明了基督的为人。她谈到他如何宽容和体谅一般人，谈到那个女人犯了罪，暴徒要用石头砸死她，谈到基督对他们说：“你们中间，谁是没有罪的，谁就可以先拿

---

① 爱伦·泰丽（1847—1928）：英国女演员，以演莎士比亚戏剧而闻名。

② 内伊（1769—1815）：拿破仑的名将。拿破仑逊位后，内伊投降波旁王朝，帮助旧主复辟，滑铁卢战败逃亡时被俘遇害。

石头砸她。”

她一直谈到天色已经昏暗，直至点灯时才停下来，然后又接着讲，耶稣怎样使病人相信，只消摸一摸他的衣角，他们的病就会好了。

她谈到祭司长和法利赛人的仇恨妒忌，描绘耶稣被捕，在彼拉多执政官面前显得安详和庄严，彼拉多一面洗着手一面说（她用演戏的神态念这句道白）：“我查不出这个人有什么罪。”她还谈到那些人剥了他的衣服，用鞭子抽他，把一顶荆棘编的王冠戴在他头上，戏弄他，啐他，说：“恭喜你，犹太人的王啊！”

这样说下去时，她不禁流了泪。她讲到西门帮着背耶稣的十字架，耶稣眼中露出了感激的神情；她讲到那个悔罪的强盗和耶稣一起在十字架上就刑时请求赦免，这时耶稣说：“今日你要同我在乐园里了。”他从十字架上向下看他的母亲，说：“母亲，看你的儿子啊。”接着，在临死时的那一阵痛苦中，他叫喊着：“我的神呀，你为什么离弃我？”讲到这里，我们俩都哭了。

“你可以看出，”母亲说，“他是多么富有人情味啊。和我们一样，他也会怀疑呀。”

母亲的话使我太感动了，我恨不得就在那天夜里死了去见耶稣。但是母亲对此并不支持。她说：“耶稣要你首先生活好，做好你在这个世界上应做的事情。”在奥克利街那间阴暗的地下室里，母亲使我看到了这个世界上最慈祥的光辉，在这种光辉的照耀下，文学和戏剧才具有它们最伟大、最富有意义的主题：爱情、怜悯与人性。

我们生活在底层社会里，是很容易养成不注意语法的习惯的。但是母亲永远不受环境的影响，十分留心我们的谈话，随时纠正我们的语法，使我们意识到，我们是有身份的人。

我们的家境越来越窘困了，当时我年幼无知，常常怪母亲为什么不再登台。她总是微笑着说，那种生活造作而虚伪，一个人在那种环境里是很容易忘了上帝的。然而，每当她谈起戏剧时，都会忘了情，又兴奋激动起来。有时候，旧事重提，她会低下头去对着她的活计，好半晌沉默无语，而我也感到闷闷不乐，因为我们此后再也不会过那种丰富多彩的生活了。后来，母亲抬起头来，看见我沮丧的神情，就强颜为笑地安慰我。

冬天渐渐近了，雪尼没有可穿的衣服了，于是母亲就用她自己那件旧天鹅绒短衣给他改制了一件上装。那件短衣的袖子上有红黑两色的条纹，肩上还打了褶，母亲虽然想尽了办法去改制，但怎么也改不好。雪尼被勉强着穿这件衣服时哭起来了，他说："学校里那些孩子看了，会怎么想呀？"

"管人家怎么想呢？"母亲说，"再说，它看上去挺有气派嘛。"母亲有一种能够说服人的本领，所以，直到今天，雪尼仍旧弄不明白，当时他怎么肯穿上了那件衣服。他不但穿了那件衣服，而且穿了母亲的一双截低了的高跟鞋，这身打扮害得他在学校里打了多少次架。孩子们都管那叫"雅各给的彩衣"[①]。我呢，穿了一双母亲用她那件红色紧身衣改制的长统袜（看上去就像是打了褶的），被大伙儿叫作"弗朗西斯·德雷克[②]爵士"。

在这万分愁苦的日子里，母亲患了偏头痛，只好停止做活计，并且，接连许多天，不得不把敷了茶叶的眼睛缚起来，躺在黑暗的屋子里。毕加索有过一个蓝色时期[③]，我们过的则是灰色的日子。当时我们靠教区布施、免费餐券和救济包裹过日子。雪尼趁课间休息时间去卖报，这对补

---

① 雅各最怜爱他老年时所生的儿子约瑟，给他做了一件彩衣。见《圣经·创世记》第 37 章。

② 弗朗西斯·德雷克（1540—1596）：英国海军将官，曾环球航行，效法海盗劫掠商船。画像上的德雷克穿着打褶的紧身长裤。

③ 1901 年至 1907 年包括了毕加索的三个创作时期，按其作品的题材与风格被称为蓝色时期、奇技时期和玫瑰时期。"蓝色"兼有"忧郁"的意思。

贴家用有如杯水车薪，但也聊甚于无。然而，危难总是有极点的，我们那次可以说是否极泰来了吧。

一天，母亲还没完全好，眼睛上还蒙着绷带，雪尼突然冲进我们那间黑暗的屋子，把报纸向床上一扔，说："我拾到一个钱包！"他把一个钱包递给了母亲。她打开钱包，只见里面是一捧银币和铜币。她赶快束紧钱包，接着就激动地倒在床上了。

原来，雪尼到公共马车上去卖报，在一辆车的顶层，他发现空座上有一个钱包。他赶快用一张报纸向上一覆，假装报纸是无意中落下的，接着就把报纸连同钱包一起拾起，赶紧离开。他在广告牌后面的空地上打开钱包，看见了一捧银币和铜币。他告诉我们，他的一颗心扑通扑通地直跳，他顾不上去数那些钱，赶忙束紧钱包，跑回家来了。

等到母亲清醒过来时，她把钱包里的钱都倒在床上。但钱包仍旧是沉甸甸的。夹层里还有一个小袋。母亲打开了它，看见里面有七个面值1英镑的金币。我们欣喜若狂。多谢上帝，钱包里没留下失主的住址，因此母亲并没有由于宗教信仰而受到良心谴责。虽然也曾为失主的不幸感到惋惜，但母亲相信，这是上帝所赐，所以很快就不再去想物主的损失了。

母亲患的究竟是生理还是心理上的病，我不知道。但是，一个星期内她就复原了。病刚好，她就把我们打扮得全身一新，大家一起到滨海绍森德[①]去玩一天。

第一次看见海，我仿佛被催眠了。在灿烂的阳光下，我沿一条山路走向海边。大海看来好像悬在空中，仿佛是一个活生生的、颤巍巍的、眼看着就要扑倒在我身上的怪物。我们三个人脱了鞋去涉水。暖洋洋的海水在我们的脚背上面和足踝四周荡开，轻轻地在我脚底下陷的沙粒给

---

① 英国埃塞克斯郡泰晤士河口的一座旅游城市，是伦敦人的滨海避暑胜地。

人一种愉快的感觉。

那一天多么美啊——橘黄色的海滩上，到处都是粉色和蓝色的水桶与木铲，还有花花绿绿的帐篷和太阳伞。一些帆船喜盈盈地冲破了笑呵呵的轻波微浪，另一些小船懒洋洋地歪在海滩上，散发出海藻和柏油的气味：这迷人的情景，至今仍旧在我记忆中流连着。

1957 年，我回到绍森德，去寻找第一次从那儿看到大海的狭窄山路，但已经找不到它了。市镇尽头还有几家老式店面，仿佛是一个熟悉的渔村留下的残迹。这儿，一个已经过去的时代在低声细语——也许，那只是海藻和柏油发出的气味吧。

我们的钱好像是沙漏里的沙粒，随着时光耗尽了，艰苦的日子又紧跟着我们。母亲去另找工作，但是什么工作也找不到。更多的问题出现了。分期款项来不及偿付，所以母亲的缝纫机又被搬走了。父亲每星期 10 先令的扶养费也完全停付了。

在百般无奈中，母亲去找另一位律师，律师看出这件案子没多大油水，就劝她领着两个孩子去请求兰贝斯区当局救济，这样可以迫使父亲出钱扶养我们。

没有第二个办法了：她要肩负养活两个孩子的重担，而自己又是病歪歪的，于是她决定我们三个人一起进兰贝斯贫民习艺所。

二

我们虽然明知道进贫民习艺所是一件丢脸的事，但是，当母亲把这件事告诉我和雪尼时，我们俩又都觉得很兴奋，很想改变我们的生活，不再住在那间令人窒息的屋子里。可是，在那个伤心的日子里，我开始还不知道即将发生的事情，等到我们进了贫民习艺所的大门我才知道。那时候我才突然感到悲哀和慌乱，原来，一到那里，我们就被分开了，母亲往一边的妇女收容部去，而我们弟兄俩则往另一边的儿童收容部去了。

我清楚地记得第一个探望日里辛酸凄凉的情景：我看见母亲穿着一身贫民习艺所里的衣服走进了探望室，大吃一惊。她显得多么悲伤而又狼狈啊！刚刚一个星期，她已经衰老消瘦了许多，但是一看见我们，她脸上就有了光彩。我和雪尼都哭了，这样一来母亲也哭了，大滴的泪珠从面颊上滚了下来。最后，她平静了，于是我们三个人一起坐在一张粗糙的木长凳上，我们俩把手放在她的膝上，让她温柔地抚摩着。她笑着看我们剪短了的头发，爱怜地拍着我们的脑袋，说再过不久我们又要团聚了。她从围裙里拿出了一袋椰子糖，那是她给一个看护编织袖口花边，然后用挣来的钱从习艺所小卖部买来的。我们分别后，雪尼老是伤心地说，她人老得多了。

雪尼和我很快就适应了贫民习艺所里的生活，但总是被阴暗的愁云笼罩着。在习艺所里做了些什么事情，现在我已经不大记得，只记得跟其他的孩子围着一张长桌子吃饭，那是一件使人感到温暖和盼望的事情。吃饭的时候，我们由一个贫民习艺所里的人照管着。他是一位年纪大约七十五岁的老先生，留着稀疏的白胡子，有着一双忧郁的眼睛，露出一副庄严的神情。他挑选我坐在他身边，因为我年龄最小，并且，在剪短头发之前，我的头发是最卷的。他管我叫他的“老虎”，还说，等我长大了，要让我戴一顶有帽章的高帽子，叉着手坐在他的马车后座上。他这样抬举我，我就非常喜欢他。但是，过了一两天，又来了一个年龄比我更小的孩子，他的头发比我的更卷曲，于是就占去了我在老先生身边的位子，因为，按照老先生的奇怪解释，一个年龄更小和头发更卷的孩子照例是应当坐首席的。

过了三个星期，我和雪尼从兰贝斯贫民习艺所转到了汉威尔贫民孤儿学校，那儿离伦敦市区大约有十二英里。乘着一辆送面包的马车到那儿去是令人兴奋的，在当时的情况下，也是相当快乐的，因为当时汉威尔附近一带景色很美，沿着小路都是七叶树，麦田里的麦子正在成熟，果园里的树上果实累累。打那时起，每当雨后在乡间闻到那种浓馥的香气，我就会想起汉威尔。

我们一到那儿，就被送进试读部，先要经过体格和智力检查，然后才可以进入学校本部，这是因为在每三四百个儿童当中，就有一个不正常的或有病的儿童，这种儿童对学校影响不好，同时本人住在那儿也不会快乐。

头几天里，我茫然若失，只觉得愁闷，因为以前在贫民习艺所里，我想到有母亲在身边而感到安慰，可是一到汉威尔，我就好像和她远离了。后来我和雪尼从试读部升入学校本部，被分在两个地方，雪尼加入了大龄班，而我则和年龄小的孩子在一起。我们睡在不同的区域，因此平时难得见面。那时我刚六岁多一点，孤苦伶仃，瘦弱可怜。尤其是夏日黄昏，临睡前做祷告时，我同其他二十个孩子一起穿着睡衣，跪在宿舍中央。我从长方形的窗子里望出去，看那逐渐低沉的落日和连绵起伏的小山，感到一切对我而言都是陌生的，这时我总是跟着大伙儿沙哑着嗓子，音调不谐地唱着：

夕阳西沉，求主与我同居；
黑暗渐深，求主与我同居；
求助无门，安慰也无求处，
常助孤苦之神，与我同居。

每当这个时候，我就感到十分苦闷。虽然我不明白赞美诗的意思，但歌声和斜阳增添了我的愁思。

可是，过了不到两个月，母亲就做了安排，让我们离校。我们又被送往伦敦，到了兰贝斯贫民习艺所，这可是让我们喜出望外的事情。母亲穿着自己的衣服，在大门口等候着我们。原来她这次申请让孩子离校，只是为了要和他们度一天假，一起在外面消磨几个小时，当天我们就要回去。那时母亲在贫民习艺所里，只有用这个办法，才能和我们聚上一次。

我们自己原来穿的衣服，在进贫民习艺所前，都被收去用蒸气消毒，发还给我们时，并不曾熨平。母亲同雪尼和我，缓步走出习艺所大门时，一身都是皱皱巴巴的。那时正是清晨，我们没地方可去，就往大约一英里路外的肯宁顿公园走去。雪尼手绢里包了 9 便士，于是我们买了半磅黑樱桃，坐在肯宁顿公园里一张长凳上吃着，度过了那个上午。雪尼还把一张报纸揉成团，用一根绳绕在上面，我们三个人玩了一会儿接球游戏。中午，我们到一家咖啡馆去，用剩下的钱买了一块两便士的蛋糕、一条 1 便士的鲱鱼和两杯半便士的茶，三个人匀着吃。后来，我们回到了公园，雪尼和我又一起玩耍，母亲坐在那儿编织。

下午，我们走回贫民习艺所。母亲开玩笑地说：“咱们到了那儿，正赶上吃茶点。”管事的非常气愤，因为他们又得重新蒸我们的衣服。这样一来我和雪尼就必须在贫民习艺所多待上一些时间再回汉威尔，当然，这样我们就可以和母亲在一起多聚一会儿。

但是，这次聚会以后，我们在汉威尔差不多待了一年——这是对我的成长最有影响的一年，我在这一年里开始上学，老师教我怎样写自己的姓。“卓别林”这个词的写法吸引了我，我觉得它的形状和我很相像。

汉威尔学校分为两部分，一部分是男生校舍，另一部分是女生校舍。每逢星期六下午，浴室特为年龄小的儿童开放，由年龄较大的女孩给他们洗澡。当然，那时我还不满七岁，洗澡时虽然羞手羞脚，但也只好不顾体面，让一个十四岁的小姑娘用一块毛巾在我浑身上下擦着，自己第一次意识到了难为情。

年满七岁后，我由低龄班升入大龄班，大龄班里的儿童从七岁到十四岁都有。此后我就有资格参加所有成年人的活动，包括军训和体操，以及每星期按时两次的校外散步。

我们在汉威尔虽然被照顾得很好，过的却是凄凉的生活。气氛是愁郁的。我们在乡间小路上散步，百来个人，两个人一排。我多么恨那些散步、那些我们经过的村子，还有那些紧瞅着我们的本地居民！他们都管我们住的地方叫“牢房”，这个词指的就是收容所。

男孩子的运动场占地大约一英亩，是用石板铺成的。运动场四周是砖砌的平房，包括办公室、储藏室、医务室、牙医诊所和男孩的藏衣室。院子最阴暗的角落里是一间空屋子，最近里面关了一个十四岁的孩子，据其他的孩子说，他是一个天不怕地不怕的小家伙。他企图逃出学校，在三层楼上爬出了窗户，登上了屋顶，管理人员爬上去捉他，他竟公然向他们扔石子和七叶树果子。这件事情发生时，我还在低龄班，班上的孩子都已经睡觉，第二天早晨，那些年龄较大的孩子把这件骇人听闻的事情讲给我们听了。

孩子犯了这类性质严重的过失，到了星期五就要在大健身房里受罚。那是一间阴森森的大厅，大约有六十英尺长、四十英尺宽，屋檐很高，一边从梁上垂下了几根爬绳。星期五的早晨，二三百名男孩，从七岁到十四岁，整队走进大厅，像部队那样排列整齐，站成一个凹形。犯了过失的人站在缺口一面的厅底深处，一张长课桌（好像军营里用的餐桌）后面，等候审讯和受罚。桌子前面，靠右边摆着一个架子，上面挂着几根缚手腕的皮带，还触目惊心地挂着一根鞭打用的桦条。

凡是有轻微过失的孩子，都被一一横按在那张长桌上，脸朝下，脚被缚起来，由一位中士牢牢按住了，另一位中士从孩子的裤子里扯出他的衬衫，蒙住他的脑袋，然后拉紧他的裤子。

体重大约有两百磅的退伍海军军官欣德拉姆大尉，一只手背在后面，另一只手握着一根大约有四英尺长、足足有男人大拇指那么粗的藤条，摆好架势站在那里，估量着这根横在孩子屁股上空的藤条。然后，他慢条斯理、动作夸张地高举起了藤条，嗍的一声横抽在孩子的屁股上。这情景惊心动魄，每次总有一个孩子昏倒，从行列中跌出来。

每一个犯了错的人，少则挨三下，多则挨六下。被打到三下以上时，那哭喊声是可怖的。有时候，他不出声或者晕过去了。藤条打下去，他不动弹了。于是这个挨了打的人就被抬到一边，安放在健身房的垫子上，在那儿抽搐扭动，至少十分钟，痛楚才会逐渐减轻，这时，屁股上就横着留下了三条像洗衣女仆的手指那么宽的粉红色伤痕。

用桦条打的情形又有所不同。打了三下以后，孩子就需要由两位中士扶着，送到外科医生那儿去医治。

孩子们会告诫你：即使没犯过错，也别否认人家的控告；因为，如果一经被证明确实犯了过错，就要受到最大的惩罚。孩子们往往难以清楚地说明自己是无辜的。

我那年七岁，到了大龄班里。我记得第一次看人家挨打，自己悄悄地站在那里，管理人员走进来时，我的一颗心扑通扑通直跳。站在桌子后面的，是那个企图逃出学校的无法无天的小家伙。我们只看见他高出桌面的脑袋和肩膀，他好像长得很矮小。他有着一张瘦削的脸、一双大眼睛。

校长庄严地宣布了他的罪状，接着就问他："你有没有罪？"

我们这位无法无天的小家伙不肯回答，只傲然向前直瞪着眼睛。于是他被拉到了架子跟前；因为他矮小，就让他站在一只肥皂箱上，这样就可以用皮带把他的手腕缚起来。他挨了三藤条，然后被送到外科医生那儿治疗去了。

每逢星期四，运动场上就吹响喇叭，我们都停止游戏，像塑像似的僵在那里，这时欣德拉姆大尉就对着扩音器，宣布星期五应当受罚的人的名字。

有一个星期四，我大吃一惊，只听见我的名字被报出来了。我怎么也想不出自己做了什么错事。然而，当时我竟莫名其妙地感到兴奋——这也许是因为我成了一幕戏里的主角吧。到了受审的那一天，我走出队列。校长说："人家告你放火烧堤防①。"

这可是冤枉。有几个孩子在石板地上烧一些碎纸片，我是在火烧着的时候进去解手的，但是点火的人当中并没有我。

"你有没有罪？"他问。

我很紧张，并且被一种无法控制的力量支配着，于是脱口而出说："有罪。"当时我既不感到气愤，也不觉得冤枉，只感到一种可怕的危险，听凭他们把我领到了桌前，在我屁股上抽了三藤条，我痛得停止了呼吸，但是我并没有哭出声来。我虽然已经不能够行动，被抬到垫子上休息，但我觉得自己是勇敢地胜利了。

---

① 指厕所。

那时雪尼在厨房里打杂，事先不知道这件事情，直到我受罚的那一天，他和其他孩子一同列队走进健身房，一眼看见我在桌子后面露出脑袋向外张望，才大吃一惊。后来他告诉我，看着我被抽那三藤条时，他气愤地哭了。

做弟弟的提到哥哥，管他叫“我那小家伙”，说时会感到得意，并且觉得有人保护自己。有时候我从饭厅里出来，就去看“我那小家伙”雪尼。他在厨房里打杂，常常偷偷地递给我一个夹了一大块黄油的面包卷，而我就把它藏在运动衫里面带出来，然后和另一个孩子分了吃——并不是因为我们肚子饿，而是因为吃这么一大块黄油是难得的奢侈享受。但是，好景不长，因为雪尼离开了汉威尔，到“埃克斯默思”号训练船上去了。

一个收容所里的男孩，年龄一满十一岁，就可以自己选择将来是去参加陆军还是海军。如果是要参加海军的话，他就会被派到“埃克斯默思”号上去实习。当然，这并不是强迫的，但是雪尼一心想要在海上做出一番事业。这样一来，我就一个人留在汉威尔了。

儿童把头发看得十分重要。第一次被剃了头发，他们会哭得很伤心；不管头发是浓密的，是直的，还是卷的，他们都会感觉到自己的一部分被割裂出去了。

有一个时期，金钱癣成了汉威尔的流行病，因为它最容易传染，所以患这病的儿童都被送进了二楼俯临运动场的隔离室。我们常常仰起头来望那些窗子，看见那些可怜的孩子正在眼巴巴地看我们，他们的脑袋被剃得精光，用碘酒染成棕色。那副样子怪可怕的，我们向他们看时直觉得恶心。

有一次在饭厅里，一个看护突然在我背后停下，拨开我的顶心发，说：“这是金钱癣呀！”这时候我忍不住哭起来了。

医治了好几个星期，那段时间好像是漫长得永远也过不完。我被剃光了头，涂上了碘酒，像一个采棉花的人那样脑袋上被包了一条手绢。但是，我绝对不向窗外看下面那些孩子，因为我知道他们是多么讨厌我们。

在我隔离期间，有一次母亲来探望我。当时她不知怎的离开了贫民习艺所，正在设法让我们重新有一个家。一看见她来到，就好像看见了一束花；她是那么鲜艳，那么可爱，我因为自己身上穿得邋里邋遢，剃光了的头上涂着碘酒，觉得很不好意思。

“瞧他这张小脏脸，你可别介意呀。”那个看护说。

母亲笑起来了，我很清楚地记得，她紧搂着我吻我，十分亲切地说：“不管你多脏，我总是爱你。”

此后不久，雪尼离开了“埃克斯默思”号，我也离开了汉威尔，我们又和母亲在一起了。她在肯宁顿公园后面租了一间房间，有一段时期还勉强能够维持我们的生活。但是，过了不久，我们又回到贫民习艺所了。我们之所以会回去，大概是因为母亲很难找到工作，而父亲的演出机会也更少了。在短短的一段时期里，我们经常从这个后间搬到那个后间，就像是在玩跳棋似的——最后一步则是回到了贫民习艺所。

由于住的地方属于另一个贫民救济区，这一次我们就被送进了另一个贫民习艺所，然后从那儿转进了诺伍德学校，那地方比汉威尔更加凄凉，那儿的树木更高大，树叶也更浓密。也许，乡间的景色更秀丽，但氛围同样无趣。

有一天，雪尼正在参加足球比赛，两个看护把他唤出了场地，说母亲疯了，已被送进凯恩-希尔疯人院了。雪尼听到这不幸的消息时毫无反应，又回到场上去踢足球，但等到球赛一结束，他就独自悄悄地走开，哭了起来。

他告诉我时，我无法相信。我没有号啕痛哭，但在昏乱中感到了绝望。母亲怎么会疯了呢？她是那样一个无忧无虑、性情爽朗的人，她怎么可能疯了呢？我恍惚中感觉到，她是故意要丧失了理智，抛弃我们了啊。在绝望中，我仿佛看见她无可奈何地瞪着我，逐渐在一片空虚中消失了。

一星期后，我们被正式告知了这件事；我们还听说，法院已做出判决：父亲必须负责抚养我和雪尼。想到要和父亲住在一起，我感到很兴奋。以前我总共只和他见过两次面，一次是看见他在舞台上，一次是走过肯宁顿路上的一幢房子，看见他正和一个女人从前面花园里的小路上走出来。我停下来望着他，出于天性，知道他就是我的父亲。他招手唤我过去，问我叫什么名字。我只觉得当时的情景很有趣，好像是在演一出戏，于是装出了一无所知的神情说："我叫查理·卓别林。"这时候他会意地向那个女人瞥了一眼，摸了摸他的口袋，给了我一枚25便士的硬币，我毫不怠慢，一直跑回了家，告诉母亲，说我遇见父亲了。

现在我们要和他住在一起了。不管怎么说，肯宁顿路我们都熟悉，不像诺伍德那么陌生和阴沉。

学校用一辆送货车把我们送到了肯宁顿路287号，也就是我曾经看见父亲从花园小路走出来的那幢房子。上次和父亲在一起的那个女人开了门。她面孔消瘦，满脸愁容，但是长得很漂亮，有着高大匀称的身材、丰满的嘴唇和牝鹿一样忧郁的眼睛，年纪大概已有三十岁了。她名叫露易丝。看来卓别林先生当时不在家；一经办完例行的手续，在文件上签了字，我们就被交给了露易丝，她把我们领上楼，到第二层楼梯口前面的那间客厅里。我们走进去时，一个小男孩正坐在地板上玩耍，他是一个四岁大的孩子，长得很俊，有着乌黑的大眼睛，留着浓密的棕色鬈发。他就是露易丝的儿子，也是我的异母兄弟。

一家人住了两间房间，前面的房间虽然有很大的窗户，但透进来的光却仿佛是从水底里反射上来的。所有的东西都好像和露易丝一样忧郁；墙上糊的纸叫人看了愁闷，马毛呢的家具叫人看了愁闷，玻璃罩里做成标本的梭子鱼吞吃了另一条同样大的鱼，但嘴里露出了它的脑袋，那样子更是叫人看了愁闷得心里难受。

她在后面的房间里多摆了一张床，让我和雪尼睡，但是那张床太小了。雪尼说，他要睡客厅里的沙发。"叫你睡在哪里，你就睡在哪里。"露易丝说。这句话一出口，大家再没有话可说，都僵在那里，我们又走回客厅。

我们不曾受到热诚招待，这是毫不奇怪的。抚养我和雪尼的责任是突然强加在她肩上的，再说，我们都是父亲的弃妇所生的孩子。

我们俩默默地坐在那里，看她做饭。"过来，"她对雪尼说，"你也可以做点事情，去给煤篓子里添上煤。再有你，"她转过身来对我说，"到白鹿酒馆隔壁的小菜馆去，买 1 先令碎肉回来。"

我巴不得离开她和她周围的一切，因为我心中越来越隐隐地觉出一种恐怖，只希望我们能够回到诺伍德去。

后来父亲回家来了，他很慈祥地招呼我们。我完全被他吸引住了。吃饭的时候，我注视着他的一举一动，留心看他怎样吃菜：他切肉时候拿刀的样子，就好像握着一支笔。此后好些年里，我一直模仿他那样拿刀。

露易丝告诉父亲，说雪尼嫌床太小，父亲听了就叫他睡客厅里的沙发。雪尼的这一胜利，激起了露易丝的反感，从此她和雪尼结下了仇恨。她经常在父亲面前说他的坏话。虽然露易丝性情忧郁，脾气暴躁，但是她一次也没有打过我，甚至没有装出要打的样子来吓唬我，然而，因为她恨雪尼，所以我一直害怕她。她常常喝酒，这就使我感到更加恐惧。每逢喝醉，她就显露出一副不顾一切的可怕神情；她会对着她小儿子那张天使一样美丽的脸蛋高兴地微笑，可小儿子却用一些下流话辱骂她。由于某种原因，我从来不和这个孩子接触。虽然他是我的异母兄弟，但我不记得和他谈过话——这也难怪，我几乎要比他大四岁。有时候，露易丝坐着一边喝酒，一边默默地思索什么，于是我就感到恐惧。雪尼根本不去理她，他经常很晚才回到家里。可是我一放学就得直接回家，因为要跑跑腿，干些零碎杂活。

露易丝把我们送进肯宁顿路学校读书，这在凄凉的生活中也是一种排遣，因为，和其他的孩子在一起时，我就不觉得那么孤单了。星期六放假半天，但我从来不盼望这个日子，因为那天我得回家洗地板，还要擦刀具，并且，每到这一天，露易丝照例要开怀畅饮。我在一旁擦刀具，她总是和一个女性朋友坐在一起，一边喝着酒闲寻气恼，一边大声向她的朋友抱怨，说她必须照看我和雪尼，说她受了委屈。我记得她说过："这一个还好，"说时她用手指了指我，"可那一个是个小流氓！应当把他送进感化院——再说，他又不是查理的儿子。"她这样恶毒地骂雪尼，我听了又是害怕又是发愁，于是只好闷闷不乐地去睡觉，但是又气恼得怎么也睡不着。那时我还不满八岁，但是，在我一生中，那些日子是最漫长和最悲哀的了。

有时候，逢到星期六的夜晚，我感到十分伤心时，会听到有人走过后面卧室的窗下，用六角形手风琴拉出轻快的音乐，那是一支苏格兰高地进行曲，还有几个粗野的青年人和几个嘻嘻哈哈笑着卖水果的姑娘和着乐曲唱歌。他们唱得那样欢快有力，真像是一些铁石心肠的人，对我的哀愁无动于衷，然而，当音乐声逐渐远去，越来越轻时，我却对它感到不胜留恋。有时候，会有沿街叫卖的小贩走过去，特别是一个每夜都要走过去的小贩，他仿佛是在高声唱着《统治吧！不列颠尼亚！》[①]，唱到最后还拖了一个粗浊的尾音，其实，他只是在叫卖牡蛎。我还可以听到，隔开三家门面的酒馆里，顾客在打烊的时候喝得醉醺醺的，大声嚷嚷，唱着一支当时流行的伤感歌曲：

① 苏格兰诗人詹姆斯·汤普森（1700—1748）为歌剧《阿尔弗雷德》所写的一支歌曲。

看在旧日的情分，别把仇恨记在心上，

看在旧日的情分，还请你多多原谅。

人生一世没几年，大家何苦吵个没完，

这颗心呀最宝贵，你可别叫它破碎。

握手言欢莫记恨，

看在旧日的情分。

我根本不喜欢歌里的情趣，但是它好像投合了我当时忧郁的心境，所以我听得睡着了。

雪尼很晚才回到家里（他好像总是那么晚），临睡前总要去翻餐柜。这惹恼了露易丝，一天夜里，她喝了好些酒，走进屋子，扯掉了他的铺盖，赶他出去。但是雪尼已经准备好怎样对付她。他赶快把手伸到枕头底下，猛地掣出了一个用纽扣钩磨成的打眼锥。

“你再走近我跟前一步，”他说，“我就用这个扎你！”

她被吓得倒退了回去：“啊，瞧这个该死的小流氓！——他要杀死我呀！”

“是的，”雪尼像演戏似的说，“我要杀死你！”

“你等着卓别林先生回来吧！”

但是卓别林先生难得回来。后来，我记得，一个星期六晚上，露易丝和父亲已经喝了不少酒，我们同房东太太和她丈夫坐在楼下客厅里。在灿烂耀眼的灯光下，父亲脸色苍白得可怕，那时他情绪很坏，自言自语地嘟哝着什么。突然，他把手伸进口袋，掏出了一把钱，使劲向地下一扔，金币银币撒得四面都是。那效果是戏剧性的。开始大家都一动不动。房东太太愁眉苦脸地坐在那儿，但是我看见她的一双眼睛在转动，紧盯着一枚滴溜溜滚到那边角落里椅子底下的金币，我的眼睛也紧盯着它。大伙儿仍旧不动，我终于想到应当站起身，把它拾起来；于是，房东太太和其他人也学着我的样，拾起其余的钱币，并且，在父亲威胁的目光的注视之下，大家都留心着夸大了自己的动作。

一个星期六，放了学回到家里，我发现一个人也没有。雪尼和往常一样，整天都在外面踢球。房东太太说，露易丝一早就带着她的儿子出去了。起先我很高兴，因为这样一来我就可以不必洗地板、擦刀具了。等到午饭时间过了很久，我开始着急起来。说不定，他们把我一个人抛下了吧。下午的时间慢慢过去，我开始想念他们了。发生了什么事情呢？屋子显得冷酷而孤僻，空空洞洞的，我看了感到害怕。同时我肚子也饿了，于是我去看餐柜，但是餐柜里什么吃的也没有。腹内空空，我饿得再也忍受不住，孤零零地走了出去，在附近市场上溜达，消磨那个下午。我沿着兰贝斯路徘徊，饥肠辘辘，向小餐馆的窗子里张望，看热气腾腾、引人垂涎的烤牛肉、烤猪肉，还有用肉汁卤浸成了金黄色的土豆。接连着几个小时，我一直在看靠说嘴骗人兜售货物的小贩。如此分散注意力，我感到稍微舒服一些，暂时忘了愁苦和饥饿。

等我回到家门口，已经是夜里了；我敲了敲大门，里面没人应声。所有人都出去了。我疲乏地走到肯宁顿路口拐角，坐在离家不远的路边，留心看有没有人回来。这时我又是困倦又是伤心，心想雪尼不知道上哪儿去了。时间已近半夜，除了一两个过路人以外，肯宁顿路口渺无人迹。店铺一个个熄了灯，只有药铺和酒馆里的灯还亮着，这时我感到自己孤苦伶仃。

突然间，我听到了音乐声。多么醉人的音乐啊！音乐声从拐角上白鹿酒馆的门厅里传来，在空寂的广场上悠扬悦耳地回荡。那支曲子叫《金银花和蜜蜂》，是以高度的技巧用小风琴和单簧管奏出的。我以前从来不曾留心听美妙的音乐，但这曲调富有情感，活泼轻快，让人感到温暖和舒坦。我忘了自己所处的困境，向对街演奏音乐的艺人走了过去。弹小风琴的是个瞎子，眼睛那里只留下两个结了疤的眼眶。吹单簧管的人露出了一副烂醉和愤慨的神情。

音乐很快奏完了，他们走后，黑夜就显得更加忧郁了。我浑身疲倦乏力，向对街的家门口走去，也不管有人回来了没有。我只想去睡觉。后来，我隐隐约约地看见一个人沿着花园小路朝屋子走过来。那是露易丝——前面跑的是她的小儿子。我吃了一惊，只见她身子向一边偏斜，跛得很厉害。起初我还以为她出了什么事故，一条腿受了伤，后来我才明白，她是喝得酩酊大醉了。我从来没有见过这样一个身体歪斜着的醉酒的人。看到她这种情形，我想还是躲开她为妙，于是我就待在那里不动，等她进去。过了一会儿，房东太太也回家了，我跟她一起走进了屋子。我蹑手蹑脚地爬上黑漆漆的楼梯，想不让人看见就进去睡觉，这时露易丝跌跌撞撞地走到了楼梯口。

"他妈的你要上哪儿？"她说，"这儿又不是你的家。"

我站在那里僵住了。

"你们今天夜里不许睡在这里。我已经被你们闹够了。给我滚出去！你和你的哥哥都滚！让你们的父亲去管你们。"

我毫不犹豫地扭转身，下了楼，走出门去，这时我不再感到疲劳，我已经缓过气来了。我听说，父亲常常去王子路的王后酒馆，那里离这儿大约有半英里路，于是我朝那个方向走去，希望可以在那里找到他。但是我很快就看见路灯映出了父亲模糊的身影，他正向我走过来。

"她不让我进去，"我呜呜咽咽地哭，"她大概喝醉了。"

我们往回走去时，他也跌跌撞撞地走着。"我自己也不清醒啦。"他说。

我试图安慰他，说他是清醒的。

"不，我喝醉了。"他咕哝着，话里带出了懊悔的口气。

他推开了客厅的门，站在那儿一声不响，两眼恶狠狠地瞪着露易丝。她在壁炉旁边站着，扶着壁炉台，止不住地两面摇晃。

“你为什么不让他进来？”他问。她茫然无助地向他望了望，然后嘟哝道：“你也滚他妈的——你们都给我滚！”

他突然从旁边架子上拿起了一把沉甸甸的衣服刷子，闪电似的猛力挥了出去，刷子背面正巧打在她的一边脸上。她闭起了眼睛，接着就咕咚一声一下子晕倒在地上，仿佛是希望自己在昏迷中忘记一切。

我被父亲的举动吓呆了；他这样狂暴，真叫我不再尊敬他。至于此后又发生了一些什么事，我的记忆现在已经模糊。好像是后来雪尼回来了，父亲看我们俩睡好，然后又出去了。

过后我才知道，原来父亲和露易丝那天早上吵了嘴，因为父亲去看他哥哥斯宾塞·卓别林（在兰贝斯附近一带开了好几家酒馆的那个哥哥），把她留在家里。露易丝一向对自己的身份很敏感，不喜欢去斯宾塞·卓别林家，父亲坚持独自去了，而为了报复，露易丝就到别处去玩了一天。

露易丝是爱我父亲的。那天晚上，她在壁炉旁边茫然失措，因父亲不怜惜她而感到伤心。那时我虽然年龄还很小，也能从她的眼中看出她的爱。同时我相信，父亲也是爱她的。这我在许多场合都可以看出来。有时候他温柔体贴，晚上临去剧院前总要和她接吻道别。星期日早晨，如果前一天晚上没喝酒，他会和我们一起吃早饭，给露易丝讲他在喜剧里表演的那些动作，我们都听得出了神。我总是全神贯注，像只老鹰似的紧盯着他的一举一动。有一回，他闹着玩儿，在头上包了一块手巾，一边围着桌子追赶他的小儿子，一边说：“我是特克伊·拉巴布皇帝。”

晚上大约 8 点，上剧院之前，他很少吃固体食物，总是吞下六个红葡萄酒浸的生鸡蛋。他的身体每晚全靠这点东西维持着。他不常回家，如果回来，只是为了要睡觉醒醉。

有一天，防止虐待儿童协会的办事人员来拜访露易丝，这件事使她感到非常气愤。他们那次来，是因为接到了警察局的报告，说一天夜里 3 点，发现我和雪尼睡在一个值夜人的火炉旁边。原来那天夜里露易丝把我们俩关在门外，后来警察叫她开了门，才把我们放了进去。

可是，过了几天，父亲去外地巡回演出的时候，露易丝收到了一封通知信，说母亲从疯人院里出来了。又过了一两天，房东太太走上楼，说有一位夫人在大门口，唤雪尼和查理[①] 出去。“来的是你们的母亲。”露易丝说。我们一时间都愣住了。接着雪尼就连蹿带跳地跑下了楼，扑到母亲怀里，我紧跟在他后面。仍旧是那个满面笑容的可爱的母亲，她亲热地拥抱着我们。

露易丝和母亲如果照面会很尴尬，所以母亲等候在大门口，我和雪尼收拾了自己的东西。双方都没有气恼和怨恨的表示——事实上，向雪尼道别的时候，露易丝也是彬彬有礼的。

母亲在肯宁顿路口的一条后街上租了一间房间，它在海沃德腌菜厂附近，所以每天下午，我们老是闻到那股酸味。但是那间房的租金很少，这样我们就又团聚了。母亲身体非常好，我们根本不会去想她曾经生过病。

那段时期我们靠什么度日，我一点也不知道。但是，我不记得我们经历过什么无法忍受的困苦，或遇到什么难以解决的问题。父亲基本能准时支付每星期 10 先令的补贴，当然，母亲又重新做她的活计，并且恢复了她和教会的联系。

有一件事情是在那段时期发生的。我们的街尽头是一个屠宰场，经常有赶去宰杀的羊经过我们家的门口。我记得，有一次一头羊逃走了，它沿着大街跑，看的人都乐了。有人跑去捉它，有人自己摔倒在地。我见四周一片混乱，感觉这情景有趣好玩，高兴得哈哈大笑，觉得太滑稽了。但是，后来那头羊被捉住，送回屠宰场时，悲剧的现实性控制了我，

① 卓别林名为查尔斯，查理为查尔斯的昵称。

我跑进家门，哭喊着对母亲说：“他们要杀死它了！他们要杀死它了！”过了许多天，那个春日的下午，那个滑稽的追赶场面，依然留在我的记忆中；我常常想，我后来电影的基调——悲剧与喜剧的成分相混合——是不是受了这幕情景的启发。

这时学校使我开了眼界：我学习了历史、诗歌和科学。但我觉得有些课程单调沉闷，尤其是算术：加法和减法只会使人联想到一个小职员和一架收银机，它的用处充其量不过是避免找错钱罢了。

历史只记录邪恶与暴行：臣子们如何谋杀国王，国王如何害死妻子、弟兄和侄子；地理只教人看地图；诗歌只教人练习记忆。学校教育用一些知识和事实把我弄得稀里糊涂，我对它们最多不过是稍感兴趣罢了。

除非有人施展出兜销商品的那种技巧，不叫我滥记事实，而是在每门课上先读一篇引人入胜的序言，增添我的乐趣，丰富我的想象，或者使数字的魔术妙趣横生，同时把地图浪漫化，使我对历史形成某种观点，教我欣赏诗歌的音乐性，那样，我也许才有可能成为一个学者。

自从母亲回到我们身边以后，她又激起了我对戏剧的兴趣。由于她的鼓舞，我感觉到自己具有一定的才能。但是，直到圣诞节前的几个星期，学校里上演《灰姑娘》大合唱时，我才迫切感到需要把母亲教我的东西全部表演出来。不知道什么缘故，那次没有挑选我去表演，我羡慕那些被选中了的同学，但认为我能够在大合唱中表演得比他们更好。我不满意那些男孩子，因为他们毫无想象力，只会呆板地背诵歌词。两个扮丑姐姐的缺乏热情，不能表演出喜剧的精神。他们念道白时，迂腐气十足，哼着小学生的音调，矫揉造作得使人感到难堪。我是多么希望演一个丑姐姐，把母亲教我的技巧全部表演出来啊！但是，那个演灰姑娘的女孩子却把我吸引住了。她长相美丽，态度文雅，大约有十四岁，我心里暗暗地喜爱她。可是，我们在社会地位和年龄方面，都相较悬殊。

我觉得，要不是因为有那个美丽的女孩子，那个大合唱将会很沉闷，然而她的美丽又使我感到有点忧郁。当时我根本没想到，两星期后我竟会一鸣惊人，被叫到每一个班级里去背诵《普丽茜拉小姐的猫》。那是一段喜剧歌词，母亲在一家报刊门市部的橱窗外面看到了，觉得它很有趣，就抄了带回家来。一次课间休息的时候，我把它背诵给一个同学听。我们的老师里德先生正在备课，他看见了，感到很有趣，等学生们到齐了，他就叫我背诵给大家听，他们听了哄堂大笑。这样一来，我的名气就传开了，第二天我被带到全校各个教室里，给男生和女生背诵这段歌词。

虽然我五岁那年就已经代替母亲，面对观众们演出，但实际上这一回我才初次体会到演出的魅力。学校变成了一个富有刺激性的地方。我从一个默默无闻、怕难为情的小孩，一跃成为老师和同学注意的人物。这件事甚至提高了我的学习成绩。但是，我的学校教育不久就要被另一件事打断：我离开了学校，加入了兰开夏八童伶木屐舞蹈班。

三

父亲认识舞蹈班主杰克逊先生，于是撺掇母亲，说登台演戏对我是一个立身成名的好机会，同时在经济方面对她也不无小补，因为我的吃住问题可以解决，而她每星期可以有半镑的收入。母亲起先拿不定主意，但在见了杰克逊先生和他一家人以后，就同意了。

杰克逊先生已经五十多岁，以前在兰开夏当过教师。他有三个儿子和一个女儿，都在兰开夏八童伶班里学艺。他是一位虔诚的天主教徒，原配妻子去世后，他和几个子女商量续弦的事。他续娶的妻子年纪比他略大一些，他常常带着虔敬的神情，说起他续娶的经过。他在一份报纸上登了一则征婚广告，收到了三百多封应征信。祷告之后，他只打开了其中的一封，而那封信恰巧是杰克逊夫人寄来的。她以前也是一位学校教师，并且，好像是应了他的祷告，也是一位天主教徒。

杰克逊夫人的长相并不很好看，无论在哪方面她都算不上是一个贪图享受的人。我还记得，她那张枯槁瘦削、颜色苍白的脸上布满了皱纹——这也许是因为她年纪已经不小，婚后又给杰克逊先生添了一个男孩子的缘故。然而，她是一位忠实负责的妻子，即使在哺乳期间，她也辛勤工作，帮着丈夫经营和管理舞蹈班。

她谈到自己的罗曼史时，和杰克逊先生所说的稍许有点出入。据说，他们俩虽然通过信，但是直到结婚那天都没见过面。他们头一次在客厅里单独见面，儿女们都在另一间屋子里等着，这时候杰克逊先生说：“我对你完全满意。”而她也表示了同样的想法。每次对我们几个男孩子讲到最后时，她总是一本正经地说："可是我没想到，一下子就当上了八个孩子的母亲呀。"

三个儿子，最小的十二岁，最大的十六岁。还有一个九岁的女儿，她把头发剪得和我们一般短，这样就可以在舞蹈班里充男孩子。每逢星期日，除我以外，所有人都去天主教堂里望弥撒。因为只有我一个人是基督教徒，我感到很孤单，所以偶尔也和他们一起去教堂。要不是顾忌母亲的宗教信仰，我是很可能改信天主教的。我喜欢那种神秘色彩，还有卧室角落里设的祭坛，孩子们在祭坛上供了圣母玛利亚像，摆着鲜花，点着蜡烛，每次经过那儿时，都要屈膝行礼。

我排练了六个星期后，可以在班里跳舞了。但是，这时候我已经过了八岁，失去了自信力，第一次面对观众时会感到怯场，我连腿都没法移动。又过了几个星期，我才能够像其他孩子那样单独舞蹈。

我不甘心单单在八童伶班里跳跳木屐舞。像其他几个孩子一样，我很想能够独自演上一场，这样不但可以挣更多的钱，而且，我本能地觉得，要比单单舞蹈更能使我感到满足。我很想成为一个演丑角的童伶——但这需要有胆量，敢独自在台上表演。其实，我最初之所以想表演舞蹈以外的节目，不过是为了要逗人笑罢了。我有一个设想，那就是两人合演一出喜剧，由两个男孩装扮成剧中的流浪汉。我把这个主意告诉了另一个孩子，于是两人决定合作。此后联袂登台就成了我们梦寐以求的理想。我们管自己叫"百万富翁流浪汉：布里斯托尔和卓别林"，准备戴上流浪汉的胡子和大钻石戒指。未来的表演将包括一切我们自认为能够招笑和赚钱的花样，但是，真可惜，这计划没有能够实现。

观众之所以爱看兰开夏八童伶班，正像杰克逊先生所说的，是因为我们跟一般剧院里的童伶完全不一样。他夸口说，我们是从来不涂油彩的，我们红扑扑的面颊都是自然的。如果有谁在演出之前面色有点苍白，他就要我们拧自己的脸。但是在伦敦，每天晚上要赶两三场戏，有时候我们会忘记他的话，登台后显得有点疲劳和厌倦，后来，看见杰克逊先生在条幕后面急得苦笑，一边笑一边指着他的脸，我们就像触了电一样，脸上突然堆出了灿烂的笑容。

我们去外地巡回演出时，每到一个镇上，就要在那儿的学校里读一个星期书，但这对我的学业进步是毫无助益的。

过圣诞节的时候，我们在伦敦马术表演场上演的《灰姑娘》哑剧里扮猫和狗。当时的马术表演场实际上是一个新开的剧院，兼演杂剧和马戏，布景考究，很能吸引观众。马戏场地的部分地面凹了下去，里面灌满了水，还有花样翻新的芭蕾舞表演。一排又一排的漂亮姑娘，穿着闪闪发光的潜水服走上场，然后完全消失在水底。当最后一排人钻到水里时，法国大名鼎鼎的丑角马塞林穿了一套邋里邋遢的晚礼服，戴了一顶歌剧帽[1]，拿着一根钓鱼竿，走出场来。他坐在一张折凳上，打开一个大珠宝箱，在鱼钩上挂一串钻石项链当鱼饵，把它投到水里。停了一会儿，他又用小一点的珠宝去“诱鱼”，扔下去几只镯子，最后把珠宝箱里的东西全部倒了下去。突然间，一条鱼上了钩，于是，他就像发了疯似的，开始滑稽地打着转儿，拼命地扳那根钓鱼竿，最后从水里提出了一条经过训练的小狮子狗。狗会模仿马塞林的一举一动：他坐下来，狗也跟着坐下来；他竖蜻蜓，狗也跟着竖蜻蜓。

马塞林的滑稽戏新奇有趣，伦敦人对他的表演喜爱得发了狂。在厨房布景的一场戏里，我配合马塞林扮演一个小配角。我扮演一只猫，正吃着牛奶，马塞林从一条狗跟前倒退过来，在我背上绊了一个跟头。他老是怪我，说我背拱得不够高，否则他可以摔得轻一点。我戴了一个猫面具，面具上是猫吃惊的神气。第一天日场为儿童演出时，我走到那条狗的屁股后面，开始用鼻子去嗅。观众们大笑，于是我转过身，一边向

① 一种可以折叠的高帽子。

他们做出吃惊的神情，一边扯动一根绳，这时面具上瞪着的那只眼睛就开始眨巴。我又用鼻子嗅几下，又眨巴几下眼睛，剧院经理从后台走过来跺脚，在条幕后面急得直做手势。但是我继续那样表演。我先嗅嗅狗，再嗅嗅台口，然后举起了一条腿。观众们哄堂大笑——也许是因为这个姿势已经不像是一只猫了。最后我看见了经理，于是在热烈的掌声中蹦蹦跳跳地跑进了后台。“以后可别再玩这一套啦！”他气急败坏地说，“你这样，宫内大臣会封了我们的剧院的！”

《灰姑娘》很卖座，虽然马塞林自己并不编排剧情和故事，但他始终是一位吸引观众的红角。又过了几年，马塞林去纽约马术表演场演出，仍能轰动一时。但是，等马术表演场取消了马戏场地，大家很快就把他忘记了。

大约是在1918年，林林兄弟[①]的三环马戏团[②]来洛杉矶演出，马塞林也跟着一起来了。我以为他该是主角，但是使我感到惊讶的是，他只不过是在巨大的场地上跑来跑去的许多丑角中的一个——一位伟大的艺人，终于在三环马戏团那种极度浪费人才的机制下消失了。

后来，我到他的化装室里去做自我介绍，向他旧事重提，说我曾经在伦敦马术表演场扮猫陪他演出。但是他的反应极为冷淡。在丑角的化装下也看得出他的悲哀，他仿佛在忧郁中显得呆板了。

一年以后，他在纽约自杀了。报纸上登出了短短的一则报道，说一个和他同住的人听见了一声枪响，发现马塞林已经倒在地上，手里握着一支手枪，一张留声机唱片仍在转动，奏的是《月光与玫瑰》。

许多知名的英国喜剧演员都寻了短见。杰出喜剧演员T. E. 邓维尔走进一家酒馆的雅座，听见有人说：“那个家伙玩完了。”就在那一天，邓维尔在泰晤士河边开枪打死了自己。

---

① 查尔斯·林林（1863—1926）和他的兄弟约翰·林林（1866—1936）都是美国著名的马戏团班主。

② 指在三个环形场地同时演出的马戏团。

马克·谢里登是英国杰出的丑角之一，他在格拉斯哥的一个公园里用手枪自杀，因为他的演出没受到该市观众的欢迎。

弗兰克·科因是一个性情活泼的喜剧演员，和我们一起合演过戏，曾把这首轻松的歌曲唱出了名：

你别叫我骑那个玩意儿行不行？
要我对付那样的马呀，我可不能。
瞧，只有这种马我骑骑还不妨：
连姑娘们都可以在它背上晾衣裳！

他下了台后，总是满脸笑容、高高兴兴的。但是有一天下午，他准备和妻子坐自己的马车去兜风，他忘了一件什么东西，叫妻子等着，自己走上了楼。二十分钟后，妻子上楼去看他为什么耽搁了那么久，却在浴室内发现了他。他倒在血泊中，手里拿着一把剃刀——他抹了脖子，几乎连脑袋都整个割下来了。

我童年时代看到的许多艺人当中，给我印象最深的倒并不是戏演得很红的，而是下台后显得性格独特的。在喜剧中扮演流浪汉和耍杂技的查摩，严格地训练自己。每天早晨，剧院一开门，他就开始接连几小时练习杂技。我们看到，他在后台把一根台球棒竖在下巴上，然后把一个台球扔到空中，用棒尖去接住，再把另一个台球扔到空中，让它落在第一个球上——可是演到后一招时，他常常会失手。据他对杰克逊先生说，接连四个年头，他一直在练习那一招，后来，一个周末，他准备首次向观众献技了。那天晚上，我们都站在条幕后面看他表演。瞧他表现得多么完美，第一次演出就成功了！他把第一个球抛了上去，球落在棒尖上，再抛上去第二个球，又落在第一个球上。但是观众们只一般地报以掌声。杰克逊先生常常谈到那天晚上的事。他对查摩说：“你叫观众们把你的玩意儿看得太容易了，所以你卖不出去呀。你应当先失几次手，然后再接住。”查摩大笑：“我还没练会怎样失手呢。”查摩还喜欢研究摸骨看相，他说出了我的性格。给我看相时，他说我这人无论学会什么知识，都能记住，并且会很好地加以利用。

此外还有最会招人笑和给人印象很深的格里菲斯兄弟，他们常常使我感到困惑，因为这两个在滑稽戏里荡高空秋千的丑角，老是在秋千上用大棉鞋狠命地踢对方的脸。

“哎哟喂！”被踢的一个说，“我看你再敢踢！”

“再敢踢？”啪的又是一脚。

这时候被踢的那个晕头转向，露出了吃惊的神情，说：“瞧他又踢我啦！”

这种狂暴举动使我感到吃惊。但是，一演完戏，他们就变得文静和严肃，又是一对友爱的兄弟了。

丹·伦诺可以说是自传说中的格里马尔德人以来①最伟大的英国丑角。我虽然没有看过全盛时期的伦诺，但我觉得，与其说伦诺扮演的是丑角，毋宁说他扮演的是性格演员。母亲曾经对我说，伦诺对于伦敦下层社会的离奇描绘，是富有人情味的，是令人喜爱的。

大名鼎鼎的玛丽·劳埃德以轻佻活泼著称，但是我们和她一起在伦敦河滨大街老蒂沃利剧院演出时，我再没有见过比她更严肃认真的艺人了。我总是睁大了眼睛，看这位神情焦急、体形矮胖的女性在后台紧张地来回踱步，出场前她一直是那么急躁和担心。可是一出场，她就立刻变得轻松愉快了。

专爱刻画狄更斯小说人物的布兰斯比·威廉斯，模仿尤赖亚·希普、

---

① 意为有史以来。格里马尔德人为旧石器时代欧洲史前人种，因其遗骨发现于意大利的格里马尔德村而得名。

比尔·赛克斯和《老古玩店》里的老者[①]时，完全把我吸引住了。这个长相漂亮、态度端庄的年轻人，对着吵吵嚷嚷的格拉斯哥观众表演时，已化身为有趣的小说人物，他所用的手法为舞台开辟了一个新天地。他还激起了我对文学的兴趣；我想知道这些书里究竟隐藏着什么秘密——这些像乌贼般隐住了自己的狄更斯小说人物，是如何在千奇百怪的克鲁克香克[②]的世界中活动的。虽然我当时还不会阅读，但是我仍旧买了一本《雾都孤儿》。

我对狄更斯的小说人物着了迷，想学布兰斯比·威廉斯那样模仿他们。这种显露出来的才能是不会长期瞒过别人的。有一天我模仿《老古玩店》里的老者给其他的孩子看时，被杰克逊先生发现了。他当场宣布我是天才，并且决定要将其公诸全世界。

这件大事发生在米德尔斯伯勒[③]的一家剧院里。我们跳完了木屐舞，杰克逊先生登上台，那副一本正经的模样，就好像要宣布一位新生的救世主降临人间。他说，在一班孩子当中发现了一位天才儿童，这位天才儿童会学布兰斯比·威廉斯扮演《老古玩店》里的老者，模仿老者如何看不出他的小蕾儿已经死了的那幕场景。

观众们已耐着性子看了一晚上很沉闷的节目，这时候已经不大有兴致再往下看了。我身上仍旧是一件平常跳舞时穿的镶花边领子的白亚麻布短罩衫、一条丝绒灯笼裤、一双红舞鞋，却要扮得像一个九十岁的老头。我们不知道从什么地方，也不知道想了什么办法，弄来了一顶旧假发——也许是杰克逊先生买来的吧——但是它和我的脑袋大小不相称。虽然我的脑袋很大，但是那顶假发更大；那是一顶给扮秃顶的演员戴的假发，是用长长的一圈灰线制成的。当我学着老人弯腰驼背，出现在台

---

① 这三人都是狄更斯小说中的人物：尤赖亚·希普是《大卫·科波菲尔》中的一个市井无赖，比尔·赛克斯是《雾都孤儿》中的一个恶棍，老者指《老古玩店》中孤儿小蕾儿的外祖父。

② 克鲁克香克（1792—1878）：英国画家，以漫画和插图闻名。

③ 英国约克郡的一座海港城市。

上时，就像是一只甲虫在爬，观众们于是都嗤嗤地笑了起来。

这一来再要叫他们安静下来可就难了。我压低了声音悄悄地说：“嘘，嘘，你们别作声，你们会吵醒了我的蕾蕾呀。”

“响点儿！响点儿！大声点说！”观众们嚷嚷。

但是我仍旧衰弱无力地悄声说着，完全像是在窃窃私语，于是观众们就开始跺脚，而我刻画狄更斯小说人物的尝试也就到此结束了。

和兰开夏八童伶班的艺徒在一起，虽然生活简朴，但心情愉快。偶尔我们也会惹一些小小的纠纷。记得有两个年龄与我相仿的艺徒是走软索的小男孩，他们和我们一起串演，有一次偷偷地告诉我们，他们的母亲一星期能拿到 7 先令 6 便士，每逢星期一早晨就在他们盛咸猪肉和鸡蛋的盘子底下摆 1 先令，给他们当零用钱花。“可是，”我们当中一个孩子说，“我们只拿到两便士呀，早餐只能吃到面包和果酱。”

杰克逊的儿子约翰听我们这样埋怨时，伤心得哭了，他告诉我们，有时候，在伦敦郊区，我们只能临时演出一两个星期，他父亲每星期只能为这个班子挣到 7 镑，勉强应付开销都很困难。

看到这两个小艺徒过着富裕的生活，我们也都渴望成为走软索的演员。因此，有几个早晨，剧院一开门，我们当中就有一两个人开始练习翻筋斗，在自己腰里缚上一根绳。这样练下去，我的筋斗已能翻得很好了，可是后来我摔了一跤，大拇指挫伤了。于是我的走软索生涯也就告终了。

除舞蹈以外，我们总想方设法要多学会一些其他的本领。我想在滑稽戏里要杂技，于是攒了一点钱，买了四个皮球和四个白铁皮盘子，每天连续几小时站在床头旁边练习。

杰克逊先生真是一个好人。在我离开童伶班的前三个月，我们参加了一次为我父亲举办的义演，因为那时父亲已经病得很厉害，许多艺人自愿献技捐助，其中包括杰克逊先生的兰开夏八童伶班。举行义演的那天晚上，我父亲走到台上，气喘吁吁，很费力地说了一席话。我站在戏台边上看着他，当时没想到他已经是早晚就要去世的人。

我们回到伦敦后，每逢周末我都要去看望母亲。她觉得我面色苍白，身体很瘦，认为舞蹈对我的肺有害。她非常担心，写信给杰克逊先生絮叨这件事情，杰克逊先生看了大为恼火，最后把我送回了家，说他不值得为了我跟这样一个爱找麻烦的母亲纠缠不清。

过了几个星期，我害了气喘病。我病得越来越厉害，母亲以为我患了肺结核，赶紧带我去布朗普顿医院，给我做了全身检查。结果医生并没发现我有肺病，但我确实患了哮喘症。此后几个月里，我一直呼吸困难，感到非常痛苦。有时候我恨不得要从窗子跳出去。用一条毯子蒙着头去嗅药草喷雾，也不能使我舒服多少。但是，像医生预测的那样，最后我的病好了。

这段时期里的事情，我有记得清楚的，也有模糊了的。给我印象深刻的，是穷苦生活中使人感到难堪的处境。我已经记不得雪尼当时在哪里，他比我大四岁，我只偶尔意识到他是在我身边的。为了减轻母亲的负担，他可能是去跟外祖父一起住了。我们好像常常东搬西迁，最后搬进了波纳尔弄 3 号的阁楼里。

我很清楚地体会到，我们因穷苦而在社会上遭受了种种耻辱。即使是最穷苦的儿童，每逢星期日也总要吃一顿自己家里烧的菜。在家里吃烤肉是一件体面的事情，同时也是区分穷人各阶层的一种仪式。凡是星期日无力在家中吃一顿饭菜的，都属于乞儿阶层，而当时我们就属于那个阶层。母亲总是叫我到最近的一家小餐馆去，买一客 6 便士的客饭（包括一点肉和两样蔬菜）。这是多么寒碜啊——尤其是在星期日！我老是缠着她，怪她为什么不在家里烧些菜，尽管她再三向我解释说在家里做菜要多花一倍的钱。

但是，我们鸿运高照，一个星期五母亲去赛马，赢了 5 先令，于是，为了使我高兴，她决定星期日自己烧一顿饭菜。除其他一些可口的食物外，她还买了一块预备烤了吃的肉，但看上去它又像牛肉又像板油。肉大约有 5 磅重，上面还贴了一张标签："最宜烧烤"。

母亲没有炉灶，只得借用房东太太的，但又不好意思老是在厨房里跑出跑进，就随便地估计了一下烤肉的时间。结果真叫人扫兴，那块肉缩到棒球一般大小了。尽管母亲埋怨说我们吃 6 便士一客的饭菜既省事又可口，但是我吃得挺高兴，想到自己能和左右高邻过同样的生活，感到心满意足。

我们的生活中突然出现了一次变化。母亲遇见了一个老朋友，这个朋友衣饰华丽、气派十足，看来很是得意，原来她已经放弃了舞台生涯，做了一位阔绰的老上校的外室。如今她住在斯托克韦尔街一个上等住宅区里。和母亲久别重逢，她非常高兴，约我们去她家里度夏。当时雪尼正下乡去采啤酒花，所以也用不着盛情邀请，母亲就答应了。母亲做得一手好针线，于是把自己打扮得很大方，而我则穿上了兰开夏八童伶班留下的那套漂亮衣服，所以这次出门看上去总算相当体面。

第二天我们住进了兰斯多恩广场拐角一个极其幽静的寓所，到了一个极其富丽的环境里。那家雇有许多仆人，粉红色和蓝色的卧室里，挂的是印花棉布窗帘，铺的是白色熊皮地毯，我们在那儿的生活也是十分奢侈的。我记得非常清楚：温室中培育出来的碧绿的大葡萄把饭厅里的餐柜点缀得多么美丽，而每当我看到那些葡萄神秘地逐渐减少，一天天变得更像一个光杆时，我又感到多么内疚。

那家人一共雇了四个女人帮佣：一个厨娘、三个女仆。除母亲和我以外，另有一位男客，一个风度翩翩的年轻人，他留着剪短了的红色小胡子，老是显得十分紧张。平时他对人和蔼可亲，态度大方，在那位留着灰色络腮胡的上校出现之前，他好像永远是这个家的一员——但每次上校一回来，这位漂亮的年轻人就不见了。

上校每星期只偶尔回来一两次。他在家的时候，整个住宅里都笼罩着一种神秘的气氛，母亲总是关照我躲开点，别叫他撞见了。有一天，我跑进门厅，上校正从楼上走下来。他是一个身材高大、态度端庄的绅士，穿了一件大礼服，戴了一顶大礼帽，长着一张红润的脸、一把长长的花白络腮胡和一个秃脑袋瓜儿。他向我温和地微笑，继续向前走去。

我始终不大明白，为什么大家要那样大惊小怪，为什么上校一回到家就会产生这种影响。但是上校从来不在家里多待，他一走，那个留小短胡子的年轻人就来了，一家人也恢复正常了。

我变得十分喜欢那个留小短胡子的年轻人。我们总是带着女主人那两条美丽的猎狗，一起到克拉彭公地① 去散步，一直走到很远的地方。那些年里，克拉彭公地的环境很优雅。在我们偶尔去买东西的药房内，香水、肥皂和香粉散发出的熟悉的香味，给人一种优雅的感觉——打那时候起，我一闻到药房里的气味，就会有一种愉快的怀旧情绪。那位年轻人劝母亲让我每天早晨洗冷水浴治疗哮喘，这种冷水浴可能是有益的，浴后我感到精神爽适，所以后来我就喜欢洗冷水浴了。

值得注意的是，人是非常容易适应上层社会的生活排场的，会变得文雅，习惯于生活上的享乐。过了还不到一个星期，我已经认为享受这一切是理所当然的了。每天早晨，牵着崭新的棕色皮带出去遛狗，然后回到漂亮的住宅里，由仆人派头十足地用银盘子端上菜，侍候着用午餐，这一切使我感到多么幸福啊。

花园墙后面有一户人家，那家雇了和我们住的这家一样多的仆人。他们一家三口，年轻夫妇带着一个儿子，那儿子和我年龄差不多大，他那间儿童室里摆满了精致的玩具。我常常被邀去和他一起玩耍，留在那

① 通往斯托克韦尔街和肯宁顿路的公路边一块占地二百二十英亩的空地，从前是荒野沼泽，19 世纪初经过平整，种了树木，成了运动和游乐的场所。

儿吃晚饭，这样我们俩就成了极要好的朋友。他父亲在市中心一家银行里担任很高的职位，母亲长得年轻貌美。

有一天，我无意中听到我们这家的女仆和那个孩子的女仆谈体己话，那个女仆说她们家少爷需要请一位家庭女教师。“这个也要请一位呀。”我们这家的女仆说，她指的是我。我听到自己被人家当作是一个有钱人家的孩子，感到很兴奋，但是当时不大明白，为什么她要这样抬高我的地位。也许她是在暗示，她所侍候的人家和隔壁那家同样有钱有势，这样就可以抬高她自己的身价吧。从此以后，每逢和隔壁人家的孩子一起吃饭时，我就感觉到自己是在冒充一个富家子弟。

最后我们离开了那个体面的人家，回到了波纳尔弄 3 号，虽然那是一个令人伤心的日子，但是，一想到自己过自由自在的生活，我又感到安慰。毕竟，做客人时我们总感到有些紧张，并且，正如母亲所说，客人好像是糕点，留的时间久了，就会变味，不中吃了。就这样，一度使我们和短暂的奢侈生活产生联系的丝带断裂了，我们又恢复了自己习惯的穷苦的生活方式。

四

1899年是留络腮胡之风盛行的一年：留络腮胡的有皇帝、政治家、士兵和水手，有模仿克鲁格[①]、索尔兹伯里[②]、基钦纳[③]和德皇[④]的，也有模仿板球运动员的——在那个年代里，我们看到的是浮夸和荒谬得令人难以置信的举动，是豪富与赤贫极端的差别，是漫画及报刊所表现的愚蠢的政治偏见。英国人一再被激怒。少数布尔农民在非洲德兰士瓦作战时[⑤]不肯正大光明地交锋，于是我们那些穿红色军服的士兵就成了他们躲在大石头后面射击的最好的靶子。后来，陆军部立即把红色军服改成了卡其制服。

我只是从爱国歌曲和独幕剧里，从印有将军像的香烟画片上，约略地知道了一些有关战争的事情。听到布尔人包围莱迪史密斯[⑥]的消息，人们都很伤心；听到马弗京解围[⑦]的捷报，举国又欣喜若狂。后来我们获得了胜利——屡经挫败后获得了胜利。这一切我都不是从母亲口中听到的，而是从别人那儿听来的。母亲从来不提及战争。她要进行她自己的战斗。

雪尼那年十四岁，已经从学校里出来，在河滨大街邮局工作，当一

---

① 克鲁格（1825—1904）：德兰士瓦共和国总统。

② 指索尔兹伯里侯爵（1830—1903），曾三任英国首相。

③ 基钦纳（1850—1916）：英国陆军元帅。

④ 指威廉二世（1859—1941），1888至1918年在位。

⑤ 英国殖民者在南非扩张，布尔人被迫自卫，1899年10月布尔战争爆发，1900年6月德兰士瓦和奥兰治共和国为英国吞并。

⑥ 1899年至1900年，布尔人围攻南非城镇莱迪史密斯，达四个月之久。

⑦ 1899年至1900年，英军被布尔人围困在战略要地马弗京，历时七个月方始解围。

名报差。靠雪尼的工资和母亲缝衣服挣的钱，经济上我们几乎可以过得去了——虽然，母亲对家用的那点补贴是为数甚微的。她替一家血汗工厂做计件工，缝一打罩衫挣1先令6便士。尽管送来的是已经裁剪好的罩衫裁片，但要缝好一打罩衫，仍需工作十二小时。母亲的记录是一星期缝五十四件罩衫，报酬总共只有6先令9便士。

夜里，我常常躺在我们那间阁楼里，看着她俯身凑近缝纫机，头部周围映出一圈油灯灯光，脸上覆着一片暗淡的阴影。她全神贯注地看着那线缝迅速地在缝纫机针底下移过去，她的嘴唇由于紧张用力而微微张开；听着单调的机器声，我又睡着了。她这样工作到深夜，往往是因为有一笔账已经到了付款的最后期限。我们常常不能按时偿付分期款项。

后来，我们遇到了一个财务危机。雪尼需要一套新衣服了。他整个星期，包括星期日，都穿着那套报差的制服，到后来他的朋友都取笑他。有两个周末，他老是躲在家里，最后母亲才给他买了一套蓝色哔叽衣服。她好不容易凑齐了18先令。但是，这样一来，就给我们造成了亏空。每逢星期一，雪尼穿了那身报差的制服回去上班时，母亲就不得不把那套哔叽衣服送去当了。她把衣服当7先令，到星期六再赎出来，好让雪尼穿了度周末。这件每星期习惯做的事情，一年多来已经成为例行仪式，直到后来那套衣服磨得都要破了。这时候她受到了一次打击。

那是一个星期一的早晨，母亲仍和往常一样到当铺去。伙计感到为难了："对不起，卓别林夫人，我们不能给你当7先令了。"

母亲吃了一惊。"可是为什么呀？"她问。

"因为太担风险了，这条裤子已经磨损了。你瞧呀，"他边说边把一只手衬在裤裆底里，"你可以看得见那一面了。"

"可是，这个星期六就赎出来呀。"母亲说。

当铺伙计摇摇头："连上衣带裤子，我最多只能出3先令。"母亲是不大容易哭的，但这一次她受的打击太大了，她眼泪汪汪地回到了家里。

她还指望那 7 先令维持我们一个星期的生活呢！

同时，我的衣服也是破烂不堪，补不胜补。我在兰开夏八童伶班的那套衣服已经变成了小丑穿的戏装。胳膊肘上，裤子上，鞋子上，袜子上，到处都是补丁。就是这样一身打扮，有一天我迎面碰见了斯托克韦尔街那位漂亮的小朋友。他到肯宁顿干什么，我不知道，再说，我也窘得不好意思再去问他。他倒是很亲切地招呼我，但是我看得出，他在打量我那副可怜样。为了缓解局促感，我装作毫不在意，用最文雅大方的口气对他说，我刚上完一堂该死的木工课回来，所以穿着这样一套旧衣服。

但是，听了我的解释他并不感兴趣。他露出一副懊丧的神情，把眼睛转到一边，怕人看出他的尴尬。他问到了我母亲。

我满面春风地说，她到乡下去了，接着又关心地问他："你还是住在老地方吗？"

"是呀。"他回答时仔细地观察我，就好像我犯了什么弥天大罪似的。

"那么，我走了。"我突然说。

他淡淡地一笑。"再见。"他说。于是我们分了手，他从容不迫地向一个方向走去，我又气又羞，慌慌张张地朝另一个方向跑了。

母亲常常说："你可以总是低头哈腰，但是什么东西也拾不着。"可是她自己并不遵守，于是我常常觉得失了面子而感到气愤。有一天，从布朗普顿医院回来，母亲在路上停下来责备几个孩子，怪他们不该欺侮一个衣衫褴褛的街头流浪女人。那女人把头发剪短了，这在当时是很少见的，所以那些孩子都大声笑着，拉拉扯扯地把彼此往她身上推，仿佛谁碰到她就会蹭脏了自己似的。那个女人像一头困兽似的站在那里，后来还是亏了母亲的干涉才解了围。这时候那个女人像是认出了母亲。"莉儿，"她衰弱无力地说，唤的是母亲的艺名，"你不认识我了吗？我是伊娃·莱丝托克呀。”

母亲立刻认出了她，她是母亲演歌舞剧时认识的一个老朋友。

我非常难为情，只好一径向前走去，在拐角那儿等候着母亲。那些孩子走过我身边时，都嘻嘻哈哈地笑着。这可把我气坏了。我回过头去看母亲怎样了，哎呀，瞧那个流浪女人跟她一起向我这边走过来了。

母亲说：“你还记得小查理吗？”

“我怎会不记得他呀！”女人伤心地说，“他还是小小孩儿的时候，我抱了他多少次啊。”

听到这，我感到一阵恶心，因为那女人是那么肮脏讨厌。我们沿路走过去时，看见人们都转过身来望着我们三个人，真叫人难堪呀。

母亲演歌舞剧认识这个女人时，人家都管她叫“时髦姑娘伊娃·莱丝托克”。母亲告诉我，那时候她又漂亮又活泼。据那女人说，她曾经生病进了医院，自从出院后就在拱门下过夜，或者住在救世军的收容所。

母亲首先送她到公共浴室去洗了澡。然后，使我大为吃惊的是，母亲竟把她领到了我们的小阁楼。这女人是否仅仅是由于生病而落到这个地步的，我不知道。但是无法容忍的是，她竟然睡在雪尼那张由扶手椅改制的床上。母亲还把自己所能匀得出的衣服统统送给了她，又借给她两个先令。过了三天，她走了，此后我们再没看见这位“时髦姑娘伊娃·莱丝托克”或听到她的消息了！

父亲去世之前，母亲和我一度搬出了波纳尔弄，在泰勒夫人家租了一间屋子，这位泰勒夫人是母亲教会里的朋友，也是一位虔诚的基督徒。她身体矮胖，年龄在五十五岁左右，方下巴，黄黄的脸上布满了皱纹。我在教堂里留心看她，发现她满口的牙齿都是假的。她一唱歌，那些假牙就从上牙床脱落到舌头上——那歌声因此具有一种催眠的力量。

她一举一动都显得劲头十足，好像精力十分充沛。由于同在一个基督教教区，她愿意照顾母亲，以很低的房租把自己家三层楼上的一间前房租给母亲，她那幢大房子旁边是一片坟地。

泰勒夫人的丈夫活像狄更斯笔下的匹克威克先生[①]，是一个制作精密度尺的技工，他的工作室就设在阁楼。屋顶上开了一扇天窗，我觉得那儿很像天堂，因为有一种宁静的气氛。我常常去看泰勒先生工作，直看得出了神，他戴着一副厚玻璃眼镜，全神贯注地对着一个很大的放大镜，制造可以测量一英寸的五十分之一的钢尺。他独个儿干活，我常常给他当差跑腿。

泰勒夫人一心要她丈夫皈依宗教，因为，按照她的想法，丈夫不信教就是一个罪人。她女儿长相和她一模一样，只是面色没那么黄，当然，也年轻得多，要不是因为态度傲慢，盛气凌人，按说她是可以讨人喜欢的。她和她父亲一样，从来不去做礼拜。但是泰勒夫人始终希望能够把父女俩一起感化。女儿是她母亲的一颗掌上明珠，但并不是我母亲的。

一天下午，我正在阁楼看泰勒先生干活，听见下面母亲和泰勒小姐吵了起来，两个人都向对方大声嚷嚷。我走到楼梯口，看见母亲正向栏杆外探出身子说："你以为自己是什么人呀？臭小姐？"

"哎呀！"女儿叫喊起来，"这种话也是一个基督徒说得出口的呀！"

"你别急呀，"母亲口齿伶俐地说，"我的好小姐，这话出自《圣经·申命记》第28章第37节，我只不过改动了一点罢了。[②]但是，'臭'和你很配呢。"

经过这次吵架，我们又搬回波纳尔弄去了。

肯宁顿路上的三鹿酒馆，并不是我父亲常去光顾的地方，但是有一

① 《匹克威克外传》中的主角，一个性情和善，但是不通世故的人。

② 英文中shit（粪便）与shittah（皂荚）形声近似。《圣经·以赛亚书》第41章第19节中写道："我要在旷野种上香柏树、皂荚树、番石榴树和野橄榄树。"引《申命记》疑似有误。

天晚上我走过那儿，忽然转到了一个念头，想要向里面望一望，看看父亲是不是在那儿。我把酒馆门推开了一点，露出几英寸宽的一条缝。可不是他吗，坐在角落里呢！我已经准备走开了，可是这时他脸上露出了笑容，做手势唤我过去。我见他这样向我表示亲热，感到惊奇，因为他一向是不流露情感的。看样子他当时已经病得很厉害，他的眼睛陷了下去，身体肿得又肥又大。他做了一个拿破仑的姿势，把一只手插在背心口袋里，好像是为了要减轻点呼吸困难的痛苦。那天晚上他十分殷勤，问到母亲和雪尼的近况，我临走之前，还把我搂在怀里，第一次吻了我。那是我最后一次见到他。

三星期后，他被送进了圣托马斯医院。别人只能先把他灌醉，然后才能把他送去。他一知道自己进了医院，就发疯似的大闹起来——但是，这时他已经是垂死的人了。虽然他还很年轻，只有三十七岁，却由于水肿，一病不起。医生从他的膝部放出了十六夸脱的积液。

母亲去探望了父亲好几次，每次回来都很伤心。她说，父亲谈到要重新回到她身边，要到非洲去过新的生活。我听了这个打算大为高兴，但母亲只摇了摇头，因为她心里很明白。她说："他说这话，只不过是要讨我们欢喜罢了。"

有一天从医院回来，她因为听到约翰·麦克尼尔牧师的话而感到非常恼火。牧师去探望父亲时说："咳，查理，看了你这副样子，我只能想起那句老话：'种瓜得瓜，种豆得豆。'"

"安慰一个要死的人，亏他怎么会说出这样的话。"母亲说。过了不多几天，父亲去世了。

医院要知道谁给他办丧事。母亲手头不名一文，就想到可以让剧院慈善团体"杂耍演员福利基金会"负担丧葬费。这个主意一出，卓别林家族里的人登时闹了起来——由慈善团体负担丧葬费，这对他们是一件十分丢脸的事。我父亲最小的弟弟，那位非洲的艾伯特叔叔，当时正在伦敦，说他愿意付丧葬费。

下葬的那一天，我们在圣托马斯医院会齐，然后和卓别林家族其他的人一起去图廷公墓。雪尼因为要上班，不能够去。母亲领着我在指定时间之前两小时到了医院，因为她要在入殓前再看父亲一眼。

棺材里垫了白缎子，缎子边上和父亲的脸周围都是小朵的白色雏菊。母亲觉得那些花又朴素又动人，问是谁放在那儿的。别人告诉她，那天一大清早，有一位夫人领着一个小男孩来过。那是露易丝。

第一辆马车上坐的是母亲、艾伯特叔叔和我。去图廷的路上大家都很拘束，因为母亲以前从来没有见过艾伯特叔叔。艾伯特叔叔是一个相当时髦的人物，谈吐也很文雅；他虽然对我们彬彬有礼，但态度是冷漠的。据说他很有钱，在德兰士瓦有大片的牧马场，英布战争期间英国政府所用的马匹都是由他承办的。

下葬时落着倾盆大雨，掘墓人把铲起的泥块抛在棺材上，发出了凄厉的沉重响声。那情景阴森可怖，于是我哭了。后来亲属们都把他们的花圈和花朵扔进墓穴。母亲没东西可扔，就取出了我珍爱的那块黑边手绢。“喏，孩子，”她悄声说，“这就算是咱们俩的一点心意吧。”后来，卓别林家的人到他们的一家酒馆里去吃午饭；进门之前，他们很客气地问我们要上哪儿。于是我们搭车回到了家里。

我们回到了家里，餐柜里除了一碟烤牛肉上滴下的油汁外，什么吃的都没有，母亲囊空如洗，因为她已经把最后的两便士给了雪尼当饭钱。自从父亲生病以来，母亲就很少工作，现在将近周末，雪尼当报差挣的7便士早已花光了。送殡回来，我们都饿了。幸亏那个收破烂的从门口走过，我们剩下一个旧煤油炉子，于是母亲怪心痛地把它卖了，用卖得的半便士买了面包，搭着一点油汁给吃了。

母亲是我父亲的法定遗孀，第二天被唤到医院，去领父亲遗留下来的东西：一套黑色的衣服（上面斑斑点点都是血迹）、一件内衣、一件衬衫、一条黑领带、一件旧睡衣、几双家常穿的软鞋（鞋子里塞满了橘子）。她掏出橘子，一个半镑金币从鞋子里落到床上。这可是上天赐给我们的啊！

此后几个星期，我臂上老是缚着一块黑纱。一个星期六下午，我出去做卖花生意，这哀伤的标志就成了赚钱的工具。经过好说歹说，我终于向母亲借了 1 先令，去花市买了两束水仙花，放学后忙着把它们分扎成许多小束。如果所有的花都卖了，我可以赚翻倍的钱。

我走进酒馆，满面愁容，悄声说："买水仙花呀，小姐！""买水仙花呀，夫人！"那些小姐夫人总是问："你戴谁的孝呀，孩子？"于是我就把声音放低，悄悄地说："我父亲。"这时她们就赏钱给我。母亲见我晚上回到家里，一个下午就卖了五个多先令，觉得很奇怪。一天，我走出一家酒馆，和母亲撞了个满怀，从此结束了我的卖花生涯。她看到自己的孩子在酒馆里卖花，认为这对她这个基督徒来说是一种侮辱。她说："喝酒已经害死了你父亲，在这种地方赚来的钱只会给咱们带来灾难。"虽然她留下了那些钱，但是从此再不许我去卖花了。

我天性是非常爱做商人的。我老是在转念头，想要做个什么买卖。我常常向空空的铺面里张望，考虑怎样利用它们做一些赚钱的生意，从卖鱼卖炸薯条起，一直到开杂货店。我想到的都是一些与吃食有关的行业。我只不过是缺少本钱罢了——可是，那本钱从哪儿张罗呢？最后，我说服了母亲，让我离开学校去找工作。

我成了一个干过许多行当的老油子。起先，我在一家杂货店里当了一名跑腿的小伙计。一有空，我就在地下室里玩，那儿四面堆满了肥皂、淀粉、蜡烛、糖果和饼干，我偷尝那些甜食，到后来都吃腻了。

此后，我在思罗摩尔顿大街保险医生胡尔和金西-泰勒的诊所里当了一个侍应生，这原是雪尼的差事，经他临走时推荐，就由我接了下来。待遇很优厚，我每星期领 12 先令，做接待工作，可是医生们走了以后，我还得打扫诊所。接待工作我做得挺不错，很能赢得候诊病人的欢心，但是一到打扫诊所时，我就三心二意起来——在这方面雪尼可要比我强得多。倒尿瓶子我不在乎，但是擦十英尺高的诊所窗子确实是一件艰巨无比的工作，于是，诊所里的光线越来越晦暗，灰尘越来越多，到后来人家很客气地告诉我，说我干那种活不相称，年龄太小了。

一听人家这样说，我伤心得哭起来了。金西-泰勒医生娶的是一位很有钱的夫人，在兰开斯特门有一所很大的住宅，他看我可怜，说愿意把我留在他家里当一名小用人。我立刻心花怒放。在一个私宅里当小用人，又是一家非常高贵的人家！

那是一件美差，因为那家所有的女仆都喜欢我。她们把我当作一个小孩儿，我临睡前她们都要吻我，向我道晚安。要不是造化弄人，我也许会成为大管家。一天，夫人吩咐我去清理地下室里的一块地方，那儿高高地堆着许多粗板箱和破烂货，必须把它们一起理好，打扫干净，排列整齐。后来，我无心干活，却对一个八英尺长的铁管子产生了兴趣，把它当喇叭吹着玩儿。正当我玩得高兴的时候，夫人走进来了——于是我被辞退，三天后离开了那里。

我挺爱干 W. H. 史密斯书店里的那种活儿，但是后来老板发现我年龄太小，立刻把我解雇了。此后我又当了一天吹玻璃的工人。以前我在学校读到过描写吹玻璃的文章，觉得这工作新奇有趣，可是，热气熏倒了我，我在昏迷中被抬了出去，放在一堆沙土上。这情形已经够我受的了，我甚至没回去领那一天的工资。后来我又到斯特雷克尔文具印刷所工作。我向那儿的人吹牛，说我会操作沃菲代尔印刷机——一个二十多英尺长的硕大无朋的家伙。我从外面向地下室里瞧时，看见那部机器正在转动，以为干这活儿简单又容易。我看见一张招贴上写着："招雇沃菲代尔印刷机码纸男童工。"后来工头把我领到那部机器跟前，我发现它大得像怪兽似的。操作这部机器时，我必须站在一个五英尺高的平台上，就像到了埃菲尔铁塔顶上一样。

“揍它呀！”工头说。

“揍它？”见我张皇失措，他大笑起来，“你从来没管过沃菲代尔嘛。”

“只要给我一个机会，我学起来挺容易。”我说。

所谓“揍它”，就是去拉一根杠杆，让那怪兽动起来。他指给我看那根杠杆，然后让那怪兽以一半的速度动作。于是怪兽开始转动身体，咬牙切齿，发出尖厉刺耳的吼声；我以为它要把我吞下了。那些纸大得惊人，一张纸就可以包裹住我的整个身体。我拿着一把象牙刮刀，拨开纸张，捏着纸角把它们揭起来，然后，小心翼翼地赶紧把它们凑齐在牙齿跟前，让那怪兽咬住，把它们吞进又吐出，直到纸张在后面尽头卷了出来。头一天，那饥饿的怪兽老是要抢在我前头，我神经紧张得都要倒下来了。但是，我终于接下了这个每星期 12 先令的工作。

凛冽的清晨，天还没吐亮，我就出去上工，觉出一种传奇的气氛和探险的情调，街上荒凉静寂，只看见一两个模糊的阴影，向洛克哈特茶室的灯光移近，那是去吃早点的人。一天工作开始之前，和几个同事一起喝着热茶，浑身暖烘烘的，在休息的片刻中自然会有一种幸福之感。再说，印刷所的工作并不讨厌，除了每逢周末必须清洗胶质滚筒上的油墨（高大沉重的滚筒每个足有一百多磅重，清洗时非常吃力），其余的工作还是可以对付的。但是，在那儿工作了三个星期，我患了流行性感冒，于是母亲又逼着我去上学了。

雪尼那年十六岁，一天很激动地回到家里，原来他找到了工作，是在多诺万-卡斯尔轮船公司一艘驶往非洲的客轮上当一名号手。他的差事是饭前吹喇叭，此外再干一些其他的活儿。他从前在“埃克斯默思”号训练船上学会了吹喇叭，现在派上了用场。工资是每月 2 镑 10 先令；侍候二等舱里三桌客人吃饭，还可以领到赏钱。出航前公司可以预支给他 35 先令，他当然要把这笔钱交给母亲。想到将来的日子好过了，我们搬到了切斯特街理发店楼上的两间屋子里。

雪尼第一次航行归来，我们可以庆祝一下了，因为他带回了 3 镑多赏钱，并且都是银币。我记得，他把钱从几个口袋里掏出来放在床上。我好像生平第一次见到那么多的钱，于是再也舍不得撒开手。我把那些钱捧了起来，倒了下去，再堆起来，弄着玩儿，到后来母亲和雪尼都说我是个守财奴。

多么奢侈的生活啊！多么恣意的享受啊！那是夏天，我们大吃蛋糕和冰淇淋——还吃了其他许多考究的东西。这段时期里，我们早餐时吃熏鲱鱼、鳕鱼和烤过的茶点，星期日早晨还吃松饼和煎饼。

雪尼着了凉，在床上睡了几天，母亲和我服侍他。就是在那几天里，我们尽兴地吃冰淇淋，我带了一只很大的玻璃杯到意大利冰淇淋店里去买 1 便士的冰淇淋，店主见了十分恼火。我第二次去时，他建议我搬一个浴盆去。我们爱吃的一种夏日冷饮是冰果子露牛奶——冰果子露在撇去乳脂的牛奶里冒起了泡泡，味道可真美呀。

雪尼给我们说了许多有关航行的趣事。出航前第一次吹午饭号时，他差点被辞了工。由于长期没有练习，他怎么也吹不好那喇叭，船上的士兵喧哗起来。总管事暴跳如雷：“妈的你这算什么玩意儿呀？”“对不起，先生，”雪尼说，“我的嘴唇还没能凑好。”“哼，那你还是趁船没开之前凑好你那该死的嘴唇吧，否则我们就要赶你上岸了。”

开饭的时候，侍者们在厨房里排成了长队，等着领菜。可是，轮到雪尼时，他一时忘记了自己要的是什么，只好再排到队伍的末尾。雪尼说，头几天里，人家都已经在上点心了，他还在上汤。

雪尼待在家里，直到我们把钱都给花完了。幸而公司又雇他第二次出航，并且又预支给他 35 先令，他把钱都交给了母亲。可惜这点钱不够我们维持多久。三个星期一过，我们已经吃尽用空；再过三个星期，雪尼才能回来。母亲虽然继续做针线活，但是她挣的那点钱不够维持我们的生活。到后来我们又陷入困境。

可是我的主意还是很多。母亲有一堆旧衣服；一个星期六的早晨，我打算到市场上去想个办法把它们卖了。母亲显得有点为难，说那些东西不值什么钱。但是，我还是用一条旧被单把它们包了，走到纽因顿路，把那堆不体面的货摊在人行道上——那样子是怪寒碜可怜的——然后站在路边吆喝。“瞧这件呀！”我一面喊一面捡起一件旧衬衫，然后又捡起两件旧紧身衣，“你们愿意出多少？——1先令、6便士、3便士、2便士？”哪怕我喊1便士，也不会有一个人来买。有些过路人停下来，惊奇地望了望，然后笑着走了。我开始感到尴尬，特别是因为对面那家首饰店里的人从窗子里看向我。但是，什么也阻止不了我。最后我还是把一副样子不太令人丧气的鞋罩卖了6便士。可是，我在那里待得越久，就越感到局促不安。过了一会儿，首饰店里的那位先生向我走来，用很重的俄国口音，问我这买卖干了多久了。尽管他的神情很严肃，但我仍旧可以从他的话里觉察出一丝幽默，于是我告诉他，我只是刚开始做这买卖。他慢腾腾地向两个咧开嘴笑着的伙伴走去，他们俩这时候正从窗子里望我。这已经够使我难堪的了，所以我想，现在该包好我的货物回家了。当我告诉母亲，说我把一副鞋罩卖了6便士时，她听了很生气。“还可以多卖一些的，”她说，“那是一副很美的鞋罩呀！”

这段时期，我们倒不大关心付房租的事，这个问题很容易解决，每逢收租人上门的那一天，我们躲出去就行了，我们的那些什物总共值不了几个钱，搬运费会超过我们欠的那点钱。但是，我们最后还是搬回了波纳尔弄3号。

我认识了在肯宁顿路后面一条马房巷里干活的老头和他的儿子。他们都是玩具小贩，原来住在格拉斯哥，后来在各个市镇流浪，闲时制一些玩具沿途贩卖。我很羡慕他们那种自由自在的生活。干他们那行，并不需要什么本钱。只要有1先令，就可以开始经营。他们先是收集一些鞋盒，一般鞋铺都巴不得把这种东西送给他们；此外再收集一些包装葡萄用的软木屑，那也是不必花钱就可以弄到手的。他们一开始只需要买1便士的胶、1便士的木材、2便士的麻线、1便士的圣诞节彩纸、三团2便士一团的彩色锡箔。只要花1先令，他们就能制作七打小船，售价是每只1便士。船的两侧是从鞋盒上剪下的厚纸，他们把厚纸缝在一块硬纸板上，在光滑的表面涂一些胶水，再撒上一些软木屑。船的桅杆上包上了一些彩色锡箔，中桅和前后帆的帆桁顶端粘上了红、黄、蓝色的小旗。一百多只这样的小玩具船，配上五颜六色的锡箔和旗帜，看上去热闹有趣，很能吸引顾客，很容易就销售了出去。

我和他们混熟以后，开始帮着他们做小船，不久就熟悉了他们的手艺。他们从我们附近搬走以后，我就自己做起这行生意来。我只用了6便士的本钱，剪硬纸板把手剪出了水泡，在一个星期内做出了三打小船。

但是阁楼里没那么多的地方，可以又让母亲做活计，又让我做小船。此外，母亲还抱怨熬胶水臭气难闻，老是担心熬胶锅弄脏了她的亚麻布罩衫，因为那些罩衫常常摊满了大半间屋子。由于我对家用的补贴比母亲更少，她的活计更为重要，于是我放弃了这门手艺。

这段时间里，我们很少见到外祖父。因为上一年他身体不大好。他患痛风，手肿了，不能再做修理皮鞋的生意了。过去可以省出一两个先令的时候，他总是拿来补贴母亲。有时候他还煮粥给我们吃，那是一种十分美味的燕麦奶粥，把燕麦片和洋葱放在牛奶里煮熟了，再加上盐和胡椒。每到冬天，那是我们夜晚吃了可以御寒的补品。

小时候，我心目中的外祖父是一个严厉倔强的老人，他不是怪我疏忽了礼节，就是责备我说错了语法。由于有过不愉快的接触，我开始讨厌他。现在，他患了风湿症，住在医院里，母亲每逢探望病人的日子总要去看他。而去探望他总是合算的，因为她常常带回来满满一袋鲜鸡蛋，这在拮据的日子里确实是一种奢侈品。母亲有时候自己不能去，就叫我去。我一直觉得很奇怪：为什么外祖父看到我时会那样高兴。那些看护都很喜欢外祖父。他后来告诉我，当时他老是跟她们讲笑话。他说虽然风湿症妨碍了他的行动，但并没有毁坏他的整个身体机器。他那样有一搭没一搭地浑说，把那些看护都给逗乐了。风湿症稍好点，他就去厨房帮忙，我们的鸡蛋也是打那儿来的。逢到探望病人的日子，他常常躺在床上，偷偷地从床边小柜里递给我一口袋鸡蛋，我临走前赶快把它们藏在我的海军服里面。

接连着几个星期，我们一直靠鸡蛋过日子。鸡蛋有多种吃法，我们有时候煮，有时候煎，有时候做乳蛋糕。尽管外祖父给我壮胆，说那些看护都是他的要好朋友，对他的所作所为心里大致有数，但我兜着那些鸡蛋离开病房时，总是提心吊胆，唯恐在打蜡的地板上滑倒了，或者鼓鼓囊囊的衣服会被人看出破绽来。说来也奇怪，每次我临走的时候，那些看护确实都回避了。外祖父医好了风湿症出院的那一天，对我们来说却是一个伤心的日子。

已经过了六个星期，但是雪尼仍旧没有回来。起先这件事并没使母亲感到惊慌，但又过了一个星期，她给多诺万-卡斯尔轮船公司办事处写了信。后来她接到通知，说雪尼患了风湿症，在开普敦上岸就医了。这个消息增添了母亲的忧虑，影响了她的健康。她继续做她的活计，幸而我也找到了一份工作，放学后给一家人教几课舞蹈，每星期收入 5 先令。

大约在这个时候，麦卡西家搬到了肯宁顿路。麦卡西夫人以前是一位爱尔兰喜剧演员，是母亲的朋友，后来嫁给了沃尔特·麦卡西会计师。但是，自从母亲不得不结束舞台生涯，我们就没有再看到麦卡西夫妇。现在，七年后，他们搬到了肯宁顿路地段最好的华尔科特公寓，我们又重逢了。

他们的儿子沃利·麦卡西和我同年。小孩儿的时候，我们常常扮大人玩，假装我们是喜剧中的反派，吸假想的雪茄烟，乘假想的马车，把我们的父母都给逗乐了。

麦卡西家搬进了华尔科特公寓，母亲难得去看他们，但沃利和我已经成了亲密的好友。我一放学，总是先赶到家里母亲身边，看她有什么事要差我做，然后跑到麦卡西家去。我们总是在华尔科特公寓后面演戏玩。我是导演，所以总是让自己演反派，我本能地体会到，扮反派要比演正角更为有趣。我们总是一直玩到沃利吃晚饭的时候。他们家常常留我吃饭。到了要开饭的时候，我很会用讨好的方法引得人家留下我。但是，也有时候我的手法未能奏效，只得恋恋不舍地回到家里。母亲见了我总是那样高兴，总要给我弄些吃的：或者用烤肉滴下的油煎些面包，或者煮一个外祖父给的鸡蛋，再沏上一杯茶。她有时候读书给我听，有时候和我一起坐在窗口，对过路人评头品足，以此使我高兴。她会给那些人编出种种故事。如果那是一个年轻人，步履轻快急促，她就说："瞧,那儿走的是霍潘兹科奇先生[①]。这会儿他是上赌场去。如果今儿运道好，他能给自己和女朋友赢来一辆二手双人自行车。"

接着，一个人无精打采、慢慢腾腾地走了过去。"咳，他这是回家吃饭去，想到只有炖肉和芹菜，都是他最不爱吃的。"

接着，一个貌似高贵的人走了过去。"瞧那是一位体面的青年，可是这会儿他只惦记着裤子上的那个破洞眼。"

后来，一个人快步如飞地闪了过去。"瞧，那位先生刚刚服了伊诺[②]！"她这样往下说，招得我一阵又一阵地大笑。

又过了一个星期，雪尼仍旧杳无音信。如果当时我不是那么年幼无知，而是更能觉察出母亲的焦灼心情，我也许就会意识到，将会发生什么事情了。我也许就会注意到，那几天里，她一直无精打采地坐在窗口，也不去收拾屋子，并且变得异常沉默了。我也许就会关注到，那家服装

---

① 霍潘兹科奇（Hopandscotch）影射的是孩子独脚跳着踢石子的游戏（hop and scotch）。

② 一种缓解胃部不适的酸剂，可引起腹泻。

工厂开始挑剔母亲的活计，不再包工给她做了。由于她积欠了分期款项，她的缝纫机被搬走了；而我教舞蹈的每星期5先令，又突然落了空：我也许会通过这些注意到，她一直显得那么冷漠和迟钝。

麦卡西夫人突然病故。她已经病了一段时间，身体很快地衰弱下来，现在终于逝世。我立刻转到一个念头：如果麦卡西先生娶了我母亲，那该多么好啊——我和沃利是很要好的伴儿。再说，这是解决母亲所有问题最理想的一个办法。

葬礼后不久，我就向母亲谈起了这件事情："你应当认真对待这件事情，多去看看麦卡西先生。我敢打赌，他是要娶你的。"

母亲露出了暗淡的微笑。"那么，就让这个可怜的人来求婚吧。"她说。

"只要你打扮得整整齐齐，像往常那样吸引人，他会来求婚的。可是，你根本就不肯试一试。你老是坐在这间脏屋子里，叫人看了怪害怕的。"

可怜的母亲呀。我真懊悔说这些话啊。我根本没想到，母亲是因为营养不良，身体才虚弱的。然而，第二天，不知怎的，她使出了一种超人的力量，又打扫干净了那间屋子。

那时学校正在放暑假，所以我想还是早点到麦卡西家去——我只想躲开我们家那可怜的阁楼。后来，麦卡西家留我吃午饭，但是我直觉地想到应当回到母亲身边。我刚走到波纳尔弄，就被几个邻居的孩子拦住了。

"你母亲疯了。"一个小姑娘说。

这句话像一个巴掌打在我脸上。

"你胡说些什么呀？"我咕哝。

"是真的呀，"另一个孩子说，"她刚才敲我们每一家的门，把一块块煤分给我们，说那是给孩子们的生日礼物。你不信去问我妈。"

我没有往下听，一路跑过去，跨进了敞开着的大门，蹿上了楼梯，推开了房门。我停下了，缓了一口气，凝神仔细地看母亲。那是一个夏天的下午，空气闷热得令人难受。母亲仍旧像平时那样坐在窗口。她缓缓地转过身来向我看，苍白的脸上是一副痛苦的表情。

“妈！”我几乎是在大喊。

“什么事情呀？”她冷冷地说。

我跑过去，扑在她膝上，把脸紧贴在她怀里，抑制不住地哭了。

“好啦，好啦，”她一边亲切地说，一边抚摩着我的脑袋，“出了什么事情啦？”

“你身体不好了。”我哭得直哽咽。

她安慰我说：“我身体可好呢。”

她看起来心不在焉，心事重重。

“不对！不对！他们说你到每一家人家，去——”我再也说不下去了，只是哽咽着。

“我是去找雪尼呀，”她有气无力地说，“他们不让我看他，把他藏起来了。”

这时候我知道孩子的话是真的了。

“哦，妈妈，你别这样说啦！别说啦！别说啦！”我啜泣着，“我给你请大夫去。”

她一边抚摩我的脑袋，一边接着说：“麦卡西家知道他在哪儿，可他们把他藏起来了，不让我见他。”

“妈妈，我去请大夫。”我大声说。我起来，向门口跑去。

她露出了痛苦的神情盯着我后面瞧：“你上哪儿去？”

“请大夫去。不会多耽搁的。”

她不说什么话，只是急切地紧瞅着我。我赶快跑下楼去找房东太太：“我这就去请大夫。我妈身体不好！”

"我们已经去请了。"房东太太说。

教区医生是个脾气暴躁的老人，他听完了房东太太的话（和孩子们所说的大致相同），只敷衍了事地给母亲做了一次检查。"精神失常。把她送进医院去吧。"他说。

医生写了一张字条，上面除列举了一些其他的说明以外，还注明了母亲患的是营养不良症，后来医生向我解释，说她是饿坏了的。

"她还是到医院里去的好，在那儿可以吃得有规律一些。"房东太太说这话，无非是在宽慰我。

她帮着收拾母亲的衣服，让她穿戴好。这时母亲温顺得像个孩子似的，其实她非常虚弱，仿佛已经失去了意志力。我们走出去时，街坊和孩子们都聚在大门口，惊奇地瞧着我们。

医院离我们家大约有一英里路。我们缓步走去，我扶着母亲，她软弱无力，像喝醉了酒似的跌跌撞撞，两边摇摆。在午后酷热的阳光下，我们的悲惨景象被无情地暴露无遗。从我们身边走过去的人，一定以为母亲是喝醉了酒，我却觉得这些人像梦中的阴影一样。她一句话不说，但又好像知道我们是上哪里去，并且自己也急于要到那里去。我沿路试着安慰她，她只是微笑着，她已经虚弱得不能说话了。

最后，我们到了医院，一位年轻医生接待了她。他看完了字条，很和气地说："好的，卓别林夫人，这边来吧。"

她很听话地让他检查了身体。但是，等到看护要领她走时，她突然转过身，痛苦地觉察到她正把我丢下。

"明儿见。"我装出了高兴的神情说。

她被带走的时候，急切地回过头来朝我看。等她走了以后，医生才转过来对我说："那么，你怎么办呢，孩子？"

我对收容所的学校已经领教够了，于是很有礼貌地回答说："哦，我到我姨妈家去。"

从医院走回去的时候，我伤心得只感到知觉已经麻木，但是觉得更放心了一些，因为我知道，母亲进了医院，总要比没吃没喝、独自坐在那间黑暗的屋子里好一些。可是，我怎么也忘不了看护领她走开时她那副伤心的神情。这时候我想到了她种种可爱的地方，想到了她愉快的性情，她温柔亲切的神态，想到了这个疲乏瘦小的人筋疲力尽、心事重重地沿着大街走过来，可是，后来一看见我向她奔过去，就立刻变了另一个样子，这时我总是急切地去看纸袋里她经常给雪尼和我带回来的好吃的，而她就露出了满面笑容。甚至那天早晨，她还给我留下了一点糖果——我伏在她膝上哭时，她把糖果拿出来给我吃。

那天，我没有直接回家，因为我没有勇气直接回去。我一路向纽因顿路市场走去，浏览店面橱窗，一直徘徊到下午很迟的时候。后来我回到了阁楼上，屋子看起来空洞又寒碜。一张椅子上摆了一个洗衣盆，里面盛着半盆水。水里浸着一件女式衬衫和我的两件衬衫。我开始到处寻找，餐柜里只有半小包茶叶，此外什么吃的都没有。壁炉台上放着母亲的钱包，里面有三个半便士、一串钥匙和几张当票。桌角上摆着她刚才给我吃的糖果。这时候我忍不住又哭了。

由于情绪上极度疲劳，我那天夜里睡得很熟。第二天早晨醒来，我对着空空的屋子，阳光射了进来，照在地板上面，母亲离家后更显得冷清。后来，房东太太走上来说，她还未将这屋子租出去之前，我仍旧可以住在里面；还说，如果要吃什么东西，我尽可以去向她讨。我向她道了谢，说雪尼回来就会全部付清我们的欠租。但是，我不好意思再向她讨吃的。

我没有像我答应的那样第二天去探望母亲。我没勇气去，这件事太使人伤心了。但是房东太太去看了医生，医生说母亲已被转进了凯恩-希尔疯人院。这个悲伤的消息反而减轻了我的良心谴责，因为凯恩-希尔远在二十英里以外，那儿我是没法去的。雪尼不久就要回来了，到那时我们可以一同去探望母亲。头几天里，我没去看她，也没向我认识的人提起这件事。

我总是一清早就悄悄地走出去，整天在外面闲荡；我老是能设法弄到点吃的——再说，即便少吃一顿，对我也不是什么大不了的事情。一天早晨，房东太太见我走下楼去，问我可曾吃早饭。我摇摇头。“那么你来吃呀。”她仍旧那样粗声粗气地说。

我故意不去麦卡西家，因为我不愿意让他们家知道母亲的事情。像一个逃亡者，我避开了所有的人。

母亲刚离开家一星期，我已经习惯了随遇而安的生活；对这种生活，我既不感到悲哀，也不引以为快。我最顾忌的是房东太太，如果雪尼再不回来，她迟早要把我的情况报告给教区的负责人，而我就会再一次被送进汉威尔学校。所以我老是躲开她，有时候甚至睡到外面去。

我认识了几个在肯宁顿路后面一个马车房里劈柴的人；这些样子像流浪汉的人，在一个阴暗的堆棚里辛勤劳动，他们老是悄声说话，整天把木头锯的锯、劈的劈，砍成了半便士一捆的柴火。我老是在敞开着的门口踅来踅去，留心看他们干活。他们拿一块一英尺见方的木头，把它劈成大约一英寸厚的木片，再把木片垛齐，劈成木棒。他们劈得那么快，我看得出了神，觉得干这活倒挺有趣。过了不久，我就开始帮他们劈柴。他们从拆迁承包商人那儿买木头，运到自己的堆棚里堆起来，这至少需要花一天时间，然后用一天的时间锯木头，再用一天的时间劈木头。到星期五和星期六，他们就去卖柴火。我对卖柴火的事不感兴趣，但觉得跟他们一起在堆棚里干活很热闹有趣。

他们和蔼而安静，年龄都不满四十岁，但是从神情和动作上看却要老得多。老板（我们这样称呼他）像一个糖尿病患者那样鼻子通红，除了一颗虎牙外，上边其余的牙齿都掉光了。但他脸上有一种亲切可爱的神情。他咧开嘴笑时，那颗虎牙展露无遗，那样子挺滑稽的。有时候，没有多余的茶杯，他就拾起一只空牛奶罐，冲洗一下，咧嘴笑着说："用这个当杯子好吗？"另一个人，虽然也挺和气，但是很沉默，话说得很慢，黄面孔，厚嘴唇。中午将近 1 点的时候，老板总是抬起头来朝我望望，说："你尝过干酪皮做的威尔士兔肉吗？"

"咱们已经吃过好多次了。"我回答说。

这时他总是扑哧一笑，露出了那颗牙齿。他递给我两便士，于是我就跑到路拐角阿希开的那家卖茶叶和杂货的小店，买回 1 便士干酪皮和 1 便士面包，阿希很喜欢我，老是多给我一点。我们把干酪皮洗刷干净，冲上水，再加上一点盐和胡椒。有时候老板还在里面放一块肥咸肉和一些洋葱屑，另外煮一罐热茶，那就是一顿十分可口的午餐。

虽然我并没向他们要钱，但是到了周末，老板却给了我 6 便士，这使我喜出望外。

那个黄面孔的乔常发癫痫，发病时老板就烧几张牛皮纸，放在他鼻子底下，让他闻了苏醒过来。有时候乔嘴里吐白沫，咬自己的舌头，等到清醒后，会露出一副伤心和惭愧的神情。

这些劈柴的人从清晨 7 点起，一直工作到晚上 7 点，有时候甚至更晚一些。每当他们锁上堆棚回家时，我就感到很难过。一天晚上，老板请我们去伦敦城南游艺场看戏，他买的是两便士一张的顶层楼座票。乔和我已经洗好了脸，在等候老板。我很激动，因为那星期是弗雷德・卡诺（几年以后，我加入了他的剧团）在那儿演喜剧《早起的鸟》。乔靠在马车房的墙上，我站在他对面，又是高兴又是激动，可就在这时候，乔突然发出了一声喊，在墙根横着倒了下去，他发病了。他因为盼望看戏，太激动了。后来老板要留下来看护乔，但是乔坚持让我们去看戏，说第二天早晨他就会好的。

上学的事已经成为一种威胁，一直使我提心吊胆。劈柴人偶尔也提到我读书的事。暑假已经结束，他们感到有点过意不去了，于是我就等到四点半放学的时候再去。但是，在耀眼的阳光下踯躅街头，一直要等到四点半方才可以回到他们那个有荫蔽的地方，那等待是漫长又寂寞的。

一天夜里，我偷偷地走上楼去睡时，房东太太唤住了我。原来她还没睡，在等着我。当时她十分激动，递给了我一封电报。电文是："明晨10时滑铁卢车站盼接。雪尼。"

在车站接雪尼时，我那副样子确实是太不体面了。我的衣服又脏又破，我的鞋子张开了大嘴，我的帽子衬里像女人的衬裙似的耷拉在外面；所谓洗脸，只不过是在劈柴人的自来水龙头底下冲一下，因为这样可以省我提着一桶水登上三层楼梯，经过房东太太的厨房。我和雪尼见面时，我耳朵上还留着隔夜的宿垢。

雪尼仔细向我全身打量，说："出了什么事情啦？"

我顾不得委婉地说给他听了："妈精神失常，我们只好把她送进医院了。"

他的脸沉下来了，但是他克制了自己："你现在住在哪儿？"

"还是住在老地方，波纳尔弄。"

他转过身去找他的行李，我注意到他苍白又憔悴。他唤了一辆四轮马车，脚夫把他的行李堆在车顶上——除了其他东西，还有一篓香蕉！

"那是咱们的吗？"我急切地问。

他点了点头："香蕉太生了，要等一两天才能吃。"

一路上，他问到母亲的情况。我激动得没法很连贯地说话，他只片段地听了个大概。接着他告诉我，他被留在开普敦一个医院里治病，他这次回来积攒了20镑，原来是打算把这些钱都交给母亲的。他发起了一次抽奖，这些钱是从士兵那里赢来的。

他把自己的计划说给我听。他不愿再航海了，打算去演戏。他估计这些钱可以维持二十个星期，在这段时间里，他会到剧院去找工作。

我们坐上马车，带着一篓香蕉回到家里，引起了邻居们和房东太太的惊叹。房东太太把母亲的事说给雪尼听，但是没有让他知道某些细节，以免增添他的烦恼。

雪尼当天上街买东西，给我添了一套新衣服，那天晚上，我们打扮得整整齐齐，一起坐在伦敦城南游艺场的正厅里。看戏的时候，雪尼一再说："要是妈今儿晚上来了，她不知道该怎么乐呢。"

那个星期，我们到凯恩-希尔去探望母亲。我们坐在会客室里，焦急的期待使我们痛苦得几乎无法忍受。我记得听到钥匙的转动，看见母亲走了进来。她面色苍白，嘴唇发青，她虽然认得出我们，但是并没有对我们表示高兴；她从前的热情洋溢的神态已经消失了。她由一个看护陪着，那看护是一个言语无味、喋喋不休的女人，她一直站在那里准备说话。"可惜你们来得不巧，"她说，"因为她今天人不大舒服，你说对吗？亲爱的？"

母亲很有礼貌地向她瞟了一眼，含着微笑，仿佛是在等她走开。

"你们要等到她身体好一点的时候再来。"看护补充了一句。

最后，看护走了，屋子里只剩下我们。虽然雪尼试图鼓起母亲的兴致，说他怎样运道好，怎样攒了许多钱，为什么在国外耽搁了那么久，但她只坐在那里听着，一面听一面点头，显得精神恍惚，思虑重重。我说她很快就会复原的。"可不是吗，"她伤心地说，"你们那天下午只要给我吃一点东西，我就不会有那种事情了。"

后来医生告诉雪尼，她这次精神失常，肯定是由于营养不良，还说需要给她进行适当的治疗，现在她虽然有时候是清醒的，但如果要完全复原，还需要几个月的时间。此后好些天里，我脑际一直萦绕着这句话："你们那天下午只要给我吃一点东西，我就不会有那种事情了。"

五

约瑟夫·康拉德在给朋友的一封信里说：生活使他感觉到，自己像一只瞎眼老鼠被逼到了角落里，等待着的是打下来的棍子。这一比喻可以用来形容我们所有人陷入困境时可怕的情景；然而，在我们当中，也有人等到的是好运道，而我就是其中的一个。

我当过报童、印刷工人、制玩具的小贩、吹玻璃的工人、医生的侍应生等等，但是在干这些临时性的活儿时，像雪尼一样，我始终不曾忘了要当演员。所以，每逢休息的日子，我总要擦亮皮鞋，刷干净衣服，换上一条洁净的硬领，按时去河滨大街贝德福路布莱克默演员介绍所。我经常往那儿走动，直到后来我的那套衣服迫使我无法再去时为止。

我头一回去那儿时，看到事务所里济济一堂，都是一些衣冠楚楚的“演员”，有男的，也有女的，都站在那里，彼此装腔作势地谈着话。我远远地站在门边的角落里，战战兢兢、羞羞答答，只怕人家注意到我那套破旧的衣服和那双头上绽裂开了一点的鞋子。一个年轻职员时不时从里间办公室走出来，他那句极为干脆的话一出口，就像一把镰刀似的刈去了一群傲然自负的“演员”：“没有你的工作——也没有你的——也没有你的。”于是，介绍所就像教堂做完了礼拜一样，人都走空了。有一次，最后只有我一个人留下来了！那个职员看见我，突然停下来：“你来干什么？”

我觉得，我当时的情形像奥立弗·退斯特在央求添一点薄粥。[①]“你

① 故事见狄更斯小说《雾都孤儿》。

们需要人扮演孩子的角色吗？”我挣出了这么一句。

“你登记了吗？”

我摇摇头。

出乎我的意料，他把我领进了隔壁一间办公室，登记了我的姓名、住址，以及所有其他的细节，还说，如果需要人，就会通知我。我离开那儿时，因为完成了一项任务而觉得愉快，但同时又因为没有真弄出什么来而感到如释重负。

雪尼回家后一个月，我收到了一张明信片。明信片上写的是：“请来河滨大街贝德福路布莱克默演员介绍所。”

我穿着一身新衣服，被直接带进去见布莱克默先生，他笑容可掬，很和蔼地接见了我。我原来以为布莱克默先生无所不能、专事挑剔，但他竟是一个非常客气的人，他给了我一张字条，叫我拿着它到查尔斯·弗罗曼办事处去找 C. E. 汉密尔顿先生。

汉密尔顿先生看了字条，见我长得那么矮小，觉得有趣，同时又感到奇怪。当然，我向他虚报了一个年龄，说我十四岁——其实我刚十二岁半。他向我解释说，我要演《福尔摩斯》里的小用人比利，秋天开始，一共巡回演出四十个星期。

“现在，”汉密尔顿先生说，“将要在《福尔摩斯》里演主要角色的 H. A. 塞恩斯伯里先生，编了一出新戏，叫《吉姆：一个伦敦人的传奇》，这出戏里有一个角色要由孩子来扮演。”在巡回演出《福尔摩斯》之前，戏班先要在金斯顿剧院试演《吉姆》。我的薪酬是一星期 2 镑 10 先令，以后演《福尔摩斯》的时候也拿这么多。

尽管拿这么多钱好像发了一笔横财，但是当时我连眼睛都没眨巴一下。“我可得和我哥哥商量一下这个待遇。”我一本正经地说。

汉密尔顿先生大笑起来，好像觉得我很有趣，接着他把工作人员都叫出来看我：“这就是咱们的比利！你们觉得他怎样？”

大伙儿都乐了，一个个都满面堆笑地瞅着我。这是怎么一回事？这个世界突然变了，从此我将获得它的爱宠，受到它的照顾了。后来，汉密尔顿先生递给我一张他写给塞恩斯伯里先生的字条，说我可以到莱斯特广场绿厅俱乐部去找他，于是我踌躇满志地离开了那儿。

到了绿厅俱乐部，我受到了同样的接待，塞恩斯伯里先生把其他的工作人员都唤出来看我。接着他交给我桑米的脚本，说桑米是这出戏里的一个重要角色。我有点紧张，生怕他立刻叫我念台词，那我就要当场出丑了，因为我几乎是不会阅读的。幸亏他叫我把脚本带回去，等空了的时候再读，他们要再过一个星期才开始排练这出戏。

我乘车回去时，一路上高兴得傻呵呵的，这时候我才充分地意识到刚才发生了什么事情。我突然摆脱了贫苦的生活，开始实现长期以来的憧憬——我母亲从前常常谈到的、一直着迷的那个憧憬。我就要成为一位演员了！这一切来得多么突然，多么意外啊！我一页一页不停地翻我的脚本——一本新牛皮纸封面的小册子——我有生以来拿到手的最重要的文件。车子一路走着的时候，我意识到，自己已经突破了重要的一关。此刻我已经不是贫民窟的一个野孩子，我已经是戏剧界的一位人物了。我激动得要哭出来。

我把经过情形说给雪尼听时，他的眼睛湿润了。他蹲在床上，摇晃着脑袋，频频地点着头，出神地向窗外望着，最后，他严肃地说："这可是咱们生活中的一个转折点。要是母亲在这儿和我们一起为这件事高兴，该有多好呀。"

"想想看，"我高兴地接着说，"要演四十个星期，每星期有 2 镑 10 先令。我对汉密尔顿先生说，一切都要由你来负责处理。"我急切地接下去说："咱们也许还可以多讨一些。无论如何，咱们今年可以存下 60 镑！"

等逐渐冷静下来以后，我们考虑到，扮演这样一个重要角色，拿 2 镑 10 先令好像太少了一点。后来雪尼跑去交涉，希望可以把薪酬再提高一些——因为我说："不妨去试一试。"——但是汉密尔顿先生拿定了主意。"最多是 2 镑 10 先令。"他说。于是我们也就高兴地接受了。

雪尼把脚本读给我听，还教我怎样记那些词儿。脚本很长，大约有三十五页，但是我在三天里就把它记熟了。

《吉姆》在德鲁里巷剧院楼上的大厅里排练。由于雪尼的精心辅导，我几乎每个词儿都念得很准。只有一个名字使我伤脑筋。原来的一句台词是："你以为你是个什么样的人呀——皮尔庞特·摩根先生？"可是我老念成"普特普林特·摩根"。塞恩斯伯里先生教我记牢了这个名字。最初的几次排练给了我不少启发。排练为我展开了一个技术的新世界。我以前不知道什么舞台技术、时间配合、停顿、提示：这一切我都很容易地学会了。塞恩斯伯里先生只矫正了我一个错儿：我说话的时候会扭动脑袋，做作得过了火。

排练了几场以后，他感到惊奇，想要知道我以前是否演过戏。看到自己居然能叫塞恩斯伯里先生和戏班里其他人高兴，我感到多么得意啊！然而，我又把他们的热情看作一件理所当然的事情。

《吉姆》将在金斯顿剧院试演一个星期，然后再去富勒姆剧院试演一个星期。这是一出情节剧，是模仿亨利·阿瑟·琼斯[①] 的《银皇帝》编写的，讲的是一个患了健忘症的贵族，怎样同一个年轻的卖花姑娘和一个叫桑米的报童（由我扮演）住在一间阁楼里。在道德方面，这出戏完全是正派的：姑娘睡在阁楼里的餐柜上，我们叫他公爵的那个人睡在榻上，而我则睡在地板上。

第一幕的布景是门牌号德弗罗巷 7 号 A 的法学院，阔绰的律师詹姆斯·席顿·加特洛克的房间里。衣衫褴褛的公爵去找这位从前的情敌，要向他讨几个钱，去救济那个卖花姑娘，因为卖花姑娘在他患健忘症的

---

① 亨利·阿瑟·琼斯（1851—1929）：英国剧作家，《银皇帝》是他和亨利·赫尔曼合写的一出戏，上演于 1882 年。

时候养活了他，是他的恩人。

在一场吵闹中，反派对公爵说：“滚出去！你和你那卖花的姘头一起饿死吧！”

公爵虽然身体衰弱，但是从桌上拿起了一把裁纸刀，好像是要刺那坏人，可这时候癫痫发作，手里的刀落在桌上，自己昏倒在坏人脚下。就在这个紧要关头，坏人的前妻，也就是这位衣衫褴褛的公爵一度爱过的那个女人，走进房来。她也替公爵求情，说：“他追求过我没成功，他打官司又输了！无论如何，你现在得帮他一点忙！”

但是，坏人拒绝了。在达到高潮的一场戏里，坏人骂他的前妻不忠实，说她和这个流浪汉有染，还说出了她的种种丑事。她狂怒之下，拿起流浪汉手中落下的那把裁纸刀，刺中了坏人，坏人倒毙在扶手椅里，这时流浪汉仍旧昏倒在他脚下。女人逃走了，公爵清醒过来，发现他的情敌已经死去。他说：“老天爷呀，瞧我怎么干出这种事情来了？”

戏里的情节继续发展下去。公爵搜死人的口袋，找到了一只钱包，在钱包里摸到了几个金镑、一只钻戒以及一些首饰，他把这些一起拿了；越窗逃走时，他转过身来说：“再见啦，加特洛克，到底还是亏你帮了我的忙。”幕落。

第二幕场景是在公爵住的那间阁楼里。幕启时，侦探独自向餐柜里张望。我吹着口哨上场，一看见侦探我就站住了。

报童 哦，你！你知道那是小姐的卧房吗？

侦探 什么！那个餐柜？你过来！

报童 瞧他冷着张脸！

侦探 别没规没矩的。走进来，关上门。

报童 ［向他走过去］邀别人到他们自己的会客室里去，你这算是礼貌吗？

侦探 我是侦探。

报童 什么，警察？我走啦！

侦探 我不会伤害你的。我只是要打听几件事情，这对某些人是有好处的。

报童 有好处！如果这儿有谁走运，绝不会是因为靠了警察！

侦探 别胡说。需要我向你说明，我是侦缉队里的吗？

报童 不用你费事。我一看你这双皮靴就知道了。

侦探 这儿住的是谁？

报童 公爵。

侦探 知道，可是他真名叫什么？

报童 那我可不知道。他说“公爵”是个“nom de guerre”①，可是，我要是知道这是什么意思，就见鬼了。

侦探 他是个什么样的人？

报童 瘦得只剩下一把骨头。头发已经花白，面孔刮得精光，戴一顶大礼帽和一个单片眼镜。他妈的，瞧他这样戴着眼镜瞅你！

侦探 再有吉姆——他是谁？

报童 他？是个女的呀！

侦探 啊，原来她就是那个女的，她……

报童 ［接口说］她睡在餐柜上面——这间屋子是我们的，是我和公爵的……

这个角色的道白和动作还有许多，说来也奇怪，观众们都觉得他十分有趣，我想，这是因为当时我看上去比实际年龄更小的缘故。我每念一句台词，就引起一阵笑声。但是一些舞台上的动作却使我很伤脑筋，

① 法语，意为假名字。

比如在台上真的沏茶那一场。我老是稀里糊涂的，不知道应该先在壶里放茶叶还是先冲开水。还有一点是很奇怪的：我念台词反而比做动作更容易。

《吉姆》的演出并不成功。剧评家毫不留情地批评了这出戏。但是我却受到了赏识。我们戏班里的查尔斯·罗克先生拿给我看的那篇文章更是对我赞誉备至。罗克先生是阿德尔菲剧院[①]颇有声望的一位老演员，我和他有好多场对手戏。“年轻人，”他严肃地说，“你看了这篇文章，可别脑袋发胀呀。”他先向我大谈谦虚的重要，然后读给我听《伦敦时事报》上刊载的一篇剧评，后来我逐字逐句地把那篇剧评记住了。文章先讥笑了那出戏，接下去写道：“但是，幸而有一个角色弥补了它的缺点，那就是报童桑米，这出戏之所以招人笑，多亏了有这个灵活的伦敦流浪儿童。桑米一角虽然在剧中被写得陈腐而平常，但是查尔斯·卓别林这位玲珑活泼的童伶却把他演得十分有趣。以前我没有听说过这个孩子，但是，我希望，在不久的将来会看到他的巨大成就。”雪尼买了一打《伦敦时事报》。

演完了两星期的《吉姆》，我们接着就开始排练《福尔摩斯》。在这段时间里，雪尼和我仍旧住在波纳尔弄，因为我们在经济上仍旧不大有把握。

排练期间，雪尼和我曾到凯恩–希尔探望母亲。起先看护告诉我们不能去看她，因为那天她人不大好。后来她们把雪尼领到说话不会被我听见的地方，但我还是听见雪尼说：“不，我想他不要。”接着他转过身来，伤心地说：“你不要到软壁病房去看妈吧？”

“不要，不要！我受不了！”我说时直退缩。

雪尼去看了母亲，她认出了他，人比以前清醒了。过了一会儿，一

① 伦敦河滨大街一家有名的剧院，最初开设于1806年。

个看护来告诉我，现在母亲情况很好了，问我要不要去看她。于是我们一起到那间软壁病房里去坐。我们离开之前，她把我引到一边，忧心忡忡地低声说："你可别迷了路呀，他们会把你关在这儿的。"她在凯恩-希尔待了十八个月才恢复了健康。我出去巡回演出时，雪尼经常去探望她。

在巡回演出中扮演福尔摩斯的H.A. 塞恩斯伯里先生，跟《河滨杂志》插图上画的活脱一个样子。那张长脸上有着一副精明的神情，前额显出他是一个十分聪颖的人。在所有扮演福尔摩斯的演员当中，他被认为是最杰出的一位，甚至胜过了编写这个剧本和最初扮演福尔摩斯的威廉·吉勒特①。

我第一次巡回演出时，戏班管事决定让我同班里做木工的格林先生和管行头的格林夫人住在一起。这一安排使我感到很不高兴。有时候格林先生和他的夫人要喝酒。我又不愿意老是凑他们的时间吃饭，并且不喜欢他们吃的那些菜。如果我和格林夫妇一起住下去，他们肯定会比我更感到厌烦。所以，过了三个星期，我们都同意分开；由于我年龄太小，不适合和班里其他人同住，我就单独住了。到了陌生的城镇，我举目无亲，一个人住在一个后间里，晚上演出之前，难得和其他人见面，只有自言自语的时候能听到自己的声音。有时候我到班里演员聚会的酒馆去，看他们打弹子，但总是感觉到，我只要一去，就会使他们的谈话受到拘束，而他们也毫不隐瞒地使我觉察到这一点。我笑他们那些轻浮的举动，他们向我蹙起了眉头。

我开始变得忧郁了。星期日的晚上，到了北方的城镇，我沿着灯火已熄的大街走着，听见教堂传来凄凉的钟声，感觉到自己在孤寂中没有一点

---

① 威廉·吉勒特（1853—1937）：美国演员、剧作家，他扮演福尔摩斯一角前后历时三十年，一般人常将他和英国作家柯南·道尔（1859—1930）的《福尔摩斯探案》联系在一起，其实他所演的戏与福尔摩斯故事无关，但后来一些画家采用了他的形象，为《福尔摩斯探案》作插图。

安慰。平时，我总是去逛逛市场和商店，买些肉和菜，让房东太太烧。有时候，我找到了兼管膳宿的人家，就和房东一家一起在厨房里吃饭。我喜欢这样，因为北方人家的厨房都收拾得干净卫生，炉膛是蓝色的，炉条擦得闪亮。房东太太烤好了面包，这时候，度过了寒冷阴暗的一天，对着兰开夏人家厨房里的熊熊炉火，看见灶头摆满了一盘盘待烤的面包，坐下来和房东一家喝茶，一本正经地品尝刚出炉的热面包，涂上新鲜奶油吃着：这一切确实让人心情愉悦。

我到外地去了六个月。这段时间里，雪尼并没能够在剧院找到工作，最后他不得不抑制了做演员的雄心壮志，去河滨大街科尔-霍尔酒店当一名侍者。他在一百五十个应征的人中拔得头筹被录取。但是也可以说，他不惜屈尊俯就，因为这是一个丢面子的差事。

他经常写信给我，向我报告母亲的近况，但是我难得回信，这主要是因为我有一些字还不大会写。他有一封信深深地感动了我，也增进了我和他的亲密关系；他怪我为什么不给他回信，提到我们俩一起经受的苦难，说那种艰苦的日子应当使我们俩更加紧密。“自从母亲生了病，”雪尼的信里说，“就只剩下咱们俩相依为命了。所以，你必须经常写信给我，让我知道我还有一个兄弟。”他的信十分感人，所以我立即回了信。这使我重新认识了雪尼。他的信加强了我们的手足之情，这份感情在我一生中始终不衰。

我已经习惯于独自生活。但是到后来，由于平时太少谈话，如果忽然遇见了戏班里的人，会感到非常局促。我不能够很快地镇定下来，有条有理地回答问题。每次离开我的时候，他们肯定以为我的理智已经失常，并对此感到惊奇和担心。我们班里演主角的女演员格丽泰·哈恩小姐长得美丽动人，对人非常和蔼，但是，每当我看见她穿过马路，向我这面走过来时，我就会赶快扭转身，去看一家店铺的橱窗，或者拐向另一条路。

我不再注意自己的外表，在生活习惯上变得散漫。和戏班一起上路时，我老是迟到，在最后一分钟赶到火车站，衣服凌乱，硬领也没戴上，经常为了这些事情受到大伙儿的责备。

为了排解寂寞，我买了一只兔子。不管在哪里寄宿，我总是瞒着房东太太，偷偷地把它带到我的屋子里。那是一个可爱的小东西，只可惜会随地大小便。它那身皮毛雪白干净，没想到它有一股臊臭。我把它养在一个木笼子里，藏在床底下。房东太太把我的早餐端到屋子里，一进来总是高高兴兴地，但后来闻到那股气味，走出去的时候就带上了烦恼和迷茫的神情。她刚一走，我就把兔子放出来，它就在屋子里跳来蹦去。

过了不久，我把它训熟了，每次只要一听见有人敲门，它就跑回到笼子里。如果房东太太发现了我的秘密，我就让兔子表演这一套，结果往往会赢得她的欢心，她就会耐着性子让我们住完那一星期。

可是，到了威尔士的托尼潘迪，我要完那套以后，房东太太并不说什么，只神秘地笑了笑；那天晚上，我从剧院回去，发现我宠爱的小动物已经失踪。我查问这件事，房东太太只摇摇头："它一定是逃走了，要不就是被谁偷走了。"她用她自己的办法有效地处理了这个问题。

我们从托尼潘迪到了矿业市镇埃布韦尔，准备演出三天；幸亏在那里待的时间不长，因为，那时的埃布韦尔是一个阴湿、丑陋的市镇，一排一排的房子，形状都很难看，式样都是一样的，每幢房子里有四间点着油灯的小房间。戏班里的人多数去住小客栈。我很幸运，在一个矿工家里租了一间前房，房间虽小，但舒适干净。晚上演完戏，我的晚饭总是放在火炉前，吃时仍旧是热的。

房东太太是一位中年妇人，个子高大，长得很漂亮，但仿佛带有一种忧郁的神情。早晨她送来了我的早餐，几乎一句话都不说。我注意到，厨房门总是关着的；每次去要什么东西，我总得敲门，而那扇门只微微开了几英寸宽的一条缝。

第二天晚上，我正在吃饭，她的丈夫进来了，这人和他妻子年纪差不多大。他那天晚上在剧院看完戏回来，正准备去睡，手里拿着一支点亮的蜡烛，站在那里和我谈了一会儿话。最后他停下来，好像是想到要再说点什么："喏，是这么一回事，我有一样东西，它也许适合你们干的这一行。你见过人蛙吗？这儿来，你拿好这支蜡烛，让我来掌灯。"

他领我走进了厨房，把那盏灯放在餐柜上，餐柜的下半部不是开着两扇柜门，而是拦了一幅帷幕。"喂，吉尔伯特，出来呀！"他一边说一边拉开帷幕。

一个半人形的怪物，从里面爬了出来，他下面没有小腿，上面是大得不相称的扁脑袋、金黄色的头发、苍白可怕的脸、塌鼻子、大嘴巴、肌肉发达的肩膀和胳膊。他身上穿着一套法兰绒衬衣，裤脚管被剪短到大腿部分，从里面伸出了十个粗短的脚趾。这个可怕的怪物，可能有二十岁，也可能有四十岁。他仰起头，咧开嘴，露出一排蜡黄的大板牙。

"喂，吉尔伯特，跳呀！"做父亲的说，于是那个可怜的家伙就慢慢地俯下身体，用手臂撑着向上一纵，几乎蹿到和我的头一般高。

"你看他有资格搭马戏团吗？这是人蛙呀！"

我吓得连话都说不出来了。然而，我仍旧提了几个马戏团的名字，说他可以写封信去问问。

他一定要那可怜虫再表演几套把戏，一会儿蹦跳，一会儿爬高，一会儿用手撑着一张摇椅的扶手竖蜻蜓。最后把戏做完了，我装出了很感兴趣的样子，称赞他表演得很精彩。

"晚安，吉尔伯特。"我临走时说。那可怜的家伙也扯着一条粗嗓子结结巴巴地说："晚安。"

那天夜里，我几次醒了过来，去拉房间门，试试它可曾锁好。第二天早晨，房东太太好像挺高兴，话也多了一些。"我知道你昨儿晚上看到吉尔伯特了，”她说，“当然啰，只有留戏班里的人在这儿住的时候，他才睡在餐柜里。”

这时候我想起一件可怕的事，原来，我睡的就是吉尔伯特的床啊。“可不是嘛。”我应了一句，接着又装出很感兴趣的神情，谈到他是否可以搭马戏班。

她点了点头：“我们常常有这个打算。”

我表示热心——或者不管是表示什么吧，这只是为了要讨好房东太太。在离开那家人之前，我还走到厨房里，向吉尔伯特道别。我竭力装出毫不在意的神气，握了握他长满老茧的大手，他也亲切地和我握了手。

在外地演了四十个星期，我们回到伦敦，接着又在郊区各地演了八个星期。《福尔摩斯》的演出盛况空前，第一轮演完后三个星期，我们又准备第二轮演出了。

这时候雪尼和我决定搬出波纳尔弄，在肯宁顿路租一套更体面的房子；我们像蛇一样，要蜕去自己的皮，消除一切过去留下的痕迹。

我和戏班管事商量，下次巡回演出《福尔摩斯》时让雪尼扮一个小配角，于是雪尼搭上了戏班——他的薪酬是每星期 35 先令！这样一来我们可以一起巡回演出了。

雪尼每星期都写信给母亲，我们第二轮巡回演出几近结束时，收到了凯恩-希尔疯人院的来信，说母亲已完全康复。这真是一个喜讯。我们很快给她办好了出院手续，并且准备接她到雷丁[①]去和我们团聚。为庆祝这件大喜事，我们租了一套特别考究的公寓，包括两间卧室和一间客厅，客厅里有一架钢琴，母亲的卧室里摆了鲜花，还准备了一顿精致的

① 英国伯克郡首府，在伦敦以西三十六英里处。

饭菜。

我和雪尼到火车站去接她，我们俩又是紧张又是高兴，然而一想到她将如何融入我们的生活，我又焦急起来，心里明知道我们不可能再恢复从前那种亲密的关系了。

最后，火车进了站。我们心情激动，惴惴不安，逐个扫视从车上走下来的旅客们的面孔。到后来，我们终于看到了母亲，她含着微笑，很镇定地朝我们走了过来。我们向她迎上去时，她并没有显得十分伤感，只是亲切而大方地招呼了我们。显然，她也在试着使自己适应一切。

乘马车回住处的那段短短的路途中，我们谈到许多事情——各种各样的事情，有关的无关的。

我们首先领她去看那套公寓，以及她卧室里的鲜花。经过一阵子欢腾和兴奋，我们在客厅里坐下了，你看着我，我看着你，激动得喘不过气来。那是一个阳光和煦的日子，我们的房子坐落在一条宁静的街道上，但是这时候静寂的空气反使人感到不舒服，我虽然想要鼓起兴致，但只觉得自己是在克制着忧郁。可怜的母亲呀，只要让她在生活中获得少许满足，她就很快活了，她使我回想起了我不幸的过去——世上只有她一个人会使我有这种感触啊。然而，我竭力不让大家看出我的心事。母亲显得苍老了一些，人也胖了一些。我一向觉得她很会打扮，为她感到骄傲，很想让她以最动人的风度出现在我的同事们面前，可是现在她的外表是很不整齐的。她肯定是觉察到了我的心事，所以用探询的目光转过来看我。

我忸怩地把她的一绺头发理好。“你去会我的同事们之前，”我笑着说，“我要你打扮得最漂亮。”

她向我看一眼，然后取出了粉扑，在脸上扑了粉。“瞧我生活得多么幸福啊！”她高兴地说。

过了不久，我们彼此完全适应了，而我的忧郁也随之消失了。我们之所以不能再像小孩子那样和她亲热，是因为我们年龄渐长的缘故，她对此知道得比我们更清楚，而我们也就觉得她更可爱了。在巡回演出期间，她总是出去买一些吃用的东西，带回来的有水果和点心，并且总有鲜花。从前也是这样，不管我们多么穷苦，她星期六晚上出去买东西时，总要带回 1 便士的桂竹香。现在她有时候很沉默，那冷淡的神情使我感到伤心。她已经不大像是我们的母亲，而更像是一位客人了。

一个月后，她要回伦敦去了。她急于要安定下来，可以趁我们巡回演出结束前为我们布置好一个家；并且，像她所说的，这样可以更俭省一些，不必再多花旅费，跟着我们到各地去跑。

母亲在我们从前住过的切斯特街的理发店楼上租了一套房间，用分期付款的方式买了一套价值 10 镑的家具。那几间房当然不像凡尔赛宫那样宽敞，也没那么华丽，但是她在卧室里创造了奇迹，给装橘子的木箱盖上了印花棉布，它们看上去就像是小衣橱一样。我和雪尼每星期总共挣 5 镑 5 先令，我们把 1 镑 5 先令交给了母亲。

雪尼和我结束了第二轮巡回演出后，和母亲一起待了几个星期。我们虽然都很高兴陪着母亲，但是心底里又想再出去巡回演出，因为切斯特街的屋子里没有外地公寓里那种舒适的设备，而雪尼和我此时已经习惯于那些小的享受。母亲肯定也意识到了这一点。她去火车站送我们走时，看上去很高兴，但是，当火车开了，她在站台上笑着挥动手绢时，我们都觉得她有些忧郁。

我们第三轮巡回演出期间，母亲来信说，雪尼和我从前去肯宁顿路投靠的那个露易丝死了。真是造化弄人啊，她就死在我们一度被关过的兰贝斯贫民习艺所里。她只比父亲多活了四年，就抛下了她的小儿子去世了，后来这孤儿也被送进了我和雪尼曾经去过的汉威尔学校。

母亲在信里说，她去探望了那个孩子。她先介绍了自己，然后告诉他，我和雪尼曾经跟他和他爸妈一起在肯宁顿路的房子里住过。但是那孩子已经不记得这件事了，因为那时候他刚四岁。他对自己的父亲也毫无印象了。现在他已经十岁。他用的是露易丝娘家的姓，而据母亲探听到的，他连一个亲属也没有。母亲说他是一个很漂亮的孩子，非常安静，十分怕羞，并且看来很会用心思。母亲给他带去了一袋糖果，还给他买了一些橘子和苹果，答应经常去看他。我相信她确实是经常去的，直到后来她自己旧病复发，又被送进了凯恩–希尔疯人院。

母亲重新发病的消息传来，像一把刀刺进了我的心里。详细的情形我们始终不知道。我们只收到一份简短的正式通知，说有人发现她语无伦次，在马路上徘徊。我们毫无办法，只好让可怜的母亲听从命运的摆布了。她从此再没有完全康复。此后几年，她在凯恩–希尔疯人院里日趋衰弱，直到后来我们经济宽裕了，才把她送进一家私人医院。

有时候，厄运之神对他们所捉弄的对象已感到厌倦，于是又发了慈悲，他们对我母亲就是这样。在临终前的最后七年里，她又过上了舒适的生活，四周布满了阳光，摆满了鲜花，看到她的儿子都长大成人，功成名就，一切都是她不曾想象到的。

因为要巡回演出《福尔摩斯》，所以我和雪尼有许多星期不曾见到母亲。最后我们在弗罗曼戏班的巡回演出永远结束了。布莱克本皇家剧院老板哈利·约克先生，从弗罗曼戏班买下了《福尔摩斯》的上演权，到一些更小的城镇去演出。这个新戏班邀请了我和雪尼，但是把薪酬减少了，每人只能领到 35 先令。

搭上一个下等戏班，去北方小城镇演出，这种落差是令人沮丧的。同时，将这个戏班和我们刚离开的那个相比较，我就更加看不上它了。我原来并不打算做公开对比，然而在排练的时候，新导演问了我一些有关舞台指导、提示、票房的问题，我出于热心，就急着告诉了他弗罗曼戏班里导演的做法。我当然不会因此赢得班里其他演员的好感，从此他们都把我看作一个乳臭未干、狂妄自大的小子。后来，一位新的舞台经理还对我怀恨在心，有一次借口我制服上落掉一颗纽扣，罚了我10先令——他之前已经为这类事多次警告我了。

《福尔摩斯》的作者威廉·吉勒特陪同玛丽·多萝来到伦敦，两人合演他所编的《克拉丽莎》。剧评家很不客气地批评了这个剧本，还批评了吉勒特念道白时的姿态，于是吉勒特编了一出过场戏[1]，叫作《福尔摩斯做人难》，他本人在这出戏里不说一句话。戏里一共有三个角色：一个疯女人、福尔摩斯和福尔摩斯的小用人。这时候，喜讯从天而降，我收到了吉勒特的经理波斯坦斯先生拍来的电报，问我是否能去伦敦陪吉勒特在这出过场戏里演出，扮演比利一角。

我紧张得直哆嗦，因为不知道戏班仓促中究竟能不能找到一个代替我演比利的演员，接连几天，我一直急得像热锅上的蚂蚁一样。总算还好，他们居然另找到了一个比利。

我回到伦敦，在一家西区[2]的剧院里演出：我只能把这次的境遇形容成我的新生。每件事情都使我激动得头晕目眩：那天晚上我到了约克公爵剧院见到了舞台经理波斯坦斯先生，他领我到吉勒特先生的化装间，并向他介绍了我，吉勒特先生对我说："你愿意和我一起演《福尔摩斯》吗？"我紧张激动地回答说："非常愿意，吉勒特先生！"第二天早晨，在台上等着排练的时候，我见到了玛丽·多萝，她穿着一身非常漂亮的白色夏装。在那样一个时刻，看到那样一个美人，我立时看呆了。她刚走下一辆双轮马车，发现衣服上有一个墨点，想要知道道具管理员有没有办法去掉那污点。听到那个人回说没有把握时，她娇嗔满面地说："哦，瞧它叫人多么扫兴呀！"

她真具有倾国倾城的美貌，但我看了竟生出暗恨。我恨那微微噘着

---

① 正戏前的配戏。

② 伦敦西区为富人住宅区，也是剧院、酒馆和时髦商店等集中的地方。

的娇嫩的嘴唇、整齐雪白的牙齿、令人心醉的下颌、乌亮漆黑的头发、深棕色的眼睛。我恨她假意着恼，并且在做作当中流露出了媚人的神态。她询问道具管理员时，始终不曾注意到我在旁边，虽然我站在很近的地方紧盯着她，她的美丽使我呆愣在那里了。那一年我刚满十六岁，突然接近这样一个光艳照人的美女，我决心不要被她迷惑住。但是，我的天呀，她是多么美啊！我确实对她一见钟情了。

《福尔摩斯做人难》一剧，由才艺超群的女伶艾琳·范布勒小姐饰演疯女人并念大段道白，而演福尔摩斯的吉勒特却只是坐着听。他这是在跟那些剧评家开玩笑。我一边念着开场时的道白，一边冲进福尔摩斯的公寓，顶住了门，而疯女人则在外面猛撞着门，接着，我激动地向福尔摩斯说明当时的情况，疯女人就这样撞了进来！此后二十分钟内，她一直语无伦次，不停地说一桩要福尔摩斯办理的案件。福尔摩斯偷偷地写了一张字条，摇了摇铃，把字条递给了我。后来，两个彪形大汉带走了疯女人，台上只剩下我和福尔摩斯，这时候我说："您的办法对，先生；那儿才是真正的疯人院。"

剧评家欣赏这句笑话，但是吉勒特为玛丽·多萝编写的《克拉丽莎》却失败了。剧评家虽然竭力吹捧玛丽的美貌，但是他们又说，单凭这一点，并不能使一出伤感戏变得紧凑，于是吉勒特在此后一段时间里重演了《福尔摩斯》，我仍旧在该剧中演比利。

我能够和大名鼎鼎的威廉·吉勒特演对手戏，十分激动，忘了去打听我的待遇。一星期后，波斯坦斯先生拿着薪酬袋来找我，露出了抱歉的神情。"我真不好意思给你这个数，"他说，"可是弗罗曼办事处的人说，还是照原先的数目：2 镑 10 先令。"我惊喜地收下了。

排练的时候，我又遇见了玛丽·多萝——她更美丽了！——我虽然决心不要为她倾倒，但是，毫无办法，我开始在沉默中更深地陷入情网。我只恨自己软弱，怪自己无能。说来也矛盾。我既觉得她可恨，又觉得她可爱。更重要的是，她对人和蔼又可亲。

她在《福尔摩斯》里演爱丽丝·福克纳，但是我没有一场戏是和她合演的。我会等候机会，算计好时间，在楼梯上碰见她，然后吞吞吐吐地说一句“晚上好”，这时她总是快活地回答一句“晚上好”。而这就是我们俩之间所有的接触了。

《福尔摩斯》一炮而红。在我参演期间，有一次亚历山德拉[①]王后也来看戏，同她一起坐在御用包厢里的是希腊国王[②]和克里斯琴亲王。亲王显然是在说剧情给国王听。就在舞台上只剩下我和福尔摩斯两个人，一出戏正演到最紧张的关头，全场都鸦雀无声的时刻，一个洪亮的声音在剧院里回荡：“不用你讲给我听！不用你讲给我听！”

迪翁·布西科[③]的办事处设在约克公爵剧院，他每次走过我身边时，总是带着赞许的神情，轻轻地拍拍我的脑袋。常常去后台看吉勒特的霍尔·凯恩[④]也是如此。有一次基钦纳勋爵还向我微笑。

《福尔摩斯》演出期间，亨利·欧文[⑤]爵士逝世，我去威斯敏斯特教堂参加葬礼。我因为是西区演员，领到了一张观礼券，感到非常得意。举行葬礼时，我坐在神情严肃的刘易斯·沃勒和以不流血的外科手术名噪一时的沃尔福德·博迪“医生”[⑥]中间，沃勒是当时伦敦日场传奇戏观众们崇拜的偶像，至于博迪“医生”，我后来曾在一出滑稽短剧中模仿和取笑过他。那个时刻，沃勒的侧影很漂亮，他目不斜视，直挺挺地坐在那里。在亨利爵士被放进墓穴的时候，博迪“医生”为了要看得更真切一些，老是把脚踩在仰卧着的公爵[⑦]的胸口上，沃勒先生见了十分气

---

① 亚历山德拉（1844—1925）：英国王后，英王爱德华七世之妻。

② 当时的希腊国王是乔治一世（1845—1913），他是丹麦国王克里斯琴九世之子，英国王后亚历山德拉之弟。

③ 迪翁·布西科（1859—1929）：英国舞台导演、剧院经理。

④ 霍尔·凯恩（1853—1931）：英国小说家。

⑤ 亨利·欧文（1838—1905）：英国名演员，1895 年被授予爵士爵位，是第一位受封的英国演员。

⑥ 刘易斯·沃勒和沃尔福德·博迪均为当时伦敦的杂剧演员，绰号“医生”的博迪是变戏法的。

⑦ 指覆盖墓穴的石板上雕刻的人像。

愤，露出了鄙视的神情。我不再试图去看，索性坐下来望着前面那些人的背影。

《福尔摩斯》演期结束之前的两个星期，布西科先生给我开了一封介绍信，叫我去见当时赫赫有名的肯德尔先生和夫人①，希望我能够在他们的新戏里扮演一个角色。那时候他们在圣詹姆斯剧院很能叫座的一轮演出刚要结束。我和肯德尔夫人约定好上午10点在该剧院的休息室里见面。她迟到了二十分钟。一个侧影终于远远地在街上出现：肯德尔夫人来了。这个身材高大、神情傲慢的女人一见我就说："哦，你就是那个孩子呀！我们就要到外地去巡回演出一出新戏，我很想听你念一下脚本。可是，这会儿我们非常忙。所以，明天早晨你还是在这个时间来一趟，好吧？"

"对不起，夫人，"我冷冷地回答，"可惜我不能去外地演出。"这句话一说完，我就略抬了抬帽子，走出了休息室，雇了一辆路过的马车——此后一连闲散了十个月。

《福尔摩斯》在约克公爵剧院演完了最后一场，玛丽·多萝也要回美国去了，那天晚上我一个人到外面去，喝得酩酊大醉。又过了两三年，我在费城遇见了她。那次她为卡诺喜剧团假座的新剧院行开幕礼。她仍旧是那么美丽。我演丑角，已经上了妆。她致辞时我站在条幕后面看着，但是我很害羞，没让她知道那就是我。

《福尔摩斯》在伦敦的演出结束时，在外地的巡回演出也告期满，所以我和雪尼一时都闲下来了。但是雪尼很快就另找到了工作。他在《时代周报》上看到一则广告，搭上了查理·马农的丑角闹剧班。当时这类戏班有好几个，演的都是哑剧，轮流在各个游艺场里演出，比如查理·鲍德温的《银行职员》、乔·博根尼的《疯子面包师》等等。这些戏

① 威廉·亨特·肯德尔（1843—1917）和他的妻子玛奇·肯德尔（1849—1935）都是英国名演员。

班虽然演粗鲁的滑稽戏，却配有优美的舞剧音乐，所以很受观众欢迎。这类戏班中，弗雷德·卡诺的戏班是最杰出的。卡诺有许多可以上演的喜剧脚本，每一出戏名里都嵌有一个“鸟”字，如《监狱里的鸟》《早起的鸟》《不吭声的鸟》[①]等等。刚开始时只演这三个短剧，到后来卡诺组织了三十多个戏班，演出的节目包括圣诞节的哑剧和一些细致而繁复的音乐喜剧，这些戏训练出了许多优秀的喜剧演员，如弗雷德·基钦、乔治·格雷夫斯、哈里·韦尔登、比利·里夫斯、查理·贝尔等等。

雪尼搭马农的戏班时，弗雷德·卡诺看中了他，把他邀了去，薪酬是每星期 4 镑。我比雪尼小四岁，没适合的戏让我演，但是我在伦敦演出时攒下了一点钱，雪尼去外地演出，我留在伦敦，有时候到台球房里去玩玩台球。

① 在英语俚语中，“监狱里的鸟”指惯犯，“早起的鸟”指早起或早到的人，“不吭声的鸟”指哑剧演员。

六

这时候，麻烦又讨厌的青春期开始了。我所向往的是轻率莽撞、富有热情的事情。我有时候陷入空想，有时候闷闷不乐，对生活一会儿愤恨，一会儿热爱，那时的思想处于成熟与不成熟之间。我在这个光怪陆离的迷宫中四下彷徨，时或想入非非。我头脑中或词汇里始终就不曾有过“艺术”这个词。演戏只不过是一个谋生的手段罢了。

我独自生活在这迷茫混乱的状态中。这个时期里，我也曾接触妓女和私娼，也偶尔酗酒，然而醉酒、女人、歌曲都不能使我长期感兴趣。实际上我需要的是浪漫惊险的生活。

我很了解穿着爱德华时代服装的街头混混的心理；和我们所有人一样，他们无非是要引人注意，寻求浪漫和戏剧性的生活。既然公立学校的男学生可以寻欢作乐，胡打乱闹，为什么他们就不可以偶尔出出风头，做一些恶俗的游戏呢？既然所谓上层阶级可以保留纨绔作风，为什么他们就不可以独行自己的那一套呢？

他们知道，机器可以随着他们的意志开动，正像随着任何其他阶级的意志开动一样；换一个齿轮，或者按一下按钮，并不需要什么特殊的智力。在这样一个不讲情理的时代里，他们不是和骑士、贵族或学者一样不可加以轻视吗？他们的手指不是和任何一队拿破仑的大军一样能够毁灭一座城市吗？一个街头混混，不是一个违法乱纪的统治阶级成员的翻版吗？人只是一种半驯服的动物，多少世纪以来，都用欺诈、残酷和狂暴的手段统治着其他物种，而这些街头混混也许就是下意识地感觉到了这一点，态度才会受到影响的吧。可是，正像萧伯纳所说的：“瞧我又把话扯离题了，一个爱发牢骚的人老是这样。”

最后，我在凯西马戏团找到了工作，在一出歌舞短剧中模仿和取笑大盗迪克·特平①和沃尔福德·博迪“医生”。我模仿博迪“医生”，可以说是相当成功的，因为那已经不只是在演低级喜剧，而是在刻画一个教授与学者式人物的性格，我把自己的样貌扮得和他一模一样。我成了全戏班里的明星，每星期挣 3 镑。戏班里都是孩子，但扮演的却是街头的大人；我也觉得那种戏很不像样，但是它给了我一个将自己训练成喜剧演员的机会。

凯西马戏团在伦敦演出时，我们六个演员寄宿在肯宁顿路菲尔兹夫人家里。菲尔兹夫人是一位六十五岁的老寡妇，她有三个女儿：弗雷德里卡、西尔玛和菲比。弗雷德里卡嫁了一个俄罗斯细木匠，那木匠挺温和，但是长相极丑：一张凶狠的大扁脸，一头亚麻色的头发，一撮亚麻色的小胡子，一只斜眼。我们六个人在厨房里吃饭，逐渐跟那家人混得很熟。雪尼每逢来伦敦演出时，也住在那里。

我最后脱离了凯西马戏团，又回到了肯宁顿路，仍住在菲尔兹夫人家。老太太很和气，有耐性，做事也勤恳，她完全靠出租房间的收入过日子。已经出嫁了的女儿弗雷德里卡由她丈夫养活。西尔玛和菲比帮着做家务。菲比十五岁，长得很美，鸭蛋脸，鼻子微钩。她无论是在肉体还是在情感方面，都对我有着强烈的吸引力，但是我总在感情上克制着自己，因为那时我还不满十七岁，知道自己对女孩子转的都是一些不好的念头。至于菲比，她为人很正派，所以我们不会发生什么事情。后来她逐渐对我产生了好感，我们成了很要好的朋友。

菲尔兹一家人都是十分容易激动的，她们有时候会互相争执，大

① 迪克·特平（1706—1739）：英国强盗，作案累累，后被绞死。

吵大闹。吵闹往往是由应当轮到谁做家务事引起的。西尔玛大约二十岁，一家人要数她最尊贵，也最懒惰，她老是说应当轮到弗雷德里卡或菲比做家务事。争论会发展成拌嘴。在一场吵闹中，心里的委屈和家中的丑事全都被抖了出来，闹得外人都知道了。菲尔兹夫人透露，西尔玛曾经私奔，跟一个年轻的利物浦律师同居，从此就把自己看作一位贵妇人，认为做家务事会贬低她的身份。菲尔兹夫人骂得最起劲的时候说："好嘛，既然你是一位夫人，那就请出去，再去找你那位利物浦律师好啦——可惜呀，他是不会要你的了。"最后，为了一壮声势，菲尔兹夫人总会抓起一只茶杯，往地上一扔，把它砸个粉碎。这时候西尔玛总是坐在桌子跟前，端起架子，不动声色。然后，她很沉着地拿起一只杯子，轻轻地把它丢在地上，说："我也会发脾气。"她边说边把另一只杯子也丢在地上，接着一只又一只，到后来地上满是碎瓷片："别瞧我也是会闹事的。"这时候，可怜的母亲和姐妹都无可奈何地望着她。"你们瞧她呀！瞧她在干什么呀！"母亲哼哼着说，"喏！再给你一些东西扔。"母亲说着把糖碗递过去给她，西尔玛接了过去，又若无其事地把它丢在了地上。

每次遇到这种情形，总是由菲比出来做和事佬。她处事公平正直，受到全家人的尊重。为结束一场争吵，她会自告奋勇去做那些家务事，但西尔玛总是拦住她。

我失业已将三个月，生活全靠雪尼维持，每星期 14 先令的膳宿费由他付给菲尔兹夫人。他现在是卡诺剧团里主要的喜剧演员，常常向卡诺提到他的弟弟有演戏才能，但卡诺并不理会，觉得我年龄太小。

那时候犹太喜剧演员在伦敦最能叫座，于是我就想到要戴上假胡子来隐瞒我的年龄。雪尼给了我两镑，我准备用这钱排练一出戏，我从一本美国笑话书《麦迪逊汇编》里摘出了歌曲和有趣的对话。接连几个星期，我一直进行练习，并表演给菲尔兹一家人看。她们都认真地看，并且鼓励我，但没有做其他表示。

离迈恩路不远的犹太区中心的小剧院叫福雷斯特游艺场，可以让我假座试演一个星期，但不给我任何报酬。我以前曾经搭凯西马戏团在那儿演过戏，剧院经理觉得我演得还不错，愿意给我一个演出的机会。我未来的希望和理想全凭这一星期的试演了。如果能在福雷斯特一炮而红，我就会在伦敦所有的大剧院里轮流演出。说不定，不用一年，我就可以青云直上，成为歌舞剧中挂头牌的名角。我已经答应菲尔兹一家人，到周末就给她们弄来戏票。

“我看，等到成了名，你就不肯来我们家住了。”菲比说。

“肯定要来住的。”我很有礼貌地说。

星期一中午 12 点，我排练了唱歌，我很内行地张罗完了。但是，我还没有充分考虑我的装扮。我拿不定主意，究竟应该把自己打扮成什么样。晚上演出前的几小时，我一直在化装间里试装，但是，无论粘上多少假胡子，我都没法隐瞒我的年龄。我的喜剧内容是反犹的，但我竟然没有意识到，我说的那些笑话不但陈旧，而且，就像我的犹太口音一样，也很拙劣。

我刚说完了开场的几句笑话，观众们就开始扔硬币和橘子皮，又是跺脚，又是起哄。起先我还不知道这是怎么一回事。后来我开始感到害怕了。我慌乱起来，越说越快，而那些捣乱的观众，有恶意嘲笑的，有怪声吆喝的。扔硬币和橘子皮的也越来越多了。我离开舞台，也没等剧院经理的意见，一直走到化装间里，卸了装，离开了剧院，再也没回去，连我那几本音乐书都没取回来。

我回到肯宁顿路时，已经很晚了，菲尔兹一家都已就寝，而我也深幸她们都已经睡了。第二天早餐时，菲尔兹夫人急切地要知道演出的情形。我装出毫不在意的神情说：“演得还可以，但是要再做一些修改。”她说，菲比去看了我的演出，但是没对家里人说什么，因为她很疲倦，要睡觉了。后来我看到菲比时，她没提起这件事，我也就不再提它，菲尔兹夫人和她家里的其他人都没有再提起，她们见我没有连续演一星期，也没有表示诧异。

幸亏雪尼这时在外地，可以省却我告诉他这件事的经过，否则我会感到很痛苦——但后来他一定是猜到了，或者是菲尔兹一家告诉他了，因为他始终不曾问起我这件事。我竭力忘记那天晚上的恐怖，但是它损伤了我的信心，并留下了难以磨灭的创痕。那个可怕的经历给了我一个教训，使我更正确地认清了自己；我并不是一个演歌舞剧的喜剧演员，我缺乏接近观众和吸引他们的本领；同时我又宽慰自己，认为自己是一个擅于刻画性格的喜剧演员。但是，要在我干的这一行里获得成功，我还要再遭遇一两次挫折。

我十七岁那年，在短剧《快乐少校》中扮演了少年主角，但是那出戏是很令人扫兴的，只演了一个星期。戏里扮我妻子的女主角，是一个五十岁的女人。每天晚上，她在台上摇摇晃晃，喷出一股杜松子酒的酒气，我这个多情的丈夫就得一边把她搂在怀里，一边还要吻她。经过这次演出，我原先要成为男主角的雄心壮志也被消磨尽了。

此后我开始尝试编剧工作。我写了一出短小的喜剧，名为《十二位正直的人》，那是一出粗鲁的滑稽戏，讲的是一个陪审团在争论一个毁约案件。一位陪审员既聋且哑，另一位陪审员是个醉汉，还有一位陪审员是个江湖医生。我把剧情讲给查科特听，查科特是一个舞台催眠师，当时他正在准备向一个丑角施催眠术，蒙上他的眼睛，让他驾一辆四轮马车到处跑。查科特坐在车后面，向那个丑角发送磁脉冲。他愿意出 3 镑买这个脚本，讲明要由我导演。我们租了一个班子，在肯宁顿路号角酒馆的聚会室里排练。当时有一个爱挑错的老演员说，这个短剧写得不但粗俗，而且无聊。

第三天，刚排练到一半，我收到查科特送来的一张字条，说他已经决定不上演这出戏了。我不是那种遇事很洒脱的人，我把字条藏在口袋里，继续排练下去。我没勇气向班里的人说明这件事。到吃午饭的时候，我把他们一起带到住处，说我哥哥有话要和他们谈。我把雪尼拉到卧室里，给他看那张字条。他看完了字条说："怎么，你还没告诉他们吗？"

"没有。"我悄声说。

"那么，你告诉他们呀。"

"我说不出口，"我说，"我无论如何说不出口，让他们白白排练了三天。"

"可这又不是你的错，"雪尼大声说，"去告诉他们。"

我胆怯了，哭起来了："叫我说什么好呢？"

"不要傻气！"他说着站起身，走进隔壁房间，把查科特的字条拿给大家看，说明了事情的经过，然后把我们都带到路边拐角那家酒馆，吃了三明治喝了酒。

演员们的行事是出人意料的。那个曾经发了许多牢骚的老家伙，这时候却显得最通情达理；雪尼告诉他，我怎样感到为难，他听了大笑起来。"这又不是你的错，孩子，"他说时在我背上拍着，"这都要怪那个该死的老流氓查科特不好。"

在福雷斯特游艺场演出失败后，我无论再试什么都会碰壁。但是青春意味着乐观，因为青年人会本能地感觉到，厄运只不过是暂时的，永远背时或一直走运都是不可能的。时运总有一天会转变的。

后来我时来运转。一天，雪尼说卡诺先生要见我。卡诺当时不大满意在他最红的短剧《足球赛》里跟哈里·韦尔登先生合演的一个丑角。韦尔登是一个很受观众欢迎的丑角，直到三十几岁临死前，他始终是最能叫座的。

卡诺先生长得矮矮胖胖，皮肤呈紫褐色，一双眼睛炯炯有神，好像老是在估量着别人。他开始是在双杠上玩杂技的，后来结识了三个演闹剧的丑角。四个人开创了卡诺剧团的滑稽哑剧。卡诺本人是一个杰出的喜剧演员，又创造了许多喜剧人物。他虽然已有五个剧团在各地巡回演出，但自己仍旧经常登台。

一个早期和卡诺合作的演员，谈到了卡诺是怎样退休的。一天晚上，在曼彻斯特，演完戏以后，剧团里的人都埋怨卡诺没有掌握好时机，说他把一些可以逗笑的机会都错过了。那时候卡诺已经由五出戏里攒下了5万镑，他说：“好吧，哥儿们，既然你们都有这样的想法，那我就洗手不干了吧！”接着他就摘下了假发，放在化装台上，苦笑了笑：“一言为定，我这就算退出了。”

卡诺先生住在坎伯韦尔区科德哈伯巷，隔壁是一个仓库，他把二十出戏的布景都堆在仓库里。他的办事处也设在里面。我到了那儿，他很客气地招待我。“雪尼对我说，你的戏演得非常好，”他说，“你有把握和哈里·韦尔登合演《足球赛》吗？”

哈里·韦尔登是特邀演员，他的薪酬很高，每星期拿34镑。

“我只要有机会就行。”我信心十足地说。

他笑了笑：“十七岁很年轻，可你看上去比十七岁还要年轻。”

我立刻耸了耸肩：“这是一个化装问题。”

卡诺大笑起来。后来他对雪尼说，就因为那样一耸肩，我获得了那个角色。

“好吧，好吧，让我们瞧瞧你能够玩出点什么吧。”他说。

当时约定了试用两星期，每星期3镑10先令，如果我表演得令人满意，他们就和我签订为期一年的合同。

在伦敦大剧院演出之前，我有一个星期的时间揣摩要扮演的角色。卡诺叫我去正在上演《足球赛》的牧林剧院，看我要扮演的那个角色是怎样演的。老实说，那个人演得既呆笨又不自然，并且不是我夸口，我知道自己可以胜过他。这个角色需要有更多的滑稽模仿成分。主意既定，我就决意这样去演。

我只有两次排练的机会，据说韦尔登先生不能多安排几次；其实他根本就不高兴来，因为排练打扰了他玩高尔夫球。

排练的时候，我并没有给大家留下很好的印象。我台词念得慢，当时感觉得到，韦尔登在怀疑我是否能够胜任。雪尼曾经扮演过这个角色，如果他在伦敦，也许可以给我一些帮助，但是那时候他正在外地演另一出短剧。

虽然《足球赛》是一出滑稽模仿的闹剧，但是每一次都要等到韦尔登出场，才会听见笑声。一切都是为了韦尔登的出场做准备，他是一位杰出的丑角，从他出场起台下就笑声不绝。

在伦敦大剧院演出的那天晚上，我的神经紧张得像时钟上拧紧了的发条。那个晚上我将重建自信，一洗我在福雷斯特游艺场受到的可怕的羞辱。我在巨大的舞台后面来回踱步，口中默默祝祷，焦急中夹杂着恐惧。

奏乐了。启幕了。一个合唱歌舞团在台上载歌载舞。最后，他们下场了，舞台上空了。我要出场了。出场时，我的情绪很乱。这时候，要么是克服了紧张情绪，要么是为紧张情绪所压倒。我一走上台，情绪立刻舒畅了，头脑完全清醒了。我背朝着观众走上场——这主意是我自己想出来的。从背后看，我一身打扮得整整齐齐，穿着一件大礼服，戴着一顶大礼帽，下面套着鞋罩，手里拿着手杖——一个标准的爱德华时代的反派。接着我转过身，观众看见了我的红鼻子，发出了笑声。这一来观众就对我有了好感。我装模作样地耸了耸肩膀，然后打了个响指，走了一个圆场，在一个哑铃上绊了一个跟头。接着，我无意中把手杖挥在一个练拳的吊球上，吊球啪的一声反弹在我脸上。我站立不稳，摇摇晃晃，手杖从侧面打在我的脑袋上。观众们哄堂大笑。

这时候我从容自在，充满创造力。我可以连续五分钟吸引住观众，一句话不说，使观众们笑个不停。我模仿反派大摇大摆地走着时，我的裤子开始往下褪。我的一颗纽扣丢了。我四下里寻找纽扣。我假意拾起一件东西，接着就气呼呼地把它扔了：“瞧这些该死的兔子！”又是一阵笑声。

哈里·韦尔登的脑袋像一轮满月出现在条幕后面。以前，他出场前是从来没有人笑的。

他一出场，我就紧张激动地搂住了他的腰，压低嗓音说：“赶快！这一来可糟啦！给我一根针！”这些都是临时穿插，并不曾排练过。我已经调动了观众的情绪，为他创造了条件，他那天晚上演得非常成功，我们又增添了许多笑料。落幕后，我知道自己演得不错，剧团里的几个演员都和我握手，向我祝贺。去化装间的路上，韦尔登只扭过头来冷冷地说了一句：“演得不错——很好！”

那天夜里，我步行回去，这样可以放松一下紧张的情绪。我中途停下，倚在威斯敏斯特桥的栏杆上，俯看黑暗中闪闪发亮的河水在桥下流过。我快乐得只想哭，但是怎么也哭不出来。我一再挤眼睛蹙眉头，但是我没有眼泪，只觉得心里一片空虚。我下了威斯敏斯特桥，走向象堡，在一家小咖啡馆里喝了杯茶。我想和什么人谈谈心，但是这时雪尼又在外地。如果当时他在伦敦，我就可以把今晚的情形说给他听了。这对我有多么大的意义啊，尤其是经过福雷斯特游艺场的那次失败以后。

我没有一点睡意。从象堡走到肯宁顿门，我又喝了一杯茶。一路上我独自又是说又是笑。直到凌晨 5 点我才去睡，我已经筋疲力尽了。

卡诺先生头一天晚上不在，但是第三天晚上来了，那天我一出场观众就报以掌声。后来他来找我，满脸堆笑，叫我明天早晨到他办公室去签合同。

我没有写信告诉雪尼初演的情形，只给他拍了一封极简单的电报：

“已签订一年合同，每周 4 镑。祝好，查理。”《足球赛》在伦敦连演了十四个星期，然后去各地巡回演出。

韦尔登扮演的喜剧角色是个白痴，他模仿的是说话迟钝的兰开夏郡傻子。演这种角色，在英格兰北部挺能叫座，但到了南部就不大受欢迎了。布里斯托尔、加的夫、普利茅斯和南安普敦等城市对韦尔登都很冷淡；在这些地方演出的几个星期里，韦尔登总是脾气暴躁，表演时只是敷衍塞责，而把一肚子气都发泄在我身上。戏里演到某些地方，他是要打我的。他应当假装打在我脸上，同时由另一个人在条幕后面拍一下巴掌，这样听上去就像真的打了我。可是，有时候他竟真的抽我的脸，不必要地打得那么重，我想这是出于妒忌。

在贝尔法斯特演出时，这种情形过分到了极点。剧评家严厉地批评了韦尔登，但是却赞扬了我的演技。韦尔登对此感到无法容忍，所以那天晚上他在台上狠狠地揍了我一顿，直打得我鼻子流血，痛得我再没劲头去插科打诨。事后我对他说，如果他再敢这样，我就要抄起台上的那个哑铃，砸出他的脑浆来。我还对他说，即使他妒忌，也不能把气出在我身上。

“我妒忌你呀，”走向化装间时，他对我轻蔑地说，“哼，单是我这屁股，也比你浑身的本领大！”

“你的本领就全靠那屁股。”我反唇相讥，紧接着就关上了化装间的门。

雪尼回到伦敦，我们决定在布里克斯顿路租一套公寓，准备花 40 镑买家具。我们到纽因顿路一家二手家具店里，告诉老板我们打算出多少钱装饰四间屋子。老板对我们这笔买卖很感兴趣，接连几个小时帮我们选择要买的东西。我们决定在前面一间房间里铺地毯，在其他几间房间里铺漆布，还买了一套家具，包括一张床和两张扶手椅。我们在客厅的角落里摆了一架摩尔式回纹细工屏风，后面用一只黄色灯泡照亮，再在对面角落里摆了一个镀金画架，架子上是一幅嵌在金边框里的蜡笔画。画上是一个裸体模特，她站在台上侧转了脸向旁边望，一个留着胡子的画家正在掸她大腿上的一只苍蝇。在我看来，这件艺术品和那架屏风将客厅点缀得幽雅绝俗。其实这些装饰只不过集摩尔烟店和法国妓院陈设的大成。但是，我们都很喜欢这些陈设。我们还买了一架立式钢琴，虽然比原先的预算多花了 15 镑，但我们相信这点钱是值得花的。布里克斯顿路格伦肖公寓楼 15 号套房，成了我们眷恋的安乐窝。去外地演完以后，我们是多么渴望回到那里啊！现在我们手头已经相当宽裕，可以每星期补贴外祖父 10 先令，还可以给自己雇一个女仆，每星期来打扫两次房间，但实际上这是不必要的，因为我们并没有什么事情可以使唤她做。我们住在那套公寓里，就像待在一座神庙里一样。我和雪尼总是坐在两张大扶手椅里，感到悠然自得。我们还买了一个四周有皮座的浮雕铜炭围，我老是在扶手椅上坐坐，再去炭围边的皮座上坐坐，试试它们舒服的程度。

我十六岁那年，一幅剧团广告画激起了我浪漫的幻想，广告上画的是一个姑娘，站在一座悬崖上，头发被风吹得飘飘的。当时我就幻想到，我要和她玩高尔夫球——虽然那是我厌恶的一种运动——在露湿的草地上走着，一时间我恣意地玩味那种活跃的情感、充沛的精力和自然的美丽。那是浪漫的幻想。但是早期的爱情又与此不同，往往有固定的模式。一顾一盼，初见面时的几句话（往往是几句愚蠢的话），生活就会在几分钟内全部改观，整个大自然就会对我们表示同情，让我们突然发现那些奥秘中的快乐。这就是当时我的经历。

我即将满十九岁，在卡诺剧团里已经是一个很红的喜剧演员，然而我总感到有些美中不足。春天来了，又去了，夏天给我带来的是一片空虚。我的日常工作是那么单调，我的周围环境是那么沉闷。我看不出自己有什么前途，所见到的只是庸俗无聊的人群中一些平凡琐碎的事情。单是为了谋生而奔波忙碌，这是不够理想的。这种生活是毫无价值的，是索然无味的。我变得忧郁，感到不满足，星期日总是独自出去散步，到公园里听乐队演奏。我对自己不耐烦，对别人嫌讨厌。不用说，我被情思困扰着了。

当时我们在斯特里塞姆帝国剧院演出。在那些日子里，我们每天晚上都要在两三个场地表演，总是乘剧团的马车，从一个地方赶到另一个地方。我们在斯特里塞姆的演出被排在很早的时间，为的是演完再赶往坎特伯雷游艺场和蒂沃利剧院。我们开始演出时，天还没黑。那一天热得厉害，斯特里塞姆有一半的座位都是空着的，我一直沉浸在自己的忧郁之中，并没有特别在意。

排在我们前面演出的是一个叫作“伯克-库茨美国姑娘”的歌舞团。我根本没去注意歌舞团里的姑娘。但是第二天晚上，我正漠不关心地站在条幕后面时，忽然一个姑娘跳着舞滑了一跤，其他几个姑娘笑了起来。其中一个向旁边望时和我对视了一眼，她想要知道我是否也觉得这件事好笑。突然我被她那双闪耀着顽皮光芒的棕色大眼睛吸引住了，这姑娘长得像一只小羚羊，身材苗条，一张端正的鸭蛋脸，一张媚人的、丰满的嘴，一口好看的牙齿——当时我就像是触了电一样。她下场后，叫我拿好一面小镜子，让她整理头发。这样一来，我就有机会仔细地看她。这是故事的开始。星期三那天，我问她是否可以约她在星期日会面。她大笑起来：“没抹上这个红鼻子的时候，你是什么样我都不知道！”——当时我穿着一身燕尾服，打着一条白领带，在《不吭声的鸟》里扮演一个爱喝酒的丑角。

“幸亏我的鼻子并没有这样红，再说，我也没有现在扮的这样老，”我说，“不信明天晚上我带张照片来。”

我送给她一张自以为比本人更好看的照片：一个身量未足的青年，

露出一副愁容，戴着一条黑领圈。

“哦，没想到你挺年轻嘛，”她说，“我以为你要老得多呢。”

“你以为我多大年纪了？”

“至少有三十岁了吧。”

我笑了：“我还没满十九岁呢。”

因为我们每天都要排练，所以平时不可能约会。最后她答应星期日下午 4 点在肯宁顿门和我见面。

夏季里的这个星期日热极了，整天烈日当空。我穿了一套深色的衣服，挺时髦的收腰款式，戴了一条深色的领圈，拿着一根乌木手杖。到达那里时离 4 点还差十分钟，我很紧张地等候着，留心看走下车来的乘客。

我等候着的时候忽然想起，还不曾见过她卸了装是什么样。我记忆中的形象模糊了。无论怎样回忆，我怎么也想不起她的容貌了。我有点害怕起来。也许，她的美貌是伪装的吧！那只是个幻象吧！每次从车上下来一个相貌平常的年轻姑娘，我就一阵心灰意懒。我会不会失望呢？我会不会被自己的想象蒙蔽了，或者被她的装扮欺骗了呢？

4 点缺三分钟，一个姑娘跳下了车，朝我走过来。我的心都冷了。那副长相使我很失望。想到要一整个下午陪着她，还得装出一副高兴的神情，这可是一件糟糕透顶的事情。但是，我还是抬了抬我的帽子，挤出了笑容，可是她却恶狠狠地瞪了我一眼，径直走了过去。幸好来的不是她。

4 点过了一分钟，一个年轻姑娘跳下了一辆车，向前走过来，在我面前停下。她戴着一顶式样简单的水手帽，穿着一件镶着铜纽扣的蓝色双排扣水手上衣，两只手深深地插在外套口袋里。她没化妆，看来却比往常更美。“瞧，我来啦。”她说。

一看见她，我慌乱得连话都说不上来了。我激动起来。我想不出说什么话或做什么事才好。“咱们叫辆车吧，”我一边沙哑着嗓子说，一边向路上东张西望，接着又向她转过身去，“你喜欢上哪儿？”

她耸了耸肩：“随便上哪儿。”

“那么，咱们就去西区吃饭吧。”

“我已经吃过了。”她平静地说。

“咱们上了车再商量吧。”我说。

我那样热情激动，她肯定感到莫名其妙，因为我在车上老是重复说：“我知道这件事会给我带来烦恼的——你太美啦！”我徒劳地试图说一些有趣的话，想给她留下深刻的印象。我从银行里取出了3镑，打算带她去特罗卡德罗，在那种弦歌悦耳、纸醉金迷的地方，她也许会把我看成一位风流人物。我想要使她对我神魂颠倒。但是，她仍旧很冷静，并且看来对我说的话不大理解，尤其是当我说到她是我的复仇女神时，那是我新近刚学会的一个词。

她不会了解，当时的一切对我意味着什么。我并没有想到男女之爱，我想的更多的是要和她待在一起。凭我当时那种身份，我很少有机会接触到优雅和美丽的姑娘。

那天晚上，我再三劝说她在特罗卡德罗吃饭，起先她怎么也不肯。她说宁愿和我一起吃三明治。后来，我们在这家豪华的餐馆里占了一张桌子，虽然我并不想吃，但是认为有义务点一席丰盛的饭菜。吃饭时我们都很严肃，好像是在受罪：我常常拿不准应该用哪件餐具。为了使自己显得态度潇洒，我边吃边吹牛，甚至装出毫不在意的神情去用洗指碗，但是我想，我们离开餐馆时都很高兴，我们终于可以放松了。

离开了特罗卡德罗，她一定要回家。我提议叫一辆车，但是她宁愿走路。她住在坎伯韦尔路，这对我再好不过，这样我就可以和她再多待一会儿了。

这时候我已经冷静下来，而她也好像不那么拘束了。那天晚上，我们沿着泰晤士河的堤岸走去，一路上海蒂谈到她的女朋友，谈到一些有趣的经历和其他琐事。但是我几乎没听进她说了些什么。我只知道那是一个醉人的夜晚——我像是在天堂中散步，心里是那样喜悦，那样激动。

我和她分手后，又独自沿河堤走回去，我已经陷入情网！我仿佛被一种慈祥的光辉照亮，被一种热诚的善心感动，把 3 镑中剩下来的钱都散给了睡在堤岸上的穷人。

我们约好第二天早晨 7 点碰头，因为她 8 点要在沙夫茨伯里大街附近某个地方排练。从她家到威斯敏斯特桥路地下车站，大约要走一英里半路，尽管我总是在 2 点以后才睡，但是天一亮我就起来，赶去会她。

现在坎伯韦尔路蒙上了一层奇妙的色彩，因为海蒂·凯利住在那儿。那几次，我们一路手挽着手走到地下车站时，我感到既幸福又迷茫。我平时绕过不走的那条肮脏冷落的坎伯韦尔路，现在已经具有一种迷人的魅力，我在晨雾中沿着那条路走，海蒂的身影远远地向我移近，让我激动不已。那几次漫步的时候，我根本不记得她说了些什么。我完全着了迷，相信我们是被一种神奇的力量联系在了一起，我们的相见是天缘巧合。

我接连三个早晨和她在一起；这三个短暂的早晨，使那几天所有剩下的时间，直到第二天早晨，都不存在了。可是，到了第四天的早晨，她的态度变了。她看见我时显得很冷淡，一点也不热情，甚至不肯和我拉手。我怪她不应该这样，并且半开玩笑地责备她，说她不爱我了。

“你这真是想入非非，”她说，“别的且不谈，我刚十五岁，你只比我大四岁。”

她这几句话的意思我没听明白。但是我看得出她突然和我疏远了。她朝前笔直地望着，两只手插在外套口袋里，踏着女学生的步伐大大方方地走着。

“意思就是说，其实你并不爱我。”我说。

“我不知道。”她回答。

我大为震惊：“如果你不知道，那你就是不爱我呀。”她不回答，一声不响地走着。“你瞧我猜得多准，”我故作镇静地接下去说，“我说过，我遇到你，会给我带来烦恼的。”

我试图窥探她的心意，想要知道她对我的感情究竟到了什么程度，可是，无论我怎样问，她老是回答：“我不知道。”

“你愿意嫁给我吗？”我要她表态了。

“我年纪太小了。”

“那么，如果必须嫁人的话，你打算嫁给我，还是嫁给别人？”

但是她不做出明确的答复，老是重复说：“我不知道……我喜欢你……但是——”

“但是你不爱我。”我接口说，我的心冷了。

她不说话了。那天早晨，天上浓云密布，街上显得黯淡凄凉。

“这都怪我不好，我太冒失了，”我声音嗄哑地说，这时我们已经到了地下车站的进口处，“我想，咱们还是分手吧，再也不要见面了。”我说时心里想，不知道她听了这话会有什么反应。

她显得很严肃。

我拉着她的手，亲切地拍了拍：“再见了，还是这样好。你对我的影响已经太大啦。”

“再见，”她答了一句，“我很抱歉。”

这句表示歉意的话，沉重地打击了我。当她的身影消失在地下车站时，我只感到空虚得难以忍受了。

我做了什么事？是我太莽撞了吗？我不应当叫她表态的。瞧我多么傲慢，多么愚蠢，这样一来，除非是不怕叫自己出丑，否则就没法再和她见面了。现在怎么办呢？我只有忍受痛苦了。再见到她之前，只希望我能在睡梦中忘了这种精神痛苦。无论如何，在她还不愿意见我的时候，我必须避开她。也许，我太认真，太热情了。下一次我们会面的时候，我必须是淡而不厌的、不即不离的。但是，她愿意再见我吗？她肯定要见我的！她总不能这样轻易把我抛开了呀。

第二天早晨，我忍不住又向坎伯韦尔路走去。这一次我没遇见她，但是却遇见了她的母亲。“瞧你怎样对待海蒂的！”她说，“她哭着回家，说你永远不要再见她了。”

我耸了耸肩，苦笑了笑：“瞧她又是怎样对待我的呀？”接着我迟疑地问，可否让我再去见她。

她警惕地摇了摇头：“不必啦，我想你还是别去的好。”

我邀她去喝一杯，于是我们走到路拐角一家酒馆里去谈这件事，我请求她让我再去见海蒂一面，她允许了。

我们走到门口，海蒂开了门。她看见我时，露出了惊奇和忧虑的神情。她刚用日光牌香皂洗了脸——有一股清新的香味。她站在大门口不动，一双大眼睛显得那么冷淡。我看得出来，没有希望了。

“你瞧，”我装出开玩笑的口吻说，“我又来说再见啦。”

她不答话，但是我可以看出，她很想我离开那儿。

我伸出了手笑着。“那么，又一次再见啦。”我说。

“再见。”她冷冷地说。

我转过身，听见临街的门在我身后轻轻地关上了。

虽然我只和她见了五次，每次见面难得超过二十分钟，这短暂的相遇给我的影响却持续了很长一段时间。

七

1909 年，我去了巴黎。女神剧场的比尔内尔先生邀请卡诺剧团去做一个月的短期演出。一想到要出国，我非常激动。出发前一星期，我们在伍尔维奇演出，那个城镇阴湿而凄凉，我们在那里演出的一个星期也是凄凉的，所以我巴望着改变一下环境。剧团定于星期日早晨启程。我差点误了车，一路在站台上跑过去，跳上了最后一节行李车，一直乘到多佛。那些日子里，我老是误车。

我们横渡海峡时遇到倾盆大雨，但是透过迷雾第一次看到法国，那种刺激令人难忘。“那不是英国，”我老是这样提醒自己，“那是大陆！是法国！”我一向憧憬着那个地方。我父亲有法国人的血统，实际上卓别林家族的原籍是法国。他们是在胡格诺[①]时代来到英国的。父亲的一位叔父老是夸耀说，英国这一支卓别林家族是一位法国将军的后裔。

深秋时节，从加来到巴黎的旅程是沉闷的。但是，车驶近巴黎，我兴奋起来。这时我们已经越过了凄凉冷落的乡村。后来，在暮色渐浓的天空下，我们逐渐看见一片辉煌灿烂的灯火。“那是巴黎的灯光。”和我们同车的一个法国人说。

巴黎的一切都符合我的期待。从北火车站到若弗鲁瓦–玛丽街，一路上我又是激动又是焦急；经过每一个路拐角，我都想下车去走走。那时是晚上 7 点；咖啡馆里射出诱人的金色灯光，单从摆在外面的桌子，就

---

① 16 世纪和 17 世纪的法国新教徒，他们在弗朗索瓦一世和后来几代法国国王的统治下备受迫害，在路易十四时代大量逃往英国。

可以看出巴黎人是多么会享受生活。然而，除了多添了一些新发明的汽车外，巴黎仍旧是莫奈、毕沙罗和雷诺阿笔下的巴黎。那天是星期日，好像所有的居民都在寻欢作乐。四周是一片喜悦与活跃的气氛。若弗鲁瓦-玛丽街上我那间铺着石板的房间，我管它叫“我的巴士底”的，也没有减低我的兴致，因为一般人的大部分时间都坐在小餐馆和咖啡馆外的桌边。

星期日晚上我没有演出，可以到女神剧场去看戏，星期一我们就在这个剧场演出。剧场里金碧辉煌，豪华富丽，到处都是镜子和巨大的水晶枝形吊灯，我还没见过哪家剧场有这样大的气派。上流社会人士在铺着厚地毯的休息室和第一层楼厅的前排座位间走来走去。珠光宝气的印度王子包着粉红色的头巾，法国和土耳其军官戴着有羽毛装饰的头盔，在酒吧里喝白兰地。宽敞的外间休息室里奏着音乐，夫人小姐都把披肩和皮大衣寄存在衣帽间里，袒露出雪白的肩膀。她们都是老观众，为了惹人注意，都故意地在休息室和第一层楼厅的前排座位间走来走去。在那个年代里，那些夫人小姐都是那么美丽和优雅。

还有一些职业翻译在剧场里各处走着，帽子上都缀有“译员”字样。我认识了其中的领班，他能很流利地说好几国的语言。

演完戏，我总是穿上那套登台的晚礼服，夹在其他人当中到处溜达。一个天鹅颈项、雪白皮肤的娇艳的人儿，让我不觉心旌动摇。她是吉布森[1]笔下修长身材的美女，长得非常俏丽，鼻子微微翘起，睫毛长而乌黑，穿着一件黑色的天鹅绒衣服，戴了一副白色的长手套。她登上前排座位台阶的时候，掉下了一只手套。我赶快把它拾了起来。

“谢谢。”她说。

“我希望您再掉下来一次。”我顽皮地说。

---

① 吉布森（1867—1944）：美国插画家，擅画19世纪90年代的美国姑娘。

“您说什么？”

这时候我意识到，她听不懂英语，而我又不会说法语。于是我就去找那个翻译朋友：“我对一个姑娘很有意思。但是看上去她要的价钱会很贵。”

他耸了耸肩膀：“最多1路易[1]。”

“好吧。”我说，虽然当时我觉得1路易的要价很贵——也确实是如此。

我叫翻译在一张明信片后面用法语写了几句情话：“我十分爱您”“我对您一见钟情”等等，我准备到适当的时候用。我还叫他做好安排，于是他就当上了牵线人。最后，他回来说：“全都谈妥了，1路易，可是您得付她到她家的来回车钱。”

我犹豫了一下。“她住在哪儿？”我问。

“车钱最多10法郎。”

但这10法郎却把我难倒了，我没料到还有这样一笔额外费用。“她不能够走路吗？”我半开玩笑地说。

“您听我说，这位姑娘可是高级的，您必须给她付车钱。”他说。

我勉强答应了。

等一切都谈妥以后，我登上前排座位的台阶，从她旁边走过去。她笑了笑，我转身向她瞥了一眼：“今天晚上！”

“太好啦，先生！”

因为我们在休息之前要演出，所以我保证等我的戏演完以后再去会她。我朋友说：“趁我唤那姑娘的时候您去叫车，这样就不会浪费时间了。”

“浪费时间？”

---

① 法国革命后发行的金币，约合20法郎。

我们的车沿着意大利大街行驶时，光影掠过她的脸和细长白皙的脖子，她真是美丽动人啊。我偷着去看明信片上写的法文。“我十分爱您。”我试着说。

她大笑起来，露出一口雪白整齐的牙齿：“您的法语说得好极了。”

“我对您一见钟情。”我一往情深地接下去说。

她又大笑，并且纠正了我的用语，说我应当用“你”这个亲密的称呼。她想了想，接着又大笑起来。她看了看表，但是表停了；她表示要知道时间，说她 12 点有一个十分重要的约会。

“不是今天晚上吧。”我羞涩地说。

“是今天晚上。”

“可是你今天整个晚上都没空嘛，通宵！”

她突然露出了很吃惊的神情：“哦，不，不，不！不是通宵！”

谈话开始不堪入耳了：“20 法郎只一次吗？”

“一点不错！”她加重语气说。

“我很抱歉，”我说，“我想，还是叫车停下吧。”

我把送她回女神剧场的车钱付给了车夫，极度伤心失望地跳下了车。

我们本可以在女神剧场连演十个星期，因为我们很能叫座，可是卡诺先生已经和别的地方有约在先了。我的薪酬是每星期 6 镑，但我把所有的钱都花光了。我哥哥的一个堂兄，也就是雪尼的一个父系亲属，来跟我认亲。这人很有钱，属于所谓上流社会人士，他当时正在巴黎，带着我去玩了不少地方。他是个戏迷，甚至剃掉了胡子，以便冒充我们剧团里的演员到后台去逛。可惜他后来不得不回英国去了，据我所知，他一回国就被他严厉的父母大加训斥，然后被送去了南美洲。

去巴黎之前，我听说当时海蒂的歌舞团正在女神剧场演出，于是我决定再去见她一次。抵达巴黎的那天晚上，我就到后台去打听，但是从一个跳舞的姑娘口中获悉，那个歌舞团已于一星期前去了莫斯科。我正在和那个姑娘说话，只听见楼梯上一个人粗声粗气地说："马上给我过来！你怎么可以跟一个不认识的人说话！"

说这话的是那姑娘的母亲。我试图解释，说我只不过是要打听一个朋友的消息，可是她不理睬我的解释："别跟那个家伙说话，马上给我上来。"

当时我对她这种粗暴的态度很生气。但是，后来我和她熟悉了。她和她的两个女儿跟我住在同一家酒店里，两个女儿都是女神舞剧团里的演员。小女儿十三岁，是舞剧里的主角，长得非常漂亮，舞也跳得很好，但是那个十五岁的大女儿舞跳得不行，长相也不好看。母亲是法国人，胸部丰满，年纪在四十岁左右，嫁的是一个苏格兰人，这男人当时在英国。我们在女神剧场演出后，她来向我道歉，表示不该对我那样莽撞。从此我们的关系开始融洽起来。她们在自己卧室里备了茶点，经常邀请我到她们的房间里去喝茶。

现在回想起来，我当时天真得简直令人难以置信。一天下午，两个女儿都出去了，只有那母亲和我在一起，她的神情变得很奇怪，倒茶的时候她哆嗦起来了。我刚谈了一阵我的希望和理想、我的爱好和失望，她听了很是感动。当我站起来，把茶杯放在桌子上时，她走到了我跟前。

"你真可爱，"她两手捧住了我的脸，两眼直勾勾地盯着我的眼睛说，"像你这样的好孩子，是不应该受人欺侮的。"她的眼神变得茫然、古怪，好像是在施催眠术，她的声音颤抖起来："你知道吗，我爱你就像爱自己的儿子一样啊。"她说时仍旧双手捧着我的脸。然后，她的脸慢慢地向我凑近，她吻了我。

"谢谢你。"我说，接着就真诚地——而且是天真地——回吻了她。她的眼睛仍旧呆呆地紧盯着我，她的嘴唇在哆嗦，她的目光凝滞了，后来，她忽然克制住自己，走过去重新倒了一杯茶。她的态度变了，嘴角上似乎闪出了笑意。"你太可爱了，"她说，"我真喜欢你呀。"

她把她女儿的事都悄悄地告诉了我。“小女儿是个很好的姑娘，”她说，“可是你对那个大的可得留点神，她现在很叫人伤脑筋。”

等我演完戏，她常常邀我到她和她小女儿睡的那间大卧室里去吃夜宵；在回自己房间之前，我总会吻一吻母女俩，向她们道晚安；然后，我必须穿过大女儿睡的那间小房间。一天晚上，我正走过那间房间，大女儿向我招了招手，小声地说：“把你的房门开着，等她们都睡着了我就过来。”我气呼呼地一下子把她推倒在床上，大踏步走了出去。她们在女神剧场演出结束后，我听说当时只有十五岁的这个大女儿跟一个驯狗师私奔了，那个驯狗师已经六十岁，是一个身材魁梧的德国人。

然而，我又不像表面看上去的那样天真。我偶尔也会和剧团里的人出去玩上一个通宵，在妓院里狂欢滥饮，凡是年轻人起哄捣乱的事我都干。一天晚上，我喝了好几杯苦艾酒，跟从前是轻量级职业拳击手的厄尼·斯通动起武来。事情发生在一家餐馆里，侍者和警察把我们拉开后，厄尼·斯通说：“咱们酒店里见。”当时我们两人都住在一家酒店里。他的房间在我的上面，凌晨 4 点我摇摇晃晃地回到了酒店，去敲他的房门。

“进来，”他兴致勃勃地说，“把鞋脱了，咱们别惊扰了别人。”

于是我们悄悄地脱光了上身衣服，然后互相对峙。你打过来，我闪过去，似乎没完没了了。他有几次很准地打中了我的下巴，但是没有把我打倒。“我还以为你的拳头很厉害呢。”我冷笑着说。他猛地向前一扑，但是扑了个空，一头撞在墙上，差点晕了过去。我想乘势把他打倒，但是我那几下打得太轻了。我原可以把他打伤的，可惜我挥出的拳太无力了。突然，他一拳正打在我的嘴上，震动了我的门牙，这时我清醒过来了。“住手，”我说，“我可不能让你打掉我的牙齿。”于是他走过来和我拥抱，然后去照镜子：他的脸被我打破了。我的一双手肿得像一副拳击手套一样。天花板上、窗帘上、墙壁上都是血，我不知道血怎么会溅上去的。

夜里，血从我的嘴角边流到颈项里。早晨，舞剧里演主角的小女儿照例送来茶点，吓得尖叫起来，她还以为我是要自杀呢。此后我再没有和人打过架。

一天晚上，翻译来找我，说有一位著名音乐家要见我，问我是否愿意到他的包厢去。这次邀请挺有意思的，因为和他一起坐在包厢里的还有一位极美的外国小姐——一位苏联芭蕾舞团的演员。那位先生说他很欣赏我的表演，还说没想到我是这样年轻。听了这些夸奖的话，我很有礼貌地向他鞠躬，同时还偷偷地向他的朋友瞟了几眼。“您是一位天生的音乐家和舞蹈家。”他说。

我当时除了满脸堆笑以外，再没有什么话可以答复这样的称赞，于是望了望翻译，恭恭敬敬地鞠了个躬。音乐家站起来向我伸出了手，我也站了起来。“可不是，”他握着我的手说，“您是一位真正的艺术家。”和翻译一起离开后，我转过身来问翻译：“跟那位先生在一起的小姐是谁？”

“她是一位苏联芭蕾舞演员，她叫——”他说了一个很难念的名字。

“那位先生叫什么？”我问。

“德彪西，”他回答，“大名鼎鼎的作曲家。”

“我从来没听过这个名字。”我说。

那一年，斯坦海尔夫人谋杀亲夫案[①]闹得满城风雨，但审讯后她被宣判无罪；那一年，男女调情的“蹦蹦舞”风靡一时，舞伴一对对恬不知耻地紧搂着打转儿，做出种种淫荡的样子；那一年，每镑课6便士的所得税税法尽管令人难以置信，但竟然获得了通过；那一年，德彪西把《牧神的午后》介绍到英国，但上演时被喝了倒彩，听众们退出了剧场。

我满腹愁闷地回到英国，开始去巡回演出。这些地方和巴黎形成了

---

① 斯坦海尔夫人为艺术家阿道夫·斯坦海尔之妻。1908年阿道夫·斯坦海尔被发现死于自家卧室，斯坦海尔夫人被疑谋杀亲夫。

多么鲜明的对照啊！在北方城镇里，在那些愁人的星期日黄昏，所有的店铺都已经打烊，凄凉的钟声好像在谴责人们。吵吵闹闹酗酒的小伙子和嘻嘻哈哈笑谑的姑娘，就在昏暗的大街小巷成群结队地游逛。这是他们星期日傍晚唯一的消遣。

这样在英国混了六个月，我才习惯于自己的日常工作，可就在这时候，从伦敦办事处传来了一条消息，于是我的生活又活跃起来。卡诺先生通知我，让我在《足球赛》的第二轮演出中代替哈里·韦尔登。这让我觉得自己福星高照。这对我确是一个机会。虽然我已经在《不吭声的鸟》和其他一些短剧中获得好评，但是，和在《足球赛》中演主角相比，以前的那些演出只能说是很小的成就。再说，我们要去牛津游艺场演出，那是伦敦第一流的游艺场。我们将成为全市瞩目的人物，我的名字将首次印在戏单的最上方。这可是大大地提升了一级。如果我在牛津游艺场演红了，我就可以一举成名，就可以要求一大笔薪酬，最后就可以扩大演剧的范围，到那时候各色各样美妙的设想就都可以实现了。由于《足球赛》一剧基本上用的是原来的班底，所以我们只需要排练一个星期就行了。我对怎样演这个角色考虑了很久。哈里·韦尔登有兰开夏口音。我决定演出时学伦敦本地人说话。

可是，第一天排练时，我患了喉炎。我想尽了办法来挽救我的嗓子：小声说话、吸药剂、喷药雾。到后来我急得完全没有心思考虑演出时应当怎样逗趣了。

开演的那天晚上，我拼命地喊，嗓子里的每一条血管和神经都紧张到了极点。但是我怎么也没法让观众听见。后来，卡诺走过来，露出了又是失望又是轻蔑的神情。“谁也听不出你在说些什么。”他嗔怪我。我向他保证，明天我的嗓子就可以好转；但是，情形并不如此。实际上反而更糟了，我已经把嗓子逼得太厉害，有完全失音的危险。第二天晚上，我的角色由一个临时替角代演。第一个星期结束，我的演出被取消了，我的一切希望与理想全部落空，失望之下受到的打击太大了，我患流行性感冒了。

我已经有一年多没有见到海蒂。流行性感冒初愈后，我身体虚弱，心情忧郁，又想到了她；一天晚上很迟的时候，我向坎伯韦尔路她住的地方走去。但是，那幢房子空了，外面贴了一张“招租”的告示。

我继续漫无目标地在那几条街上漫步。突然，夜色中出现了一个人影，穿过马路，向我移近。

“查理！你上这儿来干什么呀？”说这话的正是海蒂。她穿了一件黑色海豹皮外衣，戴了一顶海豹皮圆帽。

“我迎接你来了。”我开玩笑说。

她笑了笑：“你很瘦嘛。”

我告诉她，我患流行性感冒刚好。那年她十七岁了，出落得更俏丽，打扮得也挺时髦。

“可是，我想知道，你上这儿来干什么呀？”我问。

“我刚才去看一个朋友，这会儿上我哥哥家去。你想要一起去吗？”她反过来问我。

一路上她告诉我，说她姐姐嫁了一个叫弗兰克·J. 古尔德的美国百万富翁，他们一家住在尼斯，她明天早晨要离开伦敦去和他们住一段时间。

那天晚上，我站在一边看她柔媚动人地和她哥哥跳舞。她和她哥哥在一起，显得那么娇憨和妖娆，这时我不禁感觉到，我对她的热情已经比从前淡了一些。这是不是因为她已经变得和一般女孩一样平凡了呢？一想到这一点，我又是一阵怅惘，觉得我对她已经是一个旁观者了。

她的身腰已经开始变得丰满，我注意到她胸部的轮廓，觉得应当突出的地方还是很小，不太吸引人。即使我有能力成家的话，我会娶她吗？不，我不打算跟谁结婚。

那个月光皎洁的寒夜，我和她一起走回去，路上谈到她会过美满幸福的生活时，我的口气肯定是忧郁和冷漠的。“你说得这样悲伤，我听了差点要哭出来。”她说。

那天晚上回到家时，我有一种扬扬自得的感觉，因为我能使她觉察到我的忧郁，让她对我的个性留有印象。

卡诺又派我演《不吭声的鸟》。说来又好气又好笑，一个月不到，我的嗓子已完全复原。我虽然对《足球赛》的演出情形十分失望，但是竭力不把这件事放在心上。然而，这个念头却缠绕住了我：也许，我是不配代替韦尔登的吧？此外，我在福雷斯特游艺场的那次出丑，就像一个魔影似的隐藏在这个念头后面。由于自信心始终不曾恢复，每逢要扮演一出独幕喜剧里的主角时，我就会受到一次恐惧心理的考验。现在，那个叫人担心和需要做出决定的日子又到了：必须通知卡诺先生，我的合同已经期满，我要增加薪酬了。

对于那些看不中的人，卡诺是丝毫不给情面的。由于他喜欢我，我总算还没有见到他的这一面，但他确实是会采用一些下流的办法，使出令人难堪的一套。喜剧演出时，如果哪个丑角不合他的意，他就会站在条幕后面，捏着鼻子咂嘴，发出清楚的嘲笑声，但是，有一回他做的次数太多了，那个丑角走下舞台，对着他就是一拳头；从此以后，他再也不玩那种下流手段了。现在我要和他面对面进行新合同的谈判了。

“好呀，”他冷笑着说，“你要加薪，可剧院要减少场次。”他耸了耸肩膀：“自从在牛津游艺场砸了锅，我们就只听到人家的埋怨。他们说，这个剧团不够水平——是个草台班[①]。”

“可是，他们总不能为了这件事怪我呀。”我说。

---

① 在卡诺剧团里，演员至少要合作六个月，方才能够配合得很紧密。在这以前，我们管剧团叫“草台班”。——原注

“他们就是怪你嘛。”他回答时紧盯着我。

“他们怪我什么呀？”我问。

他清了清嗓子，垂下了眼睛：“他们说你演得不行。”

这句话好像一个拳头打在我的心窝里，同时激起了我的愤怒，但是我镇静地回答：“别人并不是这样想的，他们愿意比这儿出更多的薪酬。”这是句假话——其实并没有人来邀我。

“他们说，戏演得太坏了，丑角也不行。喏，”说到这里，他拿起了电话听筒，“我现在接伯蒙德赛区明星剧院，你可以自己听听……我听说，你们上星期卖座不好呀。”

“糟透了！”传来了那面的声音。

卡诺咧开嘴笑了：“你说，这是什么缘故呀？”

“戏演得没劲！”

“挂头牌的丑角卓别林怎么样？他还不错吧？”

“他坏得发了臭！”那个声音说。

卡诺递给我听筒时咧开嘴笑了：“你倒自个儿听听。”

我接过了听筒。“也许他是发了臭，”我说，“可是一半儿也抵不上你那马桶剧院臭！”

卡诺想要制服我，但是没能成功。我对他说，如果他也这样想，那么就不必再和我续订合同了。卡诺在许多方面都很精明，但他不懂人心。即使我当真发了臭，他也不应当让另一个人在电话里说给我听。当时我的薪酬是 5 镑；虽然我并无多大把握，但我却要加到 6 镑。没想到卡诺竟会照数给了我，我又获得他的宠信了。

卡诺剧团美国分部的经理阿尔夫·里夫斯回英国了，传言说他这次来是为了物色一位喜剧主演，要把他带到美国去。

自从在牛津游艺场演砸以后，我就一心想去美国，不仅因为那里既刺激又富有冒险性，而且因为它重燃起了我的希望，我想要在一个新的环境中重整旗鼓。说起来时运真好，我们剧团新编了一出由我主演的短剧《溜冰》，在伯明翰演得很红，这时正赶上里夫斯先生到那儿去找我们，于是我就把我所有的绝招都使了出来，结果是里夫斯拍电报给卡诺，说找到了要带往美国去的喜剧演员。但是当时卡诺对我另有打算。于是，接连几个星期，我一直被这件事情扰得心神不宁。后来，卡诺对一出短剧《银猿》产生了兴趣。这出戏取笑了一个人被介绍进秘密社团的事。里夫斯和我都认为它荒唐无聊，并没有什么精彩的地方。但是卡诺却迷信这出戏的内容，坚持认为美国有很多秘密社团，取笑这类社团的戏在那里会大受欢迎。我又是快慰又是兴奋，卡诺挑选了我去美国，在《银猿》一剧中演主角。

我正需要这样一个去美国的机会。我觉得自己在英国的发展已经到了顶点，而且，我在这儿的机会将会受到限制。我几乎没有读过什么书，如果我在游艺场演丑角失败，那么我就只能去干粗活。但在美国，前景会更光明。

启程的前一天晚上，我在伦敦西区漫步，走过莱斯特广场、考文垂大街、马尔街和皮卡迪利街。我沿途停下，感到很凄凉，想到这可能是我最后一次看到伦敦了，因为我已经决定要在美国长住下去。我一直走到夜里 2 点，沉溺于寂静无人的街景和自己的忧伤之中。

我最讨厌向人辞行。去向亲友道别，亲友来送行，这无非是徒乱人意罢了。我早晨起身时刚 6 点。所以我没有惊醒雪尼，只在桌上留了一个字条：“启程赴美，将经常给你写信。查理。”

八

我们的船开赴魁北克，冒着十分恶劣的天气，在大海上航行了十二天。有三天，船舵坏了，差点抛锚。但是，想到自己是往另一个国家去，我感到轻松愉快。我们乘的是艘取道加拿大的牲口船，虽然船上那次没载牲口，却有许多老鼠，它们傲然盘踞在舱铺底下，后来我把一只鞋向它们扔去，它们才跑开了。

9月上旬的一天，我们的船在迷雾中绕过纽芬兰。最后我们看见了大陆。那天下着细雨，圣劳伦斯河两岸显得很荒凉。从船上望过去，魁北克好像是老哈姆雷特的鬼魂徘徊的那堵城墙，于是我开始猜想，美国是什么样儿。

但是，当我们的船向多伦多驶近时，田野在一片秋色中越来越美丽，这激起了我更大的希望。我们在多伦多换火车，到美国移民局办理手续。一个星期日，早晨10点，我们终于到达纽约。在纽约时代广场走下有轨电车时，我感到有些扫兴。报纸在大街上和人行道边被风刮得到处都是，百老汇大街看起来很不齐整，像是一个刚起床还没梳妆打扮的女人。几乎每一个拐角上，都摆着有搁脚板的高椅子，人们只穿着衬衫，很舒坦地坐在椅子上，让擦鞋的人擦亮他们的皮鞋。他们给人的印象是：收拾打扮的事都是在马路上进行的。许多人像是外地来的，无所事事地站在人行道旁，仿佛刚离开火车站，趁换乘火车的间歇在这里消磨时间。

然而，这就是纽约，这就是富有冒险情趣、令人茫然失措、使人感到有点害怕的纽约。相反，巴黎给我的却是一种亲切的感觉。虽然我不会说法语，但是在巴黎，我在设有小餐馆和露天咖啡馆的每一个拐角上都感到自己受到了欢迎。然而，纽约基本上是一个做大生意的地方。高大的摩天楼高傲无情，它们根本不理会普通老百姓的方便；即使在酒吧里，也没有给顾客们坐的地方，只有一道长长的铜栏杆，可以让人搁搁脚，那些大众光顾的饮食店，虽然收拾得很干净，铺着白色的大理石，看上去却是那么冷淡，一点人情味也没有。

我在第 43 街附近，也就是如今的纽约时报大厦那里，在一幢褐色砂石砌的房子里租了一间后房。房间阴暗龌龊，这时我开始怀念伦敦和我们的那套公寓房间。地下室是一间洗衣房，平常每天熨平和烘干衣服时散发着臭气，更使我感到不舒服。

头一天我就感到很窘迫。在餐馆点菜，我简直是在受罪，因为我操的是英国口音，并且话讲得很慢。许多人说得又快又急，我感到很不自在，担心我那样结结巴巴地讲话，会浪费他们的时间。

我不习惯那种轻快的节拍。在纽约，即使是一个做小买卖的，干起活来也那么利落。擦皮鞋的人利落地抖动擦鞋布，酒吧的伙计利落地送上啤酒，让那杯酒在光滑的柜台上一直滑溜到你面前。卖苏打水的伙计给你来一客鸡蛋麦乳精，就像一个灵活的杂技演员在变戏法。他飞快地抄起一只玻璃杯，抓到了什么就往里面放，一些香草精、一团冰淇淋、两匙麦芽酒，再来一个生鸡蛋，他叭的一下磕碎鸡蛋，然后加上牛奶，把所有这些东西装在一个容器里摇了摇，不到一分钟就端上来了。

第一天白天，我在大道上看见许多人都显得寂寞孤僻；另一些人则端起架子大摇大摆，好像那块地方是他们买下来的。许多人的举动看起来很生硬，仿佛待人和蔼客气就是软弱无能似的。但是，一到晚上，当我随着一群穿夏装的人走在百老汇大街上时，我的心就安定下来了。我们离开英国时是9月中旬[①]，天气已经转凉，但抵达纽约后却进入了晴暖宜人的晚秋，气温在二十六七度。我沿百老汇大街走着，千百万盏电灯亮了，五光十色，像是鲜丽的珠宝。在那温暖的黑夜里，我的态度转变了，我认识到美国的意义了：摩天大楼、绚烂悦目的灯光、争强斗胜的广告，燃起了我的希望，激发了我的斗志。“就是这里！”我对自己说，“这就是我应当待的地方！”

百老汇大街上的所有人都像是从事娱乐行业的；演员、玩杂耍的、演马戏的、表演其他游艺的，到处都是：他们在马路上、酒店里、百货公司里谈论自己的表演。可以听到许多剧院老板的名字：李·舒伯特、马丁·贝克、威廉·莫里斯、珀西·威廉斯、克劳和厄兰格、弗罗曼、沙利文和康西丁、潘塔吉。打杂的女仆、开电梯的工人、侍者、电车上的售票员、酒吧里的伙计、送奶工、面包师傅：他们谈起话来都像是演出经纪人。可以在街头听到一些谈话的片段，几位看起来像是农妇的慈祥的老太太说：“他刚去过西部，给潘塔吉一天演三场。[②]只要有合适的脚本，那孩子将来准会是一个挂头牌的歌舞剧演员。”一个看门的说：“你看到艾尔·乔尔森在冬花园演的戏了吗？他肯定把更好的戏码留给杰克剧院了。”

每天报纸上都用整版的篇幅刊载演出信息，编排得就像是赛程表一样，并且，也像报道赛马一样，把歌舞剧按照受欢迎程度分列为第一、第二和第三。我们还没有进入比赛，但我急于知道，我们演完后将在表格上排什么名次。我们约定只在珀西·威廉轮回上演剧院演六个星期。暂时还没有其他剧院来邀我们续演下去。我们在美国待多久，全由这次演出的成绩决定。如果演砸了，我们就得回英国去了。

我们定了一间供排练用的房间，花了一个星期的时间排练《银猿》。

① 此句疑有误。前面说9月上旬抵达加拿大。
② 潘塔吉轮回上演剧院，每天演出三场。——原注

绰号“怪物”的老沃克，是著名的德鲁里巷丑角，那年已经七旬开外，虽然有一条低沉宽亮的嗓子，但是我们在排练时发现他咬字不准，而这次主要由他来解释剧情。比如“要做出过火的招笑举动，ad libitum[①]”这样一句话，他怎么也不会说。第一天晚上，他结结巴巴地说成了“Ablibblum”，后来又说成了“ablibum”，他始终不曾说对过。

卡诺在美国名气很响。所以报纸上把我们排在第一流演员的上面。我虽然讨厌这出独幕剧，但当然要竭力把它演好。我也希望，像卡诺所说的那样，这出戏“最合美国人的胃口”。

第一天晚上出场前我紧张不安，一直捏着一把汗。看见那些美国演员在条幕后面望着我们，我感到局促不安。我一出场说的那句笑话，在英国是非常招笑的，并且可以用来预测当天的演出是否成功。那是一个露营的场景。我拿着一只茶杯，从帐篷里走了出来。

> **阿奇**（由我扮演） 早上好，赫德森。你可以给我一点水吗？
>
> **赫德森** 当然可以。你要水干什么？
>
> **阿奇** 我要洗澡。
>
> （观众只发出了轻微的笑声，接着就是一片冰冷的寂静。）
>
> **赫德森** 你昨儿晚上睡得好吗，阿奇？
>
> **阿奇** 哦，睡得糟透了。我梦见一条毛毛虫追我。

仍旧是一片死寂。于是，我们就这样沉闷地演了下去，只看见条幕后面美国演员的脸越拉越长。还没等我们演完，他们都走光了。

那是一出沉闷无聊的独幕剧，我早就劝卡诺不要把它排为主打戏。我们的剧目里还有其他有趣得多的独幕剧，比如《溜冰》《漂亮窃贼》

① 舞台术语，意为临时编词儿。

《邮局》《议员珀金斯先生》等，那些戏美国观众看了会感兴趣的。但是卡诺非常固执。

在外国演出遭到失败，至少是令人沮丧的。每天晚上演出的都是热情洋溢、妙趣横生的英国喜剧，但面对的却是冷漠沉默的观众，那确实是令人难堪的。我们就像一伙逃犯似的在剧院里偷偷地走进走出。接连六个星期，我们一直在忍受这种羞辱。其他演员都躲开我们，好像我们害了瘟病似的。我们聚集在条幕后面，准备继续演下一场时，都垂头丧气，含羞带愧，那情形就像是列好队等候枪毙一样。

我受到这种冷遇，感到很孤独，但幸亏我独自居住，我的自卑感至少可以不至于影响其他人。白天，我总是沿着那些漫长得没有尽头、不知道会把我引到哪儿的大道散步，到动物园、公园、水族馆和博物馆里去解闷。自从我们的戏演砸以后，我就觉得纽约非常可怕：建筑物太高了，物竞天择的氛围压倒了我。第五大道上那些华丽的房屋并不是什么住宅，而是表彰成功的纪念碑。那些高大的建筑和时髦的商店，都好像在无情地提醒我，我不配待在这里。

有时候我横穿整座城市，向很远的贫民区走去。我穿过麦迪逊广场的公园，看见那儿有好些奇形怪状的孤苦老人，坐在板凳上，呆滞的神情中透出绝望，两眼直瞪着双脚。后来，我继续向前走，到了第三大道和第二大道。那里的穷人看来是那么冷酷、怨怒、冷漠，有在地上爬的，有尖着嗓子叫的，有哭的，有笑的，有挤在门口附近或消防梯上的，也有拥上街头的。我看了那景象就感到很沮丧，急着想要回到百老汇大街了。

美国人是乐观主义者，他们想到什么就做什么，老是不知疲倦地进行尝试。他们衷心向往的是“名利双收”。此外还有：“意外成功！”“一鸣惊人！”“倾销存货！”“捞了钞票就跑！”“改换行业！”这些都是不安本分的想法，但这些想法却振作了我的精神。说来也矛盾，戏演砸以后，我反而感到轻松了，觉得没有拘束了。在美国还有许多其他的机会呀。我干吗要死守着演戏这一行呢！我又不是一个献身于艺术的人。我尽可以改行嘛！于是我又有了信心。我决定，无论如何，我要在美国待下去。

为了在失意中寻求排遣，我想到了求知识学文化；于是我开始到旧书店里去看书。我买了一些课本——一本凯洛格[①] 的《修辞学》、一本英语语法、一部拉丁语词典。我下定决心，要研究这几本书。可惜我没能坚持到底。我只略翻了翻那些书，便把它们藏在箱底，一股脑儿都给忘了——直到第二次去美国时，我才又取出来看。

我们抵达纽约的第一个星期，在海报上看到一出叫《格斯·爱德华的学生时代》的戏，是由一个童伶班演的。这个戏班里有一个很能吸引人的小家伙，年纪虽小，却很老练。他对赌香烟画片的瘾头很大，老是要和舞台工作人员或其他人掷骰子赌画片，当时那种画片拿到联合雪茄烟商店去，可以兑换各式奖品，从镀镍的咖啡壶一直到大钢琴。这个叽里呱啦、话说得特别快的童伶，名叫沃尔特·温切尔[②]；又过了好些年，他的话仍旧说得那么快，然而，他写的报道却往往有失实之处。

虽然我们的戏演砸了，但是戏剧界对我个人却做了极好的评价。《剧艺报》的赛姆·西尔弗曼谈到我的时候说："那个剧团里至少还有一个很能逗笑的英国人，他总有一天会使美国人为他倾倒的。"

这时候我们都已准备演满六个星期就卷铺盖回英国了。但是第三个星期，在第五大道剧院演出时，观众多数是当管家和仆役的英国人。我真没想到，那个星期一晚上一开演，我们就赢得了一个满堂彩。每句笑话都把观众招得哄堂大笑。剧团里的每一个人，包括我在内，都感到很

---

① 凯洛格（1834—1920）：美国大学教授，著有英国文学课本多种。

② 沃尔特·温切尔（1897—1972）：美国新闻记者，早年曾有过舞台生涯，后为纽约《歌舞剧消息报》写专栏文章，任纽约《画报》戏剧编辑。

惊奇，我原本预料又会看到往常那种冷落的场面。大概，由于演出时很随意，我感到轻松自在。因此我那天演得很成功。

那个星期，一位剧院经理人看了我们的戏，邀我们去西部给沙利文和康西丁轮回上演剧院巡回演出二十个星期。我们准备演低级歌舞剧，每天要演三场。

虽然为沙利文和康西丁轮回上演剧院第一次演出时，我们没能够一炮而红，但是，和其他的剧团比起来，成绩还算过得去。在那个年代，美国中西部是可爱的。生活节拍比较缓慢，气氛富有浪漫色彩；每一家药店和酒吧门口，都摆着一张摇骰子的桌子，可以赌店里出售的任何东西。每逢星期日早晨，大街上能一直听到骰子在摇动中发出亲切悦耳的声音；我有好多次用 10 美分赢到了价值 1 美元的东西。

中西部的生活费用很低。小酒店的一间房，含一日三餐，一星期收 7 美元。食品卖得特别便宜。我们剧团一般会去酒吧吃柜台上的便餐。只要出 5 美分，就可以喝一杯啤酒，再在柜台上随意挑一样可口的餐点，有猪肘、火腿片、土豆色拉、沙丁鱼、通心粉、干酪烘制的布丁、各色各样的香肠片、碎猪肝红肠、意大利香肠和热狗。我们剧团里，有人贪便宜，吃得很多，盘子摞起了一大堆，直到伙计跑来干涉他们："喂！你们要把这一大堆盘子运到哪里去——是准备到克朗代克[①] 去吗？"

我们剧团里一共有十五个人（或许不止十五个），除了支付火车卧铺车票钱外，每人至少可以从自己的薪酬里省下一半的钱。我的薪酬是一星期 75 美元，我坚持按时把 50 美元存进曼哈顿银行。

我们巡回演出的目的地是太平洋沿岸地区。戏码和我们排在一起、跟我们一同去的还有一个年轻漂亮的得克萨斯州人，他是演空中飞人的，当时他正在三心二意，不知道应当继续和他的伙伴演空中飞人，还是应

① 在加拿大育空地区西部，曾发现黄金，吸引了众多淘金者。

当改行做一个职业拳击家。我每天早晨和他练拳，虽然他长得比我更高更重，我却能够随意地击中他。后来我们成了极要好的朋友，每次练完拳，我们总是一起出去吃午饭。他告诉我，他家里人是得克萨斯州的普通农民，于是他就谈到了农场上的生活。不久我们就想到要放弃演戏，两人合伙养猪。

我们合起来有 2000 美元，两人大做发财梦；我们计划在阿肯色买 50 美分一英亩的地，开始时买 2000 英亩，用其余的钱买猪和整理那片地。如果一切顺利的话，按照倍增生殖率计算，猪平均每年一窝五头，五年里我们就可以每人赚 10 万美元。

坐在火车上，我们从窗子里望出去，看到养猪场，就激动得什么似的。我们吃饭、睡觉、做梦，都想到了猪。要不是因为买了一本科学养猪的书，我真会放弃演戏去养猪；可是看到书里那样生动地描写阉猪的技术，我的满腔热情都冷了下去，终于把干这行的念头抛在脑后了。

这次巡回演出时，我随身带了我的小提琴和大提琴。从十六岁那年起，我每天都要在卧室里练四到六小时的琴，每星期我都请剧院乐队指挥或者他介绍的人教我。因为我用左手拉琴，所以提琴上的弦都是按左手的需要装的，低音梁和音柱都更换了位置。我很想将来能成为一位首席小提琴手，如果这愿望不能实现的话，那么我就在歌舞剧团里拉琴。但是，随着年龄的增长，我认识到自己练这门艺术是永远不会出色的，于是我放弃了它。

1910 年，芝加哥以它的丑恶、偏僻、污秽吸引了人们：一个仍然保持着边疆时代精神的城市，一个繁华的、热闹的、卡尔·桑德伯格[①] 笔下“烟与钢”的大都市。附近是一望无垠的旷野，我觉得，有点像苏联的大草原。这城市具有剽悍的拓荒者那种使人感到生机勃勃的乐观精神，

① 卡尔·桑德伯格（1878—1967）：美国诗人、作家，主要作品有《芝加哥诗集》《林肯传》《烟与钢》等。

然而骨子里又隐藏着一种粗野的孤寂。由于要减轻这种肉体上的痛苦，一种风靡全国的滑稽歌舞剧应运而生，演这种歌舞剧的是一伙举动粗野的丑角，再配上二十来个合唱团的姑娘。这些姑娘有的长得很漂亮，有的已经憔悴色衰。有的丑角很会招人笑，演的戏则多数是猥亵的色情喜剧，充满了粗俗的戏谑。戏中充满男性荷尔蒙，穿插了一些庸俗的两性之间的纠纷。但是，说来也矛盾，观众们看了这些戏，非但不会想到色欲，反而会对戏中的情节表示同情。芝加哥到处上演这类戏；有一出戏叫《华特生肉庄》，演员是二十个中年妇女，她们长得奇胖无比，一律穿着短裤出场。据广告宣称，这些女演员的体重加起来有好几吨。她们在剧院外面贴的照片上装出一副羞羞答答的神情，但是看了只会让人感到愁闷。

在芝加哥，我们住在商业区外瓦巴希大街上的一家小酒店里；酒店虽然显得冷落、寒碜，但是另有一种浪漫色彩，因为演滑稽歌舞剧的姑娘多数都住在那儿。我们每到一个城镇，总是直接赶往这些姑娘住的酒店，我虽然有意拈花惹草，但这种妄想并不曾实现过。夜里，火车在附近高高的路基上疾驶过去，像一架老式电影放映机那样，把闪烁的光影投在卧室的墙上。虽然在那儿并不曾有过什么奇遇，但是我仍旧喜欢那家酒店。

一个安静、漂亮的年轻姑娘，不知道什么缘故，从来不合群，走过时老是显出一副忸怩的神情。我在酒店大堂走出走进，偶尔经过她身边，但是，始终没勇气跟她搭讪，我应当说，她也没有做出鼓励我的表示。

我们从芝加哥去太平洋沿岸地区时，这姑娘和我们同车；去西部的滑稽歌舞团，往往都和我们走同一条路线，并且在同一个城镇演出。有一次，我走过车厢，看见她正在和我们剧团里的一个演员谈话。后来那个演员走过来，坐在我旁边。“她是一个什么样的姑娘呀？”我问。

“是一个非常可爱的姑娘。这个可怜的孩子，我真替她难过。”

“为什么？”

这时他靠紧了我一点：“你可记得，谣传演出的姑娘里有一个害梅毒的吗？咳，就是她呀。”

到了西雅图，这姑娘不得不离开歌舞团，进了医院。我们替她募捐，车上所有的剧团都捐了钱。可怜的姑娘，这样一来所有的人都知道她的事情了。但是，她总算运气好，后来又加入了歌舞团。当时新出的一种撒尔佛散注射剂治好了她的病。

在那些日子里，美国各地的红灯区比比皆是。在芝加哥，万国妓院更是远近闻名，它是埃弗利姐妹（两个中年的老姑娘）开设的，以拥有每一个国家的妓女而闻名。房间是用各种不同的风格装饰和陈设的：土耳其的、日本的、路易十六时代的，甚至还有一个阿拉伯帐篷。它是全世界最考究的，也是最昂贵的一所妓院。百万富翁、实业巨子、内阁部长、参议员和法官，都是那里的嫖客。开完会的人，为了庆祝达成某项协议，往往把那里包下来玩一个晚上。有一个贪色的富翁，据说在那里住了三个星期，夜以继日地狂欢作乐。

越向西行，我越是觉得那些地方可爱。从火车里望出去，只看见大片的荒野，景色虽然凄凉黯淡，但使我充满了希望。原来，空阔的地方是有益于灵魂的。它能够开阔人的视野。现在我的眼界扩大了。那些城市，如克利夫兰、圣路易斯、明尼阿波利斯、圣保罗、堪萨斯城、丹佛、比尤特、比灵斯，都呈现出一片兴旺发达的景象，给了我很大的鼓舞。

我们和其他歌舞剧团中的许多演员交了朋友。每到一个城镇，我们总是六七个人一起，在红灯区会集。有时候我们赢得了老鸨的欢心，那一夜她就关上门，只做我们的生意。偶尔也有一些姑娘爱上了演员，跟着他们跑去邻近的城镇。

蒙大拿州比尤特的红灯区，包括一整条马路和几条横街，那里开了上百家下等妓院，里面的姑娘年龄最小的十六岁，每次收费 1 美元。据说比尤特红灯区里的姑娘是中西部最漂亮的，其实这话并不假。只要看见一个打扮得很时髦的漂亮姑娘，就可以十拿九稳地说，她是从红灯区出来买东西的。她们到了外边，总是目不斜视，举止十分大方。多年以后，我和萨默塞特·毛姆争论《雨》这出戏里萨迪·汤普森这个人物。我记得，珍妮·伊格尔斯扮演萨迪时，穿了一双松紧靴，打扮得那么奇怪。我对毛姆说，如果蒙大拿州比尤特的妓女那样打扮，她再也别想有生意了。

1910 年，蒙大拿州的比尤特仍旧像尼克·卡特[①]生活的城镇，那里的矿工都穿着长统靴，戴着两加仑帽[②] 和红色的领巾。我亲眼看见有人在街头开枪，互相射击，一个年老的胖警长追着射击一个逃犯，犯人最后被困在一条死胡同里，总算没有被打伤。

我们继续向西前进，我的心情更放松了，因为那些城市看来更干净。我们一路要经过温尼伯、塔科马、西雅图、温哥华和波特兰。温尼伯和温哥华的观众，基本上都是英国人；尽管我当时一心偏爱美国，但总觉得在英国观众面前演出是一件愉快的事。

加州终于到了！一个阳光和煦的乐园，沿着太平洋海岸，绵延千里，到处都是橘树林、葡萄园、棕榈树。旧金山是美国通往东方的出口，那里的食品价廉物美，我在那儿第一次尝到普罗旺斯式田鸡腿、草莓脆饼和鳄梨。我们于 1910 年到达旧金山。经过 1906 年的那场地震，或者，如当地人所称，那场大火，旧金山已经重建完毕。虽然山地的街道上还留着一两条裂缝，毁坏的残迹已经看不出来。每样东西都是崭新的、漂亮的，包括我住的那家小酒店。

我们在皇后剧院演出，剧院老板锡德·格劳曼和他父亲都很和气，并且都爱结交朋友。海报上第一次单独登出了我的名字，而没有提到卡

① 19 世纪末流行小说中描绘的一个侦探。
② 美国西部牛仔戴的一种圆顶宽边呢帽。

诺。那些观众也真可爱！虽然《银猿》是一出很沉闷的戏，但是演出时场场客满，观众们笑声不绝。格劳曼高兴地说：“你什么时候在卡诺剧团演完了，就回到这儿来，咱们一起演出。”这样的热情是我不曾领略过的。在旧金山，会觉察到一种乐观和奋发的精神。

相反，洛杉矶却是一个丑陋的城市，那里天气闷热，居民面色蜡黄，好像患有贫血症似的。气候虽然温暖得多，但是空气不及旧金山的清新。等到将来有一天，好莱坞只剩下威尔夏大道上年深日久的柏油坑时，得天独厚的加州北部仍会继续繁荣下去。

我们在盐湖城结束了第一轮巡回演出，这个摩门教徒的发源地使我想起摩西如何救出了以色列人。这是一个空落落的城市，像是一片蜃景，在烈日的热气中荡漾，城里的街道那样宽阔，也只有那些走过了大平原的人才能设计出来。像摩门教徒一样，城市显得冷漠和严肃——观众也是如此。

在沙利文和康西丁轮回上演剧院演完《银猿》，我们回到纽约，已经准备直接回英国了，但是威廉·莫里斯先生那时正在和其他几个歌舞剧团抢生意，决定邀我们再演六个星期，在纽约第42街的剧院里演出我们所有的戏目。我们的开场戏是《英国游艺场之夜》，演出大受欢迎。

那个星期的一个晚上，一个年轻人和他的友人约了两个女友出来玩，为了消磨时间，无意中走进了威廉·莫里斯的美国音乐厅，凑巧看到我们的演出。其中一个年轻人说：“要是有一天我当上老板，我要邀那个人演戏。”他指的是我在《英国游艺场之夜》里扮演的酒鬼。说这话的年轻人当时在D. W. 格里菲斯[①]的电影公司里当一名临时演员，一天领5美元的薪酬。他叫麦克·塞内[②]，他后来创办了基斯顿电影公司。

---

① D. W. 格里菲斯（1875—1948）：美国电影演员、导演、制片人。

② 麦克·塞内（1880—1960）：美国电影制片人、导演，1912年创办基斯顿电影公司，以摄制粗鲁的滑稽影片出名，影片一时被称为“麦克·塞内喜剧片”。

我们在纽约给威廉·莫里斯演了六个星期，卖座极盛，于是沙利文和康西丁轮回上演剧院再一次邀我们去做二十个星期的巡回演出。

第二轮巡回演出将近结束时，我感到闷闷不乐。此后的三个星期，我们将先后在旧金山、圣迭戈和盐湖城演出，然后就要回英国了。

离开旧金山的前一天，我沿着市场街漫步，走到一家小店门口，店里挂着窗帘，外面钉了一块牌子：“擅看手相，纸牌算命——卦金 1 美元。”我走了进去，觉得有点局促，一个四十岁左右的胖女人从里面一间屋子里走出来接待我，嘴里还嚼着没吃完的饭菜。她像例行公事那样，指了指墙边对着门口的一张小桌子，连看都不朝我看一眼，说：“请坐。”接着她就在我对面坐下了。她的举动显得很粗鲁。“把这些牌洗一洗，对着我抽三次，然后请把你的手摊在桌上。”她把牌翻过来，在桌上铺开，仔细地看了一阵，然后开始看我的手，“你现在要动身出远门，那就是说，你要离开美国。但是，不久你还要回来的，要干另一行——和你现在做的事不同。”说到这里，她迟疑了一下，显得有些迷惑不解：“嗯，几乎是相同的，但又不一样。照我看来，你干新的这一行大吉大利，前途无限光明，但是，我不知道这一行是什么。”她这时方才抬起头来看了看我，然后拉住我的一只手：“哦，可不是，你要结三次婚：头两次不够美满，但是你最后生活得很幸福，婚后有三个孩子。”（这一点她可算错啦！）接着，她再仔细地看我的手：“是呀，你将来是一位百万富翁，这是一只发财的手呀。”后来，她又仔细地相我的脸：“你将来害支气管肺炎寿终，享年八十二岁。请付 1 美元卦金。你有什么问题要问的吗？”

“没有，”我大笑起来，“我想，我已经知道得够多了。”

在盐湖城，报上刊登的都是些拦路抢劫和洗劫银行的新闻。到夜总会和咖啡馆去的人，可能会遇到几个用袜子蒙着脸的匪徒，被胁迫着一溜儿靠墙根站好，让他们实施抢劫。有一天晚上发生了三次抢劫案，全市居民都恐慌起来。

我们演完戏，通常会到附近一个酒吧里去喝酒，也认识了那里的一些顾客。一天晚上，酒吧里来了一个胖子，面孔圆圆的，样子很快活，跟他一起来的还有另外两个人。三个人当中胖子年纪最大，他走到我们跟前："你们这几个，不就是在皇后剧院演英国戏的吗？"

我们笑着点头。

"我说我认识你们嘛！喂，哥儿们！过来呀。"他唤来那两个伙伴，给他们介绍了，然后请我们喝酒。

胖子是英国人，虽然从他的话里已经听不出一点英国口音；他大约五十岁，性情很和善，有着一双闪亮的小眼睛、一张红润的脸。

夜深了，他的两个朋友和我们剧团里的人一个个都走到卖酒的柜台那面去了，只剩下我和"胖子"（他那两个年轻的朋友都这样称呼他）两个人。

他把我当作了知己。"三年前我回了趟老家，"他说，"可是那儿的情形已经变了样——这个地方可真不错呀。我三十年前来到这儿，一个吸血鬼，他妈的叫我在蒙大拿铜矿里差点送了命——后来，我变聪明了。我说：'干干这行买卖倒不错嘛。'瞧，现在有弟兄们捧我的场。"说到这里，他掏出了一大沓钞票："咱们再干一杯。"

"当心呀，"我开玩笑地说，"当心着了人家的道儿呀！"

他朝我看了一眼，露出了狰狞而会意的微笑，接着又眨巴了一下眼睛："这些娃娃，我才不把他们放在心上呢！"

看到他那么一眨眼，我被一阵恐惧控制住了。这一眨眼里有许多含意。他仍旧那样笑嘻嘻地紧盯着我。"明白了吗？"他说。

我懂事地点了点头。

接着，他把脸紧凑近我耳边，很坦率地告诉我。"看见那两个小子了吗？"他悄声说，指的是他那两个朋友，"那是我的伙计，两个笨蛋——没一点头脑，可有的是胆气。"

我提心吊胆地把一根手指放在唇边，暗示他的话会被别人听见了。

“不要紧，兄弟，今儿夜里我们就开路。”他接下去说，“你听我说，咱们都是英国人，都是从那雾都来的——对吗？我有好多次看见你在伊斯林顿帝国剧院里，那样儿胡打乱摔。”他做了一个鬼脸：“你那碗饭可不是好吃的呀，兄弟。”

我大笑起来。

后来，跟我谈得更投机了，他想要和我结为生死之交，还要知道我在纽约的住址。他说：“咱们是老朋友了，我要写信给你。”总算幸运，此后我再没有听到他的消息。

九

离开美国时我倒并不十分依依不舍，因为我已经打定主意将来还要去那里，至于怎样去，什么时候再去，我就不知道了。然而，我又很盼望回到伦敦，再去住我们那套舒适的小公寓。自从我去美国演出，它就成为我心中的圣地了。

我很久没获得雪尼的消息。他在最后一封信里，说外祖父在我们那儿住着。但是，我抵达伦敦，雪尼去车站接我时告诉我，他已经退掉了那套公寓，因为他已经结婚，现在搬到布里克斯顿路带家具出租的房子里去了。这对我可是一个沉重的打击——那个曾经使我的生活富有意义的地方，那个给我安慰的小小避风港，那个值得骄傲的家，现在没有了……我成了一个无家可归的人了。我只好在布里克斯顿路租了一间后房。但住在那儿，我感到很忧郁，于是决意尽快重去美国。第一天晚上，伦敦对我的归来显得很冷漠，就像是一个空空的投币赌博机，见人投进去一枚钱币一样，显得满不在乎。

雪尼已经结婚，并且每天晚上都要工作，所以我很少去看他；但是到星期日，我们两人一起去探望母亲。那天我们都很烦恼，因为她的病情不大好。她前一晌老是吵闹，不停地唱赞美诗，曾经被关在软壁病房里。看护事先把这情形告诉了我们。那天雪尼进去看她，但是我没勇气进去，所以在外面等候着。雪尼出来时显得很愁闷，说医生给母亲施了冰水淋浴刺激疗法，她脸色发了青。在这种情形下，我们决定让她进私人医院——我们现在负担得起医疗费用了——把她转进了已故英国著名喜剧演员丹·伦诺曾经住过的那家医院。

我一天天感到更加孤寂，完全像个流离失所的人。如果能够回到我们那套小公寓里，相信我的情绪会两样的。当然，当时我也不是完全灰心丧气。从美国回来后，英国的风俗习惯、熟悉的生活、亲密的联系都深深地打动了我。那是一个美丽的英国夏季，它那富有浪漫色彩的可爱之处是我在任何其他地方看不到的。

我的老板卡诺先生，邀我乘他那艘房船到塔格岛度周末。那艘船设备考究，装有红木镶板，辟了几间客厅。一到晚上，五颜六色的彩灯通明，热闹好看。那是一个可爱的、温暖的晚上，饭后我们坐在上甲板的彩灯下喝着咖啡吸着烟。这是英国风味，我不再留恋其他国家了。

忽然，听见有人扯着一条油滑恶俗的假嗓子尖声怪叫："啊呀呀，瞧我这条漂亮船呀，大伙儿瞧呀！瞧我这条漂亮船呀！还有这些灯！哈！哈！哈！"到后来叫喊声变成了恶意嘲谑的狂笑。我们打量是谁在这样放肆，这时只看见一个男子，身穿白色法兰绒衣服，坐在一条划艇上，一个女人斜倚在后座上。这样一对人，好像是《笨拙》周刊上的漫画人物。卡诺从栏杆上探出身子，向他大声咂嘴，但是他继续狂笑。"现在咱们只有一个办法，"我说，"必须做得像他想象的那样粗俗。"于是我破口大骂，把最粗野的话都骂了出来，那个女人听得不好意思了，那个男子飞快地把船划走了。

这混蛋这样可笑地耻笑我们，并不是为了批评我们趣味低级，而是因为他自己的势利偏见，认为我们是下等人在出风头。他永远也不会向白金汉宫狂笑大喊"啊呀呀，瞧我住的是多么大的房子呀！"或是向皇室加冕时乘的车大声嚷嚷。我在英国，随时随地都可以深切地感受到这种阶级的划分。看来，这类英国人总是喜欢轻易做出判断，将别人的社会地位看低。

我们的剧团从美国回来后重新登台，在伦敦各个游艺场连演了十四个星期。戏很受欢迎，观众的反应非常好，但是我一直在想，我们还会不会再去美国。我爱英国，然而我不可能在英国生活下去，我心中总是感到不安，想到自己终究难以摆脱低微的出身。所以，当我听到我们又被邀请去美国巡回演出时，我觉得有出头的希望了。

星期日我和雪尼去探望母亲，她身体似乎略好了一些；雪尼去外地之前，我们曾一起共进晚餐。在伦敦的最后那个晚上，我心情混乱，感到很愁闷，于是又去伦敦西区漫步，一路走一路对自己说："这是我最后一次看到这些街道了。"

这次我们乘"奥林匹克"号的二等舱抵达纽约。最后轮机声逐渐减轻，说明我们的船已驶近目的地。这次到美国，我感到很亲切——这里都是外国人，我这个外国人已经跟其他许多外国人交上了朋友。

我不但喜欢纽约，而且渴望到西部去，重新见见那些此前邂逅的新交，现在我已认定他们是亲密的朋友，比如蒙大拿州比尤特那个当酒吧伙计的爱尔兰人、明尼阿波利斯那个殷勤好客的百万富翁地产商人、圣保罗那个曾经和我亲热了一个星期的美丽姑娘、盐湖城那个苏格兰矿山主麦卡比、塔科马那个对人和气的牙医，还有旧金山的格劳曼一家。

去太平洋沿岸之前，我们演出的场所是"小地方"，也就是芝加哥和费城郊区以及福尔里弗和德卢斯等工业城镇里的小戏院。

我仍像以往那样单独寄宿在外面。这样也有好处，因为我可以有机会多学一些知识，几个月以来我一直抱有学习的决心，只是始终不曾付诸实施。

当时有那么一伙人，热心地要多学一些东西。我也是其中的一个。但我的动机不像他们那样单纯，我之所以要获得知识，并不是因为爱好知识，而是想要免得由于愚昧无知而受人轻视。所以，一有空我就去逛旧书店。

在费城，有一次我无意中找到了一本罗伯特·英格索尔[①]的《论文演说集》。这是一个惊人的发现；英格索尔的无神论投合了我的想法，我也认为，《旧约》中描写的那种可怕的残酷是对人类精神的侮辱。后来我又找到了爱默生的作品。我读了他的那篇《谈独立》，觉得自己继承了宝贵的与生俱来的权利，接着是阅读叔本华的著作。我买了三卷本的《作为意志和表象的世界》，但只是偶尔翻阅一下，四十年来始终不曾精读一遍。沃尔特·惠特曼的《草叶集》，至今仍然使我感到困惑。我觉得，他那满腔热情过分地热烈了，他作为一位民族诗人过分地神秘了。在化装室里，休息时间我有时候还喜欢看看吐温、坡、霍桑、欧文和黑兹利特的作品。在第二轮巡回演出期间，也许我并没能像自己期望的那样读很多古典作品，但是我却充分地体会了下层娱乐行业中的沉闷和乏味。

在轮回上演剧院演低级歌舞剧，叫人灰心丧气。一星期演七天，每天演三场，有时候甚至要演四场，这样拼命苦干时，我对美国所抱的希望一时烟消云散。相比之下，在英国演歌舞剧就像到了天堂一样。我们在英国每星期只演六天，每晚只演两场。但有一点是差强人意的：在美国我们可以稍许多攒下一点钱。

我们一连演了五个月，沉闷无聊的演出让我心灰意懒，所以，等到我们在费城有一个星期的休假时，我高兴极了。我正需要有一些变化，需要改变一下环境——需要忘记我自己，变成另一个人。我已经厌烦低级歌舞剧沉闷的演出，决定尽量享受一星期富有浪漫色彩的闲适生活。我已经攒了很多钱，一下子想开了，决心痛痛快快地花一场。为什么不花呢？我省吃俭用地攒下了这些钱，等到有朝一日没活干时，又得省吃俭用地过日子，干吗不趁现在稍许花一点呢？

我买了一件昂贵的睡衣和一个时髦的旅行箱，总共花了 75 美元。店

---

① 罗伯特·英格索尔（1833—1899）：美国律师、演说家、政客，被称为“伟大的不可知论者”。

员十分客气：“我们可以给您送去吗，先生？”单是这一句话，就给了我一种优越感。我现在要去纽约，要一洗演低级歌舞剧的积郁和烦闷，要摆脱掉这行的单调生活。

我去阿斯特酒店定了一间当时认为是相当豪华的房间。我穿着我那件下摆裁成圆角的时髦外套，戴着圆顶帽，拿着手杖，当然，还提着我那个小旅行箱。看到酒店大堂富丽堂皇，客人们趾高气扬，我在客房登记的时候微微有点哆嗦。

房钱是4.5美元一天。我怯生生地问，要不要预先付款。前台十分客气，殷勤地说：“哦，不用，先生，不必预先付。”

我走过金碧辉煌、奢华富丽的大堂，情绪上很激动，所以，一到房间里，我只觉得想哭。我在房间里待了一个多小时，一会儿仔细看浴室里精致考究的水龙头，一会儿试一试充沛畅急的冷热水。多么豪华的生活，可以尽情享受！

我洗了澡，梳好头发，穿上新浴衣，准备充分享受我用4.5美元的代价换来的奢侈生活……我很想阅读一点什么东西，看一份什么报纸。但是我不好意思打电话让人送一份报纸。于是我搬起一把椅子，在房间当中坐下，打量四周的一切，我在繁华富丽中觉出了忧郁。

过了一会儿，我穿上衣服，走下楼去。我问清了大餐厅在哪里。吃晚饭还早；餐厅里只有一两个人在用餐，几乎所有的座位都是空着的。领班把我领到窗口一张桌子跟前：“您这儿坐好吗，先生？”

“哪儿都行。”我用我最悦耳的英国口音说。

突然间，一众侍者们一窝蜂赶到我跟前，送来冰水，递上菜单，端上黄油和面包。由于心情过于激动，我并不觉得饿。但是我还是做做样子，点了清炖肉汤、烤仔鸡和餐后吃的香草冰淇淋。侍者递给我一张酒单，我仔细地看了一阵，然后点了半瓶香槟。我只顾扮演自己的角色，无心品尝那些酒菜。吃完饭，我赏了侍者1美元小费，这在当时是特别阔气的了。但是，想到一路走出来时侍者们向我鞠躬和注视，我觉得这点钱花得还是值得的。我毫无目的地回到房间里，在那儿坐了十分钟，然后洗了手，走了出去。

那是一个夏天的晚上，天气爽适，我的心情也爽适，我踏着稳定的步子，向大都会歌剧院走去。那里正在上演《唐豪瑟》[①]。我从来没看过整出大型歌剧，只是在歌舞剧中看过片段，我不喜欢它。但是这会儿我却很有兴致看一下。我买了一张票，在二楼厅座里占了一个位子。歌剧里说的是德语，我一句也听不懂，也不知道情节。但是，当那死去的公主在朝圣者的合唱中被抬过场时，我伤心地哭了。那出戏仿佛总结了我辛苦的一生。我再也无法控制自己的感情了；我不知道邻座的观众对我有什么看法，但是我走出剧院时步履蹒跚，情绪上受到了很大的震动。

我净拣最黑暗的街道走，因为我已经受不了百老汇大街的繁华喧闹，我不能立即回到酒店的房间里，必须先让激动的心情平静下来。后来，等到恢复了平静，我准备直接回去睡觉。我在精神和肉体上都已经疲惫不堪了。

我刚要走进酒店时，忽然迎头遇见海蒂的哥哥阿瑟·凯利，他以前是海蒂那个歌舞团的经理。因为他是海蒂的哥哥，所以我和他交了朋友。现在我已经有好几年没见过他了。

“查理！你上哪儿去呀？”他问。

我漫不经意地向阿斯特酒店的方向点了点头：“我正要回去睡觉。”

这句话对阿瑟产生了影响。

他身边还有两个朋友，他给我介绍了，然后提议大家一起去麦迪逊大街他的公寓里喝咖啡，闲谈一会儿。

那是一套很舒适的公寓，大家随意坐下，东拉西扯地闲谈起来，

---

① 德国作曲家瓦格纳（1813—1883）根据条顿骑士唐豪瑟的故事编写的一出歌剧。

阿瑟一直小心翼翼地不提我们过去的事情。同时，知道我住在阿斯特酒店，他很想探听我的底细。但是我守口如瓶，只说我来纽约度两三天假。

阿瑟已和当年住在坎伯韦尔时大不相同。他现在是他姐夫弗兰克·J. 古尔德的助手，已经成为一个很阔绰的商人。我听他聊天，感到更加愁闷无聊。阿瑟提到他的一个朋友时，说："那是一个有教养的小伙子，我知道他的家庭出身是很好的。"我听到他这样关心门第，不禁哑然失笑，看来，我和阿瑟几乎毫无共同之处了。

我在纽约只待了一天。第二天早晨我就决定回费城。虽然那一天给我带来了所需要的变化，但也使我感到愁闷和孤寂。现在我又需要朋友了。我期待星期一早晨的演出，期待遇到我的那些同事。无论沉闷的工作多么令人心烦，那一天美好的生活已经使我感到满足。

回到费城后，我信步走进剧院。里夫斯先生收到了一封电报，他拆电报时我刚巧在旁边。他说："我不知道，这会不会是拍给你的。"电文是："剧团内有无卓福英或与此姓相似之人？如有，请其与百老汇大街隆加克大厦 24 号凯塞尔和鲍曼事务所联系。"

我们剧团里并没有姓这个姓的人，但是里夫斯说，这也许是指卓别林。这时我激动起来，因为，据我所知，隆加克大厦坐落在百老汇大街中段，大厦里满是律师事务所，记得我有一位阔绰的伯母住在美国什么地方。于是我想入非非：会不会是她故世了，给我留下了一笔财产。于是我就复了一封电报给凯塞尔和鲍曼事务所，说剧团里有一位卓别林，也许是他们要找的人。我焦急地等待着回电。回电当天到了。我拆开电报。电文是："可否请卓别林速来我事务所？"

我心情激动，满怀希望，第二天搭了早班车去纽约，从费城到那里只消两个半小时。我不知道将遇到什么事情——只是在幻想：自己坐在一间律师事务所里，听人家宣读一份遗嘱。

但是，一到那儿，我就有些失望，因为凯塞尔和鲍曼并不是什么律师事务所，而是一家电影公司。然而，真实情况却是够刺激的。

查尔斯·凯塞尔是基斯顿喜剧电影公司的股东之一，他说麦克·塞内先生曾看到我在第42街美国音乐厅扮演一个酒鬼，如果我确实是那个演员的话，他很想邀我代替福特·斯特林先生。我过去常常想到要拍电影，甚至和剧团经理里夫斯提议合伙，买下所有卡诺剧团的独幕剧上映权来拍电影。但是里夫斯顾虑重重，不敢贸然行事，因为我们对拍电影都是外行。

凯塞尔先生问我可曾看过基斯顿的喜剧电影。我当然看过好几部，但是我没说那些都是胡打混闹、乱七八糟的玩意儿。只有一个黑眼睛的漂亮姑娘，名叫梅布尔·诺曼的，我觉得很讨人喜欢，也只是由于她的穿插，那些电影才值得一看。我对基斯顿的喜剧电影并不十分热心，但是我知道它们的宣传价值。这一行我只消干它一年，再回去演歌舞剧就是国际名星了。再说，这意味着新奇的生活，有趣的环境。凯塞尔说，合同签订后，我要拍三部电影，周薪是150美元。这比我当时在卡诺剧团里拿的薪酬要多上一倍，但是我支支吾吾地回答说，我一星期至少要有200美元。凯塞尔先生说，这要由塞内先生决定，他将通知在加州的塞内先生，然后让我知道他们商量的结果。

我等候凯塞尔的回音时，心神不宁。也许，我要的价太高了吧？最后回信来了，公司愿意和我签订为期一年的合同，薪水头三个月是每周150美元，其余九个月是每周175美元，我从来不曾拿过这么多钱。合同将从沙利文和康西丁轮回上演剧院的演期结束时开始。

多谢上帝保佑，我们在洛杉矶皇后剧院的演出大受欢迎。这是一出叫《俱乐部之夜》的喜剧。我扮演一个老态龙钟的酒鬼，看上去至少有五十岁。塞内先生也去看了那出戏，演出结束，他向我祝贺。在那次短暂的谈话中，我注意到他的魁梧身材、厚唇、大嘴、窄脑门和大腮帮子，这些特征给了我很深的印象。但是我在猜想，将来他和我共事时能否融洽。那次谈话中我一直十分紧张，唯恐他对我不满意。

他随口问到我什么时候可以加入他们的公司。我说，9 月的第一个星期，我和卡诺剧团的合同期满，就可以开始工作了。

我在堪萨斯城和剧团分手时，感到很不安。剧团即将返回英国，而我则将去往洛杉矶，全靠自己去打天下，我感到不是太有把握。在最后一场演出之前，我请大伙儿喝了酒，想到要和他们分别，不觉依依不舍。

剧团里的一个演员，叫阿瑟·丹多的，不知道为什么不喜欢我，他想要捉弄我一次，悄悄对我说，剧团要赠给我一件小小的礼物。我听了这话很是感动。但是结果根本没这么一回事。等大伙儿都走出化装室，小弗雷德·卡诺老实告诉我说，丹多本来还准备先发表一篇演说，再送给我那件礼物，但是我请大家喝了酒，他就再没勇气玩这套了，把那所谓的礼物留在了化装台上的镜子后面。原来那是一个空烟盒，外面包了锡纸，里面装了一些用剩了的油彩。

十

我一路上忐忑不已，最后到了洛杉矶，在一家叫“大北”的小酒店里开了一间房。第一天晚上，我的假日是像工作日那样度过的。我去卡诺剧团从前演出的皇后剧院看第二场戏。检票员认出了我，走过来对我说，塞内先生和梅布尔·诺曼小姐坐在后面两排，问我可要和他们坐到一起去。我很激动，大家悄声简短介绍了以后，就一起看戏。散了场，我们沿主街走了几步，在一家德式地下餐馆里吃饭。塞内先生看到我那么年轻，感到很惊奇。“我还以为你年纪要大得多呢。”他说。我觉出他对我有点不放心，就很着急，因为想起塞内的喜剧演员都是一些样子挺老的人。弗雷德·梅斯已经五十岁开外，福特·斯特林也四十多岁了。我回答说：“我化装后可以要多老有多老。”但是梅布尔·诺曼的态度使我心定了一些。其实，即使当时对我有什么看法，她也不会表示出来。塞内先生说我不必立即开始工作，但是应当先到伊登代尔的电影制片厂去，熟悉一下那里的人。我们离开餐馆，一起匆匆跳上了塞内先生那辆漂亮的跑车，我被送回了酒店。

第二天早晨，我乘电车去洛杉矶郊区的伊登代尔。那是一片尚未定型的地方，它好像自己还没打定主意，究竟是要做一个普通的住宅区，还是要成为一个半工业区。那儿有几处堆积木材和抛弃废铜烂铁的地方，此外还有几座看来是无人管理的小农场，面朝公路的地方盖了一两间木头房子的商店。经过多次询问，我走到基斯顿电影公司的对面。制片厂占地一百五十英尺见方，外面围了一道绿色的栅栏，里面是一些破破烂烂的房子。要进去的话，必须先走完一条花园里的小路，穿过一所平房——那片地方，看来和伊登代尔一样，也是不曾定型的。我站在对面公路上向它呆呆地看了一会儿，考虑到底要不要进去。

午饭时间到了，我看着那些演员，男的，女的，都不曾卸装，还有基斯顿警察[1]，一起从平房里拥了出来。他们穿过公路，走进一家小卖部，出来时都吃着三明治和热狗。一些人扯着粗嗓子追着另一些人大声喊："喂，汉克，加油呀！""叫斯利姆赶快呀！"

我忽然难为情起来，赶快走到路拐角，离远点的地方，留心看塞内先生或者诺曼小姐会不会从平房里出来，但是我没看见他们。我在那儿站了半小时，然后决定回酒店去。当时要我走进制片厂，去面对那伙人，是一件没法办到的事。接连两天，我都是已经走到了制片厂外面，但是没勇气进去。到第三天，塞内先生打电话来，问我为什么不去。我只得找了个理由。他说："这就来吧，我们等着你。"于是我去到那里，大着胆子走进那所平房，说我要见塞内先生。

塞内见我去了很高兴，立即把我带到制片厂里。我完全被那里的情景吸引住了。柔和的光线均匀地布在整个布景上。日光从一幅幅宽阔的白色亚麻布上折射下来，被分散开，给每样东西增添了一种虚无缥缈的色彩。这样分散光线，是为了在日光下拍电影。

塞内给我介绍了一两位演员，这时我对拍电影的过程产生了兴趣。一排并列着三个布景，三个喜剧剧组正分头在拍电影。那情形就好像是在看世界博览会一样。一个布景里，梅布尔·诺曼正在一边乒乒乓乓捶门，一边叫喊："让我进来呀！"接着摄影机停下了，一场戏拍完了——我没想到，电影是这样零七碎八地拍成的。

我要接替的那位主要演员福特·斯特林，这时候正在另一个布景里

① 基斯顿电影公司初期摄制的影片中，专门饰演一队笨拙警察的演员。

拍电影。塞内先生把我介绍给他。福特即将脱离基斯顿，去和环球组建自己的电影公司。他非常受观众欢迎，制片厂里所有的人都跟他要好。他们围着他的布景看，对他热情地笑着。

塞内把我拉到一边，向我解释他们拍电影的手法："我们没有电影剧本——我们想到了什么笑料，就随故事的自然发展演下去。最后形成一个追赶打闹的场面，这就是我们的喜剧主要的结构。"

这个方法很有启发性，但是我个人厌恶追赶打闹的场面。这种演法会埋没演员的个性；虽然我对电影一行懂得极少，但是我知道，没有任何东西比个性更为重要。

那天，我从这个布景走到那个布景，看几个剧组怎样拍电影。他们好像都在模仿福特·斯特林。这使我很烦恼，因为福特的风格和我的不一样。他扮演一个处境尴尬的荷兰人，在整场戏里都说带有荷兰口音的话，临时编词，这很招人笑，但一经拍成默片，效果就不够理想了。我不知道塞内要我怎样演。他看过我的戏，一定知道我不适于福特那一类型的喜剧；我的风格恰巧和他的相反。然而，在这个制片厂里，每一个故事、每一个镜头，都是有意或无意地为福特·斯特林设计的；就连罗斯科·阿巴克尔也在走斯特林的路子。

这个电影制片厂从前显然是一片农场。梅布尔·诺曼的化装室设在旧平房里，隔壁的另一间房是给普通女演员化装用的。平房对面的建筑，从前肯定是个谷仓，现在改成了统间化装室，在里面化装的是一些小演员和基斯顿警察，其中大部分都是从前演马戏的丑角或职业拳击手。分配给我的是麦克·塞内、福特·斯特林和罗斯科·阿巴克尔等主角演员用的化装室。那是另一个谷仓式的建筑，从前也许是存放马具的地方。除梅布尔·诺曼以外，还有几个美丽的姑娘。那里有一种美与丑混合而成的奇特无比的氛围。

接连好几天，我一直在制片厂里到处溜达，不知道什么时候才可以开始拍戏。我偶尔看见塞内走过，但是他总是心不在焉，没有注意到我。我感到很不安，担心他会后悔邀请我加入基斯顿，所以我神经上就一直很紧张。

每天，我心情的好坏都由塞内决定。如果他碰巧看见了我，朝我笑一笑，这就给我增添了希望。厂里其他人都对我抱一种观望的态度，但是，我觉得，也有人在怀疑我代替福特·斯特林是否能够胜任。

星期六到了，塞内显得十分亲切。他说："到办公室领你的薪水去。"我对他说，我更急于要工作。我很想和他谈一谈有关模仿福特·斯特林的问题，但是他打断了我的话，说："别着急，咱们以后再谈。"

九天过去了，一直这样闲着，我紧张得很痛苦。但是福特总是安慰我，下班后他有时候让我搭他的车到闹市区，我们一起在亚历山德里亚酒吧喝酒，和他的几个朋友碰头。他有一个朋友，叫埃尔默·埃尔斯沃思，我起先很不喜欢他，觉得这个人相当粗俗。他老是半开玩笑地讥刺我："我知道你要顶福特的位子了。可是，你能逗人笑吗？"

"这我不敢夸口。"我尴尬地说。他这样取笑，我感到很窘，尤其是当着福特的面。幸而福特很客气，他用这两句话给我解了围："你没看到他在皇后剧院扮演酒鬼吗？非常逗人笑。"

"可是，他还没把我逗笑过呢。"埃尔斯沃思说。

埃尔斯沃思是个大块头，浑身臃肿，像是患了腺体肥大。他带着一副愁闷和猥琐的神情，有一张光溜溜的脸、一双忧郁的眼睛、一张皮肤松弛的嘴，一笑就显出缺了两颗门牙。福特还一本正经地悄声告诉我，他是一位文学、经济和政治学权威，是美国知识最渊博的人，并且富有幽默感。然而我却不能欣赏他的这些优点，总是设法躲开他。可是，一天晚上，在亚历山德里亚酒吧里，他说："这个英国佬已经开始拍戏了吗？"

"还没开始。"我惶悚不安地笑着说。

“我说，你最好是能逗人笑呀。”

这位先生几次挖苦我，这时我以牙还牙地说：“是呀，如果我能够有一半像您的长相这样逗人笑，那么我就成功啦。”

“哎呀！这句俏皮话可真够挖苦的，对吗？单凭这句话，我就得请他喝一杯。”

盼望已久的时刻终于到来。塞内出去拍外景，梅布尔·诺曼和福特·斯特林的剧组也都跟着去了，电影制片厂里没剩下几个人。地位仅次于塞内的基斯顿总导演亨利·莱尔曼先生准备拍一部新片，要我在里面扮演一个新闻记者。莱尔曼这个人很虚荣，因为自己导演了几部成功的喜剧片，就沾沾自喜。他老是说他不需要什么个性，说他的影片能招笑，完全依靠剪辑的技巧。

我们没有电影故事，需要用一些喜剧手法来拍一部关于印刷厂的纪录片。我穿了一件大礼服，戴了一顶大礼帽，贴上了两撇翘胡子。我们已经要开拍了，莱尔曼还在想笑料。我那时刚到基斯顿，当然很热心，想要给他出点主意。但是，我与莱尔曼之间就此产生了矛盾。在会见报馆编辑的那一场戏里，我加进了所有我能想得出的点子，甚至给剧组里其他人出主意。虽然拍这部影片只花了三天时间，但是我认为我们拍了一些非常逗笑的镜头。然而，当我看到成片时，我伤了心。剪辑的人剪去了所有招笑的地方，把影片割裂得我都认不出来了。我莫名其妙，不知道他们究竟为什么要这样做。许多年后，亨利·莱尔曼自己说了出来，是他故意给剪去的，因为按照他的说法，他认为我知道的太多了。

我和莱尔曼拍电影的第二天，塞内拍完外景回来了。福特·斯特林占了一片场地，阿巴克尔占了另一片场地，三个剧组同时拍戏，到处都挤满了人。我穿着平时穿的衣服，没什么事情可做，就站在塞内看得见的地方。他站在梅布尔身边，嘴里叼着一支雪茄，正在仔细打量一个酒店大堂的布景。“咱们现在需要一点笑料呀，”他说，接着就向我转过身来，“你扮一个丑角吧。什么样的都行。”

我不知道应该扮成什么样。我不喜欢新闻记者的装扮。去化装室的路上，我忽然有了主意：我要穿一条鼓鼓囊囊的裤子和一双大鞋子，拿一根手杖，戴一顶圆顶礼帽。我要每件东西看上去都显得不合适：裤子是松垮垮的，上衣是紧绷绷的，礼帽是小的，鞋子是大的。我起先有点犹豫，不知道应该扮得年老还是年轻，后来想起塞内希望我是一个年纪大得多的人，于是就贴上了一撮小胡子，我想，这样可以显得年纪大一些，但又不致遮住了我的表情。

我对这人物的性格是心中无数的。但是，一经装扮好，那身衣服和化装就使我体会到该是一个什么样的人。我开始对他有了了解，等到一上场，那个人物就活生生地出现了。我站在塞内跟前，装出那个人物的样子，一边大摇大摆地走着，一边挥着我的手杖，在他面前来回踱步。笑料和点子纷至沓来，在我脑海中不断涌现。

麦克·塞内的成功秘诀，就在于他富有热情。他一看到他觉得好笑的地方就尽情地笑，他站在那儿咯咯咯地笑得浑身直哆嗦。而这鼓舞了我，于是我向他解释这个人物的个性：“你瞧，这个家伙是多方面的：他是一个流浪汉，一个绅士，一个诗人，一个梦想者；他感到孤单，永远想过浪漫的生活，做冒险的事情。你会把他当作一个科学家，一个音乐家，一个公爵，一个玩马球的。然而，他只会拾拾香烟头，或者抢孩子的糖果。当然，如果看准机会，他也会对着夫人小姐的屁股踢上一脚——但只有在非常愤怒的时候他才会那样！”

我这样演了十几分钟，招得塞内不停地笑。“很好，”他说，“这就上场去吧，看你能玩点什么出来。”就像莱尔曼拍影片时一样，我并不知道剧情是什么，只知道戏里穿插的是梅布尔·诺曼和她丈夫以及一个情人之间的纠纷。

无论演哪出喜剧，态度是最为重要的，而找到某种态度也并不总是一件容易的事。在酒店大堂那场戏里，我感觉到自己是一个骗子，正冒充酒店客人，但实际上是一个只想要找一个安身之处的流浪汉。我走进酒店大堂，绊倒在一位夫人的脚上。我转过身去向她抬了抬帽子表示道歉，接着刚扭转身，又绊倒在一个痰盂上，于是又转过身去向痰盂抬了抬帽子。摄影机后面的人都笑起来了。

这时候已经有一大群人聚集在那里，其中不仅有其他剧组里的演员，而且有布景人员、木匠、服装管理员。这对我确实是一种鼓励。等到排演结束时，已经有众多观众在哈哈大笑。不一会儿，我看见福特·斯特林越过别人的肩头向我们这面张望。拍摄完毕，我知道自己演得很不错。

那天下班，我到化装室去时，福特·斯特林和罗斯科·阿巴克尔正在那里卸装。大家没说什么，但可以觉察出气氛中有暗流涌动。福特和罗斯科都喜欢我，但是，我能觉察出他们内心中的矛盾。

这个镜头很长，一共拍了 75 英尺的胶片。后来塞内先生和莱尔曼先生争论，是否应该全部放映，因为喜剧的一个镜头一般不超过 10 英尺。我说："既然是逗笑的，长短又有什么关系呢?"最后他们决定让这个镜头映足 75 英尺。这身衣服已经使我受到这个人物的感染，我当时就决定，此后不管再演什么戏，我要永远穿这身衣服。

那天傍晚，我和一个配角演员一同搭电车回住处。他说："伙计，你这一炮可打响了；以前从来没有一个人在片场招得大伙儿那样笑过，连福特·斯特林也没有过——你瞧见他那张脸了吧，盯着你瞅，他是在研究你啊!"

"但愿上映时观众也那样笑。"我说时克制着自己的得意。

又过了几天，在亚历山德里亚酒吧里，我无意中听到福特向我们共同的朋友埃尔默·埃尔斯沃思形容我扮演的人物："瞧那家伙，一条鼓鼓囊囊的裤子、一双扁平脚，你从来没见过那样肮脏邋遢、一副可怜相的小瘪三，他抓痒的样子，就好像是在胳肢窝里捉毛虱似的——他真会逗人乐呀。”

我扮演的人物与众不同，是美国人不熟悉的，甚至连我也不熟悉。但是，一穿上那身衣服，我就感觉到实有其人，感觉到他是一个活生生的人。说真的，他会使我转种种荒唐古怪的念头。在我没有打扮和化装成这样一个流浪汉之前，这一切都是我做梦也想不到的。

我和一个配角演员混得挺熟，每天晚上乘电车回去时，他总是详细地告诉我那天电影制片厂里的人对我的反应，还有他本人对我那些点子的想法。“那个点子妙极了，在洗指碗里蘸湿手指，再在那个老头的大胡子上擦干净——厂里的人从来没见过那种。”他这样一件件地说下去，我听了十分得意。

每逢塞内做我的导演时，我就感到很自在，因为一切都是由我即兴演出的。同时，由于大家对自己都没有绝对的把握（甚至导演也是如此），我就认为自己并不比导演知道的更少。这样我对自己有了信心；我开始提出建议，塞内也总是立刻加以采纳。于是我相信自己是具有创作能力的，是能够自己编写故事的。的确，这是由于受到了塞内的鼓舞。但是，当时我只是使塞内满意了，我还没有使观众满意。

第二部影片又是由莱尔曼导演。莱尔曼即将离开塞内，与斯特林合作，但为了酬谢塞内，他在合同期满后将多待两个星期。这次和他合作时，我又给他出了许多主意。他对我提出的意见总是笑嘻嘻地听着，但是一条也不采纳。“在剧院里这样演也许会逗人笑，”他老是这样说，“但是，在影片里，咱们可没时间这样演。咱们必须不停地活动——拍喜剧片就是要你追我赶的。”

我不同意他这种一概而论的说法。“幽默总是幽默，”我争辩说，“不论是在电影里还是在舞台上。”然而他老是说那套废话，坚持按照基斯顿的老办法行事。一切动作都得快——快步飞跑，爬上屋顶和电车，跳到河里，扎进码头那面的水里。虽然必须遵守那些拍喜剧片的原则，我偶尔也会插进去一两段自己做的有趣动作，然而，像以前一样，他总是设法在剪辑室里把它们剪得面目全非。

我不相信莱尔曼会在塞内面前说我的好话。莱尔曼走后，我被派去跟另一位导演尼古拉斯先生拍片，这位先生老气横秋，年纪已近六十岁，他自从电影问世以来就从事这一行。我也跟他闹别扭。他设计的一个搞笑场面是揪住一个丑角的脖子，把他从这个布景赶到那个布景。我要做一些更细腻的动作，但是他也不肯听我的。“咱们没时间呀，没时间呀！”他老是这样嚷嚷。他完全要走福特·斯特林的路子。我只稍许违拗了他一下，他就去向塞内报告，说他没法跟我这个混蛋合作。

大约就在这个时候，塞内导演的影片《梅布尔的困境》在商业区里上映了。我提心吊胆地夹在观众们中间看那部电影。福特·斯特林一出现，观众们照例一阵骚动，发出了笑声，但我出场后却是一片冰冷的沉寂。看到所有我在酒店大堂里做的那些滑稽动作，观众们几乎都不笑。影片继续放映下去，他们开始小声笑了，接着是大声笑了，将近结束时又是一两次哄堂大笑。我在这次放映中发现，观众们并不歧视新演员。

我不知道塞内对我所做的初步努力是否满意。我想他是失望的。因为，过了一两天，他来找我了：“你听我说，他们都在埋怨，说没法跟你合作。”我竭力向他解释，说我工作认真，一心要把影片拍好。“你呀，”塞内冷冷地说，“只要能照着我们的话去做，我们就心满意足了。”但是第二天我又和尼古拉斯拌嘴了，这次我发了火。“随便哪个每天领 3 美元的临时演员，都能做你叫我干的这些活儿，”我对大伙儿说，“我为的是要拍一些好影片，不单单是被你们赶来赶去，从电车上摔下来。我不能就这样每星期拿 150 美元。”

可怜的尼古拉斯“老爹”（我们给他起的绰号）气坏了。“这一行我已经干了十多年，”他说，“你他妈的又懂些什么？”我试图说服他，但是没有用。我试图说服剧组里的其他人，但是他们也不同意我的看法。“哦，他知道，他知道，他干这一行，资格要比你老多啦。”一个老演员说。

我先后拍了大约五部影片，尽管他们在剪辑室里大刀阔斧地删除，但是我仍然设法在其中几部里保留了我自己想出的滑稽动作。我熟悉他们的剪片方法，于是总把逗笑的动作和点子安排在出场和下场的时候，知道他们要剪去这些镜头是困难的。同时我一有机会就去学习剪片。我在洗印间和剪辑室里跑出跑进，留心看工作人员怎样剪辑。

我一心想要自编自导喜剧片，于是就去和塞内谈这个计划。但是，他不听我的主意，反而叫我去听刚开始做导演的梅布尔·诺曼的指挥。这一下可把我气坏了，虽然梅布尔是个非常可爱的姑娘，但我不相信她能当一个好导演，因此第一天就发生了不可避免的争吵。当时我们在洛杉矶郊区拍外景；其中有一个镜头，梅布尔要我拿着水龙皮带在公路上浇水，后来坏人的车在路面上打滑了。我建议我先站在水龙皮带上，水放不出来了，等我俯身向里看，无意中脚离开皮带，水直喷到我脸上。但是她立刻打断了我的话：“咱们没时间啦！咱们没时间啦！照着我说的演吧。”

单是这句话我就受不了——何况这句话又出自一个漂亮姑娘之口：“对不起，诺曼小姐，我不能照着你的话做。我不相信你有资格指导我。”

拍摄场景是在大路当中，我离开那儿，在人行道边坐下。可爱的梅布尔那年刚二十岁，长得漂亮动人，是大家的宠儿，没有一个人不喜欢她。这会儿她坐在摄影机旁，不知道怎么办才好；以前从来没有人这样顶撞过她。我也觉得她美丽可爱，并且心里还对她有那么一丝柔情，但我有责任做好自己的工作。摄影人员和全体演员立刻围住了梅布尔，大家一起商量对策。后来梅布尔告诉我，当时有一两个临时演员很想要揍我一顿，但是她拦住了他们。然后，她派了副导演过来，问我是否打算拍下去。于是我走到大路对面她坐的地方。“对不起，”我表示歉意，“我根本看不出哪里有趣好笑。但是，如果你允许我在笑料方面出一点主意的话……”她不屑和我争辩。“很好，”她说，“既然你不肯照着我的话做，我们就回制片厂去吧。”虽然当时的情形很僵，但是我对此毫不在意，我只耸了耸肩膀。那天的工作倒没受多大损失，我们从上午 9 点起就开始拍戏了。这会儿已经是下午 5 点多，太阳很快落山了。

回到制片厂，我正在洗去油彩，塞内冲进了化装室。“他妈的这是怎么一回事？”他问。

我试着向他解释。“影片里缺少笑料，”我说，“可是诺曼小姐什么意见都不肯听。”

“叫你怎样演，你就怎样演，要不你就走，不管什么合同不合同。”他说。

当时我十分镇静。“塞内先生，”我回答，“我来这儿以前，也能混口饭吃。你要辞我，就请辞掉我吧，但是，我对待工作是认真的，我和你同样心急，想要拍一部好影片。”

他一句话不说，砰的一声把门关上了。

那天晚上，我和朋友一同乘电车回去时，我把这件事说给他听。

“太可惜啦，你这阵子演得很不错呢。”他说。

“你看他们会辞了我吗？”为掩饰焦急的心情，我嬉笑着说。

“我不会觉得奇怪的。塞内离开化装室的时候，我看他简直像发了疯一样。”

“好吧，反正我不在乎。我腰包里已经有 1500 美元，除了回英国的路费，还有多余。不过，我明天还是得去一趟，如果他们不要我……那么也是活该啦。”

第二天早晨 8 点有一次排演，我不知道应当怎么办才好，于是，我就坐在化装室里等着，也没上装。大约到了 7 点 50 分，塞内向门里探进头来。“查理，我有几句话和你谈一谈，咱们到梅布尔的化装室里去吧。”他的声音听来特别和气。

“好的，塞内先生。”我一边说一边跟他走去。

梅布尔不在那儿，她在试片房里看样片。

“你听我说，”塞内说，“梅布尔很喜欢你，我们都喜欢你，都认为你是一位优秀的演员。”

他这样前倨后恭，让我感到意外，态度立刻软了下来。“我当然十分尊重诺曼小姐，”我说，“但是我不相信她有资格做导演——她毕竟年纪太轻了。”

“不管你怎样想，你还是宽宏大量，帮帮忙吧。”塞内说着拍了拍我的肩膀。

“我就是这样尽力而为的嘛。”

“好吧，那你就勉为其难，和她合作下去吧。”

“你听我说，如果你让我自己导演，你就不会再有这些麻烦了。”我说。

塞内沉吟了一下：“如果拍出来的片子不能上映，这笔费用由谁来付呢？”

“由我来付，”我回答，“我把 1500 美元存在随便哪家银行里，如果片子不能上映，那笔钱就是你们的。”

塞内思索了一会儿：“你有电影故事吗？”

“当然有，你要多少有多少。”

“好吧，”塞内说，“和梅布尔拍完了这部影片，我另做安排吧。”我们十分友好地握了手。后来我去向梅布尔道了歉，那天晚上塞内陪我们两人出去吃饭。第二天，梅布尔对我和气极了。她甚至跑来向我讨主意。摄影人员和其他演员都迷惑不解，我们就这样很圆满地拍完了这部影片。塞内突然改变态度，使我莫名其妙。过了几个月，我才了解了原因：塞内已经打算在那个星期结束时解雇我，但就在我和梅布尔吵架后的第二天早晨，他收到了纽约办事处发来的电报，催他赶快多拍几部卓别林的影片，因为那里大量地需要这样的片子。

基斯顿喜剧电影公司发行的影片，平均为二十个拷贝。如果印到三十个拷贝，就会被认为是相当成功的了。上一部影片，也就是我所拍的第四部影片，已经印到了四十五个拷贝，但要求添印的订货单还是有增无已。因此，收到电报后，塞内变得和气了。

那个年代里，导演技巧是很简单的。我只需要为演员的出场和下场辨清左右方向就行了。如果一个演员在上一个镜头结束时从右边下场，他在下一个镜头出现时就要从左边出场；如果一个演员在上一个镜头结束时面对着摄影机从银幕上消失，他在下一个镜头出现时就要背朝着摄影机在银幕上出现。当然，这些都是最基本的规则。

但是，随着经验的积累，我发现摄影机的位置不但能影响观众的心理，而且能说明一场电影的情节；实际上它也是决定电影风格的关键。摄影机离得稍近一点或者稍远一点，可以增强或者削弱效果。精简动作很重要，除非有什么特别的理由，否则演员没必要走太多的路，走路的动作是缺乏戏剧性的。因此，摄影机的位置会影响画面，使演员的出场显得好看。摄影机的位置使电影增添了变化。特写镜头并不比远景镜头更能起强调作用。采用特写镜头是一个情感问题；在某些情况下，远景反而能够起更大的强调作用。

我早期出演的喜剧片《溜冰场》里，就有这样的例子。流浪汉走上溜冰场，跷着一只脚溜冰，一边滑一边转圈，跌倒在一群人当中，闹得笑话百出，结果是一大堆人都在摄影机的前景中倒在冰上，而流浪汉却溜到溜冰场的后面，变成背景中一个极小的影子，坐在一群观众当中，若无其事地看他引起的一场混乱。让流浪汉在远处显出一个小影子，反而要比给他拍一个特写镜头更招人笑。

刚开始导演第一部影片时，我并不像自己想象的那样有把握，实际上我有点心慌。但是，等到塞内看了第一天拍的影片，我放心了。那部影片叫《遇雨》。它并不是一部轰动全国的影片，但它挺招人笑，并且很能卖座。片子拍完后，我急于知道塞内的反应如何。他从试片房里出来时，我等在那儿。“怎么，你准备开始拍下一部了吗？”他问。从那时候起，我就自编自导所有的喜剧片。每拍好一部影片，塞内给我 25 美元额外津贴，作为奖励。

塞内现在完全把我当作了自家人，每天晚上都请我吃饭。他总是向我介绍其他剧组拍摄的内容，而我总是想出一些奇奇怪怪的主意，这些主意我认为只有我自己明白，别人都不容易理解，但是塞内听了总是哈哈大笑，最后都采用了。

现在我坐在观众中看自己的影片时，发现他们的反应和从前不同了。观众们看到影片上映出基斯顿喜剧电影公司的字样时，总有一阵骚动和兴奋；刚看见我在影片中出现，还没有看到我做什么动作，他们已经发出欢畅的笑声，这使我十分得意。观众们都非常喜爱我，我心想：如果能够一直这样下去，我可以心满意足了。加上津贴，我的收入是每星期 200 美元。

自从埋头工作，我就很少有空再去亚历山德里亚酒吧，也没机会再碰到我那位爱挖苦人的朋友埃尔默·埃尔斯沃思。但是，又过了几个星期，我在街上遇见了他。“喂，你听着，”他说，“我最近看了几部你的影片，说真的，你演得太好啦！你有一种与众不同的风格。我这并不是在瞎捧你。你真会逗笑！早先你为什么不说呀？”不用说，后来我们成了非常要好的朋友。

基斯顿的人教会了我不少东西，我也让他们学会了不少东西。在那些日子里，他们对技巧、舞台艺术或表演手法知道得很少，而我把这一切从剧院里带给了他们。他们对自然哑剧也懂得很少。每逢要遮蔽后景，导演总会叫三四个演员，一溜儿面对着摄影机站着；如果要表示“我要娶你的女儿”，演员总是做一些容易看懂的手势，先指自己，再指左手无名指，然后指那个姑娘。他们做手势时，很少顾及含蓄与效果，而我在这方面就显得出色多了。在出演早期的电影时，我知道我在许多地方占了便宜；于是，就像一位地质学家一样，我进入了一片蕴藏丰富、待人开发的领域。我认为那是我的职业生涯中最富刺激性的一个时期，因为我正开始发现一些奇妙的东西。

事业做得顺利，人就容易讨喜，所以我和制片厂里所有的人都混得很熟。临时演员、布景人员、服装管理员、摄影人员，都亲切地管我叫“查理”。虽然我并不喜欢跟所有人都那么热络，但是这使我感到高兴，因为我知道，这种亲热说明了我在事业上的成功。

现在我对自己的计划满怀信心，而在这一点上我是应当感谢塞内的。虽然塞内和我一样没有接受过多少教育，但是他相信自己的趣味，并且使我也养成了这种习惯。他的工作方式使我有了信心，那种工作方式应该是正确的。我第一天来到制片厂里的时候，听到他说：“我们没有电影剧本——我们想到了什么笑料，就随故事的自然发展演下去。”这几句话丰富了我的想象。

这样从事创作，使我觉得拍电影的工作富有刺激性。从前在舞台上演出时，我的日常工作很呆板，缺少变化，每天晚上都重复着同样的一套；舞台上的动作一经排练好，固定下来了，就难得有机会加以改变。在舞台演出中，唯一促发改变的是：一出戏演得很成功或很失败。但是拍电影更加自由。拍电影使我有一种冒险的感觉。塞内常说“你认为根据这个笑料拍一部片子好吗”或者“闹市区里大马路上发大水了”这一类的话，它们往往会发展成为一部基斯顿的喜剧片。正是这种迷人的、不受拘束的精神，让我感到快乐，因为它激发了我的创造力。拍电影是那么自由，又是那么容易——不像研究文学，不像从事写作；拍电影只需要想到一件事，然后围绕着那件事去找笑料，并随着它的发展编出一个故事来。

举一个例子，在《查理的过去》一片中，我一出场就开了一个玩笑。我出来时像史前人那样打扮，披着一张熊皮，看了看四面的景色，然后从熊皮上拔下一些毛，装在我的烟斗里。这样一个场景，已可以发展出一个有关史前人的故事，展开一系列爱情、对抗、斗争和追逐情节。我们在基斯顿拍电影，采用的就是这个方法。

我后来想到，除了笑料以外，还要给我的影片增添一些新的成分。影片《新看门人》中有一场戏是经理开除了我。我恳求他发发慈悲，把我留下来，我做出哀求的手势，表示我家里人多，有好几个小孩。当时有一个名叫多萝茜·达文波特的老演员站在一边，排演的时候我朝她看了一眼，不觉吃了一惊：她竟真的哭起来了。“我知道你这是在逗观众乐，”她说，“可是我看了忍不住要哭啊。”她证实了我的感受：我能够逗人笑，同样也能够惹人哭。

要不是因为有一种娇柔美丽作为调剂，制片厂中那种男性的粗犷氛围几乎是令人难以忍受的。正是由于梅布尔·诺曼，制片厂才会那样吸引人。梅布尔长得非常漂亮：一对双眼皮很深的大眼睛，两角微翘的丰满嘴唇，一副幽默和娇憨的神态。她性情轻松愉快，为人善良和蔼，慷慨大方，所以我们都喜欢她。

大家常常谈到，梅布尔是怎样照顾女服装管理员的孩子的，又是怎样跟摄影师开玩笑的。梅布尔喜欢我，但只是像妹妹喜欢哥哥一样，因为那时候她对塞内情有独钟。由于塞内的关系，我才常常和梅布尔在一起；我们三个人总是一起吃饭，饭后塞内在酒店大堂里打盹，我就和梅布尔一起去电影院或咖啡馆里消磨一个小时，然后走回去唤醒塞内。有人也许会想，我们俩这样亲近，总会发展出一段恋爱来吧，但是并没有发生什么事情；说起来未免令人怅惘，我们始终只不过是要好的朋友。

但是有一次，梅布尔、罗斯科·阿巴克尔和我在旧金山一家剧院参加公益活动，我和梅布尔差点闹出事情来。那是一个大家都很兴奋的晚上，我们三个人的亮相非常成功。梅布尔把衣服忘在化装室里，叫我陪她一起去取。阿巴克尔和其他几个人在外面车上等着我们。一时间，屋子里只有我们两个人，她容光焕发，艳丽动人，我把披肩搭在她肩上的时候吻了她，她也吻了我。要不是有人在等着，我们也许还会做出一些事情来的。后来，我也曾试图和她继续发展下去，但是没有成功。“不可以，查理，”她笑嘻嘻地说，“我不是你这一类型的，你也不是我这一类型的。”

大约就在这个时候——好莱坞还只有雏形——钻石大王吉姆·布雷迪[①]来到了洛杉矶。一同来到的还有多莉姐妹和她们的丈夫。钻石大王吉姆招待起客人来挥霍无度。有一次他在亚历山大酒店举办晚宴，客人们当中有多莉孪生姐妹和她们的丈夫、卡洛塔·蒙特里、莎拉·伯恩哈特剧中的男主角卢·泰勒金、麦克·塞内、梅布尔·诺曼、布兰奇·斯威特和纳特·古德温。多莉孪生姐妹长得美丽动人。她们姐妹俩同她们的丈夫和钻石大王吉姆·布雷迪几乎形影不离，人们对他们之间的关系都没法猜透。

钻石大王吉姆是一个很独特的美国式人物，但看上去却像是一个性情温和的英国佬。第一天晚上，我简直不能相信自己的眼睛，因为看到他袖口上和衬衫胸前的纽扣都是钻石，每一颗钻石都比一枚先令还要大。过了几天，我们在纳特·古德温的水上餐厅里吃晚饭，这次钻石大王吉姆戴的是一套翡翠首饰，每一块翡翠足足有一个小火柴盒那么大。起先我还以为他戴这些翡翠是为了开玩笑，就很天真地问他那些可是真翡翠。他说都是真的。“可是，”我惊奇地说，“这简直叫人无法相信。”他说：

① 吉姆·布雷迪（1856—1917）：美国财阀，靠投机起家，拥有大量珠宝首饰，绰号“钻石大王吉姆”。

“如果你要看好看的翡翠，瞧这儿。”他说着揭起了背心，给我看一条尺寸像昆斯伯里侯爵[①]冠军腰带的带子，上面缀满了我从来不曾见过的大翡翠。他还很得意地告诉我，他有十套宝石首饰，每天晚上轮换着戴。

那年是1914年，我刚二十五岁，正值春秋鼎盛，我热爱自己的工作，不仅因为我的事业一帆风顺，而且因为这份工作十分有趣，它使我有机会见到所有的电影明星，我迷恋过他们。玛丽·璧克馥[②]、布兰奇·斯威特、米兰·库珀、克拉拉·金布尔·杨、吉许姐妹，她们一个个都天姿国色，面对这些美女，恍如身历仙境。

托马斯·因斯[③]常在电影制片厂里烧烤、跳舞，他的制片厂设在圣莫尼卡北部面临太平洋的旷野中。那些夜晚是多么美妙迷人啊——小伙子和美丽的姑娘在露天舞池中翩翩起舞，和着如泣如诉的乐声和轻轻拍打附近海岸的浪涛声。

佩吉·皮尔斯长得特别俏丽，细巧妍美的面庞、白腻似雪的颈项、娇娆迷人的姿态，第一次使我无法自持。我进基斯顿的第三个星期才看到她，因为她患感冒，前两个星期没有去制片厂。后来我们一见钟情，两情相悦，我快乐得心花怒放。那些日子里，每天早晨去上班时，我只想要见到她。

每逢星期日，我就到她父母住的公寓里去看她。每次都要互诉衷肠，每次都经历煎熬。是呀，佩吉是爱我的，但是我们没能走到一起。她一再拒绝我，到后来我在失望中放弃了。那时候我并不想要和任何人结婚。自由确实是一场冒险。没有一个女人是和我心中那个模糊的形象相符合的。

每一个制片厂有如一个家庭。一星期可以拍一部影片；拍摄一部长

① 昆斯伯里侯爵（1844—1900）：英国贵族，好观拳击，曾制定拳击比赛规则。

② 玛丽·璧克馥（1893—1979）：美国电影演员，有“美国甜姐儿”之称。与摩尔离婚后嫁给范朋克，后又离异，再嫁罗杰斯。

③ 托马斯·因斯（1882—1924）：美国电影导演、制片人。

片，从来不需要超过两三个星期。我们是在日光下拍片，因此选中了加州，那儿每年有九个月是阳光充足的。

弧光灯大约在 1915 年问世，但是基斯顿从来不使用弧光灯，因为灯光会闪烁，不及日光下拍的清楚，而且布置那些灯也费时间。基斯顿拍一部喜剧片，很少需要花一星期以上的时间，有一次我只用了一个下午就拍完了一部短片，片名是《二十分钟的爱情》，上映时观众的笑声始终不绝。《面团与炸药》是一部最能卖座的短片，拍摄时只花了九天工夫，但用去了 1800 美元。由于超过基斯顿喜剧片的预算，我那 25 美元的津贴被扣除了。塞内说，要捞回本钱只有一个办法，那就是把它当作两大本影片放映，后来他们采用了这个办法，头一年里就卖了 13 余万美元。

我已经拍了好几部很能卖座的影片，包括《二十分钟的爱情》《面团与炸药》《奇怪的气体》《舞台工作人员》等。在这段时间里，我也曾经同梅布尔和玛丽·杜丝勒[①] 合拍过一部长片。和玛丽的合作是愉快的，但是我认为那部影片并没有什么出色之处。后来我又开始导演自己的影片，对此我感到十分高兴。

我把雪尼介绍给了塞内；卓别林这个姓氏现在已经很吃香，所以他乐于添用一个我们家族的人。塞内和雪尼签订了为期一年的合同，周薪 200 美元，这要比我当时的报酬多出 25 美元。雪尼和他的妻子刚从英国来，一天在我要去拍外景时来到了电影制片厂。那天晚上我们一起出去吃饭。我问他我的影片在英国上映的情形。

他说，我的名字还没有在广告上出现，就有许多游艺场的演员兴冲冲地告诉他，他们看到了一位新近成名的美国喜剧电影明星。雪尼还说，

---

① 玛丽·杜丝勒（1868—1934）：美国著名电影女演员。

他去向发行方打听什么时候放映那些影片时，说出了自己的身份，他们就请他看了三部影片。他独自坐在放映室里，笑得像一个傻子。

“你看了那些，有什么想法？”我问他。

雪尼并不表示惊奇。“哦，我早知道你会一举成名的。”他信心十足地说。

麦克·塞内是洛杉矶体育俱乐部的会员，他可以把临时会员证赠给自己的朋友，于是他送了我一张。市内所有的单身汉和生意人，都把那儿当作聚会的地方，那是一个很考究的俱乐部，二楼有一间大餐厅和几间娱乐室，夫人小姐们晚上都可以去那儿玩，此外还设有一个酒吧。

我在最上面一层楼租了一间很幽静的大房间，里面有一架钢琴和一部分藏书，隔壁住的是五月百货商店（市内最大的一家商店）的老板莫斯·汉伯格。租金在当时算是很便宜的。我每星期付 12 美元房钱，就可以享受俱乐部里的一切设施，包括很考究的健身房和游泳池，服务也非常周到。一共算下来，我每星期花费 75 美元，过上了奢侈的生活，包括时常请朋友喝酒，偶尔还请客吃饭。

俱乐部里有一种友爱的气氛。第一次世界大战已经爆发，这种气氛也没有被打乱。人们都以为战争六个月内就会结束，听到基钦纳勋爵预言，这一仗要打上四年，都认为是荒谬之言。许多人听到宣战的消息都感到高兴，因为这样一来我们就可以扮演德国人了。胜利是不成问题的，英国人和法国人会在六个月内把德国人打得落花流水。当时还没有进入激战阶段，而加州离战场又是那么遥远。

大约就在这个时候，塞内谈到要和我续签合同，想要知道我的条件。我对观众的欢迎程度已经相当有数，但同时又知道，好景是不长的，我相信，按照我现在这样的速度拍片，不到一年，我的一点玩意儿就要玩光了，所以我不能错过这个机会。“我要每星期领 1000 美元！”我胸有成竹地说。

塞内被吓倒了。“可是，连我还拿不到这个数目呢。”他说。

“我知道，”我回答，“但是，如果贴出你的名字，观众可不会像看到我的名字那样排队买票。”

“也许如此，”塞内说，“但是，如果没有我们这个组织的支持，你也会完蛋的。”接着他警告道：“你看看福特·斯特林的下场吧。”

这话也是事实，因为福特脱离基斯顿电影公司后，混得并不大好。但是我对塞内说：“我拍一部喜剧片，只需要一个公园、一个警察、一个漂亮姑娘。”我有几部最能卖座的影片，就是单靠这点配搭拍出来的。

塞内拍电报给他的合伙人凯塞尔和鲍曼，商量如何答复我的要求和续签条款。后来，塞内来找我，向我提出这样的建议：“这样吧，还有四个月才期满，现在取消你原来的合同，从今天起每星期给你 500 美元，一年后加到 700 美元，两年后再加到 1500 美元。这样，平均每星期你也可以拿到 1000 美元了。”

“麦克，”我回答，“如果你们把这个顺序颠倒一下，第一年是 1500 美元，第二年是 700 美元，第三年是 500 美元，我就同意。”

“可这是多么疯狂的想法呀。”塞内说。

此后大家就不再谈起续签合同的事情。

再为基斯顿工作一个月就要期满了，但是并没有其他电影公司来邀我。这时我开始紧张起来，心想，塞内一定是知道了我的底细，所以才这样耐心等待着。往常，每拍完一部影片，他就要跑来找我，开着玩笑催我拍下一部；现在我已经两个星期没有工作，但是他一直不来找我。他对我是客气的，但也是冷漠的。

即使处在这种情形之下，我仍旧没有失去信心。如果没有其他人来邀我，就让我自己来经营吧。为什么不可以呢？我有信心，认为自己能够独立工作。我清楚地记得从这个时刻起我开始有了强烈的念头：当时我正凑在制片厂的墙上签一张领料单。

雪尼自从加入基斯顿电影公司，已经拍了好几部很能卖座的影片。有一部在世界各地打破票房纪录的影片，叫作《潜艇海盗》，雪尼在那部影片里使出了各种各样的摄影技巧。看见他这样成功，我就去约他合作，由我们共同开办一家公司。我说：“咱们只要有一架摄影机和一片场地就行了。”但是雪尼很保守。他认为这件事太冒险。“而且，”他补充说，“这样的高薪，我以前还从未领过，我不愿放弃。”于是他又在基斯顿电影公司工作了一年。

有一天，环球电影公司的卡尔·莱姆勒打电话给我。他愿意以每英尺 12 美分的价格买我拍的影片，但是不答应给我 1000 美元的周薪，所以最后没谈出一个结果。

一个名叫杰斯·罗宾斯的年轻人，代表埃山奈[①]电影公司来见我，他听说，我要在签订合同之前先分到 1 万美元的津贴，周薪要 1250 美元。这对我倒是一个新鲜主意。在他提到这个办法以前，我压根就没有想到要 1 万美元的津贴，然而，自那时起，我就一直惦记着这个方案了。

那天晚上，我请罗宾斯吃饭，尽让他一个人讲话。他是直接代表埃山奈电影公司的 G. M. 安德森先生来的，安德森绰号布朗科·比利[②]，是乔治·K. 斯普尔先生的合伙人，他愿意给我 1250 美元的周薪，但是罗宾斯对是否有津贴还不能肯定。我耸了耸肩膀。“看来，他们惯用这一招，”我说，“价钱都喊得挺高，可就是不肯拿出现款来。”后来，罗宾斯打电话到旧金山找安德森，说其他条件已经谈妥，但是我要现付 1 万美元。过了一会儿，他喜气洋洋地回到桌边。“一切都谈妥了，”他说，“明天你就可以分到 1 万美元。”

我高兴极了。事情好得简直不大像是真的。然而，扫兴得很，第二

---

① Spoor 与 Anderson（斯普尔与安德森）的首字母 S 和 A 合起来被读成了 Essanay（埃山奈）。

② G.M. 安德森专拍西部片，扮牛仔布朗科·比利，所以有此绰号。

天早上罗宾斯只给了我一张 600 美元的支票，说安德森先生就要亲自来洛杉矶，现付 1 万美元的事将由他来办理。后来，安德森到了，他兴致极好，对这件事很有把握，但是仍旧没有把那 1 万美元拿出来：“等咱们到了芝加哥，这件事就会由我的合伙人斯普尔先生办妥的。”

我虽然有点犯疑，但是不愿意妄加揣测，仍旧很乐观。我要再为基斯顿电影公司工作两个星期。我必须拍完最后一部影片《查理的过去》，这很难，因为我老是惦记着许多事情，很难集中思想。尽管如此，这部影片终于拍好了。

十一

离开基斯顿电影公司，确实令人依依不舍，因为我已经和塞内以及全体同事有了感情。我没向大家道别，我没勇气那样做。过程十分简单。星期六晚上我做完了影片剪辑工作，之后的星期一和安德森先生启程赴旧金山；抵达该地时，他那辆新买的奔驰牌绿色汽车已经在那里等候着我们。我们停下在圣弗朗西斯酒店吃了午饭，就向奈尔斯进发，安德森在那里设有一个规模不大的电影制片厂，专为埃山奈公司拍摄安德森的牛仔比利西部电影。

奈尔斯坐落在铁路沿线，从旧金山乘汽车到那儿只需要一小时。那是一个只有四百个居民的小镇，居民多种紫花苜蓿和畜养牲口。电影制片厂设在一片空地中央，离市镇大约有四英里。我一见那个制片厂，心都冷了，它的样子实在叫人泄气。屋顶是用玻璃铺的，夏天在里面工作肯定很热。安德森说，芝加哥的制片厂会使我满意，那地方拍喜剧片的设备也更好。我在奈尔斯只待了一小时，安德森利用这一会儿工夫和工作人员处理了一些事务。接着我们就离开了该地，再回到旧金山，从旧金山乘火车赴芝加哥。

我很喜欢安德森的个性，他有一种特别的魅力。他在火车上招待我，就像是在照看自己的兄弟似的，每到一站就要买一些杂志和糖果。他年纪在四十岁左右，对人腼腆，不多讲话，谈到公事时总是满不在乎地说：“不用担心。这件事会办妥的。”他不跟人多交谈，好像神思恍惚。但是我觉出他这人骨子里是很精明的。

那次的旅程很有趣。在火车上遇到了三个人。我们在餐车里就注意到了他们。其中两个人外表很神气，但另一个人却显得和他们不大相称，那是一个服装朴素、样子粗鲁的人。看到他们在一起进餐，我们觉得很奇怪。我们猜想，大概那两个人是工程师，而另一个显得落落寡合的是干粗活的工人吧。我们离开了餐车，其中一个人走进了我们的包房，向我们介绍了自己。他说他是圣路易斯的警察局长，刚才认出了布朗科·比利。他和同事正把一名罪犯从圣康坦监狱押到圣路易斯去处绞刑，因为不能单独留下罪犯一个人，所以问我们是否可以到他们的包房里，去见见那位地方检察官。

“我想，你们也许想要知道这件事情的经过吧。”警察局长神神秘秘地说，“这个家伙作案累累。圣路易斯的警察逮捕了他，他请求警察准许他去自己的房间，从箱子里拿几件衣服；他在箱子里找东西的时候，突然抽出一支枪，打死了警察，然后逃到加州。后来他在那里深夜行窃，当场被捕，被判了三年徒刑。刑满出狱的时候，地方检察官和我已经在那儿等着他了。这是一件蓄意谋杀案——我们要处他绞刑。”

我和安德森来到他们的包房。警察局长是一个性情快活、身材矮胖的人，脸上老是带着笑，眼睛闪闪发亮。地方检察官看起来比较严肃。

警察局长介绍了我们，然后说：“请坐。”接着他又向犯人转过身去。“这是汉克，”他说，“我们送他回圣路易斯，有点麻烦事等着他呢。”

汉克冷笑了笑，但是没说什么。他年纪已近五十岁，是一个身高六英尺的大汉。他和安德森握手，说：“我见过您好多次了，布朗科·比利，说真的，您那样开枪，那样拦路抢劫，我从来没见过演得比您更好的人了。”汉克说他对我知道的极少，因为他在圣康坦待了三年：“外面发生了许多事情，可是我都不知道啊。”

虽然大家谈笑风生，但是我感到有一种令人难以忍受的紧张气氛。我不知道该说什么是好，于是只是一边听着警察局长谈话，一边朝他淡淡地笑着。

“这是一个强横霸道的世界呀。”布朗科·比利说。

“是呀，”警察局长说，“我们要使它变得好一点。汉克总该明白这个意思。”

“当然。”汉克粗声粗气地说。

警察局长开始讲他的道理：“汉克一走出圣康坦，我就这样对他说了。我说，如果他对我们规规矩矩，我们就对他客客气气。我们不愿意用手铐，不愿意多麻烦；现在他只戴了一副脚镣。”

“一副脚镣！那是什么呀？”我问。

“您连脚镣都没见过吗？”警察局长说，“撩起你的裤腿来，汉克。”

汉克撩起裤腿，一副镀镍的脚镣，大约有五英寸长，三英寸厚，四十磅重，很服贴地套在他的脚踝上。从这件刑具，大家谈到了最新式的脚镣。警察局长解释，说这种特制的脚镣里有一层橡皮衬垫，犯人戴着可以舒适一点。

“他睡觉的时候也戴着吗？”我问。

“嗯，那就要看情形啦。”警察局长说时轻蔑地看了看犯人。

汉克阴郁而神秘地笑了笑。

我们一直坐到吃晚饭的时候，天色渐渐黑了，我们谈到了汉克再度被捕的经过。警察局长解释，从监狱间交换的信息中，他们收集到了一些照片和指印，断定汉克就是他们要缉捕归案的人。于是他们就在汉克要出狱的那一天，赶到了圣康坦监狱的大门口。

“可不是吗，”警察局长眨巴着小眼睛，瞅着汉克说，“我们在街对面等着他。不一会儿，汉克走出了监狱的边门。”说到这里，警察局长用食指在鼻子边抹了一下，向汉克狡猾地指了指，露出阴险的冷笑，慢条斯理地说：“我——看——那就是——我们要的那个人！”

他继续说下去，安德森和我都听呆了。“我们约法三章，”警察局长说，“如果他对我们规规矩矩，我们就对他客客气气。我们带他去吃早餐，请他吃烤饼、咸猪肉和鸡蛋。喏，他现在乘的是头等车厢。这要比戴着脚镣手铐受苦好多了。”

汉克笑了笑，嘴里嘟哝道：“如果存心的话，引渡的时候我是可以拒捕的。”

警察局长向他冷冷地看了一眼。“那对你不会有多大好处的，汉克，”他慢腾腾地说，“只不过是稍微多耽误一点时间。像这样舒舒服服地坐在头等车厢，不是更好吗？”

“我想，是更好吧。”汉克迟钝地说。

火车驶近汉克的目的地时，他几乎是用爱怜的口气谈起了圣路易斯的监狱。他想到要被其他囚犯审问，露出了很感兴趣的神气：“我在想，我在袋鼠法庭[①]上受审时，那些黑猩猩会怎样对待我。大概，他们会捞走我所有的烟草和香烟。”

警察局长和地方检察官对待汉克，就好像斗牛士怜爱即将杀死的那头牛一样。他们要下车了，那天是12月的最后一天，所以我们道别时，警察局长和地方检察官都祝我们新年快乐。汉克也和我们握手，他阴沉沉地说，世上没有不散的筵席。我不知道应当怎样向他道别。他残酷又懦弱地犯下罪行，但是，看他戴着沉甸甸的脚镣一瘸一拐地走下火车，我又希望他能逢凶化吉。后来，我们听说他被绞死了。

我们抵达芝加哥时，电影制片厂经理前来迎接，但是斯普尔先生没有来。经理说，斯普尔先生有事到外地去了，要等到元旦假期以后才会回来。我当时并没把斯普尔不在的事看得很重要，因为电影制片厂也要等到元旦以后才有事情可做。我和安德森一家共度新年前夜。元旦那天，

① 美国俚语，“袋鼠法庭”指囚犯在狱中开设的模拟法庭，下文中的“黑猩猩”指强盗。

安德森启程去加州，他向我保证，斯普尔一回来，就会把所有事情都办妥，包括给我 1 万美元。电影制片厂设在工业区里，从前那儿分明是一所仓库。第二天早晨我到了那里，斯普尔仍旧没来，也没有为我的工作安排留下什么话。我立刻觉察出这件事有点蹊跷，相信工作人员一定知道一些底细，只是不肯吐露罢了。但是我并没有为这件事担心；我相信只要能拍出一部好影片，所有的问题都会迎刃而解。于是我问经理，我是否可以获得厂内人员的全力配合，并自由使用厂里的一切设备。“当然可以，”他回答，“这件事安德森先生已经吩咐过了。”

“那么我就要开始工作了。”我说。

“很好，”他回答，“您可以到二楼去找剧本组负责人露爱娜·帕森斯小姐，她会给您一个剧本。”

“我不用别人的剧本，我自个儿编。”我爽气地说。

我当时脾气很大，因为这些人好像对所有的事情都不清楚，斯普尔又不露面；而且，厂里的工作人员死气沉沉，像银行职员一样拿着领料单到处走来走去，像是在信托公司里——总之，他们办事的派头给人留下的印象很深，但制出的影片却并不如此。楼上办公室里，各组的房间被隔成许多像出纳员坐的小格子。那气氛是完全不利于创作的。每天一到 6 点，哪怕是一场戏导演正拍到一半，电灯也会被熄灭，所有人都会回家。

第二天早晨，我去了演员调配组。“我想要组织一个班底，”我冷冷地说，“是不是可以请你们派给我几个这会儿没其他工作的演员？”

他们让我看了几个他们认为可能合适的人。一个眼睛有点斜视的演员，名叫本·特平的，看来还有些演技，当时埃山奈没有派什么活儿给他。我立刻看中了这个人，就选用了他。但是，我还需要一个担任主角的女演员。我找了几个人来看，其中一个似乎还可以，那是公司刚录用的一个相当漂亮的年轻姑娘。但是，咳，我的天呀！我竟然没法叫她做出反应。她实在让人不满意，最后我只好死了心，把她打发了。过了许多年，葛洛丽亚·斯旺森对我说，那个姑娘就是她，当时她抱负很大，不想拍打打闹闹的喜剧片，所以存心不和我合作。

当时埃山奈的大明星弗朗西斯·X. 布什曼，觉察出了我不满意这个地方。“不管你对这个电影制片厂怎样看，”他说，“相对而言，它还是好的。”然而，它并不好；我不喜欢这个电影制片厂，也不喜欢“相对而言”这个词。此后情形越来越糟了。我要看样片时，他们就让我看原来的底片，为的是要节省制正片的费用。这使我大为吃惊。我要他们拿出正片来，他们当时的反应就好像我是存心要叫他们破产似的。他们老是沾沾自喜，容易满足。他们是最早拍电影的制片厂，仗着自己享有专利权，可以进行垄断，根本不考虑要拍出好电影。虽然其他公司正在制出更好的影片，向埃山奈的专利权挑战，但是埃山奈仍旧自鸣得意，每到星期一早晨分配剧本时，总是随随便便的，就像是发纸牌一样。

我已经快要拍完第一部影片《他的新工作》，两个星期过去了，但是斯普尔先生仍旧没回来。我没有分到 1 万美元，也没有领到薪水，于是就很瞧不起他这个人。“斯普尔先生跑到哪儿去了？”我去质问那些高级职员。他们很窘，都不能给出令人满意的解释。我毫不掩饰我的鄙视，问他们斯普尔先生是否一向是这样办事的。

此后，又过了几年，我才从斯普尔本人口中获悉当时是怎么一回事。原来斯普尔以前从来没有听过我的名字，所以一经知道安德森和我签订了为期一年的合同，薪水定为每星期 1250 美元，还要分给我 1 万美元的津贴，就拍了一份措辞激烈的电报给安德森，问他是不是发了疯。而等他打听清楚，知道安德森和我签订合同，只是听了杰斯·罗宾斯的推荐，完全是一次投机，他就更加担心了。当时他雇用的喜剧演员，待遇最好的周薪只有 75 美元，而他们所拍的喜剧片都很难收回成本。因此斯普尔离开了芝加哥。

可是，斯普尔一回来，和几个朋友在芝加哥一家大酒店吃饭时，没想到那几个朋友都向他道喜，祝贺我加入了他的公司。而且，以往从来没有过那么多的报界人士拥到电影制片厂，挖掘查理·卓别林的新闻。于是，他就想到要做一个测试。他给了一个小侍者 25 美分，叫他在酒店里找我。小侍者在大堂里叫喊“查理·卓别林先生，有人找”，这时酒店里的人聚集了起来，到后来一片热闹欢腾。这是第一件事，它说明我是多么受人欢迎。第二件事发生在影片交易所里，当时斯普尔不在。后来他才知道，原来我的电影还未开拍，就已经预售出六十五个拷贝，这是以往从来没有过的事，我的影片刚拍完，就售出了一百三十五个拷贝，订货单还在不断地涌进来。公司立即把售价从每英尺 13 美分提高到每英尺 25 美分。

斯普尔终于露面了，于是我和他谈到我的薪水和津贴。他一迭声地赔礼道歉，向我解释说，他早已关照了办事人员，叫他们把所有的事情都办妥。他还没看到合同，但是以为办事人员是知道的。我听了他这篇鬼话很生气。“你害怕些什么呢？”我直截了当地说，“如果你想要的话，你现在仍旧可以取消合同嘛——实际上，我认为你们已经撕毁了合同。”

斯普尔长得高大肥胖，说话的口气很柔和，要不是因为面色苍白，皮肤松弛，突出的上嘴唇翘在下嘴唇上边，几乎可以说他的长相是漂亮的。

“如果你这样想，那我感到很遗憾，”他说，“但是，你得知道，查理，我们是一个信誉卓著的公司，一向遵守我们的合同。”

“可是，这一次你们就没遵守合同。”我打断了他的话。

“我们这就处理这件事情。”他说。

“我倒不着急。”我讥讽地说。

我在芝加哥那段短短的时间里，斯普尔想尽了方法安抚我，但是我怎么也没法和他热乎起来。我说我不喜欢在芝加哥工作，如果他要好的效果，应当设法让我去加州。“我们会竭尽一切使你高兴，”他说，“你想去奈尔斯吗？”

我并不太喜欢那儿，但是我更喜欢安德森，觉得他比斯普尔好；所以，《他的新工作》一拍好，我就去了奈尔斯。

布朗科·比利的西部影片，全是在奈尔斯拍的；那些影片都是一本[①]长的，他一天就可以拍好一部。他有七个情节，总是颠来倒去地反复拍，最后从这些影片中赚了几百万美元。他不是一直在工作。有时候，他会在一个星期内拍上七部一大本的西部电影，然后接连休假六个星期。

奈尔斯的电影制片厂周围建了好几所加州式小平房，是布朗科·比利建来给公司的员工住的，还有一所大平房是给他自己住的。他对我说，如果我愿意的话，可以和他合住一所房子。我听了这个建议很高兴。拥有百万家财的牛仔布朗科·比利，曾在芝加哥他妻子的豪宅里款待过我，今后在奈尔斯和他一起住，生活至少是不会差的吧。

走进他的平房，天色已经昏暗；一开电灯，我不禁大吃一惊。里面竟是那么空荡冷落。房间里只摆着一张旧铁床，床头上空悬着一只电灯泡。房内其他的家具，只有一张摇摇晃晃的桌子和一张椅子。靠近床边是一个木箱，上面摆着一个黄铜烟灰盘，里面满是烟蒂。分给我的那间屋子，几乎是一模一样的，只是少了一个装什物的箱子。所有的东西都不好用。卫生间真叫人没法形容。必须用壶在浴盆龙头下接满水，倒在抽水马桶的水箱里，才会有水冲下来。这就是拥有几百万家财的牛仔 G. M. 安德森的住宅。

我开始认定安德森是一个怪人。虽然是一位百万富翁，但是他从来没想过舒适生活；他心目中的享乐，只不过是买几辆色彩艳丽的汽车，捧几个拳击手，开一家剧院，制作几场音乐剧而已。他不在奈尔斯拍电

① 指一本胶片。

影时，多半是去了旧金山，住在价格低廉的小酒店里。这个脾气古怪的人性情诡异、喜怒无常，喜动不喜静，喜欢过孤独的生活；虽然有漂亮的妻子和女儿住在芝加哥，但是他却难得去看她们。他们分开居住，各自过活。

从一个制片厂调到另一个制片厂，确实是一件麻烦事。我必须重新组织一个工作班子，也就是说，必须挑选一个令人满意的摄影师、一个副导演、一个固定的班底。要组成一个固定的班底是困难的，因为在奈尔斯可供选择的人很少。除了安德森的牛仔演员剧组，奈尔斯还有一个剧组，那是一个难以归类的、专门拍喜剧片的剧组。安德森不拍电影的时候，这个剧组会继续拍戏，维持开销。剧组里有十二个演员，多数是演牛仔的。我又非要物色一个漂亮姑娘担任女主角。我一心急于要工作。虽然还没编好剧本，但是我已经吩咐工作人员去搭一个很考究的咖啡馆的布景。我灵感枯竭时，咖啡馆的布景往往会使我想出笑料或剧情。趁他们搭布景的时候我和安德森去了旧金山，要在他的音乐喜剧团里合唱的姑娘中找一个担任女主角的演员。那些姑娘虽然很会演戏，但都不适合拍电影。一个给安德森演牛仔的帅气的德裔小伙子卡尔·斯特劳斯，说他知道有一个偶尔去希尔街塔特咖啡馆的姑娘。他并不认识这个姑娘，只知道她长得很漂亮，咖啡馆的老板也许会知道她的住址。

塔特先生和这个姑娘挺熟，知道她叫埃德娜·普文斯，是从内华达州洛夫洛克来的，现在和她已经出嫁的姐姐住在一起。我们立刻和她联系，约她在圣弗朗西斯酒店会面。她不只是漂亮，而是很美。那次会面时，她显得忧郁而严肃。后来我才知道，原来她那时刚结束一段恋爱关系。她进过大学，读过商业课程。她是一个安静沉默的姑娘，有一双水汪汪的大眼睛、一口洁白整齐的牙齿、一张细巧的嘴。她那样严肃，我怀疑她是否会演戏，是否有幽默感。虽然怀有这些想法，我们仍旧聘请了她。她至少可以给我的喜剧片加一些点缀。

第二天，我们回到了奈尔斯，但是咖啡馆还没有布置好，工作人员把布景搭得粗糙又难看，这个电影制片厂在工艺方面显然是不够水准的。我吩咐他们再做一些修改，然后自己开始思索剧情。我想到，这部影片可以叫《漫漫长夜》，讲的是一个酒鬼怎样去寻欢作乐——单凭这些，我已经可以开拍一部影片，然后我指定本·特平担任配角。电影开拍的前一天，安德森剧组里的一个演员邀我去吃夜宵。他招待得很简单，大家只喝了啤酒，吃了三明治。我们一行大约二十个人，普文斯小姐也在内。吃完夜宵，有的人玩牌，还有几个人随便坐下来闲聊。后来我们谈到了催眠术，我吹牛说我会催眠。我夸口说，我能在六十秒内使屋子里任何一个人被催眠。我说得活灵活现，大多数人信以为真，但是埃德娜不相信。

她大笑起来："胡说！谁也没法把我催眠！"

"你呀，"我说，"正是最理想的对象。我和你打 10 美元的赌，我能在六十秒内叫你昏睡过去。"

"好吧，"埃德娜说，"我就和你赌。"

"当心呀，如果以后你觉得不舒服，可别怪我呀——当然，也不会很严重。"我试着吓唬她，想叫她不敢打赌，但是她很坚决。有一个女的劝她别让我做催眠。"瞧你真傻气。"她对埃德娜说。

"我还是要赌。"埃德娜冷静地说。

"好极了，"我说，"我要你紧贴着墙站好，和其他人离远点，这样我可以使你全心投入。"

她照着我的话做了，露出毫不介意的微笑。这时候屋子里的人都来了兴致。

"谁来计时？"我说。

"别忘了，"埃德娜说，"你要在六十秒钟内让我睡着。"

“你要在六十秒内完全失去知觉。”我说。

“开始！”计时的人说。我立刻装模作样，做了两三个手势，两眼紧盯着她的眼睛。接着，我凑近她的脸，悄声说：“假装一下！”我又做了几个手势：“你要失去知觉了，你已经在失去知觉，失去知觉！”

然后我朝后退，她开始摇晃。我立刻抱住她。看的人当中有两个人惊呼起来。“快来人！”我说，“来帮我把她放在榻上。”

她“醒”过来时，装出了一脸迷茫，说感到很疲劳。虽然她尽可以赢得这场打赌，向大家证明她的想法是对的，但是，为了闹着玩儿，她很大方地放弃了应得的彩头。这件事引起了我对她的重视和好感，并且使我相信，她是富有幽默感的。

我在奈尔斯拍了四部喜剧片，但是制片厂的设备欠佳，我总感到不满意，不能安心工作。于是我向安德森提议，要去洛杉矶，因为那里有更好的设备。他同意了，但他之所以同意，另有一个缘故：本地的制片厂太小，人手又缺，不够让三个剧组同时拍戏，而我正在垄断那个制片厂。于是，经过协商，他在洛杉矶市中心博伊尔高地租借了一个小制片厂。

我们在那里拍戏的时候，来了两个新近从事这一行的年轻人哈尔·罗奇和哈罗德·劳埃德[①]，他们也来租借制片厂的场地。

我新拍的喜剧片一上映，市价就随着上涨一次，于是埃山奈公司提出了一个前所未有的条件。放映我的喜剧片的剧院，如果放映一部长达两本的片子，每天至少要付 50 美元的租金。这样算下来，每一部影片公司就可以预收 5 万美元以上的租金。

一天晚上，我回到当时住的斯托尔酒店（一家中等酒店，但它是新开的，房间很舒适），洛杉矶的《考察家报》打来了紧急电话。这家报社

---

① 哈罗德·劳埃德（1894—1971）：美国喜剧片演员，最初与哈尔·罗奇合作，后创办劳埃德电影公司。

转达了从纽约收到的一封电报：

> 愿出 25000 美元，请卓别林来纽约竞技场剧院登台，每晚十五分钟，为期两周。无意妨碍其正式工作。

我立刻打电话到旧金山找安德森。那时已经很晚，电话打不通，直到凌晨 3 点才找到了他。我在电话里告诉他收到的电报，问他可否让我离开两星期，去挣那 25000 美元。我说，我可以在去纽约的火车上编剧，到了那边就能编完。但是安德森不同意我去。

我卧室的窗子正对着酒店的楼梯井，只要一说话，所有的屋子都会发出回声。电话里听不清楚，我不得不把这几句话大声喊上几遍："两星期净赚 25000 美元，我不愿意放弃这个机会呀！"

楼上的一扇窗打开了，只听见一个声音喊道："别废话啦，睡你的觉去吧，你这个混蛋。"

安德森在电话里说，如果我给埃山奈再拍一部长达两本的喜剧片，公司就偿付我 25000 美元。他答应第二天来洛杉矶，把钱给我，并签订一份协议。我打完电话，熄了灯，睡上床，忽然想起刚才楼上那个人的话，于是又从床上爬起来，推开窗子，向上边喊了一句："去你妈的！"

安德森第二天抵达洛杉矶，带来了一张 25000 美元的支票，而邀我去的那家公司却于两星期后倒闭了。我的运气真好呀。

回到洛杉矶，我比从前更快乐了。虽然博伊尔高地的制片厂附近是贫民区，但那里离我哥哥住的地方很近，我晚上有时候可以看到他。他仍旧在基斯顿，他和基斯顿的合同要比我和埃山奈的合同大约早一个月期满。看到我的事业一帆风顺，他打算全职做我的经纪人。据报道，我每拍一部新影片，声望就随着提高一级。我看到买票的观众列成长队，知道我在洛杉矶很受欢迎，但不知道在其他地方如何。在纽约，所有的百货公司和杂货店都在出售根据我扮演的角色制成的玩具和塑像。齐格菲歌舞团的姑娘们都扮演卓别林，她们也不顾难看，贴上小胡子，戴上圆顶礼帽，穿上大皮鞋和肥裤子，唱一支歌，叫《那双查理·卓别林的脚》。

各式各样的广告邀约使我们应接不暇，要做广告的有书籍、衣服、蜡烛、玩具、香烟、牙膏等等。影迷的信件一堆又一堆，越来越多，复信成了一个问题。雪尼坚持说，必须答复所有来信，哪怕是多出一笔开销，也得另添一位秘书。

雪尼向安德森提议，公司除发行影片以外，还可以出售我的照片。否则净让电影院老板去赚这些钱，是不公平的。埃山奈虽然把我的影片卖出了成百上千个拷贝，但都是按照老式的销售方法经营的。雪尼建议，应当根据座位多少，向更大的电影院按比例提高售价。如果采用这个办法，每部影片就可以至少多收 10 万美元。安德森认为这是办不到的，因为它违反了电影托拉斯的策略，影响到六千家电影院的利益，而这些电影院购买影片的规则和方法又是不可变更的；很少有电影院老板愿意按照这种条件付款。

后来，《电影先驱报》上发表了一项声明，说埃山奈公司已放弃原来出售影片的办法，将根据每家电影院座位的多少，像雪尼建议的那样，按比例提高售价。正如雪尼所说，这样一来，我拍的影片每一部可以多卖 10 万美元。这条新闻使我警觉起来。我每星期只拿 1250 美元，编剧、演出和导演都由我一人包办，于是我开始诉苦，说工作太紧张，我以后拍影片需要更多的时间。自签订一年期的合同，我每两三个星期就能拍好一部喜剧片。芝加哥方面很快做出反应；斯普尔搭火车赶到洛杉矶，同意我每拍一部影片另分 1 万美元，作为额外奖金。受到这一鼓励，我的精神也就好起来了。

大约就在这个时候，D. W. 格里菲斯拍完了他的成名巨作《一个国家的诞生》，一跃成为一位杰出的电影导演。毫无疑问，他是拍无声影片的天才。他的影片虽然具有情节剧的特点，而且有时失于夸张和荒唐，但总是能够独创一格，所以他的每部影片都值得一看。

德米尔[①]开头拍的几部影片，如《轻歌齐唱》和根据小说改编的《卡门》，让人对他寄予厚望，但是自《男女之间》以后，他的作品就一直脱离不了闺阁裙钗的小圈子。他的《卡门》给我留下了很深的印象，我拍了一部两大本的影片来取笑《卡门》，那是我给埃山奈拍的最后一部影片。但是，我离开埃山奈后，他们竟把我已经剪去的片段又都搜集起来，加了进去，将影片延长至四大本，这件事把我气得病了两天。这个很不光彩的行为给了我一个教训，从此以后，我在每一份合同上都规定：凡是我已经摄制好的影片，公司不得对其做任何删节、增添或篡改。

我的合同行将期满，斯普尔又赶到滨海地区，带来了一个据说是好到极点的建议。他要我给他拍十二部两大本的影片，他愿意给我 35 万美元的报酬，并由他支付制片的一切费用。我对他说，在签订任何合同之前，我要他先付 15 万美元。于是，我和斯普尔的谈话到此结束了。

未来，未来——多么美妙的未来啊！未来将把我引到哪里？前景令人眼花缭乱。金钱，成就，一切正以排山倒海之势纷至沓来；一切是那么迷人，那么可怕——又是那么奇妙！

雪尼在纽约逐个考虑那些邀请我的公司所提出的待遇，而我则在了结《卡门》的拍摄工作，当时我住在圣莫尼卡滨海的一所房子里。晚上我有时候在圣莫尼卡码头尽头纳特·古德温开的餐馆里吃饭。纳特·古德温被公认为美国舞台上最成功的演员，擅演轻喜剧。他演莎士比亚的戏和现代轻喜剧，名噪一时。他是亨利·欧文爵士的知己，先后结婚八

① 德米尔（1881—1959）：美国电影导演。

次，每一任妻子都以艳名著称。玛克辛·埃利奥特[①]是他的第五任妻子，他给她起的绰号也很奇怪，叫“罗马元老院议员”。“可是，”他说，“她长得真美，并且非常聪明。”纳特性情和蔼，很有修养，并富有幽默感，但年事已高，不再登台。我虽然不曾看过他的演出，可是久闻他的大名，对他十分敬佩。

我和纳特成了莫逆之交；秋寒料峭的黄昏，我们常常沿着荒凉的海滨人行道散步。天气萧瑟愁人，我内心却常常非常激动。他听说我拍完影片将去纽约，向我提出了一些极其有益的忠告。“你已经取得很大的成功，将来的生活是美好的，只要你知道怎样待人接物……你到了纽约，可不要走近百老汇大街，不要和观众见面。许多成名的演员都犯了这个错误：他们喜欢抛头露面，好听人家称赞——这样只会毁灭了他们给观众造成的假象。”他说这话时声音低沉又浑厚。“到处都会有人邀请你，”他接下去说，“但是，你可别接受那些邀请。选择一两个人做朋友也就够了，其余的，就让他们成为你想象中的人吧。许多红演员都错以为应当接受社交上所有的邀请。约翰·德鲁[②]就是前车之鉴。他受到上层社会的欢迎，去所有人的家里，结果人家都不去看他的电影了。他们可以在自己的客厅里看到他了。你已经迷住了一般观众，如果要继续迷住他们，你就得离他们远一点。”

那是一个秋日的黄昏，我们沿着荒寂的海边漫步，这些谈话听来是美妙的，也是愁郁的——纳特的事业已经告终，而我的则刚刚开始。

《卡门》的剪辑工作一结束，我就赶快收拾了一个小提包，走出化装室，直接搭6点开往纽约的火车。我拍了一个电报给雪尼，告诉他我动身和抵达的时间。

我坐的是一列慢车，要五天才到。我独自坐在一个开放式的隔间

---

① 玛克辛·埃利奥特（1868—1940）：美国女演员，于1898年与古德温结婚，1908年离异。

② 约翰·德鲁（1853—1927）：美国名演员，他常在描绘上层社会的喜剧中扮演主角。

里——在那些日子里，我没上装时是不会被人认出来的。火车走的是南面的一条路线，要经过得克萨斯州的阿马里洛，将在下午 7 点到达该地。我打算去刮脸，但是已经有几个乘客在盥洗室里，所以我只好等着。结果，火车已驶近阿马里洛，但我仍穿着一身内衣。后来，火车缓缓地进了站，突然被沸腾的人群围住了。我从盥洗室的窗子里偷偷地向外张望，只见车站四周乱哄哄地挤满了一大群人。柱子上挂着横幅，悬着旗帜，站台上摆了几张长桌，桌上摆了茶点。我想，这大概是在欢迎或欢送本地的什么要人吧，于是我把肥皂沫涂在脸上。但是喧闹声更响了，后来我清楚地听见有人问："他在哪儿？"接着一群人冲进了车厢，他们在走道里跑来跑去，大喊着："他在哪儿？查理·卓别林呢？"

"什么事？"我应声说。

"我们代表得克萨斯州阿马里洛市长和所有崇拜您的观众，请您和我们一起喝点冷饮，吃点点心。"

我突然被吓呆了。"我不能去呀，瞧我这副样子！"我透过满脸的肥皂沫说。

"哦，没关系嘛，查理。只要穿上衬衫打上领带就行，这就去和大伙儿见面吧。"

我慌慌忙忙地洗了脸，也不去管只剃了一半的胡子，就穿上一件衬衫，打了一条领带，一边扣上衣的纽扣，一边走下车去。

人们向我欢呼。市长很费力地发表演说："卓别林先生，我代表阿马里洛所有崇拜您的观众——"但是他的声音被不断的欢呼声淹没了。他又开始说："卓别林先生，我代表阿马里洛所有崇拜您的观众——"这时人群拥过来，把市长直推到我身上，然后把我们俩都挤到了火车旁边，一时间市长已经忘了他的欢迎词，只想到我们的安全问题。

"退后呀！"警察们一边嚷嚷，一边在人群中向我们挤过来。

市长已经对欢迎一事失去兴致，用微带粗鲁的口气对警察和我说：

“好吧，查理，咱们弄完这件事，你就可以回到车上去了。”

我们推推搡搡，挤到了桌子跟前，大伙儿也安静下来了，市长这才能够发表他的欢迎词。他用一个勺子在桌上敲了敲：“卓别林先生，您在得克萨斯州阿马里洛市的朋友们，感谢您带给他们的一切快乐，请您跟我们一起吃点三明治，喝杯可口可乐吧。”

他致完了欢迎词，一边问我是否可以讲几句话，一边催我登上那张桌子，于是我就在桌子上含糊不清地讲了几句，大意是说，我很高兴来到阿马里洛，对这次激动人心的盛大欢迎感到惊喜，毕生不会忘记这件事等等。接着，我就了座，开始和市长攀谈。

我问他怎么会知道我来的消息。他说：“是通过电报员知道的。”原来我拍给雪尼的那封电报先发到了阿马里洛，然后转到堪萨斯城、芝加哥和纽约，电报员把这消息透露给了报社。

我回到车上，懒洋洋地在我的位子上坐下，一时心里一片空白。火车里一阵骚动，人们在过道里走来走去，都呆呆地瞅着我，咯咯咯地笑着。我不能完全理解或充分体会在阿马里洛所发生的一切。我太激动了，于是紧张地坐在那儿，又是高兴又是愁闷。

火车还没开，有人给我送来了几封电报。一封电报是：“欢迎，查理，我们堪萨斯城的居民恭候大驾。”另一封是：“已备下轿车，供抵达芝加哥转车之用。”再有一封是：“可否下榻布莱克斯通酒店？”火车驶近堪萨斯城，人们沿铁道的一边站着，一边欢呼，一边挥帽子。

堪萨斯城的大火车站被人群挤得水泄不通。警察已无法控制从外面不断拥过来的人群。靠着火车放了一把梯子，以便我爬上车顶去和人群见面。我重复了在阿马里洛说的几句客套话。这时又送来了更多的电报，邀我去参观一些学校和其他机构。我把电报都塞进手提包里，准备到纽约再答复。从堪萨斯城到芝加哥，一路上都是人，他们站在铁路枢纽旁或空地上，车过时向我招手。我很想尽情地享受这种乐趣，但同时又想到，这个世界已经疯狂了！如果演一两出胡打乱闹的喜剧就能引起这样的轰动，那么，在那些知名人士中，也许不乏招摇撞骗的事情吧？从前我老是想要公众注意我，现在这个目的总算达到了——说来也矛盾，这会儿我反而感到愁闷和孤寂，觉得自己和大众分隔开了。

到了芝加哥，我需要到另一个火车站转车，人群在出口处夹道欢呼，看着我上了一辆轿车。我被送到布莱克斯通酒店，酒店已经给我准备了一间套房，让我在去纽约前略事休息。

在布莱克斯通酒店里，我收到了纽约警察局长发来的电报，请我在第 125 号街下车，而不要像原先安排的那样去中央火车站，因为已经有许多人在那儿等着了。

雪尼乘了一辆轿车在第 125 号街接我，他又是紧张又是兴奋。说话时他压低了声音。“你猜怎么着？”他说，“人群一大早就聚集在火车站，自从你离开洛杉矶，报社每天都发布新闻简报。”他给我看一份报纸，上面用大黑体字印着：“他已来到本市！”另一行标题是：“查理就在人群中！”在去酒店的路上他告诉我，他已经和互助电影公司谈妥，他们给我的报酬是一年 67 万美元，每星期付 1 万美元，等通过体检，在签署合同的时候就先付 15 万美元。他已约好律师吃午饭，整个下午都不得闲，所以准备让我在广场酒店下车，他已经给我在那儿定了一间房间，明天早晨再来看我。

正像哈姆雷特说的：“现在可只剩下我一个人了。”那天下午，我在马路上到处溜达，看看橱窗，不时漫无目的地在街道拐角上停下。瞧我这是怎么啦？现在正是我飞黄腾达的时候——我一身打扮得整整齐齐，竟然没一个地方可以去。如何才能认识社会上那些有趣的人物呢？看来，所有的人都认识我，但是我却不认识他们；我现在变得心事重重，只觉得自己可怜，被忧郁的情绪困扰着。记得基斯顿一个很红的喜剧演员说过：“现在咱们的目的可达到了，查理，你说对吗？”“达到了哪里呢？”

我心想。

我记起了纳特·古德温的忠告："不要走近百老汇大街。"但是，对我来说，百老汇大街只是一片沙漠。我所想到的是，应当在这支胜利狂想曲的伴奏下去见几个老朋友——我不是也有几个老朋友住在纽约、伦敦和其他地方吗？现在我需要一个特殊的观众——我去看看海蒂·凯利吧。自从演电影以来，我就再没听到过她的消息——她的反应一定很有趣。

那时海蒂和她姐姐弗兰克·古尔德夫人住在纽约。我沿着第五大道走下去，她姐姐的住址是 834 号。我在那幢房子前停下了，心想海蒂是否在里面，但是我没勇气敲门。也许，她会走出来，我就可以有意无意地遇到她了。我等了大约半小时，一直在附近徘徊，但是没一个人从那幢房子里出来，也没一个人进去。

我到哥伦布圆形广场的蔡尔兹餐馆里，点了一客烤饼和一杯咖啡。女侍者漫不经心地招待我，后来，我叫她添一块黄油时被她认了出来。于是，一传十十传百，餐馆里所有的人，包括厨房里的伙计，一个个都盯着我看。最后我不得不在餐馆里里外外一大群人当中挤开一条路，乘上一辆路过的出租汽车逃走了。

接连两天，我在纽约到处漫步，但是没遇见一个熟人，我一会儿快乐兴奋，一会儿郁郁寡欢。这两天里，保险公司的医师给我做了体检。过了几天，雪尼得意扬扬地来到酒店里："一切都解决了，你的体检合格了。"

接着就是办理签署合同的例行手续。我领那张 15 万美元的支票时拍了照。那天晚上，在纽约时报广场上，我夹在一群人当中，看电光广告绕过纽约时报大厦映出的新闻。新闻标题是："卓别林与互助电影公司签订年薪 67 万美元合同。"我站在那里，无动于衷地看那广告，仿佛那是别人的新闻。一时发生的事情太多了，我的情感已被耗尽了。

十二

孤寂感是可厌的。它会使人有一种难以捉摸的忧郁，觉得自己不能吸引别人的注意和兴趣，并为此感到有点羞怯。每个人都会或多或少有这种感觉。我的孤寂感使我遇事畏缩，我虽然具备一切交友的条件——年轻、有钱、有名气，却在纽约独自四下彷徨，感到百无聊赖。记得我有一次遇见美丽的英国音乐喜剧明星乔茜·柯林斯，那时她正在第五大道上走着，忽然碰到了我。“哦，”她很亲切地说，“你一个人在这儿干什么呀？”我只觉得自己像是有什么行为不检之处被人发现了似的。我笑了笑，说我正要去和几个朋友吃午餐，但是，我真想向她说实话——我很寂寞，很想约她去吃饭——只是不好意思说出口。

同一天下午，我在大都会歌剧院附近溜达，碰见了大卫·贝拉斯科[①]的女婿莫里斯·格斯特。以前我在洛杉矶见过格斯特。他是以倒卖戏票起家的，这行生意在我初到纽约的那段时间里是很风行的。格斯特后来因承包剧院而暴富。上演马克斯·莱因哈特[②]导演的那出场面宏大的《奇迹》时，他赚了很多钱。格斯特有斯拉夫血统：白皙的面孔、蚕豆形的大眼睛、阔嘴、厚唇，看上去有些像劣版图书上奥斯卡·王尔德的画像。他很容易激动，对人说话时简直有点盛气凌人。

“真见鬼，你这一阵到哪儿去啦？”还没等我来得及回答，他又问，“真见鬼，你为什么不来看我呀？”

---

① 大卫·贝拉斯科（1853—1931）：美国演员、舞台监督、剧作家。

② 马克斯·莱因哈特（1873—1943）：奥地利导演、剧院经理，印象派和新浪漫派戏剧发起人。

我对他说，这会儿我要去散步。

“见鬼！你不会一个人散步的！这会儿你到底上哪儿？”

“不上哪儿，”我委婉地说，“只是出来透透新鲜空气。”

“跟我来！”他说时把我拉向他去的那个方向，紧勾住我的一条胳膊，叫我没法逃走，“我要把你介绍给一位真正有价值的人——一位你应当和他交朋友的人。”

“你要上哪儿去呀？”我急着问。

“让你去会我的朋友卡鲁索[1]。”他说。

我怎么推辞也没用。

“卡鲁索和杰拉尔丁·法拉尔[2]今天有一出日场戏，他们俩合演《卡门》。”

“可是我——”

“我的上帝，你总不至于害怕了吧！卡鲁索这个人很可爱——和你一样质朴，富有人情味。他看见你，要快活死啦，他在想象你是一个什么样的人物。”

我再三对他说，我要去散步，去呼吸点新鲜空气。

“这对你比呼吸新鲜空气更有益！”

我被他拉着穿过大都会歌剧院的休息室，匆匆忙忙沿着过道走向两个空位。

“你先坐，”格斯特悄声说，“我等到休息时间再来。”他一说完这话，就沿过道走得无影无踪了。

我以前听过几次《卡门》的音乐，但是这次听来有点不像。我看了看我的节目单；是呀，是星期三，这一天上演的是《卡门》呀。但是，演奏的却是另一个曲调，我听来也很熟悉，它更像是《弄臣》。我被闹糊

---

① 卡鲁索（1873—1921）：意大利著名男高音歌剧演员。

② 杰拉尔丁·法拉尔（1882—1967）：美国女高音歌剧演员。

涂了。这一幕结束前大约两分钟，格斯特悄悄走过来，在我旁边坐下。

“这演的是《卡门》吗？”我小声问。

“是呀，”他回答，“你没拿到节目单吗？”

他一把夺过了节目单。“可不是，”他悄声说，“卡鲁索和杰拉尔丁·法拉尔，星期三日场，《卡门》——瞧这上面！”

幕落了，他拉着我沿着一排座位走到通向后台的边门。

几个穿软底靴的人正在那里换布景，我觉得自己老是妨碍到他们工作。那儿的气氛仿佛是一个迷梦。出现在梦中的是一个身材瘦长、神情严肃的人，胡子翘着，敏锐的眼睛从高处瞪着我。他站在舞台中央，布景在他身边移来移去，他露出了一副担忧的神情。

“加蒂-卡萨扎先生，我的老朋友，你好呀？”格斯特说时向他伸出了手。

加蒂-卡萨扎跟他握了握手，做了一个表示轻蔑的手势，然后嘟哝了几句什么。格斯特向我转过身来。“你猜对了，演的不是《卡门》，是《弄臣》。杰拉尔丁·法拉尔在演出前最后一分钟请假，她着凉了。这位是查理·卓别林，”格斯特说，“我现在领他去见卡鲁索，也许可以鼓起他的兴致来。你和我们一起去吧。”但是加蒂-卡萨扎哭丧着脸摇了摇头。

“他的化装室在哪儿？”

加蒂-卡萨扎唤来了舞台经理后说：“他会领你们去的。”

我直觉地警告自己，不要在这个时候打扰卡鲁索，我把这意思向格斯特说了。

“你别傻气啦。”他说。

于是我们沿着过道向卡鲁索的化装室一路摸索过去。“是谁把灯熄了，”舞台经理说，“等一等，我去找开关。”

“你听我说，”格斯特说，“有人等着我呢，我可得先走一步了。”

“你不是真要走吧？”我赶紧问他。

“会有人照应你的。”

我还没来得及答话，他已经走了，我被留在一片黑暗中。舞台经理擦亮了一根火柴。“我们到了。”他说，接着就轻轻地敲了敲门。只听见一个意大利口音的人在里面吼了一声。

我的朋友用意大利语作答，他最后说的是：“查理·卓别林！”

又听见一声吼。

“听我说，”我悄声说，“还是下次再来吧。”

“不，不。”他说，他这时已经是在完成一件使命。门开了一条缝，那个上了装的人向外面的黑暗里望过来。我的朋友满怀委屈地说明了我是什么人。

“哦！”上了装的人说，随即关上了门。后来，门又开了。他说：“请进来吧！”

这次小小的成功，好像使我的朋友振作起了精神。我们走进去时，卡鲁索背朝着我们坐在化装台前，正对着一面镜子修剪他的小胡子。“啊，先生，”我的朋友高兴地说，“我很荣幸，向您介绍电影界的卡鲁索——查理·卓别林先生。”

卡鲁索向镜子里点了点头，继续修剪他的小胡子。

最后他站起来，一边束腰带，一边仔细打量我：“你演得很红了，对吗？你挣了很多钱。”

“是呀。”我笑着说。

“你肯定十分快乐。”

“可不是。”我接着向舞台经理看了一眼。

“那很好。”他高兴地说，暗示我们可以走了。

我站起来，向卡鲁索笑了笑：“我不想错过斗牛那场戏。”

“那是《卡门》里的一场，现在演的是《弄臣》。”他说着和我握手。

“哦，对，可不是！哈哈！”

在当时的环境下，我已经尽可能地融入了纽约，于是心想，不必等到对这花花世界厌腻了，还是趁早离开这里吧。再说，我也急于要履行新合同，开始工作了。

我回到洛杉矶，下榻当地最豪华的酒店，也就是坐落在第五大道与主街拐角上的亚历山大酒店。这家酒店的建筑是洛可可式的：大堂里有大理石柱和水晶枝形吊灯，大厅当中铺着那张近似神话的“百万金元地毯”——大笔电影买卖成交的地方。人们之所以开玩笑，给它取这样一个名字，一半是因为那些专爱传播小道消息或俨然以电影业赞助者自居的人，常常站在那张地毯上，满口里谈的都是天文数字。

亚伯拉罕森就在那张地毯上发了财，他租借了电影制片厂里的一片场地，雇用了几个失业的演员，出售低价拍摄的影片。一般人管这种影片叫“贫民区”影片。已故的哥伦比亚电影公司经理哈利·科恩就是以拍摄贫民区影片起家的。

亚伯拉罕森是一位现实主义者，他承认自己并不喜爱艺术，拍摄影片只是为了赚钱。他说话时俄语口音很重，导演影片时老是向女主角吆喝：“好，从屁股后边走上场。”（意思是，从后面走上场。）“这会儿你到镜子跟前去，照一照你自己。哎呀！我多美呀！现在，混搅他 20 英尺吧。”（意思是，要用自己临时穿插的动作拍 20 英尺影片。）女主角往往是一个胸部丰满的年轻姑娘，穿的是光着脖子的宽大衣服，露出大片胸部。亚伯拉罕森老是叫她面对着摄影机时弯下腰来系鞋带、摇摇篮，或抚摸一条狗。亚伯拉罕森就这样赚了 200 万美元，然后，很聪明地趁早洗手不干了。

锡德·格劳曼被百万金元地毯从旧金山吸引来，在洛杉矶洽谈他那造价百万美元的剧院的修建。后来洛杉矶日趋繁荣，锡德也随之成了富豪。他做起广告来异想天开，但也真有他的办法，有一次他让两辆汽车在全市飞驰，车上的人互相对开空枪，车后还挂着一个牌子，上面的广告是："格劳曼百万金元大剧院献映《地狱》"。一时洛杉矶为之轰动。

锡德还发明了一些小玩意儿。他想出了一个奇怪的主意：让好莱坞明星在他的中国剧院外的湿水泥地上留下手脚印迹；不知怎的，影星们居然都照做了。后来这件事竟变得几乎和接受奥斯卡金像奖一样光荣。

我住进亚历山大酒店的头一天，前台交给我一封莫德·费莉小姐的来信。费莉是一位名演员，曾同亨利·欧文爵士和威廉·吉勒特合演过戏，在戏里担任女主角。她星期三将在好莱坞酒店请巴甫洛娃[①]吃饭，邀我作陪。我当然很高兴。虽然以前不曾见过费莉小姐，但是我在伦敦到处都看到印着她相片的明信片，对她的美貌是一向倾慕的。

赴宴的前一天，我叫我的秘书打电话去问一下是不是便饭，如果不是，我就要打黑领带。

"您是哪一位？"费莉小姐问。

"我是卓别林先生的秘书，他过来陪您用餐，星期三晚上——"

费莉小姐仿佛觉得诧异。"哦，当然是便饭。"她说。

费莉小姐在好莱坞酒店的门厅里等我。她仍旧是那样美丽。我们东扯西拉至少闲聊了半个小时，我开始觉得奇怪：怎么其他的客人还没到。

最后她说："我们进去吃饭好吗？"

真没想到，只有我们两个人！

费莉小姐美丽动人，同时又非常缄默，我隔着餐桌看着她，猜测她单独和我见面究竟是为了什么。一时间我脑海中闪过了一些荒唐的遐想——但是，看来她并没有觉察出我那些不可告人的念头。我开始进行试探，想知道她要我来是为了什么。"真有趣，"我兴冲冲地说，"单是咱们俩吃饭！"

她茫然地笑了。

---

① 巴甫洛娃（1881—1931）：俄罗斯著名芭蕾舞演员，1913 年后流寓英、美各地。

“饭后咱们做点什么有趣的事吧，”我说，“到夜总会去，或者，做点什么别的事情。”

她微微露出惊讶的神气，迟疑了一下：“今天晚上恐怕我得早点休息，因为明天早晨我要开始排演《麦克白》。”

我的试探遭到了挫折。我完全被闹糊涂了。幸而第一道菜上来了，我们一时都默默地吃着。两人都觉察到，有什么事情不大对头。费莉小姐迟疑了一下：“我怕，今天晚上您感到相当沉闷呢。”

“非常有趣。”我回答说。

“可惜，三个月前我请巴甫洛娃吃饭，那一次您没来，我知道您也认识她。现在才晓得，原来您当时在纽约。”

“对不起。”我说着赶快取出了费莉小姐的信，这时我才去看日期。接着，我把信递给她。“您瞧，”我大笑起来，“我迟到了三个月！”

在1910年的洛杉矶，可以看到美国西部拓荒者与实业界巨头时代的结束，当时我还受到过众多这类人物的款待。

其中一位是已故的威廉·A.克拉克[①]，这位拥有数百万家财的铁路巨头和铜矿大王是一个业余音乐家，他每年都要捐给爱乐交响乐团15万美元，自己在乐团的第二小提琴组里客串表演。

“死谷苏格兰佬”是一个诡秘莫测的人物，他性情爽快，长得肥头大耳，戴一顶十加仑帽，穿一件红衬衫和一套蓝斜纹粗布工作服，每天晚上在斯普林街一带的地下室餐馆和夜总会里滥设宴会，挥金如土，给小费都是百元大票，过了一阵，他神秘地销声匿迹了，再过大约一个月，他又出现了，又开宴会了，接连着好些年，他一直过着这样的生活。谁也不知道他的钱是哪儿来的。有人相信他在死谷里有一座秘矿，试图跟

① 威廉·A.克拉克（1839—1925）：美国财阀。

踪他，但是他总能避开那些尾随他的人，直到现在也没有人能探出他的秘密。1940 年去世之前，他在死谷沙漠里造了一座巨大的城堡，那个奇怪的建筑物耗费了他 50 多万美元。城堡至今仍在那儿，但已在烈日的照射下逐渐干腐。

帕萨迪纳[①] 的克兰妮-盖特夫人拥有 4000 万美元的家财，是一个热心的社会主义者，她曾经为许多无政府主义者、社会主义者和世界产业工会会员支付律师辩护费。

格伦·柯蒂斯[②] 当时正在给塞内拍电影，表演了惊险的飞行绝技，同时也在筹措资本，准备创建现在规模巨大的柯蒂斯飞机制造工业。

A.P. 季安尼尼[③] 还在经营两家小银行，它们后来发展成为美国最大的金融机构之一——美国银行。

霍华德·休斯[④] 的父亲是现代油钻的发明人，霍华德继承了父亲的巨额财产，从事飞机制造业，将自己的财富大大增值。他是一个脾气古怪的人，平时住在一家三等酒店里，一般很少露面，总是在电话中经营他那庞大的企业帝国。他兴之所至，还拍摄一些电影，有些影片，如已故的琼·哈洛主演的《地狱天使》等，曾经风靡一时。

在那些日子里，我日常的娱乐是去弗农体育馆看星期五晚场杰克·多伊尔的拳赛，去奥尔菲姆剧院看星期一夜场的轻歌舞剧，去摩罗斯科剧院看星期四固定戏班的演出，偶尔也去爱乐音乐厅听交响乐。

洛杉矶体育俱乐部是当地上流社会人士和商界名流集中的地方，他们一般都在喝鸡尾酒的时候去那里聚会。在那里就好像是到了外国人居留区里一样。

---

① 洛杉矶郊外住宅区，在闹市区东北。
② 格伦·柯蒂斯（1878—1930）：美国著名飞行员、航空工业发明家。
③ A. P. 季安尼尼（1870—1949）：美国财阀。
④ 霍华德·休斯（1905—1976）：美国财阀，除从事飞机制造业，还投资了电影制片厂。

一个在电影里演小配角的年轻人，常常坐在娱乐室里，这个很孤寂的人名叫范伦铁诺[①]，他到好莱坞来试试自己的运气，但是并不顺利。他是由另一个名叫杰克·吉尔伯特[②]的小配角介绍给我们的。此后大约有一年，我再没见到范伦铁诺；而就在这段时间里，他一跃成为了大明星。等我再见到他时，他开始还显得很腼腆，后来我说："自从我上次和你见面以后，你已经成为大名鼎鼎的人物了。"他听了大笑起来，此后就不再感到拘束，和我亲热起来。

范伦铁诺总是带着一副忧郁的神情。成名后他并不自大，反而显得更加谦虚。他人很聪明，并且态度安详、毫不虚荣。他对女性具有一种极大的诱惑力，但和她们的关系都维持得不好，女人嫁了他，就会做出一些对不起他的事情。有一次婚后不久，他的妻子就和洗片室里的一个工作人员发生了关系，常常和那人躲到暗室里去。没有谁比范伦铁诺更能吸引女性，也没有谁比他更会上女性的当了。

我现在开始准备履行我那67万美元的合同。代表互助电影公司处理一切事务的考尔菲尔德先生在好莱坞中心区租了一个电影制片厂。我组织了一个阵容很强的小班底，其中包括埃德娜·普文斯、埃里克·坎贝尔、亨利·伯格曼、艾伯特·奥斯汀、劳埃德·培根、约翰·兰德、弗兰克·乔·科尔曼、利奥·怀特等人，于是我很有把握地开始工作。

第一部影片《百货店巡视员》拍得很成功。影片里有一个百货公司里的场景，我将追逐场面设在自动升降梯上。后来塞内看了这部影片，说："咱们怎么就没想到要用自动升降梯呢？"

不久我就驾轻就熟地工作起来，每个月拍一部两大本的喜剧片。《百货店巡视员》拍好以后，接着是《救火员》《流浪乐手》《凌晨一点》《伯爵》《当铺》《银幕背后》《溜冰场》《安乐街》《疗养》《移民》《冒险者》。

---

① 范伦铁诺（1895—1926）：美国电影演员。

② 杰克·吉尔伯特（1897—1936）：美国电影演员，以扮演风流小生著称。

拍完这十二部喜剧片，一共只花了大约十六个月的时间，包括由于我伤风感冒以及因其他小事故而停拍的时间在内。

有时候剧情中出了问题，我感到不容易解决了，就会暂停工作，竭力思索，在化装室里搜索枯肠，来回踱步，或者接连几个小时坐在布景后面，想办法解决难题。只要一看见经理或演员们瞅着我，我就会感到难堪，尤其是因为互助电影公司要负担制片费用，考尔菲尔德先生还在监视拍片的进度。

我总是远远地看到他穿过那片场地。只要一看见他的身影，我就清楚地知道他在想些什么：一点东西也没拍出来，可是总开销倒增加了不少。这时我总是挺“温柔地”暗示（像敲打大铁锤那样“温柔”），我思索问题的时候，不喜欢看见有人在我旁边，或者感觉到他们在为我着急。

白白地泡了一天以后，考尔菲尔德先生总是故意趁我离开制片厂的时候，仿佛不经意地遇见了我，装出很轻松的神气向我打招呼，接着就问：“思路来了吗？”

“糟透了！我大概是完蛋了！我什么也想不出来！”

这时他总是发出毫无表情的声音，那是他装出来的笑声：“别着急，思路会来的。”

有时候，一天已近结束，所有的念头想到后又都放弃，我已经陷入绝望，解决问题的办法突然自己跳了出来，仿佛在大理石地面上扫去了一层积灰，露出了我一直寻找的美丽的镶嵌花纹。一时紧张情绪消失了，制片厂里活跃起来了，瞧考尔菲尔德先生那一阵笑啊！

拍摄所有的影片，我的演员从来没有受过伤。凡是激烈的场面，都像舞蹈那样经过了仔细认真的排演。打耳光的动作都是假装的。不论场面有多么混乱，每个人都知道自己应做的动作，一切都是配准了时间的。拍影片时出工伤事故是不可宽恕的，因为影片中所有的效果，包括狂风、暴雨、地震、沉船、奇灾巨变等，都是可以做假的。

摄制这些影片，只出过一次事故，那是在拍摄《安乐街》的时候。当时我把一盏街灯向一个恶棍头上压下去，要用煤气熏他，可是灯头掉了下来，锋利的铁边落在我的鼻梁上，后来医生给我缝了两针。

给互助电影公司拍电影的那些日子，是我一生中最愉快的一段工作时间。我那年二十七岁，心情轻松、无忧无虑，有着无限美妙的前景，人们都对我友好，生活过得有趣，不久我将成为百万富翁：这一切简直有点不可思议。金钱不断地涌进我的钱柜。每星期 1 万美元的收入已经积累到了几十万美元。现在我的身价已是 40 万，再过几天我的身价将是 50 万。我简直不能相信这是真的。

我记得，J. P. 摩根[①]的朋友玛克辛·埃利奥特有一次对我说："金钱是一件应该忘记的东西。"但是我说，它也是一件值得记忆的东西。

毫无疑问，一个人一旦出人头地，就会生活在另一个世界里；当时凡是我遇见的人，都对我笑逐颜开。我虽然是一个暴发户，但我的意见总会受到别人的认真对待。有些人，虽然刚和我认识，但已经愿意和我做最亲密的朋友，像亲属似的关心我的问题。这一切都令人感到快活，可惜我天性不适于和人亲热。我喜欢交朋友，就像我喜欢听音乐一样——必须是有兴致的时候才会喜欢。但是，像我这样随心所欲，有时候是会感到孤独的。

我的合同将要期满的一天，我哥哥踏入体育俱乐部我的卧室里，高兴地说："喂，查理，你现在已经属于百万富翁阶级了。我刚给你谈了一笔交易：替第一国家电影公司拍八部两大本的喜剧片，报酬是 120 万美元。"

我刚洗完澡，腰里围着一条毛巾，在屋子里走来走去，边走边拉小提琴，拉的是《霍夫曼的故事》："哼——哼，我想，这可太美啦。"

---

① J. P. 摩根（1837—1913）：美国财阀。

雪尼突然大笑："我会永远记得你这副样子：屁股上围着一条毛巾，手里拉着小提琴，听说我签订了120万美元的合同，你的反应是这样！"

我承认当时确实有点装腔作势，因为我想到了需要做的事情——这笔钱可不是容易挣的呀。

然而，眼前的一切财富，并没有改变我的生活方式。我虽然已经习惯拥有这些财富，但是还不习惯使用这些财富。我挣到了神话似的一笔钱——但是它仅代表一些数字，实际上我还没有看到它。所以，我必须做些事情，来证明我确实拥有这些钱。于是，我聘了一个秘书，雇了一个贴身男仆，买了一辆汽车，用了一个车夫。一天，我走过一家汽车展厅，看到一辆七座的蒸汽汽车，当时那是美国最考究的汽车。它是那么华丽，简直不像是用于出售的。但是，我走进店里，问："这卖多少钱？"

"4900美元。"

"我要这辆车。"我说。

那个人吃了一惊，试图拖延一下，不准备就这样立即成交。"您不要看看发动机吗？"他问。

"看不看都一样——我不懂那些玩意儿。"我回答。但是，我又用大拇指揿了揿轮胎，表示自己有点内行。

做成这笔交易很简单：只要在一张纸上签个名，那辆车就属于我了。

怎样投资是个问题，我对此道是外行，但雪尼对这方面的术语都很熟悉：他懂得账面价值、资本利润、优先股和普通股、甲乙两类定额、可转换股票和债券、工业受托人、储蓄银行的合法证券等。在那些日子里，投资的机会很多。洛杉矶的一个房地产经纪人怂恿我和他合伙，每人投资25万美元，买下洛杉矶谷的一大片土地。现在我的投资本利可以达到5000万美元，因为后来那儿发现了石油，成为加州最富的地区之一。

十三

许多知名人士，都在这时参观了我们的电影制片厂，这些人当中有梅尔巴[①]、利奥波德·戈多夫斯基[②]、帕德雷夫斯基[③]、尼金斯基[④]和巴甫洛娃。

帕德雷夫斯基有一种迷人的魅力，但同时又有一种庸俗的气质，一种过分自高自大的神态。他的外表让人印象深刻：头发很长，斜搭在嘴唇上边的胡子让他显得严肃，下巴上那撮小胡子使我隐约觉察出他有一种神秘的虚荣感。每次他开演奏会，大厅里的灯光暗淡下来，气氛阴郁森严，他要在琴凳上坐下时，我总觉得，有人会抽掉他屁股底下的凳子。

第一次世界大战期间，我在纽约丽兹酒店里遇见他，向他热情地打招呼，问他是否准备在纽约演奏。他庄重地说："在为敝国政府公务外出期间，我是不举行演奏会的。"

后来帕德雷夫斯基当了波兰总理，但是我对此事和克里孟梭[⑤]有同感，克里孟梭在即将签署《凡尔赛和约》的一次会议上对帕德雷夫斯基说："像您这样一位天才艺术家，怎么会不惜降低身份，搞起政治来了？"

---

① 梅尔巴（1861—1931）：澳大利亚女高音歌剧演员。
② 利奥波德·戈多夫斯基（1870—1938）：俄罗斯钢琴演奏家、作曲家。
③ 帕德雷夫斯基（1860—1941）：波兰钢琴演奏家、作曲家，1919 年任波兰总理兼外交部长。
④ 尼金斯基（1890—1950）：俄罗斯芭蕾舞演员、作曲家。
⑤ 克里孟梭（1841—1929）：法国政治家，第一次世界大战期间任内阁总理。

伟大的钢琴家利奥波德·戈多夫斯基身材矮小，圆圆的脸上老是堆满了笑，显得那么朴实和幽默。他去洛杉矶开完演奏会，在当地租了一所房子住下，我常常去看他。星期日，我有幸去听他练琴，看他那双特别小的手施展出高超的技巧，是那么灵活。

尼金斯基和俄罗斯芭蕾舞团的演员也来电影制片厂参观。他是一个神情严肃、长相漂亮的人，高高的颧骨、忧郁的眼睛，好像一个俗家打扮的僧侣。当时我们正在拍《疗养》。他坐在摄影机后面看我拍戏，我觉得那场戏挺逗笑，但是他却一直板着脸。其他的人看了都大笑，唯独他越来越忧郁。临别前他走过来和我握手，只淡淡地说他非常欣赏我的演技，问可不可以再来参观。“当然欢迎。”我说。此后两天里，他又那样愁眉苦脸地看我拍戏。到了最后一天，我关照摄影师别在摄影机里装胶片，因为知道，受了尼金斯基的忧郁的影响，我那些逗笑的动作是做不好的。然而，每天看完以后，他总要赞扬我几句。“您的喜剧是芭蕾舞型的，您是一位舞蹈家。”他说。

我还没看过俄罗斯芭蕾舞团，也没看过其他芭蕾舞团的演出。但是，就在那个周末，我被邀请去看一场午后演出。

到了剧院，佳吉列夫[①]出来欢迎我；佳吉列夫是一个精力充沛、热情洋溢的人。他表示抱歉，唯恐那天演出的节目我不太喜欢。“可惜演的不是《牧神的午后》，”他说，“我想您喜欢看那个。”接着他就转身对经理说：“告诉尼金斯基，休息后咱们演《牧神的午后》给夏洛[②]看吧。”

第一场芭蕾舞剧是《山鲁佐德》[③]。我对它不大满意。动作太多了，舞蹈太少了，而里姆斯基-科萨科夫[④]的音乐又有那么多重复。但接下来

---

① 佳吉列夫（1872—1929）：俄罗斯芭蕾舞团团长。

② 这里用卓别林所创造的流浪汉的名字来称呼卓别林。

③ 根据阿拉伯民间故事改编的芭蕾舞剧。山鲁佐德是《一千零一夜》中说故事给国王听的宰相女儿。

④ 里姆斯基-科萨科夫（1844—1908）：俄国著名作曲家。

是尼金斯基跳双人舞，他一出场，我就像触了电一样。世界上的天才我见过少数几位，其中一位就是尼金斯基。他像是一位仙人，有一种催眠的力量，忧郁的表情给人一种超凡出世之感；每一个动作都富有诗意，每一次跳跃都能引发我离奇的幻想。

他此前关照佳吉列夫在休息时间带我到他的化装室去。我到了那里，一句话都说不上来了。对于伟大的艺术，不能够单凭使劲扭自己的手指，或用什么语言来表示欣赏。我只默默地坐在他的化装室里，留神看镜子里那张奇怪的脸，看他在脸颊上画绿色的圈儿，装扮成牧神。他不善于敷衍应酬，只问了一些有关我的电影的无关紧要的话，而我也只能简单地答复他。休息时间结束，催场铃响了，我说要回到自己的位子上去了。

“别走，别走，还早着呢。”他说。

这时有人敲门：“尼金斯基先生，序乐奏完了。”

我露出了着急的神色。

“没关系，”他说，“时间还多着呢。”

我感到惊奇，不知道他为什么要这样：“我还是先走吧？”

“不，不，让他们再奏一次序乐。”

最后佳吉列夫冲进了化装室：“上场吧，上场吧！观众们已经在鼓掌了。”

“让他们等着好啦，这样更有趣。”尼金斯基说，接着又泛泛地问了我一些话。

我觉得很窘。“我可真得回到我的位子上去了。”我说。

在《牧神的午后》中，尼金斯基的演技是空前绝后的。他所创造的神奇的世界、在美丽的树林阴影中藏身的悲哀的幽灵、在神秘气氛中四下徜徉的热情与忧郁之神：所有这一切的情趣，他好像毫不费力，只用了几个简单的手势就表达出来了。

六个月以后，尼金斯基疯了。那天下午，在他的化装室里，他让观众们等候他出场时，他已经微露出精神失常的迹象。我亲眼看见，一个极度敏感的心灵，怎样开始离开这个被战争的残酷破坏了的人间，进入另一个他自己梦想的世界。

达到任何一门艺术崇高境界的人都是罕见的。巴甫洛娃就是这样一位罕见的艺人。她的表演总是深深地打动了我。她的艺术虽然闪耀着灿烂的光辉，但同时又具有一种淡薄而鲜艳的色彩，娇柔得就像一片白玫瑰花瓣一样。她舞蹈时的每一个动作都恰恰保持着重心。她出场的时候，无论多么愉快和媚人，但我看了总是想哭。

我是在“帕芙”（巴甫洛娃的朋友都这样称呼她）来好莱坞环球电影制片厂拍一部新片的时候和她认识的，此后我们就成了知己。可惜旧式摄影机的速度无法拍出她舞蹈中的抒情趣味，因此她那伟人的艺术失传了。

有一次，为表示感谢，俄国领事馆设宴招待巴甫洛娃，我也参加了。那是一次国际友人的宴会，场面很隆重。来宾在席上一再祝酒，发表讲话，有的人说法语，有的人说俄语。英国来宾被邀请发言的应该只有我一个人。轮到我讲话之前，一位教授用俄语发言，盛赞巴甫洛娃的艺术。他一时热泪盈眶，随即走到巴甫洛娃跟前，热情地吻她。我心想，下面我无论怎样表述，总是难以出彩的了，于是我站起来说，由于我的英语不足以形容巴甫洛娃艺术的伟大，我要用中国话来讲。接着我就胡乱地说了一通中文，也仿效那位教授把声音越提越高，最后比那位教授更加热情地吻巴甫洛娃：我把一块餐巾罩在我和她的头上，不停地吻她。来宾哄堂大笑，打破了席上严肃的气氛。

莎拉·伯恩哈特[1]在奥尔菲姆歌剧院演出。当然，她年事已高，已

① 莎拉·伯恩哈特（1844—1923）：法国著名女演员。

经到了艺术生涯行将结束之时，所以我无法对她的演技做出正确的评价。然而，杜丝[1]来到洛杉矶时，虽然也已经衰老，舞台生涯即将结束，但她那天才的光辉并未因此而暗淡下去。那次陪她演出的是一个非常优秀的意大利剧团。一个漂亮的青年男演员在她出场前已做了非常出色的表演，成功地占据了舞台中心。杜丝怎样才能胜过这个演技精湛的青年人呢？我不禁猜想。

这时，从舞台左边，杜丝毫不引人注意地穿过一条拱道出场。她在一架大钢琴上的一篮白菊花后面站住，开始很悠闲地重新整理那些花朵。大厅中飘过了轻微的惊叹声，我的注意力立即离开了那个青年演员，集中在杜丝身上。这时她既不去看那青年演员，也不去理会其他的角色，只管安静地整理那些花朵，并把她带来的几朵花添了进去。她把花整理好了，慢慢地走到斜对面舞台的外角，坐在炉边一张安乐椅上，望着壁炉里的火焰。有一次，只有那一次，她望了望那个青年，于是一切人类的智慧与精神的苦痛都在那一顾盼中流露了出来。然后，她一面继续聆听，一面烤着手——多么美丽和灵敏的一双手啊。

男演员先说了一篇热情洋溢的话，随后，她一面瞧着炉火，一面平静地叙述。她说话时，毫无一般演员那种矫揉造作的姿态，她的声音仿佛是从悲哀的热情的余烬中发出来的。我一句话也听不懂，然而，我意识到，我正面对着一位我从来不曾见过的最伟大的演员。

与赫伯特·比尔博姆·特里[2]爵士配戏的女主角康斯坦斯·科莉尔[3]，接受了三角电影公司的聘请，和赫伯特合拍电影，扮演麦克白夫人。记得还是孩子的时候，我就有好多次在陛下剧院的顶层楼座看她的

---

① 杜丝（1858—1924）：意大利悲剧女演员。
② 赫伯特·比尔博姆·特里（1853—1917）：英国演员、剧院经理。
③ 康斯坦斯·科莉尔（1878—1955）：英国女演员。

戏，对她在《不朽城》中的表演，以及在《雾都孤儿》中扮南茜[①]的演技，钦佩到了极点。有一天在利维咖啡馆里，看到一张送到我桌上的条子，说科莉尔小姐想要见我，问我是否可以到她桌上去时，我就很高兴地过去了。自从那次见面以后，我们的交情始终不衰。康斯坦斯秉性忠厚，赤诚待人，并且热爱生活。她还喜欢给人介绍朋友。她想让我认识赫伯特爵士，还要我见见一个叫道格拉斯·范朋克[②]的青年，说我和他有许多共同之处。

据我所知，赫伯特爵士是英国戏剧界的一位巨擘，也是技术最精湛的一位演员，他不但能激发观众的思想，还能掌握他们的情绪。他演《雾都孤儿》里的费金[③]，又是招人笑，又是叫人害怕。他能很容易地造成一种几乎令人难以忍受的紧张气氛。他只要用一只烤面包的叉，玩笑般轻轻地戳一戳小活闪[④]，观众们看了就会毛骨悚然，特里对人物的构思设想，永远出色过人。他扮演的滑稽的斯文加利[⑤]就是一个例子；他能使观众相信真有这样一个古怪人物，并且能使这个人物具有幽默感与诗意。剧评家说他过分强调了独特风格，这话也对，但是他会很有效地利用这些独特风格。他的演技是十分现代的。他对《恺撒大帝》的理解也是独出心裁的。他演葬礼那场中的马克·安东尼[⑥]时，并不像其他演员那样向一群人慷慨陈词，而是透出了冷漠和轻蔑，不把那些人放在眼里，只敷衍了事地说上一席话。

我还是一个十四岁的孩子时，就看过赫伯特爵士许多拿手戏，所以，康斯坦斯单约赫伯特爵士和他女儿艾丽斯吃饭，邀我去作陪时，我非常兴奋。我们约好在亚历山大酒店赫伯特爵士的房间里会面。我故意晚一

① 狄更斯的小说《雾都孤儿》中强盗比尔·赛克斯的情妇。

② 道格拉斯·范朋克（1883—1939）：美国 20 世纪 20 年代著名电影演员。

③ 狄更斯的小说《雾都孤儿》中一个犹太窃贼头子。

④ 费金窃贼集团中的一个小扒手。

⑤ 英国作家乔治·迪莫尔里（1834—1896）的小说《特里尔比》中的匈牙利音乐家。

⑥ 恺撒被刺后，安东尼鼓动罗马市民反对布鲁图斯，见莎士比亚的《恺撒大帝》第三幕第二场。

点去，希望康斯坦斯先到那里，否则单独见面我会感到紧张，但是，当赫伯特爵士叫我进他的房间时，那里除了他以外，只有他的影片导演约翰·爱默生一人。

“啊，进来，卓别林，”赫伯特爵士说，“我从康斯坦斯那里久闻大名！”

他向我介绍了爱默生，然后解释说，他们刚刚在研究《麦克白》里的几场布景。不一会儿，爱默生走了，我忽然羞涩起来。

“很抱歉，让您等着，”赫伯特爵士坐在我对面一张安乐椅里说，“我们刚才在讨论怎样为女巫那场戏加强效果。”

“哦——哦。”我结结巴巴地说。

“我想，如果在气球上挂些薄纱，让它们飘在空中，那场的效果会更好。您以为怎样？”

“哦——哦……太妙啦！”

这时赫伯特爵士不再往下说了，他朝我望了望：“您的事业非常顺利，对吗？”

“这算不了什么。”我含糊不清地说，好像是在道歉。

“可是，现在您举世闻名了！在英国和法国，士兵们还唱您的歌呢。”

“有这样的事？”我假装不知道。

他又朝我望了望——我看出来，他对我有了一些看法，脸上露出了怀疑的神色。接着，他站起来了：“康斯坦斯还不来。我去打个电话，问问她有什么事情。现在让您见见我的女儿艾丽斯吧。”他说着从屋子里走了出去。

我舒了一口气，因为想到来的是一个孩子，像我这样低水平的人就可以和她谈谈学校和电影了。可就在这个时候，一个身材修长的年轻姑娘走进了房间，手里拿着一支长长的烟嘴，用宽亮低沉的声音说：“您好，卓别林先生。大概，我是世界上唯一不曾看过您电影的人吧。”

我惶窘地笑着点了点头。

艾丽斯长得像个斯堪的纳维亚人，金色短发，小翘鼻子，一双浅蓝色的眼睛。那年她刚十八岁，样子非常吸引人，带有五月市[1]那种浮华的气息，她十五岁那年就已经出版了一本诗集。

“康斯坦斯老是谈到您。”她说。

我又惶窘地笑着点了点头。

后来赫伯特爵士回来了，说康斯坦斯因为要试戏装不能来了，我们不要等她吃饭了。

天呀！和这两个陌生人一起，这一晚叫我怎样过呀？我心里十分着急，跟着他们默默地走出房间，默默地走进电梯，默默地步入餐厅，在桌前坐下，仿佛我们是刚送完了殡回来的。

可怜的赫伯特爵士和艾丽斯竭力找话说。但不久艾丽斯死了这条心，向椅背上一靠，四面打量那间餐厅。我只巴望快点上菜，吃菜可以有助于缓解我极度紧张的情绪……父女俩交换了几句话，接着就谈到法国南部、罗马和萨尔茨堡——问我是否到过那些地方，问我是否看过马克斯·莱因哈特导演的戏。

我表示遗憾地摇摇头。

赫伯特爵士仔细地打量我：“我看，您应当出去旅行。”

我告诉他，现在根本没时间去旅行，接着我说：“您瞧，赫伯特爵士，我的成功来得太突然了，我简直没时间跟上它，但是，早在十四岁还是孩子的时候，我就看过您演斯文加利，演费金，演安东尼，演福尔斯塔夫[2]，有的我看过好多次，打那时候起，您就成了我崇拜的偶像。我没法想象您下了台是什么样子。您是一位传奇人物。今天晚上，和您一

① 伦敦海德公园东面的贵族住宅区。

② 莎士比亚历史剧《亨利四世》和喜剧《温莎的风流娘儿们》中，一个机智、爱说大话，但是胆小如鼠的胖子。

起在洛杉矶吃饭，这件事使我太激动了。”

赫伯特爵士被我的话感动了。“真的呀！”他重复说，“真的呀！”

打那天晚上起，我们就成了知己。赫伯特爵士偶尔来看我，于是我们三个人，赫伯特、艾丽斯和我，就一起共进晚餐。有时候康斯坦斯也来了，我们就一同去维克多·雨果餐馆，一边喝咖啡，一边听那缠绵悱恻的室内音乐。

我已经从康斯坦斯口中，听到了许多有关道格拉斯·范朋克的描绘：他是如何风趣，如何有才华，不但个性富有吸引力，而且茶余饭后还能谈笑风生。那时候，我并不喜欢才华外露的年轻人，尤其不喜欢茶余饭后喋喋不休的人。但是，有一天几个人约好在道格拉斯家里聚餐。

后来道格拉斯和我都谈起过那天晚上的情景。赴席之前，我曾向康斯坦斯推说身上不快，但是她无论如何要我去。于是我决定假装头痛，准备早些离开那儿。范朋克说，那天他也感到紧张，听到门铃响时，赶快跑进地下室，那里有一张台球桌，他就打起了台球。但是从那天晚上起，我们做了一辈子亲密的朋友。

道格拉斯之所以能赢得公众的喜爱，并非出于偶然。他在电影里体现出的精神，那种乐观心情和必胜信念，都是十分投合美国人的趣味的，也可以说是投合各国人的趣味的。他有一种不平凡的吸引力与风趣，以及一种真挚的、童稚的热情，并以这一切感染了观众。和他熟悉后，我发现他是绝对诚实的，因为他承认自己喜欢做一个势利小人，还说凡是事业上成功的人都对他有吸引力。

虽然道格拉斯已经走红，但是他总是盛赞别人的才能，而对自己的成就表示谦虚。他常常说我和玛丽·璧克馥是天才，而他只是小有才能而已。当然，实际并非如此；道格拉斯是有创造力的，也是有气魄的。

道格拉斯为拍摄《罗宾汉》特地辟了一片十英亩的场地做布景，城堡上面是巨大的堞口，外面是吊桥，比真正的城堡要大得多。他得意扬扬地领我去看那吊桥。“壮观呀，”我说，“要是我的喜剧片用这个布景开场，那该有多妙呀：放下吊桥，然后，我抱出我的猫儿，再把牛奶拿进去。”

他的朋友从牛仔到国王，形形色色都有，而他对这些人个个都感兴趣。甚至对他的牛仔朋友查理·麦克，那个油嘴滑舌、废话连篇的家伙，他也非常感兴趣。我们一起吃饭的时候，查理常常会在门口装腔作势地说：“瞧这个地方，可真不错呀，道格拉斯。”接着他又向餐厅里东张西望：“可惜呀，从桌子跟前到壁炉那儿太远了，吐痰不方便呀。”说到这里，他蹲下身来，说他妻子怎样控诉他“虐啊……待”，要和他“离啊……婚”。“我说，法官呀，讲到虐啊……待，我整个身体也斗不过那女人的一根小指头呀。再说，无论是哪个家伙，放起枪来谁也别想比得上那个娘儿们。她呀，能叫我在我们家那棵老树后面跳来跳去，东躲西闪，到后来呀，你能透过那些窟窿眼看到树的另一面！”我感觉到，查理说的那套荒诞无稽之谈，是在去道格拉斯家之前排练过的。

道格拉斯的住宅以前是给猎人住的，那是一座外表相当寒碜的二层小屋，盖在一片丘陵上，现在那儿叫贝弗利山，而当时则是布满残梗断株、四面一片荒瘠的丘陵。碱质土壤和山艾树散发着强烈的辛辣气味，闻了嗓子里干燥，鼻孔里发酸。

在那个年代，贝弗利山看上去像是一片荒废的地产投资区。条条小路隐没在旷野中，空悠悠的街道上只看到一些电灯柱子和白色灯罩，多数灯罩已经残缺，被客栈里的醉汉开枪击碎了。

道格拉斯·范朋克是第一个在贝弗利山定居的电影明星，他常常邀我去他家度周末。深夜我在卧室里听到成群去垃圾箱里抢食的山狗在嗥叫。那嗥声仿佛钟鸣，凄厉而可怕。

平时经常有两三个助手住在道格拉斯那儿：给他写电影剧本的汤

姆·杰拉蒂、前奥林匹克运动健将卡尔，此外还有两个牛仔。我同汤姆和道格拉斯的交谊，有些像三个火枪手的关系。

每逢星期日早晨，道格拉斯总要事先备好一队矮种马，我们天不亮就起身，骑马越过山地去看日出。牛仔拴好马，生起营火，准备好咖啡、烤饼和咸肉。我们看日出时，道格拉斯总是高谈阔论，而我总是在一边开玩笑，埋怨夜里没睡好，说看日出还需要有几个女性一起。然而，那样早骑马出去遨游，确实富有浪漫色彩。只有道格拉斯能强迫我骑马，尽管我再三埋怨，说人们不该过分爱怜这牲口，还说马是下贱的、倔强的、笨拙的。

道格拉斯和他的第一任妻子离了婚。每天晚上他都要邀一些朋友去吃饭，其中有他正在狂恋的玛丽·璧克馥。他们俩对恋爱一事也都像受惊的兔子一样。我常常劝他们宁可同居，不要结婚，不必受形式的拘束，但是他们不同意我这种违反常规的想法。由于我曾经竭力反对，最后他们结婚时请了所有的朋友，单单没有请我。

在那些日子里，我和道格拉斯常常侈谈哲学，我总认为人生是空虚的。但是道格拉斯相信，我们的生命是上天注定的，我们的一生是负有重大责任的。每当道格拉斯谈神秘的哲理谈到热情激动时，我就觉得他可笑。记得，一个很热的夏夜，我们俩爬上了大水塔的顶端，一边坐在那儿谈天，一边欣赏贝弗利荒野瑰丽的景色。月亮晶莹灿亮，群星闪耀着神秘的光辉，我谈到人生是没有意义的。

“看呀！”道格拉斯热情激动地说着向天空比画了一个弧形，“瞧那月亮！再瞧那千千万万的星！世间之所以有这一切美丽的景象，肯定存在着一个理由吧？这一定是为了要完成一种天命！这一定是为了要达到一个美好的目的，而你我就是实现这一目的的一部分呀！”说到这里，他向我转过身，突然兴奋起来：“上天为什么会赋予你这种才能，让你利用电影这一神妙的工具，让全世界千千万万人都看到你？”

"又为什么把这工具送给了路易斯·伯特·梅耶[①]和华纳兄弟电影公司？"我接过来说。道格拉斯听了大笑起来。

道格拉斯醉心于浪漫情调，简直到了不可救药的程度。我到他那儿去度周末，有时候凌晨3点睡得正熟，突然被吵醒，我透过浓雾，只见一支夏威夷乐队正在草地上向玛丽演奏小夜曲。那情景是动人的，然而，除非亲自参与其事，否则很难体会到其中的情趣。正是由于这些孩子气的性情，大家都觉得道格拉斯可爱。

道格拉斯爱玩耍作乐，养了许多狼狗和警犬，出去时就让它们蹲在"凯迪拉克"牌敞篷汽车的后座上。他就是喜欢这一类的玩意儿。

好莱坞很快就变成了作者、演员和其他知识分子的圣地。许多知名作家，从世界各地来到这里：吉尔伯特·帕克[②]爵士、威廉·约翰·洛克[③]、雷克斯·比奇[④]、约瑟夫·赫格谢默[⑤]、萨默塞特·毛姆、古韦纳尔·莫里斯[⑥]、伊瓦涅斯[⑦]、艾莉诺·格林[⑧]、伊迪斯·沃顿[⑨]、凯瑟琳·诺里斯[⑩]，以及其他许多人。

萨默塞特·毛姆从来没有住在好莱坞写文章，但是他所写的电影故事极受好莱坞欢迎。有一次他在好莱坞住了几个星期，然后去南太平洋诸岛，在那里写一些精彩的短篇小说。后来，在筵席上，他给我和道格拉斯讲了一篇故事《萨迪·汤普森》，据他说，那是根据真人真事写的，

---

① 路易斯·伯特·梅耶（1885—1957）：美国电影制片商，梅耶电影公司创始人，米高梅电影公司的股东之一。

② 吉尔伯特·帕克（1862—1932）：加拿大新闻记者、小说家、戏剧作家、诗人。

③ 威廉·约翰·洛克（1863—1930）：英国小说家。

④ 雷克斯·比奇（1877—1949）：美国小说家。

⑤ 约瑟夫·赫格谢默（1880—1954）：美国小说家。

⑥ 古韦纳尔·莫里斯（1876—1953）：美国作家、银行家。

⑦ 伊瓦涅斯（1867—1928）：西班牙新闻记者、短篇小说作家、自然派小说作家。

⑧ 艾莉诺·格林（1864—1943）：英国小说家，1922年至1927年僦居好莱坞，创作电影剧本。

⑨ 伊迪斯·沃顿（1862—1937）：美国小说和小品文作家。

⑩ 凯瑟琳·诺里斯（1880—1966）：美国小说家、短篇小说家，小说家查尔斯·吉尔曼·诺里斯之妻。

后来被改编成《雨》。我一直认为《雨》是一个最完美的剧本。戴维森牧师和他的妻子都是形象非常生动的人物，他们比萨迪·汤普森更有趣。如果戴维森牧师一角能由赫伯特爵士扮演，那部电影该有多么精彩！他会把这个角色演得文雅、冷酷、油滑、可怕。

在好莱坞那种环境里，竟然会有一家规划凌乱、设备简陋、仓库似的好莱坞酒店。这酒店一跃成名，正像一个村姑喜出望外，继承了一大笔财产一样。房价异常昂贵，因为从洛杉矶通往好莱坞的公路几乎没法通行，而一般文坛名流又都要住在电影制片厂附近。凡是到过那家酒店的人都会茫然失措，还以为自己走错了地方。

艾莉诺·格林在那家酒店里包了两间卧房，把一间改为客厅，她先把一些枕头包上浅色的布，再把它们铺在床上，这样那张床看上去就像是一张沙发。她就在这间房间里招待客人。

我第一回见到艾莉诺，是她宴请十个客人的那一次。我们去餐厅之前，一起在她的房间里喝鸡尾酒，客人中我是第一个到的。“啊，”她双手捧住我的脸，目不转睛地注视着我说，“让我仔细看看你。多么奇怪啊！我还以为你的眼睛是褐色的呢，没想到完全是蓝色的呀。”虽然一瞬间我被弄得很不好意思，但后来就觉得她很可爱了。

艾莉诺是英国上流社会的典型人物，然而她的小说《三星期》却震撼了爱德华七世的英国社会。小说中的主角保罗是一个很有教养的年轻英国人，他和一位王后有过一段风流韵事，王后先爱过他，后来才嫁给了那个年老的国王。当然，那个小太子实际是保罗的儿子。其他客人还没来时，艾莉诺把我带到另一间屋子里，那儿四壁挂满了第一次世界大战中年轻英国军官的照片。她一挥手说：“瞧这些都是我的保罗呀。”

她很喜欢玩魔术。记得一天下午，玛丽·璧克馥说感到很疲劳，但是又睡不着。当时我们都在玛丽的房间里。“指给我看哪一面是北方。”艾莉诺吩咐。接着她就把一根手指轻轻地放在玛丽的额上，反复说：“现在，她睡熟了！”道格拉斯和我悄悄地走过去，看了看玛丽，她的眼睫毛还在微微颤动。事后玛丽告诉我们，她当时不得不假装睡熟，并且坚持了一个多小时，因为艾莉诺一直留在房间里守着她。

一般人都以为艾莉诺容易激动，其实她倒是最冷静的。然而，设想电影里的恋爱故事时，她却天真得像个小姑娘一样：女人总是把睫毛偎贴在情人的面颊上，或是在虎皮毯上做出一副愁怨的样子。

她给好莱坞写的三部曲，一部比一部更短促。第一部叫《三星期》，第二部叫《他的一小时》，第三部叫《她的片刻》。《她的片刻》含意很微妙。小说讲到一位大家闺秀（由葛洛丽亚·斯旺森扮演）即将出嫁，但那男人并不是她所爱的。当时他们俩在热带丛林里建了一个观察哨。有一天她独自骑马出去，由于对植物学很感兴趣，所以下马去仔细看一朵罕见的花儿。她刚向花俯下身子，一条极毒的蝮蛇突然蹿了出来，对准她的胸部咬了一口，葛洛丽亚捂着胸部狂喊，那个她真正喜爱的男人（由英俊的汤米·米恩扮演）恰巧从附近走过，听见了她的喊声。他赶快从丛林中跑了出来：“怎么回事？”

她指着那条毒蛇：“我被它咬了！”

“咬了哪里？”

她指了指她的胸部。

“那是最毒的呀！”汤米说，他当然指的是那条蛇，“快，必须急救！一刻也不能耽搁！”

一般会用止血带，即用一条手帕缚在被咬伤处的周围，以阻止毒汁进入血液循环，但那是不可想象的，他们离医生住的地方有好几英里路。他突然把她抱起，扯掉了她的衬衫，她光艳白皙的肩膀露了出来，然后他把她扭转了身，以免被摄影机拍到，接着就俯身凑向她，去吮那毒汁，边吮边吐。由于这样的吮吸治疗，她终于嫁给了他。

十四

互助电影公司合同期满，我急于开始为第一国家电影公司工作，但是我们还没有一个制片厂。于是我决定在好莱坞买地建厂。买的那片地位于落日街和拉布雷亚街拐角，有一幢相当不错的房子，共有十间房间，五英亩的地上种了柠檬树、橘树和桃树。我们造了一个设备很齐全的电影制片厂，包括冲洗间、剪辑室和办公室。

建造电影制片厂的时候，我和埃德娜·普文斯去檀香山旅行，在那里休息了一个月。那个年代的夏威夷是一座美丽的岛屿。但是，一想到那地方离大陆两千英里，我就感到闷闷不乐；那里风景秀丽，又有菠萝、甘蔗和其他异域水果花草，但是我老是想回去，因为我好像有一种幽闭恐怖症的离奇感觉，仿佛被封闭在一朵莲花里了。

和埃德娜·普文斯这样一个美丽的姑娘朝夕相处，当然会动情。我们一开始在洛杉矶工作，埃德娜就在体育俱乐部附近租了一间公寓，几乎每天晚上都要由我陪着去俱乐部吃饭。我们彼此都有了意思，我也暗中想到，将来是否可以谈到嫁娶的事，但是当时总还是对埃德娜存有一些看法。我总有点信不过她，因此，也就有点信不过自己。

1916年，我们俩形影不离，一起去参加所有红十字会安排的游园庆祝活动。在这种场合，埃德娜常常会犯醋劲儿，而且会用一种委婉的暗示方法将其表现出来。如果有人太注意我，埃德娜就会离开，接着就有人来通知我，说她刚晕倒了，现在要我去，我当然赶了去，于是那天晚上就得一直陪着她。有一次，一位漂亮的女主人特意为我举行一场游园会，陪着我从这个交际花跟前走到那个交际花跟前，最后把我领进了一座凉亭里。这时候又有人来通知我，说埃德娜刚才晕倒了。我虽然感到得意，想到这样一位美丽的姑娘每次一清醒过来总是找我，然而，这种习惯性的晕倒，逐渐使我烦恼起来。

这出戏是在范妮·沃德的一次宴会上收场的，那次赴宴的有许多美丽的姑娘和英俊的男青年。埃德娜·普文斯又晕倒了。但是这次清醒过来，她唤的却是派拉蒙电影公司英俊的高个男主角演员汤米·米恩。当时我完全不知道这件事，是范妮·沃德第二天告诉我的；她知道我对埃德娜很痴情，不愿意看到我受人愚弄。

我简直不能相信这件事。由于自尊心受到打击，我大为恼火。如果真的有这种事，那么我们俩的关系也就该到此结束了。然而，我不能立即和她分手。那种空虚的感觉太使人难受了。想起了我们俩要好的日子，我不胜感慨。

事情发生后的第二天，我无心工作。时间已将过午，我打电话给埃德娜，要她解释这件事；原来我准备大发脾气的，但是受到了自尊心的克制，转而采取了讥讽的态度。我甚至半开玩笑地谈到这件事："听说，你在范妮·沃德的宴会上唤错人了——你的记性太差啦！"

她大笑起来，我觉察出她有点发窘。她说："你胡说些什么呀？"

我倒希望她会竭力否认这件事。但是她很调皮，问这些浑话是谁告诉我的。

"管它谁告诉我的，还不都是一样吗？但是，我以为，你总应当更重视我，不至于公开地玩弄我。"

她非常镇静，一口咬定说，我是听信了别人的谣言。

我装出冷漠的口气，故意要使她感到难堪。"你也不用和我装模作样，"我说，"爱怎么你就怎么着吧。反正你又没和我结婚；只要你对工作认真负责，其他事都没关系。"

埃德娜对我的话欣然表示同意，她也不愿这种事影响到我们的合作。她说我们仍旧可以永远做好朋友，但我听了这些话更感到痛苦。

我神经紧张，心情烦乱，在电话里谈了一个小时，只想找托词和她言归于好。最后，像一般人在这种情况下的反应一样，我对她更加依恋，借口要和她谈这件事，邀她一起吃晚饭。

她起先迟疑不决，但是我再三催促，实际上是在恳求她，我的自尊和傲气都消失了。最后她同意了……那天晚上她在她的公寓里煎了火腿和鸡蛋，我们俩一起吃了晚饭。

这样，我们总算和解了，我也不再那样烦躁。至少第二天我能够工作了。然而，我总觉得有些凄凉，同时又感到内疚。我怪自己不该有时候冷落了她。我不知道该怎样办才好。我究竟要不要和她一刀两断呢？也许，有关米恩的事是谣言吧？

过了大约三个星期，她到电影制片厂来领薪水。我在她刚要离开的时候碰到了她。她由一个男性朋友陪着。“你认识汤米·米恩吗？”她满面春风地说。我几乎吃了一惊。就在那片刻之间，埃德娜已变成了一个陌生人，仿佛我是第一次和她见面似的。“当然认识，”我说，“你好呀，汤米。”他有点不好意思。我们彼此握手，寒暄了几句，他们一起离开了电影制片厂。

可是，人生就是一场斗争，我们的斗争是永远不会停止的。如果不是为了爱情，那么就是为了其他的事情。事业的成功是美妙的，然而，成功以后，就必须努力维持如少女一般变幻无常的声誉。我仍然要在工作中获得安慰。

可是，一年五十二个星期里自编自导自演，必须耗费大量的脑力，这是很艰苦的工作。一部影片拍完以后，我会筋疲力尽，心情沉闷，需要在床上躺上一天。

我要睡到黄昏才起来，然后出去很安静地散步。我感到孤独、忧郁，在市区里徜徉，茫然地去看商店橱窗。每逢这个时候，我根本不去思索什么，我的头脑已经麻木。但是，我的思想恢复得也很快。常常是第二天早晨，在驱车去电影制片厂的途中，我的精神又开始振奋，我的头脑又活跃起来。

往往脑子里还没有想到一个主意，我已经吩咐去搭布景；在搭布景的时候，美术导演常常来问我一些细节，我就向他信口开河，还向他详细说明，门该开在哪里，拱道又该造在哪里。我有许多喜剧片，都是在这种茫然无绪的情况下开始拍摄的。

有时候，我的神经紧张得好像一股拧紧了的绳，急需稍许松弛一下。每逢这种时刻，出去玩一个晚上是很有益的。我不大想要喝酒找刺激。工作的时候，说真的，我认为任何轻微的刺激都会妨碍我的思路。而要构思和导演一部喜剧片，再没有比灵敏的头脑更为重要的了。

讲到情欲，大部分都被消耗在工作中了。即使偶尔兴致发作，但由于生活总不会尽如人意，这方面的对象不是供过于求，就是稀罕难得。我这人是严守纪律的，对工作是一向认真的。正如巴尔扎克相信，一夜的欢娱，损失了他小说中整整一页的内容；我相信，一夜的欢娱，损失了电影制片厂中整整一天的工作。

一位著名的女作家听说我在写自传，说："我希望你有勇气把真情实话都说出来。"我起先还以为她指的是政治见解，后来才知道她暗示的是性生活。据我猜想——虽然我说不出什么缘故——她是要写自传的人畅谈自己的性欲问题。但是，在我看来，读者并不能通过这种叙述进一步发现和了解一个人的个性。不像弗洛伊德，我不相信性是人类复杂行为中最重要的因素。倒是饥寒与穷困给人的羞辱，可能更会影响一个人的心理。

和其他所有人一样，我的性生活也是周期性的，我的欲望有时候强烈，也有时候低落。但是，在我的生活中，它并不是我最感兴趣的。我最感兴趣的仍是创作。我不打算在这本书内长篇大论地侈谈性爱：我认为这类描写是没有艺术性的，是不能打动人的，是毫无诗意的。倒是那些导致性关系的细节，我认为它们是更有趣的。

这方面要讲的，是我从纽约回到洛杉矶的那天晚上，在亚历山大酒店里偶然发生的一件趣事。我很早回到房间里休息，开始一边脱衣服，一边哼着当时纽约流行的一支新歌。一时我想到了一件什么事，停了下来，而这时就听到隔壁一个女人的声音，从我停下的地方接着哼下去。后来我又从她停下的地方接着往下哼，于是两人就像是在闹着玩似的。我们终于这样哼完了那支歌曲。我想：要不要认识她呢？这样做很冒险吧。再说，我又不知道她是一个什么样的人。后来，我再用口哨吹那支曲子，她又重复了一遍。

"哈，哈，哈！这可真有趣呀！"我大声笑着，我这句话的口气听来像是对她说的，又像是对自己说的。

从隔壁传来了声音："你说什么呀？"

我对着钥匙孔小声说："你肯定是刚从纽约来的吧？"

"我听不出你说什么。"她说。

"那么，你就开门吧。"我说。

"我开一点，可是你不许进来。"

"我保证不进来。"

她把门开了大约四英寸宽的一条缝，一个十分娇媚年轻的金发女郎向我这面窥看。我不知道她是怎样打扮的，只知道她穿的是一件绸睡衣，我觉得像在梦中一般。

"不许进来，进来我可要打你！"她迷人地说，露出一口雪白好看的牙齿。

"你好呀。"我悄声说，接着就介绍了自己。她已经知道我是谁，并且知道我就住在她隔壁。

后来，那天夜里，她关照我，不许我在任何情况下招呼她，甚至在酒店大堂里碰到的时候也不许向她点头。有关她的事，她总共只对我说了这么几句。

第二天晚上，我回到自己房间，她索性来敲门了，于是我们又欢聚了一夜。第三天晚上，我感到厌倦了，再说，我又想到了自己的工作和事业。所以，第四天晚上，我偷偷地开了房门，踮着脚走进屋子，想神不知鬼不觉地上床睡了；但是，她已经听见我进来，就轻轻地叩门。这一次我不理她就睡了。第二天我们在酒店大堂里遇见时，她冷冰冰地瞪了我一眼。

那天晚上，她不敲门了，我只听见门把手嘎吱嘎吱响，看见它在慢慢地转动。但是我已经从里面锁上了门。她猛地扭动门把手，焦急地捶起门来。第二天早晨，我想还是迁地为良吧，于是离开了酒店，又住到体育俱乐部里去了。

我在新制片厂里拍摄的第一部影片是《狗的生活》。故事把一条狗的生活和一个流浪汉的生活做了对比，含有讽刺意味。这一中心思想形成了故事的结构，而我就围绕着这一结构穿插了各种笑料和打闹动作。我开始从结构的意义上构思一部喜剧片，并且注意到结构的形式。每一组镜头连续引出下一组镜头，而各组连续的镜头又结合成为一个整体。

第一组镜头是从一群打架的狗当中救出了一条狗。第二组镜头是从一个舞厅里救出了一个姑娘，而那个姑娘过的也是“狗的生活”。还有许多其他的镜头，都是按照事情的逻辑顺序展开的。这类打打闹闹的喜剧片虽然都很简单明了，但其中却包含许多思想和新鲜玩意儿。如果笑料不合乎剧情发展的逻辑，不管多么有趣招笑，我也不会采用。

在基斯顿电影公司时，流浪汉的动作还比较自由，不大受到情节的束缚。那时候他的头脑还不大活跃——只是凭借本能活动，仅仅涉及衣、食、住这些基本需求。但是，随着每部新片的问世，流浪汉的角色变得更加复杂了。人物的个性中开始充满感情。这就带来了一个问题，因为他要受制于打闹动作。听起来也许近于夸大，但打闹动作确实是需要吻合心理状态的。

因为我把流浪汉想象成一种皮埃罗[1]，这个问题终于获得解决。一经有了这样一个设想，我就可以更自由地利用一些情感的流露，表达思想，给喜剧增色。然而，要符合逻辑，就很难叫一个美丽的姑娘对一个流浪汉产生好感。这在我的影片中永远是一个问题。在《淘金记》里，那姑娘之所以会对流浪汉产生兴趣，最初是因为她要跟他开玩笑，但后来她起了怜悯之心，而流浪汉又误认为那是对他的爱。《城市之光》里的姑娘双目失明。在视力恢复之前，她把流浪汉当作一个风流可爱的人物了。

随着编剧的技巧不断地发展，我拍喜剧片的自由逐渐受到了限制。一位影迷认为，我早期为基斯顿拍的影片比近来拍的影片更好，他来信说："当时观众被你牵着鼻子走，而现在你却被观众牵着鼻子走了。"

拍早期的喜剧片时，我也在追求一个基调，而基调的形成往往是受了音乐的启发。我给《移民》一片定基调，是受了一支叫《格伦迪夫人》的老歌曲的启发。歌曲曲调在凄凉中透出亲切，使我想到了两个孤苦无依的人在愁苦无奈的日子里结婚。

那个故事讲到了夏洛的赴美之旅。他在三等船舱里遇到了母女俩，她们和他一样孤苦伶仃。大家抵达纽约后分了手。最后他又遇见了那个姑娘，但这次只剩下了她一个人，她和他一样穷愁潦倒。他们坐下来谈

① 古代法国哑剧中的丑角，常抹着白脸，穿着宽大的白裤子和镶有大纽扣的短上衣。

话时，她无意中取出了一块镶黑边的手帕，这暗示她的母亲已经去世，当然，最后他们俩在愁苦无奈的情况下结为夫妇。

一些简单的小调，使我构思出了另一些喜剧片。一部叫作《二十分钟的爱情》的喜剧片，是以公园为背景的，里面有许多粗鲁的动作和胡闹的场面，还出现了警察和保姆，而我则在他们当中穿插逗笑，那部影片是配合 1914 年流行的二步舞曲《芥末太多了》的调子编成的。歌曲《维奥莱特拉》给《城市之光》提供了基调，而《古老的日子》又给《淘金记》提供了基调。

早在 1916 年，我就对故事片有过许多设想。我想到要拍一部关于月球旅行的影片，展现在月球上举行奥运会的滑稽场面，还可以利用引力定律演出许多玩意儿。这部影片可以嘲笑文化的进步。我还想到了一台进餐机器和一顶可以记录人的思想的无线电帽子；我戴上了这顶帽子，被介绍给月中人的性感的妻子，于是闹出了种种笑话。后来我在《摩登时代》里用上了那台进餐机器。

记者们问我是怎样为影片想出笑料的；直到如今，对此我仍旧不能做出满意的答复。多年来，我发现那些笑料是由强烈的欲望催生的；由于不断地想，头脑就会变成一个瞭望台，经常注意那些可能刺激想象的事物——听到音乐，看到落日，都可以想到一个主意。

我的意思是，应该先选择一个可以给人刺激的主题，然后将它加以引申和发展，如果不能进一步加以发展，那么不妨丢开它，再去选择另一个主题。从积累中进行精简，这样就可以找到所需要的题材了。

人的思想是从哪里来的呢？是经过不断地努力苦思，直到令人发狂的程度而产生的。必须能够长期熬受痛苦，并且满怀热情。也许有一些人在这方面会比另一些人容易些吧，然而，我对此感到怀疑。

当然，每一个粗具雏形的笑料，要发展成为一部喜剧片，必须经过合理的归纳。在基斯顿电影公司，我们三天两头都在谈论“惊奇和紧张的要素”。

我并不准备探索深奥的精神分析学，来说明人类的行为，因为这些行为是与人生一样难以说明的。我相信，除了性或婴儿神经病，构思的冲动多半也是遗传来的——然而，我无须阅读图书就可以知道，人生主要是由矛盾和痛苦组成的。几乎是不知不觉地，我插科打诨时都会以此为根据。我编制喜剧情节的方法也很简单：如何使几个角色招惹麻烦，然后再把他们从麻烦中解脱出来。

然而，幽默又与此不同，并且更加微妙。马克斯·伊斯曼[①] 在《幽默的意义》一书中，对此做了分析。他的结论是，幽默来自具有玩笑性质的痛苦。他在书里说，人类有受虐倾向，会欣赏各种形式的痛苦，观众喜欢设身处地地代人受苦——儿童玩印第安人游戏时就是如此，他们喜欢假装遭到射击，以此体验死亡。

这些说法我都同意。但这些更近于分析戏剧，而不是分析幽默，虽然二者几乎是相同的。我对幽默的概念稍持异见：所谓幽默，就是我们在貌似正常的行为中觉察出的细微差别。换句话说，通过幽默，我们在貌似正常的现象中看出了不正常的现象，在貌似重要的事物中看出了不重要的事物。幽默还增强了我们生存的意义，保持了我们头脑的清醒。由于幽默，我们在变幻无常的人生中可以较少受到打击。幽默促进了我们的调和意识，同时让我们看到，那些夸大了事态严重性的话中隐含荒谬可笑的成分。

这里试举一个例子，一次举行葬礼的时候，一些亲友神情严肃地聚集在死者遗体周围。就在要举行仪式的当口，一个迟到的人赶了进来，他匆忙地踮着脚走近他的座位，没看见一位吊唁者把一顶大礼帽放在那个座位上，慌忙中一个不留心坐在了帽子上，然后，他装出一副严肃的

① 马克斯·伊斯曼（1883—1969）：美国作家、编辑、翻译家。

神情，默然表示歉意，把那顶压扁了的帽子递还给它的主人，主人接过帽子，默然表示懊恼，继续去听祈祷。于是，那片刻的庄严就显得滑稽可笑了。

十五

第一次世界大战刚爆发时，一般人以为最多只会持续四个月，因为现代战争会造成可怖的伤亡，人们一定会要求早日结束这种野蛮行为。然而，我们估计错了。疯狂破坏和残酷屠杀的风暴，竟然延续了四年之久，这确实是我们意想不到的。我们发动了一场世界规模的大屠杀，却无法遏止它。成千上万的人参加战斗，陷于死亡，这时大家才急于知道，这场战争是由什么引起的，它又是如何爆发的。种种解释都不太清楚。有人说，是因为一位大公被暗杀了；然而，单为此事就在全世界燃起一场熊熊战火，这是很难说得通的。人们需要一个更为现实的说明。于是有人说，发动这场战争，是为了要在全世界奠定民主的基础。虽然有些人并没有作战的必要，但大家同样地受到了损害，这种“民主”也是够凄惨的。千百万人丧生后，“民主”这个词开始变得醒目。结果是，皇帝的宝座倒塌了，共和国成立了，欧洲的整个面目改变了。

但是，美国政府直到1915年还宣称，它是“不屑于作战的”[①]。于是人们就编出了歌曲《我养孩子，不要他当兵》。如果不是“卢西塔尼亚”号沉没[②]，大家是尽可以把这支歌一直唱下去的——沉船事件发生后，大家唱起了截然不同的歌曲《在战场上》以及其他聊以自慰的小调。在“卢西塔尼亚”号被击沉以前，加州人几乎没有感觉到欧洲战场的压力。供应并不缺乏，物品无须配给。人们为红十字会组织了游园活动和聚会，

① 第一次世界大战初期，美国总统威尔逊说了此话。

② 1915年5月7日，美国商船“卢西塔尼亚”号在大西洋被德国潜艇击沉。

并以此为借口举行社交活动。在一次盛会上，一位夫人为了要在十分豪华的筵席上坐在我身边而向红十字会捐了 2 万美元。但是，随着时间的推移，每个人都体会到可怕的战争的现实性了。

截至 1918 年，美国已经两次发动自由公债募购运动，我同玛丽·璧克馥和道格拉斯·范朋克都被邀去参加在华盛顿正式动员的第三次自由公债募购运动。

我给第一国家电影公司拍摄的第一部影片《狗的生活》已经接近完成。由于必须在发动公债募购运动的同时放映这部影片，我接连三天三夜没睡，忙着剪辑片子。剪辑工作完毕，我已筋疲力尽，在火车上整整睡了两天。我睡醒后，我们三个人就开始写演讲稿。我因为以前从未做过正式演讲，所以非常紧张，于是道格拉斯建议，我可以先试着向那些在车站欢迎我们的人演讲一次。后来，火车在一个什么站停下了，有很多人聚集在火车的游览车厢后面。道格拉斯当即介绍了玛丽，她发表了一篇简短的演说，然后道格拉斯再介绍我，但是，我刚开始讲话，火车就开动了。车离人群渐远，我讲得也就更加流利和活泼，后来一群人影变得更小了，我的信心也增强了。

到了华盛顿，我们都像大人物似的列队经过大街，最后抵达足球场，在那里发表了我们的第一次演讲。

讲台是用一些粗制木板搭成的，上面悬了旗帜，挂了横幅。一些陆海军代表站在台下，其中一个高大英俊的年轻人站在我旁边，于是我们就攀谈起来。我告诉他，我以前从未做过演讲，所以现在很紧张。“没什么可怕的，”他信心十足地说，“想到啥您就说啥；叫他们买公债，可别说笑话。”

“这一点您不用担心！”我反而去安慰他。

不一会儿，我听见介绍到我了，于是我学范朋克的姿势跳上了讲台，像开机关枪似的一口气不停地说了下去：“德国人已经到了你们的大门口！我们必须拦住他们！只要你们买自由公债，我们就能够拦住他们！记住了，每买一份公债，你就救活了一个士兵——一位母亲的儿子！——就可以早日打胜这一仗！”我说得又快又兴奋，结果从台上滑了下来，我拉住了玛丽·德蕾丝勒，两个人一起栽在那个年轻人的头上，当时那个年轻人任海军助理部长，他就是富兰克林·D. 罗斯福。

正式仪式结束后，我们按照预定程序去白宫会见威尔逊总统。我们又是紧张又是兴奋，一起被领进了绿厅[①]。忽然门开了，一位秘书走进来，兴冲冲地说：“请排成一列，向前一步走。”接着总统进来了。

玛丽·璧克馥第一个开始：“群众的热情令人十分满意，总统先生，我相信公债募购会超出限额。”

“确实会超出限额，会……”我完全是语无伦次地插嘴说。

总统露出迷惑的神情向我瞥了一眼，接着说了一个笑话，讲一位内阁部长怎样喜欢他的威士忌。大家很有礼貌地笑了，然后退了出来。

道格拉斯和玛丽选了北方几个州去推销公债，而我因为以前没有去过南方，就选了南方的几个州。我把我的朋友罗布·瓦格纳——一位作家和肖像画家——从洛杉矶邀来陪我一起去。广告做得很热闹，操作得也很得法，结果我卖了好几百万美元的公债。

我们到了北卡罗来纳州的一个城市里，那儿的接待委员会主席是当地的一位巨商。他承认曾安排十个男孩在火车站准备把奶油蛋糕扔在我脸上，但是后来看见我们下车时随从很多，才临时改变了主意。

就是这位先生后来请我们赴宴，几位美国将军也去了，其中斯科特[②]将军显然很厌恶这个商人。他在筵席上说：“瞧咱们这位主人跟一根香蕉有什么两样？”[③]这时空气显得有点紧张了。“好，你们可以给香蕉剥

① 白宫里的绿厅用作非正式的会客厅。

② 斯科特（1853—1934）：美国将军，1914 年至 1917 年任美国陆军参谋长。

③ 在美国南方诸州，很多商人以经营香蕉种植园致富。

皮嘛。”

讲到南方绅士，我在佐治亚州奥古斯塔遇到了其中一位典型人物，这个人是公债募购委员会负责人亨肖法官。他曾寄来一封信，说我们到达奥古斯塔的那一天刚巧是我的生日，所以要在城郊俱乐部设宴为我祝寿。想到将参加一次盛会，并将和许多人应酬，我决定婉言谢绝，直接回酒店去。

我们历次抵达火车站，都有许多人欢迎我们，并有当地铜管乐队奏乐。但是到了奥古斯塔，只来了亨肖法官一个人，他穿着一件黑色府绸外衣，戴着一顶被太阳晒黄了的旧巴拿马草帽。他对人文静有礼，做了自我介绍以后，就赶过来一辆老式四轮马车，说要把我和罗布送到酒店里。

我们在车上默默地坐了一会儿。忽然这位法官把话扯开了：“我之所以爱看你的喜剧片，就是因为你掌握了一些基本原理——你知道，一个人身体上最不体面的部分就是屁股，这一点在你的喜剧片里被证实了。哪怕是一位仪表堂堂的绅士，只要你对着他的屁股踢上一脚，他的庄严就完蛋了。即使是在总统的就职大典那样庄重的场合，只要你从总统后面走过去，对准他的屁股踢上一脚，那庄严的气氛也就被打破了。”我们的马车在阳光下行驶，他怪模怪样地侧转了脑袋，自言自语地说：“毫无疑问，屁股是一个羞人的地方啊。”

我用胳膊肘碰了碰罗布，悄声说：“他们要给我过生日了。”

过生日和开会被安排在同一天。亨肖另外只请了三个朋友，他对小型宴会表示歉意，还说他很自私，喜欢单独和我们在一起，不愿让别人分享了这份快乐。

高尔夫球俱乐部环境很幽美。高大的树木把影子投在碧绿的草坪上，给四周增添了一种宁静的美，我们一共六个人，围着一张圆桌坐在阳台上，桌上放着一个点亮了蜡烛的生日蛋糕。

法官细嚼着芹菜，炯炯闪亮的眼睛向我和罗布望了望：“我不知道你们是不是要在奥古斯塔推销很多公债……我不大会安排这类的事情。但是，我相信本地人都知道你们来了。”

我称赞那地方环境优美。“是呀，”他说，“可惜缺少了一样东西——薄荷冰酒①。”

大家从这句话谈到了禁酒的可能性，又谈到了禁酒的利弊。“根据医学报告，”罗布说，“禁酒是有益公众健康的。医学杂志上说，如果禁止喝威士忌，患胃溃疡的病人就会减少。”

法官露出不高兴的神情。“你不能从胃的角度来评价威士忌，威士忌是灵魂的粮食！”接着，他转过身来对我说，“查理，今天是你二十九岁生日，你还没结婚吧？”

“没结婚，”我笑了起来，“你结婚了吗？”

“没结婚呀，”他闷闷不乐地叹了口气，“经我审理的离婚案件也太多了。但是，如果我现在年轻的话，我是要结婚的；过单身生活太冷清了。不过，我又是一个赞成离婚的人。我相信，在佐治亚州，人们对我这个法官是最有意见的。如果夫妻们不愿意在一起生活下去，我是不会勉强他们的。”

稍停，罗布看了看他的表。“如果是八点半开会，”他说，“咱们该快点了。”

法官很悠闲地细嚼着芹菜。“时间多着呢，”他说，“咱们还是聊聊吧。我就是喜欢闲聊。”

去开会的途中，我们穿过了一个小小的公园。公园里至少有二十多座参议员的塑像，它们那副神气活现的样子很可笑，有的把一只手背在后面，把另一只手叉在腰里，手里还拿着个卷轴。我开玩笑说，它们完全可以扮演法官刚才谈到的喜剧片中被踢屁股的配角。

---

① 加了糖和薄荷的一款鸡尾酒。

“可不是，”他快活地说，“看上去它们还真是神气呢。”

他还把我们邀到他家里，那是一幢美丽的老式佐治亚房子，据说华盛顿“还真的在这儿睡过觉”，里面是美国18世纪古色古香的陈设。

“多么美丽。”我说。

“是呀，只是少了一位夫人，就像一个珠宝箱一样空着啊。所以，别耽误得太晚啦，查理。”

在南方各地，我们还访问了好几个军事训练营，看到许多愁苦的面孔。最后在纽约华尔街国库分库外进行了一次公债募集活动，那是我们旅行活动的高潮，玛丽、道格拉斯和我一共卖了200万美元以上的公债。

当时纽约的情景是令人沮丧的，到处都可以感觉到军国主义的魔影。这情形是无法避免的。一时美国人都仿佛是从同一个模型中铸出来的：只知道服从命令，首先信仰的就是战争。我从酒店十二层楼的窗子里，听到军乐队沿着麦迪逊大街（仿佛是穿过阴森的峡谷）勉强奏出了轻快的曲调，但那声音是愁郁的，我只见他们一路有气无力地慢慢走向炮台公园，然后上船远渡重洋。

但即使是在这样的气氛中，偶尔也会有意无意地发现一点幽默情趣。七队军乐队要穿过鲍尔公园，去接受纽约市长的检阅。威尔逊·迈兹纳[①]佩着一枚引人注目的徽章，站在运动场外，拦住每一队军乐队，关照他们在经过市长的大看台时要奏国歌。但是，等到市长和所有的人为此起立了四次以后，迈兹纳只得通知乐队，请他们别再奏了。

离开洛杉矶，参加第三次自由公债募购运动之前，我见到了玛丽·多萝。她来好莱坞，是给派拉蒙电影公司拍电影的。她喜欢看卓别林的影片，有一次对康斯坦斯·科莉尔说，她到了好莱坞只要见一个人，那就是

① 威尔逊·迈兹纳（1876—1933）：美国剧作家、演员。

查理·卓别林——她再也不会想到，她从前和卓别林在伦敦约克公爵剧院里合演过戏。

于是，我又见到了玛丽·多萝。那情景有点像是在演一出浪漫戏的第二幕。康斯坦斯介绍了我以后，我说："可是，我们以前已经见过了呀。那时候你使我很伤心。我在偷偷地爱你呀。"玛丽仍旧和从前一样美丽，她透过她的长柄眼镜看我，说："瞧我多么兴奋啊。"我接着向她解释，说我就是《福尔摩斯》里的比利。后来我们在花园里共进晚餐。那是一个炎热的夏夜，我在烛光下谈到一个暗恋着她的青年的苦闷，还告诉她，在约克公爵剧院里，我是怎样算准了她离开化装室的时间，然后又是怎样在楼梯上和她打一个照面，结结巴巴地说出了一句"晚上好"。我们谈起了伦敦和巴黎；玛丽很爱巴黎，于是我们又谈到小酒馆，谈到咖啡馆，谈到马克西姆酒店和香榭丽舍大街……

现在，玛丽到纽约来了！她一经获悉我住在丽兹酒店，就写了封信给我，邀我到她的公寓里吃饭。那封信是这样写的：

亲爱的查理：

我的公寓在香榭丽舍大街（麦迪逊大街）附近，我们可以在这里吃晚饭，或者是去马克西姆酒店（克罗尼酒店）。饭后，如果你高兴的话，我们可以乘车去森林[①]（中央公园）一带兜风……

但是，那些地方我们都没有去，两个人只在玛丽的公寓里很安静地吃了一顿饭。

我回到洛杉矶，又住进了体育俱乐部，开始考虑我的工作。拍摄《狗

---

① 巴黎西郊蒲洛涅森林的简称，为巴黎上层社会的游乐胜地。中央公园是纽约的主要公园，在第五大道与第八大道之间。

的生活》一片花了较长的时间，用了更多的钱，超出了我的预算。但是我并不为此烦恼，因为到了合同行将期满的时候，这一切都可以扯平。我着急的是，下一部片子拍什么。后来，我忽然想到：为什么不拍一部以这场战争为题材的喜剧片呢？我把这个主意告诉了几个朋友，但是他们听了都摇头。德米尔说："这时候拿战争开玩笑是危险的。"但是，危险也罢，不危险也罢，这个题材激起了我的兴趣。

根据原来的计划，《从军记》要拍五大本。开头是"家庭生活"，中间是"战争经过"，结尾是"大摆筵席"，席上所有的首脑一起庆祝我英勇地活捉了德皇。当然，最后是我从梦中惊醒了。

战争前面和后面的几段都被删掉了。筵席那场始终就没拍，但是开头的一段是拍出来的。喜剧片里采用了暗示的手法，观众们看到夏洛和他的四个孩子一路走回家。有一阵子他离开了孩子们，然后一个人走了回去，一面擦嘴，一面打嗝。他刚走到家里，影片上就立刻出现了一个煎锅，锅砸在他的脑袋上，他的妻子没露面，但是厨房里一根绳上晾了一件肥大的女衬衫，暗示她的身材有多么肥胖。

在第二段里，夏洛接受入伍体检，照着吩咐把全身脱得精光。他看见一个斜角玻璃门上印着"弗朗塞斯医师"。这时里面映出一个走来开门的身影，他以为那是一个女的，就逃进另一扇门，可是一下子发现自己到了许多用玻璃隔开的办公室的迷宫中，那里许多女职员正在忙着办公。一个女职员刚一抬头，他已经闪到一张桌子后边，但这样一来又在另一个女职员面前丑态毕露，他逃进另一扇门，跑进更多用玻璃隔开的办公室，离他原先的地方越来越远，直到最后，他发现自己到了一个阳台上，赤条条地对着下面一条人群熙攘的大道。这一段虽然拍了出来，但是后来并没有采用。我认为，夏洛最好还是当一个没有背景和来历的人，所以，他在银幕上一出现，已经是到了军队里。

《从军记》是在沸腾的热浪中拍摄的。在一棵伪装的树里拍戏（有一段戏，我就是这样拍的），实在不好受。我这人不喜欢拍外景，因为在外面拍电影容易分心。注意力和热情，都会被一阵风给吹散。

这部影片花了很长时间才拍完，但结果我对它并不满意，而这就使电影制片厂里其他人也有了同样的感觉，后来道格拉斯·范朋克要看这部影片。他陪同一个朋友来了，我说我非常失望，真想要把它扔进垃圾箱。只有我们三个人坐在放映室里看试片。影片一开映，范朋克就纵声大笑，笑声只在几阵剧烈咳嗽的当儿略停了停。可爱的道格拉斯，是我最伟大的观众。影片放映完，我们一起走到外面日光底下，他笑出的眼泪还没有干。

“你真的觉得它那样好笑吗？”我不相信他的话。

他向他那个朋友转过身去。“猜他打算怎样？他要把它扔进垃圾箱呀！”道格拉斯只做了这样一句评论。

《从军记》轰动全国，成为大战期间士兵最爱看的一部影片，拍摄工作所花的时间又比我预计的长，并且成本也比《狗的生活》更高。这时我一心要拍出更好的影片，就想到第一国家电影公司是否可以给我一些补助。自从我加入这家公司，它就如日中天，签下了多位制片人和其他影星，每拍一部影片，要给他们 25 万美元，外加百分之五十的红利。这些人的影片比我的喜剧片成本低，也更容易摄制——当然，票房也比我的低。

我去和第一国家电影公司的经理 J.D. 威廉斯谈这件事，他说要提出来让董事们讨论。我的要求并不高，只要足够补偿我的额外开销就行了；至于额外开销，每部影片是不会超过 1 万或 1.5 万美元的。他说一星期内董事们将在洛杉矶开会，我可以自己去和他们谈一谈。

在那些日子里，电影院老板都是些粗俗的商人，在他们眼里，影片只是论英尺计价的商品。我认为，我当时为自己申辩的那几句话说得合情合理，并且也很诚恳。我说，我需要增加一些补贴，因为我花的钱和时间都超出了我的预算，即使我是个工人，我也可以要求通用汽车公司提高我的工资。听完了我的话，大家都不开口，后来他们的发言人着急了。“你瞧，查理，这是谈好了的交易，”他说，“你既然已经签订了合同，我们认为你就要履行合同。”

我的回答也很干脆：“我可以在两个月内交出那六部影片，如果你们要那种片子的话。”

“那就随你的便啦，查理。”他沉着地说。

我接下去说：“我要求加钱，只是为了要保持作品的水平。你们这样漠不关心，说明你们既不懂人的心理，又缺乏远见。要知道，这会儿你们不是在买卖香肠，而是在对待一个人的工作热情。”然而什么也没法打动他们。我不能理解他们的态度，因为我被认为是全国最能卖座的演员。

“我相信，这件事多少和电影业的这次开会有关系，”我哥哥雪尼说，“谣传所有的电影制片公司要组成一个托拉斯。”

过了一天，雪尼见到了道格拉斯和玛丽。他们也很着急，因为他们的合同即将期满，但是派拉蒙电影公司并不过问这件事。道格拉斯和雪尼的看法相同，也认为这和传说中电影业的联合有关：“我们最好是请一位侦探去侦察一下，了解一些内幕。”

我们都赞成雇用一个侦探。后来我们请了一位非常机灵能干、姿色动人的女侦探。不久就有一家资本雄厚的电影公司的总经理约她幽会。根据她的报告，她在亚历山大酒店的大堂里遇见了这个人，朝他笑了笑，然后托词认错了人。那天晚上，这位经理就约她去吃饭。我们从她的报告中可以看出，这位经理油嘴滑舌、爱吹牛，并且是个好色之人。她接连着陪他出去了三个晚上，每次都用诺言笼络，再用托词避开他。与此同时，她全部探听清楚了电影业中的动态。这位经理和他的同事正要联合所有的电影公司，组成一个资本4000万美元的托拉斯，和美国所有的电影院老板签订一份为期五年的合同，从而对他们进行操纵。经理告诉她，他们打算把电影业建立在一个合理的商业基础上，再不容许一伙疯狂的演员操纵，不能让他们坐享巨额的薪金。这就是她探查到的主要内容，而我们只要知道这些就够了。我们四个人把这份报告给 D. W. 格里菲斯和比尔·哈特[①]看了，他们的反应也和我们的一样。

雪尼对我们说，如果我们向电影院老板宣布，说要成立我们的电影公司，准备在公开市场上出售自己的影片，保持独立的身份，我们就可以挫败他们的托拉斯计划，因为当时我们是电影业中最能卖座的演员。其实，原来我们并不打算这样干到底。我们的目的不过是要阻止电影院老板和计划中的托拉斯签订为期五年的合同，因为，只要没有我们这些影星参加，这项计划就会变得毫无意义了。我们决定，趁他们开会的前一天晚上，一起去亚历山大酒店的大餐厅吃饭，然后向报界发表声明。

那天晚上，我同玛丽·璧克馥、D. W. 格里菲斯、比尔·哈特和道格拉斯·范朋克等，一起坐在大餐厅的一张桌子边。那效果是够刺激的。J. D. 威廉斯没想到会有这种事情发生，他第一个走进来，一看见我们，就慌忙退出去了。其他的电影公司经理一个个走到门口，向里面望了望，又匆匆忙忙地离开，而我们则坐在那儿大谈生意，还在台布上写一些巨额数字。每当一个电影公司经理走进餐厅，道格拉斯就突然胡言乱语一气，说什么“这些天，卷心菜对大花生，干货对猪肉，它们起了很大的作用呀”。格里菲斯和比尔·哈特都以为他发疯了。

不一会儿，已经有六七个记者坐在我们的桌边，把我们的话记录下来。我们发表声明，说我们正在筹备成立联美电影公司，以便保护我们的独立性，对抗即将组成的托拉斯。后来这消息被当作头版新闻登出来了。

---

① 比尔·哈特（1862—1946）：美国电影演员，在无声片中以演西部牛仔闻名。

第二天，好几家电影公司的经理都愿意辞去现任职务，来担任我们公司的经理，他们宁愿领很低的薪水，只要能够在新公司里分享红利。看到他们做出这样的反应，我们决定把原订的计划进行到底。于是联美电影公司就这样成立了。

我们在玛丽·璧克馥家开了一次会。每个人出席时都带了一位律师和一位经理。到会的人很多，所以大家发表意见时，就像是在举行一次公开演讲一样。不瞒大家说，我一发言就会紧张。但是玛丽在法律和商业方面的精明使我感到惊奇。她熟悉这方面所有的专门用语：分期偿还债券、红利后取股等等。她知道所有的公司条例，说第七页第一节第二十七条是和法律不一致的，还冷静地指出了第四节第二十四条是和另一条重复或抵触的。在这种情况下，她不仅使我惊讶，而且更使我伤心，“美国甜姐儿”竟会有这样一面，这是我此前不了解的。有一句话我永远不会忘记。她向我们的代表慷慨陈词时说：“诸位先生们，我们按理应当……”我听了大笑起来，不禁重复说：“按理应当！按理应当！”

玛丽不但以美丽出名，而且以精明见称。我记得，梅布尔·诺曼第一次把她介绍给我的时候说：“这位是海蒂·格林[①]，她又叫玛丽·璧克馥。”

我参加那些商务会议，不过是虚应故事而已。幸亏我哥哥在商业方面和玛丽同样老练；道格拉斯虽然显出了一副满不在意的神情，但实际上比我们都精明。我们的律师争论法律名词时，他像个小学生似的在一边玩笑，但是等到读那些公司条例时，他一个逗号也没有漏过。

情愿辞去自己现任职务并加入我们的电影公司经理当中，有一位是派拉蒙电影公司的创办人和经理阿道夫·朱科尔[②]。朱科尔是一个性情活泼、

---

① 世界上最富有的女性之一，据说她精明干练，通过经商致富，所赚的钱在 1 亿美元以上。——原注

② 阿道夫·朱科尔（1873—1976）：美国电影制片商，先后创办明星电影公司和派拉蒙电影公司。

身材矮小、态度和蔼可亲的人，他的长相和满腔热情都和拿破仑很相似。谈生意时，他的话极为生动，很有说服力。“你们呀，”他说话时一口匈牙利口音，“你们完全有权利充分享受你们应得的利益，因为你们是艺术家！是你们在从事创作！有了你们才会有人来看电影。”这时我们客气了几句。“你们即将成立的公司，我认为是电影业中阵容最强的，如果……如果，”他加重语气说，“经营得法的话。要是一方面有你们动脑筋，另一方面有我来出主意，那该有多美呀！”

他就这样谈他的理想和信念，向我们娓娓动听地说下去；他承认曾经计划合并电影院和制片厂，但是又说他愿意放弃这一切，加入我们一伙。他说话的口气透出了稳重和亲切：“你们竟然把我当作你们的敌人！可我是你们的朋友呀——是艺术家的朋友呀。要知道，我是第一个把电影理想化的人呀！是谁清除了那些肮脏的 5 分钱电影院[①]？是谁给你们添设了那些舒适的座位？是我给你们建造了大影院，提高了票价，这样你们才能够靠拍电影赚大钱的呀。可是你们，你们这些人反而要把我钉在十字架上！”

朱科尔既是一位伟大的演员，又是一位不寻常的商人。他建立了全世界规模最大的轮回上演电影院。但是，他要合股加入我们公司的事，始终没有谈成。

过了不到六个月，玛丽和道格拉斯已经开始给新成立的公司拍电影了，但是我还得给第一国家电影公司拍完六部喜剧片。第一国家电影公司对我那样不讲情面，使我非常恼火，这就妨碍了我的工作进展。我愿意出价收购我签下的合同，并额外补贴他们 10 万美元的利润，但是公司拒绝了。

由于影星中只有玛丽和道格拉斯的影片由我们公司发行，所以他们

① 美国早期票价售 5 美分的小电影院。

经常向我埋怨，怪我没拍电影，说他们的负担太重。他们以百分之二十的极低价格发行影片，公司负了100万美元的债。可是，我的影片《淘金记》一放映，立即偿清了所有的债务，玛丽和道格拉斯的气也消了，此后不再埋怨了。

战事日趋激烈。欧洲各地正在进行残酷的屠杀和破坏。在训练营里，人们学习怎样用刺刀进攻——怎样吆喝，怎样冲锋，怎样把刺刀扎进敌人的肚子。如果刺刀卡在敌人的胯里，就向肚子开一枪，把刀拔出来。大家变得歇斯底里起来。逃避兵役的人要被判处五年徒刑，每个人都得随身携带入伍登记证。年轻人几乎都穿上了军服；一个人如果不穿军服，别人可能就要看他的入伍登记证，或者，女性就要送他一根白羽毛[①]。

一些报纸提出了批评，指责我不去参军。另一些报纸为我辩解，说我拍喜剧片比当兵更重要。

美国军队抵达法国时，新兵缺乏作战经验，却要立即参战。他们不听那些已经血战了三年的英法战士的忠告，全凭血气之勇投入战斗，结果死伤了成千上万的人。接连几个星期，传来的消息是令人沮丧的；报上刊出了大量美军伤亡人员的姓名。此后几个月，战事进入沉寂期，美国士兵和协约国的其他军队都在战壕中坚守阵地，在泥污血泊中度过苦闷的日子。

最后，协约军开始推进。我们的旗子开始在地图上逐渐向前移动。每天都有成群的人急切地望着那些旗子。敌军的阵线终于被突破，但我们的牺牲是巨大的。接着报上刊出了黑体字的大标题：**德皇逃亡荷兰**！再后来，头版全版刊出了这几个字：**停战协定签订**！消息传来，我正在体育俱乐部我的房间里。瞬息间，下面马路上乱成了一片；汽车揿喇叭，

① 表示轻蔑的意思。尾间杂有白羽毛的斗鸡属下品，白羽毛象征懦怯。

工厂鸣汽笛，军号开始狂吼，整天整夜吵个不停。人们都快活得像发了疯一样——有的唱歌，有的跳舞，有的拥抱，有的接吻，有的调情。和平终于到来了！

生活中没有了战争，人们就好像突然从牢狱中被释放出来一样。我们出于惯性，此后几个月仍旧一直担心忘了带入伍登记证。不管胜利意味着什么，协约国终于胜利了。但是，究竟是否赢得了和平，人们仍旧不能肯定。只有一件事是可以肯定的：我们以前所熟悉的文化将不会维持原样了，因为那个时代已经过去了。那个时代的基本礼节也随之消失了——然而，话又说回来了，礼节在任何时代都不是一个什么了不起的东西。

十六

汤姆·哈林顿来为我服务，多少是出于偶然，然而在我生活的一个急剧转变中却起到了作用。以前他替我的朋友伯特·克拉克管理服装，兼做其他杂事。伯特在英国歌舞团里做喜剧演员，后来进了基斯顿电影公司。他钢琴弹得非常好，但做事缺乏主见、不切实际，有一次劝我和他合股出版音乐书籍。于是我们就在闹市区一个办公大厦的三层楼上租了一间屋子，把我编的两首拙劣的歌曲和乐曲印了两千本，然后等候顾客来买。这件事做得很有趣，但也很傻气。据我所知，我们一共只卖出了三本，一本是由美国作曲家查尔斯·卡德曼买去的，两本是由两个下楼时无意中走过的人买去的。

克拉克叫哈林顿照管那个地方，但一个月后克拉克回纽约了，那个地方也就关闭了。可是汤姆却留了下来，说他愿意像为克拉克工作那样为我工作。没想到汤姆告诉我，克拉克从来没给过工资，只每星期补贴给他七八美元的生活费；好在他是一位素食主义者，平时只喝茶，吃面包、黄油和土豆。这些话当然使我感到十分惊讶，于是我给汤姆补发了在音乐出版公司工作期间的薪水，而他就开始为我打杂、做侍仆，兼当秘书。

汤姆性情和顺，看上去从不显老，样子有些古怪，脸长得像圣弗朗西斯[①]，仁慈中透出一个持戒修行者的神情，嘴唇很薄，额角很高，一双

① 圣弗朗西斯（1181—1226）：天主教圣方济各会创始人，因生于意大利中部的阿西西镇，又称阿西西的圣弗朗西斯。

眼睛流露出忧郁和冷静。他生活相当散漫，带有一点神秘味道，祖先是爱尔兰人，本人出生于纽约东区，但看来他更适合进修道院，而不是从事琐碎而多变的电影工作。

他每天早晨把收到的信件和报纸送到体育俱乐部，然后给我准备好早餐。有时候，他什么话也不说，只在我床头留下几本书——其中有我不曾听说过的作者，如小泉八云[①]和弗兰克·哈里斯[②]的作品。由于汤姆的推荐，我读了鲍斯韦尔[③]的《约翰逊传》——“这是一本让您晚上看了就可以睡着的书。”他笑着说。不向汤姆说话，他是从来不会多嘴的；我吃早餐的时候，他有一种使我不会觉察出他在身边的本领。他变成了我生活中一个不可缺少的人物。要做什么事情，我只需吩咐一声，他总是点一点头，那件事就办妥了。

如果我那天刚要离开体育俱乐部的时候，没有听到电话铃响，那么我的生活道路也许会改变。电话是萨姆·高尔德温[④]打来的。他问我是否愿意到他的海滨别墅去游泳。那是 1917 年的下半年。

那是一个愉快而宁静的下午。我记得，美丽的奥利芙·托马斯和其他许多漂亮姑娘都在那里。后来，一个叫米尔德里德·哈里斯的姑娘来了。她是由一位哈姆先生陪同着来的。我觉得她长得很俏丽。有人说她那时正在热恋埃利奥特·德克斯特，而那天埃利奥特也在那里；我注意到，她整个下午老是紧盯着埃利奥特，但是他却不大理会。此后我就没有再去想她，直到临走的时候，她问我是否可以让她搭车到市区，还解释说，她和陪她来的朋友吵了嘴，他已经先走了。

---

① 小泉八云（1850—1904）：日本文艺评论家、小说家，原名拉夫卡迪奥·赫恩，原籍爱尔兰，生于希腊，后入日本籍，作品用英文发表，以日本习俗为题材，代表作有《怪谈》等。

② 弗兰克·哈里斯（1856—1931）：美国小说家、传记作家、剧作家，曾在伦敦编辑《星期六评论》，著有《奥斯卡·王尔德传》和《我的生活与爱情》等。

③ 鲍斯韦尔（1740—1795）：苏格兰律师和作家，以《约翰逊传》一书闻名。

④ 萨姆·高尔德温（1879—1974）：美国电影制片商，米高梅电影公司的股东之一。

我在车里逗她说，也许她的朋友是吃埃利奥特·德克斯特的醋了吧。她承认埃利奥特是她心目中了不起的人物。

我感受到，她天真地说笑话，是出于女性的一种本能，是为了要使人家对她产生兴趣。“他可是艳福不浅呀。”我漫不经心地说。于是一路上两人有一搭没一搭地闲聊。她告诉我，她原先在洛伊斯·韦伯[①]手下工作，现在给派拉蒙电影公司拍电影。我的车把她送到了她的公寓，她给我的印象是一个十分娇憨的年轻姑娘。我回到体育俱乐部，感到一阵轻松，因为我喜欢一个人清静清静。但在房间里还没待上五分钟，电话铃响了。是哈里斯小姐打来的。“我没什么事，就是想要知道你这会儿在干什么。”她天真地说。

我觉得她的态度很奇怪，因为她好像把我当作一个久已相识、知情识趣的情人。我告诉她，我正准备在房间里吃晚饭，然后要上床看一会儿书。

“哦！”她伤感地说，接着就要知道我看的是什么样的书，住的是什么样的房间。她可以想象到，我是怎样一个人待在房间里，怎样舒舒服服地睡在被窝里。

这种无聊的谈话倒挺有趣，于是我不知不觉，像谈情说爱似的，跟她闲扯了下去。

“我什么时候再和你见面呀？”她问。于是我就开玩笑，怪她不该抛弃了埃利奥特，接着就听到她保证说，她实际上对埃利奥特并没有意思，而这就让我打乱了那天晚上的安排，开口邀她出去吃饭。

那天晚上她虽然漂亮可爱，但是并没激起我在一个漂亮姑娘身边往往会有的那种热情。她对我的兴趣只可能是肉体之爱；虽然我认为她希望我对她进行挑逗，但是我并没有这方面的意思。

---

① 洛伊斯·韦伯（1879—1939）：美国作家、电影导演。

此后我没有再想到她，但是那个星期三，汤姆说她打电话来了。当时如果不是他随便多插一句嘴，我可能就不会想到要再见她，但是，他无意中提到，汽车司机曾经对他说，我从萨姆·高尔德温家里回来时，身边有一位他见过的最美的姑娘。这句玩笑话打动了我的虚荣心——从此我就和她频繁往来了。晚餐，舞会，良宵月夜，海滨漫游，终于发生了那件无可避免的事情——米尔德里德怀疑自己怀孕了。

汤姆心里想到什么，嘴里是不会吭声的。一天早晨，他把我的早餐端进来，我漫不经心地说，我要结婚了，他听了连眼睛也不眨一下。“哪一天？”他冷静地问。

“今天是星期几？”

“星期二。”

“那么，就星期五吧。”我说话时仍在看报，连头都没有抬起。

“我想，是哈里斯小姐吧？”

“是呀。”

他毫不介意地点了点头：“您戒指准备好了吗？”

“没有，最好你给我准备一只，把所有要办的手续都办好——可别声张出去。”

他又点了点头，此后，一直到结婚的那一天，我们再没提起这件事。按照他的安排，我们被定在星期五晚上 8 点结婚。

那天我在电影制片厂里工作到很晚。七点半，汤姆悄悄地走到布景地，小声说：“别忘了，您 8 点有一个约会。”我心情抑郁地卸了装，由汤姆帮我穿好了衣服。坐上汽车之前，我们俩没有交谈一句话。后来他才向我说明，我将在本地登记员①斯帕克斯先生家里和哈里斯小姐会齐。

---

① 在美国，登记员主管不举行仪式的结婚登记。

我们抵达时，米尔德里德已经坐在前厅里。我们走进去时，她露出忧郁的微笑，我为她感到有点难过。她穿了一套很朴素的深灰色衣服，看起来非常漂亮。汤姆赶快笨手笨脚地把一只戒指塞在我手里，这时有一个身材瘦长、和蔼可亲的人走进来，把我们领进了另一间屋子。他就是斯帕克斯先生。“哦，查理，”他说，“你的这位秘书可真行呀。我半小时前才知道，原来结婚的是你呀。”

婚礼非常简单直接。我把汤姆笨手笨脚递给我的那只戒指套在米尔德里德的手指上。这样一来我们就结为夫妇了。婚礼结束，我们刚要走，只听见斯帕克斯先生说：“别忘了吻你的新娘呀，查理。”

“哦，知道啦。”我笑着说。

当时我的情绪是复杂的。我觉得，一些类似儿戏和近乎多余的事情，织成了一张网，而我就被套进了这张网——总之，这是一个缺乏重要基础的结合。然而，我久已需要一个妻子，而米尔德里德又是这样年轻貌美，她那年还不满十九岁，我虽然比她大十岁，但也许我们可以生活得很美满吧。

第二天早晨，我心事重重地去电影制片厂。埃德娜·普文斯已经在那里，并且看到了早报，我走过她的化装室时，她走到门口。“恭喜呀。”她亲切地说。“谢谢你。”我一边回答，一边直接走进我的化装室。埃德娜使我感到很尴尬。

我悄悄地告诉道格拉斯，说米尔德里德不太聪明；但是我并不想娶一本百科全书——在知识方面，我尽可以从图书馆里获得我所需要的刺激。然而，嘴里说得很好，心里却在担心：结了婚会不会影响我的工作呢？虽然米尔德里德年轻貌美，但我就应当这样永远与她厮守吗？我需要这样做吗？我真不知该怎么办才好。我以前虽然没有爱上过她，但如今既然结了婚，我就要爱她，希望婚后的生活过得幸福。

然而，在米尔德里德眼里，结婚只不过是一次历险，就像在选美比赛中名列第一那样激动人心，就像小说里看到的情节。她是缺乏现实感的。我试着严肃地和她谈我们的计划，但是她根本没听进去。她仍旧处于一种眩惑失措的状态中。

我们婚后第二天，米高梅公司的路易斯·伯特·梅耶来找米尔德里德，要和她签订一份合同，约定以 5 万美元的代价，邀她在一年内拍六部电影。我劝她不要签订合同："如果你打算继续拍电影，我能让你拍一部影片就拿到 5 万美元。"

她带着蒙娜丽莎的微笑，我说什么她都点头，但后来仍旧签了那份合同。

她这样起先点头同意，后来一意孤行，使我对她毫无办法。我既生她的气，又恼火梅耶，因为我们的结婚证墨迹未干，梅耶就来挟制她签订合同。

过了大约一个月，她和米高梅公司发生了纠纷，要我去找梅耶谈判解决。我对她说，我在任何情况下都不会去见他。但是她已经邀请梅耶来吃晚饭，并且直到他来的前一刻钟才告诉我这件事。我再也按捺不住怒火，气愤到了极点。"如果你让他来这儿，我就要骂他了。"这句话刚说完，门铃响了。我像一只兔子似的跳进了客厅隔壁的玻璃暖房里，但那间暖房是没有出口的。

我在那里躲了一段长得好像没完没了的时间，而米尔德里德和梅耶则坐在离我几英尺远的客厅里谈生意。我感觉到梅耶知道我躲在那里，因为从他的谈话中可以听出一种做作和夸大的口气。经过一阵沉默，他提起了我，米尔德里德说我大概不会回来了，这时又听见他们起立的声音，我唯恐他们会走进暖房，发现我在那里，只好假装睡着了。但是，梅耶推辞了几句，没留下来吃饭就走了。

我和米尔德里德结婚后，才知道她的有孕只是一场虚惊。又过了几个月，我才拍完《田园牧歌》这部三大本的喜剧片，拍摄的过程好像拔牙一样痛苦。毫无疑问，婚后生活影响了我的创作能力。《田园牧歌》拍完后，我已经才尽力竭了。

绝望中，为了调剂一下，我就到奥尔菲姆剧院去消遣。我看到了一个古怪的舞蹈演员——他并没有什么出色的地方，但是，一幕演完后，他领了一个四岁大的孩子出来，和他一起鞠躬谢幕。孩子跟着父亲鞠完躬，忽然跳了几个有趣的舞步，用懂事的眼光望了望观众，向大家摆了摆手，然后跑到后台。观众大声喝彩，于是孩子只得再次上场，这次他跳了另一个式样的舞蹈。要是换了另一个孩子，这些做作是会惹人厌的。然而杰基·库根却很逗人爱，他的一举一动观众们看了都觉得有趣。不论演什么，这小家伙都表现出一种可爱的个性。

过了一个星期，我又想起了那个小家伙，当时我正和剧组里的演员坐在露天舞台上，我仍在搜索枯肠，思索下一部影片该拍些什么。那些日子里，我常常坐在一班演员跟前，因为他们的形象和反应，往往可以启发我。那一天我无精打采，思想迟钝，虽然他们都向我客气地赔着笑，但是我知道自己的头脑已经不听使唤。我漫无目标地胡思乱想，又谈到我在奥尔菲姆剧院里看到的演出，谈到走上台和他父亲一起鞠躬谢幕的小男孩杰基·库根。

有个人说，他看到那天的早报，获悉杰基·库根和罗斯科·阿巴克尔签订了影片拍摄合同。我一听到这消息，就像触了电一样。“我的天呀！我怎么就没想到呢？”不用说，他在电影里准会出彩！接着我就一件件地向他们列举：他可以拍什么样的戏，我有了他又可以想出什么笑料，编出什么电影。

我突然有了许多主意。“想想看，流浪汉是一个玻璃装配工，孩子在街上到处砸碎窗子，流浪汉来装配玻璃。孩子和流浪汉一起生活，那该多么有趣，可以引出各式各样离奇的故事！”

我整整在那儿坐了一天，编排电影故事，讲述一幕幕剧情，剧组里的演员侧过脸来望着我，都觉得奇怪：机会都已经错过了，我这样不是白起劲嘛。我接连几个小时，一直在设想种种动作和场面。后来，我忽然醒悟过来：“可是，这有什么用呢？阿巴克尔已经和他签了合同，并且，大概已经有了和我同样的念头。瞧我多么笨，就没早点想到！”

那天整个下午和晚上，我想来想去，无非是关于那个孩子拍电影的种种可能。第二天早晨，我仍旧闷闷不乐，召集了所有的演员去排演——天知道是怎么回事，因为我根本就没有什么戏可以排演，于是我和全组的演员无精打采地坐在露天舞台上。

有人提议，我不妨想办法另行物色一个孩子——要不就去找一个黑人孩子吧。但是我怀疑地摇了摇头。要找一个杰基那样有个性的孩子是很难的。

大约 11 点半，我们的宣传员卡莱尔·罗宾逊神情激动、气喘吁吁地赶到了露天舞台。“跟阿巴克尔签订合同的不是小杰基·库根，是他爸爸老杰基·库根！”

我一下子从椅子上跳起来：“快！打电话给他父亲，叫他立刻到这儿来；这件事十分重要！”

这个消息惊动了我们所有的人。一些演员走过来拍拍我的背，他们都喜形于色。办公室里的职员听到了这个消息，也都跑到露天舞台上来向我祝贺。但是，这时我还没有和杰基签订合同，可能阿巴克尔也会忽然转到这个念头。于是，我关照罗宾逊，叫他打电话的时候要当心，绝口不要提到孩子的事：“他父亲没来到这儿之前，都不要提起；只对他说，有非常紧急的事情，我们必须在半小时内立刻见到他。如果他不能离开制片厂，我们就去那儿找他。但是，在他来到这儿之前，什么都别告诉他。”办事的人没办法马上找到杰基的父亲，他不在电影制片厂里，那两个小时我急得像热锅上的蚂蚁一样。

最后，杰基的父亲来了，露出了一副惊奇和迷惑的神情。我拉住了他的胳膊。“他会一鸣惊人的——这可是一件从未有过的大事！只要他拍这部影片！”我嘟嘟哝哝地浑说了一气，他准以为我是疯了，“这件事会给你儿子一个飞黄腾达的机会！”

“我儿子？”

“是呀，你儿子，只要你让我把他留下来拍这部影片。”

“啊，你尽管把这小坏蛋留下来好啦。”他说。

有人说，孩子和狗是电影里最好的演员。把一个刚满周岁的婴儿放在浴缸里，旁边摆上一块肥皂，只要他抓起那块肥皂，就会引起哄堂大笑。所有的孩子或多或少都具有那么一点天才；问题在于如何想办法使他们表现出来。对杰基来说，这是容易做到的。有几条演哑剧的基本规则需要学会，杰基很快就掌握了它们。他能够使情感配合动作，使动作配合情感，而且能够一次又一次地重复表演，始终使人感到很自然。

在《寻子遇仙记》的一场里，孩子准备扔一块石头，去砸碎一扇窗子。一个警察偷偷地从他背后走了过来，孩子把一只手举起来向后拉，准备扔那块石头，这时他的手碰到了警察的衣服。他抬头望了望警察，戏耍般地把石头抛到空中，再把它接在手里，然后天真地丢掉了石头，慢腾腾地走开几步，忽然飞也似的逃跑了。

我设想出了这个镜头的动作，关照杰基留心看着我，叫他特别注意这几点：“你先拿起一块石头；然后你望了望那扇窗子；接着，你准备扔那块石头；你把手举起来向后拉，但是你碰到了警察的衣服；你碰到了他的纽扣，这时你抬起头来看，发现那是一个警察；你闹着玩儿似的把石头抛在空中，接着你丢掉了石头，你满不在乎地走开几步，忽然拔起脚来飞跑。”

他把那个镜头的动作练了三四次。最后他很准确地学会了那些动作，他的情感和动作配合起来了。换句话说，动作激发了他的情感。那是杰基演得最精彩的一个镜头，也是整部影片中的一个高潮。

当然，并不是所有的镜头都是很容易就能拍好的。比较简单的镜头反而常常会使他感到困难，因为简单的镜头倒是难拍的。有一次我要他很自然地吊在一扇门上荡着玩儿，但是，他的动作却显得做作，我们只好把这个镜头放弃了。

如果不用心揣摩，就不容易表演得自然。听的神态是不容易表演的；业余演员往往会装出了过分注意的神情。只要杰基用心揣摩了，他的表演总是精彩的。

杰基的父亲和阿巴克尔签订的合同不久将期满，所以他可以在我们的电影制片厂里陪他的儿子了，后来他在廉价旅馆的一场戏里扮演了一个扒手。有时候他对我们很有帮助。在一场戏里，两个贫民习艺所的工作人员要从我身边把杰基夺走，这时候我们要他很逼真地哭出来。我向他讲了各种各样的伤心故事，但他那会儿正非常顽皮和兴奋。我们等了一个小时，他父亲说："瞧我来叫他哭。"

"可别吓坏了孩子呀。"我感到很过意不去。

"哦，不会的，不会的。"他父亲说。

杰基那时正玩得高兴，我没勇气留在那儿看他父亲叫他哭，于是走到我的化装室里。过了一会儿，我听见杰基号啕大哭起来。

"这会儿他完全准备好了。"他父亲说。

那场戏拍的是：我把孩子从贫民习艺所的工作人员手里救出来，他哽咽地哭着，我抱着他吻他。拍完了那个镜头，我问他父亲："你怎样把他惹哭的呀？"

"我只对他说：如果他不哭，我们就要把他从制片厂里带走，真的送他进贫民习艺所了。"

我转过身去，把杰基抱在怀里安慰他。他脸上的眼泪还没有干。"他们不会把你带走的。"我说。

“我知道，”他小声说，“爸爸是哄我的。”

短篇小说作家古韦纳尔·莫里斯写过很多电影剧本，他常常邀我去他家里做客。“古韦”（我们这样称呼他）是一个魅力十足、情感丰富的人。我有一次和他谈到《寻子遇仙记》，说明它将采取的形式，也就是闹剧与感情剧相结合的形式，他说：“那样是不行的。形式必须是单纯的，要么是闹剧，要么是正经戏；不能把二者混杂在一起，因为，那样一来，剧中的某一部分就无法演好了。”

我们在这一点上争论了很久。我说，从闹剧过渡到感情剧，只是一个如何表达情感和细心安排场次的问题。我认为，形式都是由人创造的，如果艺术家想象出了一个世界，并且坚信有那样一个世界，不论其中的成分多么复杂，人们会相信它是真实的。当然，我这样说，只是凭直觉，并没有理论根据。以前人们只演讽刺剧、滑稽剧、情节剧、现实主义戏剧、自然主义戏剧和幻想戏剧，将闹剧与感情剧相结合的《寻子遇仙记》，可以说是一个创新。

我给《寻子遇仙记》做剪辑工作时，七岁的国际象棋少年锦标赛冠军塞缪尔·雷谢夫斯基来参观我们的制片厂。他将在体育俱乐部进行表演赛，和二十个大人同时对弈，其中包括加州国际象棋锦标赛冠军格里菲斯博士。塞缪尔一张苍白瘦削的小脸显得很紧张，看人的时候一双大眼睛像挑战似的瞪着。事先有人告诉我，说他脾气乖张，一般是不大肯跟别人握手的。

一同来的经纪人向我们做了介绍，说了几句话，孩子站在那儿默默地盯着我瞧。我继续做剪辑工作，检看一卷卷胶片。

过了一会儿，我向他转过身去：“你爱吃桃子吗？”

“爱吃。”他回答。

“那好，我们花园里的一棵桃树上结满了桃子；你可以爬上去采一些——也给我采一个来。”

他脸上笑得发了光：“哦，好呀！那棵树在哪儿？”

“卡莱尔会领你去的。”我说的是我的宣传员。

一刻钟后，他回来了，兴高采烈，手里拿着几个桃子。从此我们就成了好朋友。

“你会下棋吗？”他问。

我只好承认不会。

“让我来教你。今天晚上你来看我下棋，我同时和二十个大人比赛。”他得意扬扬地夸口。

我答应去，还说比赛完了要请他吃饭。

“好吧，我会早点结束的。”

无须懂得怎样下棋，也可以看出那天晚上的棋赛有多么紧张：二十个中年人，全神贯注地对着他们的棋局，被一个看上去比实际年龄更小的七岁孩子逼得走投无路。单是看着这个孩子在排列成“U”形的桌子当中走来走去，从一个对手跟前走到另一个对手跟前，已经是够紧张的了。

三百多个观众一排排坐在大厅两旁，鸦雀无声，看着一个孩子和许多严肃认真的大人钩心斗角，那情景简直令人难以置信。有的人看起来很傲慢，带着蒙娜丽莎的微笑，在琢磨棋局。

那孩子的棋艺确实了不起，但是我为他感到不安，看到他聚精会神，小脸蛋一会儿鲜红，一会儿煞白，知道他在健康方面是付出了代价的。

“我走这一步！”一个棋手喊，孩子就走过去，仔细地向棋局看了几秒钟，然后突然走一步棋，或者说一声“将！”于是观众中响起了一片笑声。我看到他很快地一连将了八个对手，引起了一阵又一阵的大笑和喝彩。

后来他仔细看格里菲斯博士的棋。观众也都屏声静气。忽然，他走了一步，然后转过身来看见了我。他露出笑容，摆了摆手，表示再过一会儿棋赛就可以结束了。

他赢了其他几个对手后，又回到格里菲斯博士跟前，博士仍在用心沉思。“你还没走吗？”孩子不耐烦地问。

博士摇摇头。

“那么走吧，快点儿。”

格里菲斯笑了。

但是孩子向他恶狠狠地瞪了一眼。“你别想能赢我！你如果这么走，我就这么应！你如果那么走，我就那么应！”他很快地一连串说出了下面七八步棋，“我们尽可以在这儿纠缠一个晚上，所以，就让我们比成和局吧。”

博士只好同意了。

虽然我对米尔德里德逐渐有了感情，但两人终究是无法调和的。她人倒也不坏，但行动总是鬼鬼祟祟，使人恼火。我怎么也摸不清她的心理，只知道她满脑子里都是虚荣的糊涂想法。她好像很容易兴奋激动，老是羡慕新的东西。我们婚后一年，生了一个孩子，出世三天就夭折了。从此婚后生活毫无乐趣。两人虽然住在一幢房子里，但彼此难得见一面，因为她和我都忙于拍电影。家里成了一个凄凉冷清的地方。我回到那里，看到饭菜已经为我摆好，就独自吃饭。有时候她一离开家就是一个星期，连一句话也不留下来给我，我看见她空房间的门敞开着，才知道她走了。

有时候我们星期日偶尔遇到，而她正要出门，她总是向我敷衍几句，说她要去和吉许姐妹或其他女友度周末，而我就到范朋克家去。后来决裂的一天终于到来。那时我正在给《寻子遇仙记》做剪辑工作。我在范朋克家度周末（当时道格拉斯已和玛丽结婚）。道格拉斯告诉了我一些有关米尔德里德的流言蜚语。“我想，这你应该知道。”他说。

这些谣传究竟真实到什么程度，我根本不打算去核实，但我听到后感到很郁闷。后来我就去质问米尔德里德，她冷冷地否认了这件事。

“可是，咱们总不能就这样生活下去呀。”我说。

她沉默了一会儿，然后冷冷地向我看了一眼。“你打算怎么办？”她问。

她说这话时显得无动于衷，我有些惊讶。“我……我认为我们应当离婚。”我一边缓缓地说，一边心里猜想她会有什么反应。但是她不回答，于是，沉默了一会儿，我接下去说：“我想，离了婚我们俩都可以生活得幸福一些。你年纪还轻，还有你的前途，当然，这件事我们可以客客气气地解决。你可以让你的律师去见我的律师，这样，你有什么要求，可以提出来商量。”

“我只要有足够的钱，可以照顾我母亲。”她说。

“要不，就咱们自己谈一谈吧。”我试探了一句。

她思索了一会儿，然后做出了决定：“我想，我还是去找我的律师。”

“很好，”我回答，“暂时你仍旧住在这儿，我回到体育俱乐部去。”

我们客客气气地分了手，同意由她控诉我精神虐待，提出离婚申请，我们约好都不向报界谈这件事。

第二天早晨，汤姆把我的东西搬到了体育俱乐部。但这件事我做错了，因为，这样一来，有关我们离婚的谣言很快就传播开了，记者们开始打电话问米尔德里德。他们还去俱乐部找我，可是我不接见他们，也不发表声明。然而她却在报纸的头版上对我大肆攻击，说我怎样遗弃了她，她控诉我对她进行了精神虐待，要求离婚。和当下一般人相比，她的攻击还算是温和的。我为了此事去找她，问她为什么要接见记者。她解释说，起先她拒绝了记者，但是他们告诉她，我已经发表了一篇措辞强烈的声明。他们肯定是在造谣，要挑起我们两人的仇视，我当即把这话告诉了她。她答应不再发表声明，但是后来又违背了诺言。

根据加州的夫妻共有财产法，她应当获得 2.5 万美元赡养费，而我

父亲查尔斯·卓别林

母亲汉娜·卓别林

汉娜·卓别林在加州自己的家中

在汉威尔学校，1897 年

雪尼 · 卓别林

醉鬼扮相，卓别林在卡诺剧团的扮相之一

与阿尔夫·里夫斯

在赴美国的船上

《完美结局》剧照，与梅布尔·诺曼

卓别林的电影制片厂，1917 年在施工现场

联美电影公司初创者，从左至右依次为道格拉斯 · 范朋克、卓别林、D.W. 格里菲斯和玛丽 · 璧克馥

在自由公债巡回募集中讲话

米尔德里德·哈里斯

1918 年前后

在伦敦，1921 年

与蒙巴顿勋爵夫妇，1921 年

《寻子遇仙记》剧照，与杰基·库根，1921 年

杰基·库根到《摩登时代》拍摄现场探班，1935 年

克莱 · 谢里登在塑卓别林胸像

与安娜 · 巴甫洛娃

《巴黎一妇人》剧照，中间站立者为埃德娜 · 普文斯，1923 年

《城市之光》剧照，与弗吉尼亚·彻里尔，1931 年

与温斯顿·丘吉尔在《城市之光》拍摄现场，1929 年

与爱因斯坦夫妇在《城市之光》首映式上

与阿诺尔德·勋伯格

《摩登时代》剧照，1936 年

《摩登时代》剧照，与宝莲·高黛

《大独裁者》剧照，1940 年

与孩子迈克尔、约瑟芬和尤金

与儿子查尔斯和雪尼在《凡尔杜先生》拍摄现场

《舞台春秋》剧照，与克莱尔·布鲁姆，1952 年

《纽约之王》剧照，与多恩·亚当姆斯，1957 年

与乌娜在瑞士

卓别林全家，1974 年

愿意给她 10 万美元，她同意接受，作为一次性的了结。但是到了签署最后文件的那一天，她突然径自推翻了协议，没有提供任何理由。

我的律师觉得奇怪，他说："有什么事情要发生。"结果确实如此。原来，为了《寻子遇仙记》，我和第一国家电影公司发生了纠葛；那是一部七本长的故事片，但他们却要把它当作三部各两本长的喜剧片来发行。这样一来，《寻子遇仙记》一片拍好后，他们只需付给我 40.5 万美元。为了拍这部片子，我花了近 50 万美元，费了十八个月的工夫，所以我对他们说，要我同意他们提出的方案，除非是地狱里结了冰。对方提出要打官司。就法律上来看，他们是不会打赢这场官司的，而他们也知道这一点。所以，他们决定利用米尔德里德的影响，试图把《寻子遇仙记》扣押下来。

我还没剪辑好影片，于是本能地想到，必须到另一个州去做剪辑工作。我当即出发去盐湖城，带了两个工作人员和四十多万英尺胶片，也就是五百卷胶片。我们下榻盐湖城酒店，在几间卧室里摊开了全部的胶片，利用所有的家具——架子、柜子、抽屉——摆放一卷卷胶片。在酒店里存放危险易燃物品是违法的，所以这些事还得偷偷地做。就在这种情况下，我们继续剪辑。我们要整理两千多个镜头，它们虽然编了号，但有时候会偶尔弄错一个，于是我们就得接连几小时在床上、床下、浴室里到处寻找。不顾种种恼人的困难，缺乏一切应有的设备，好像出于奇迹，我们终于完成了剪辑工作。

现在我要向观众试映了，这可是一次可怕的痛苦考验。剪辑的时候，我只用了一架小型接片机，这架机器放映在浴巾上的电影只有明信片大小。幸亏之前我在制片厂里看过普通银幕上的样片，但是现在我仍旧担心，我对十五个月的工作还是心中无数的。

外面的人虽然还没看过这部电影，但制片厂的工作人员早已看过。我们几个人更是在接片机上看了无数遍，所以觉得影片不及我们初看时那样招笑和有趣。我们只好宽慰自己说，这是由于我们最初的热情已经冷淡下来的缘故。

我们决定对这部影片进行一次严格的考验，事先不予公布，径自在当地一家电影院安排一次试映。那是一家很大的电影院，观众坐满了四分之三的座位。我提心吊胆地坐在那里，等着影片放映。也许，这些观众无论看我演什么影片，都不会感到满意了吧。我开始怀疑自己的判断：观众喜欢看这种喜剧片吗？能够接受它吗？也许，我估计错了吧。也许，我全部的尝试将是一次失败，会让观众们看得莫名其妙吧。这时我感到很难受，心想，一个喜剧演员对喜剧的看法，有时候竟然会是错误的呀。

忽然间，我的心跳到了嗓子眼，只看见银幕上映出了这几个字：“查理·卓别林最新影片：《寻子遇仙记》”。观众中发出了惊讶的欢呼，其间还夹杂着掌声。说来也矛盾，这一下我又担起心来：他们的期望值太高了，也许看下去会失望吧。

前面的几个镜头是介绍剧情的，缓慢而严肃，这使我紧张得难受。一个母亲抛弃了她的婴儿，把他放在一辆汽车里，强盗偷走了汽车，最后把婴儿丢在一个垃圾箱旁。我扮演的流浪汉出现了。台下发出了一阵笑声，观众越笑越厉害。他们看出了有趣的地方！后面就是我最拿手的了。我发现了婴儿，我收养了他。看到那个用旧麻布袋改做的吊床，观众纵声大笑；看到我用壶嘴上套着橡皮奶头的茶壶给孩子喂奶，观众为之哄堂；看到我在一张旧藤椅上挖个洞，把一只尿盆放在底下，观众更是狂笑起来——实际上，从头到尾，他们一直像发了疯似的笑得没停过。

我们试映了新片，认为剪辑工作已经告竣，于是收拾好东西，离开盐湖城，去往美国东部。抵达纽约后，我不得不躲在丽兹酒店自己的房间里，因为第一国家电影公司为了要利用米尔德里德的离婚诉讼案来扣押影片，怂恿那些递送传票的法警来骚扰我。接连三天，法警一直守在酒店大堂里，我在房间里感到非常闷气。[①] 后来弗兰克·哈里斯邀我到他家里去吃晚饭，我就忍不住一定要去。那天晚上，一个脸上蒙了厚纱的女人，穿过丽兹酒店的大堂，坐上了一辆汽车——那个“女人”就是我！原来我借了我嫂嫂的衣服，把它罩在自己的衣服外面，在到达弗兰克家之前，我在汽车里把它脱掉了。

弗兰克·哈里斯是我崇拜的一位作家，我读过他写的书，很是钦佩。弗兰克在经济上经常遇到困难；他编的期刊《皮尔逊杂志》，每两星期就要面临一次停刊的危险。一次他刊出了一则呼吁启事，我捐赠给他一笔钱；为表示感谢，他赠给我他写的两卷有关奥斯卡·王尔德的书，并在书里题了这样几句：

> 赠查理·卓别林——您是少数与我素昧平生但慨然解囊助我的读者之一，您那罕有的幽默艺术常常使我倾倒，因为我认为，凡是使我们欢笑的人，总比使我们悲泣的人更应受到尊敬——您的朋友弗兰克·哈里斯谨赠其自存本，1919 年 8 月。“我只赞扬和钦佩那些含着泪谈人世间真理的作家。”——帕斯卡 [②]

那天晚上，我第一次见到了弗兰克。这位身材矮胖的人气宇轩昂，五官端正，威武有神，两撇翘起的大胡子叫人看了感到有点不大自在。他有一条低沉宽亮的嗓子，并能很好地利用它。当时他已六十七岁，他那年轻貌美、一头红发的太太，对他很是体贴。

弗兰克虽然是社会主义者，但是他非常崇拜俾斯麦。他学俾斯麦在德意志帝国国会里断断续续地用德语威武有力地回答李卜克内西[③] 的话，

---

① 根据美国法律，这类案件的传票应由法警递交被告本人。

② 帕斯卡（1623—1662）：法国哲学家、数学家、物理学家。所著《致外省人书》，对法国散文的发展有很大影响。

③ 李卜克内西（1826—1919）：德国工人运动活动家，德国社会民主党的创始人和领导人之一。

模仿得十分逼真。弗兰克真可以成为一位杰出的演员。我们一直谈到第二天凌晨4点，主要是弗兰克独自在说话。

天还没亮，我决意换到另一家酒店去住，唯恐仍有法警在原来的酒店等着我，但是纽约所有的酒店都已客满。出租车到处兜了一个多小时，最后那个样子很粗野、年纪四十岁左右的司机向我转过身来："我说，这时候您是找不到酒店的。您还是到我家里去睡一夜，明天早晨再走吧。"

起先我有点犹豫，但是听他提到了妻子和孩子，我知道去他那儿会很安全；无论如何，我总可以不致受到法警的干扰。

"多谢你的好意。"我说，接着就介绍了我自己。

他吃了一惊，笑了起来："我老婆知道了会乐晕了。"

我们的车开到布朗克斯区一个人口稠密的地方。一排排房子都是褐色石头砌成的。我们走进了其中的一幢，里面陈设简单，但是收拾得洁净无尘。他把我领进一间后房，房里摆着一张大床，他十二岁的儿子已在床上睡熟。"等一等。"他说，接着就托起了孩子，把他放在床边上，孩子仍旧酣睡着。这时他才向我转过身来："睡到里边去。"

我还想考虑一下，但他的竭诚招待深深地感动了我，我不好再推辞了。他给了我一件干净的睡衣，我很当心地爬到床里边，生怕吵醒了孩子。

我始终没合眼。后来，孩子醒了，他从床上起来，穿上衣服，我眯着眼睛看时，只见他随便地向我望了一眼，并没有做出什么反应，就离开了屋子。过了一会儿，他同一个八岁的小姑娘——显然是他的妹妹，悄悄地溜了进来。我仍旧假装熟睡，只见他们在朝我看，张大了眼睛，露出了兴奋的神情。小姑娘捂住了嘴，不让自己笑出声来，然后两个人一起走开了。

不一会儿，从走道里传来了悄悄的低语声；后来，我只听见出租车司机压低了声音说了几句什么，接着他就轻轻地推开了房门，看我有没有醒来。我让他知道我已经醒了。

“您洗澡的东西我们都准备好了，”他说，“浴室在楼梯口那儿。”他拿进来一件浴衣、一双拖鞋和一条毛巾：“早餐您要吃什么？”

“什么都行。”我觉得很过意不去。

“咸猪肉、鸡蛋、吐司、咖啡，随您想要什么。”

“太好啦。”

他们把时间算得非常准。我刚收拾好，他的妻子已经把热气腾腾的早餐端到了前面的房间里。

房里没有太多家具，只摆着一张桌子、一张安乐椅和一张榻；壁炉架和榻边的墙上挂了几张嵌在镜框里的家庭合影。我独自吃着早餐，这时房子外面拥了一大群孩子和大人。

“他们已经知道您到这儿来了。”他的妻子端来咖啡，笑着说。后来，出租车司机进来了，他显得很紧张。“瞧呀，”他说，“外边已经站了一大群人，现在人越聚越多了。要是那些孩子能够看您一眼，他们就会散开的，否则报社记者找了来，那您可麻烦啦！”

“让孩子们进来好了。”我回答。

于是孩子们走进来，在桌子四周站满了，咯咯咯地笑着，我只顾喝咖啡。出租车司机在外面不停地说：“好，可别闹腾，排好队，一次进去两个。”

这时走进来一个神情紧张严肃的年轻女人。她仔细向我端详了一阵，接着就哭出了声。“不对，不是他。我还以为是他呢。”她呜咽着说。

大概是一个朋友含糊不清地对她说：“你猜来的是谁？是你再也不会想到的一个人呀。”随后她就叫人领着进来看我，以为要见到的是她在战争中失踪的兄弟。

我决定回丽兹酒店，不管有没有传票送来给我。但是后来我并没有遇到递送传票的法警。倒是我在加州的律师拍来了一份电报，说问题已全部解决，米尔德里德已申请离婚。

第二天，出租车司机和妻子一起打扮得齐齐整整地来看我。出租车司机说，报社一直缠着他，要他给星期日出版的报纸写一篇特写，描写我在他家过夜的经过。“可是，没得到您的许可以前，”他坚决地说，“我是什么也不会告诉他们的。”

“你去写好啦。”我说。

第一国家电影公司的几位先生来找我了，他们都是见人低头哈腰，说话含着骨头露出肉的。其中一位副经理戈登先生，是美国东部各州许多剧院的大老板，他说：“你要价 150 万，可是我们连影片还没看到呢。”我承认这话说得有些道理，于是准备放映影片给他们看。

那天晚上的气氛令人沮丧。第一国家电影公司的二十五位电影院老板，鱼贯进入试片室，像是验尸官要举行一次验尸似的，这些人都是怀疑一切的、粗鲁无礼的、毫无同情心的。

后来，影片开始放映了。片头字幕是：“一部笑中也许含着泪的影片”。“字幕不坏嘛。”戈登先生说这话，好像是为了表示慷慨大方。

经过上次在盐湖城试片，我稍微有了点信心，然而，影片还没有放映到一半，我的那点信心已开始动摇：上次试片时观众看了狂笑的地方，这次只听到一两声冷笑。影片放完了，灯亮了，接着就是一阵沉默。随后，这些人伸了伸懒腰，眨了眨眼睛，开始闲扯其他的事情。

“今天的晚饭，你打算怎么吃呀，哈里？”

“我带老婆去广场饭店，饭后我们去看齐格菲歌舞剧。”

“我听说，那戏演得还挺不错呢。”

“你想要一起去吗？”

“不行，今天晚上我就得离开纽约。我要回去参加我儿子的毕业典礼。”

听他们这样闲聊时，我的神经紧张到了极点。最后，我直截了当地说："请问，你们看了觉得怎样，诸位先生？"

有几个人不自然地欠了欠身子，另一些人低下了头。戈登显然是他们的发言人，他开始慢腾腾地踱来踱去。他是一个身材肥胖结实的人，有着一张猫头鹰般的圆脸，戴着一副厚玻璃眼镜。"这个嘛，查理，"他说，"我还得和我的几个同事碰一碰头。"

"这我知道，"我赶快插了一句，"可是你们几位觉得这部影片怎样？"

他迟疑了一下，咧开嘴一笑："查理，我们到这儿来是为了买这部片子，不是为了来说我们多么喜欢它。"这句话一出口，就有一两个人大声笑了。

"我并不会因为谁喜欢这部影片，就要你们多出几个钱。"我说。

他犹豫了一下："老实说，我原来指望它还有一些玩意儿。"

"你指望有些什么？"

他话说得很慢："这个呀，查理，要卖 150 万——嗯，它还缺少那种声势。"

"怎么着，你要伦敦桥塌下来吗？"

"不是这个意思。可是，要卖 150 万……"他被逼成了一条假嗓子。

"我说，先生们，我要价就是这么多。要不要随你们的便。"我不耐烦了。

经理 J.D. 威廉斯走过来打圆场，敷衍了我几句。"查理，我认为片子很精彩。它有人情味，是与众不同的——（我不喜欢"与众不同"这个词），你千万要有耐心，咱们好商量嘛。"

"没什么好商量的，"我斩钉截铁地说，"我给你们一个星期的时间做决定。"看他们那样对待我，我再也不和他们多客气了。但是，他们很快就做出了决定，我的律师拟好了协议：等他们一赚回自己的 150 万美元，我将获得百分之五十的利润。根据租用五年的条款，五年期满，这部影片也和我拍的其他影片一样，权利仍将归我所有。

一经卸去家庭与业务的重担，我心里就轻松了。几个星期以来，我一直过着离群索居的生活，除了酒店房间的四壁，我几乎一无所有。我的一些朋友读了那篇我在出租车司机家借宿的报道，都来看我，于是我又开始过自由自在、无拘无束的愉快生活了。

慷慨好客的纽约上流社会，对我殷勤备至。《时尚》和《名利场》的编辑弗兰克·克劳宁希尔德，把我引进了纽约的花花世界，而这两种杂志的老板兼发行人孔代·纳斯特，则为我举行了最豪华的宴会。纳斯特住在麦迪逊大街一所很大的顶层公寓里，经常在那里聚会的有最优秀的艺人和知名的富豪，还有齐格菲歌舞团的几个台柱子，包括娇艳的奥利芙·托马斯和美丽的多洛尔姐妹。

在我住的丽兹酒店里，我经常接触到一些令人兴奋的事情。邀请我的电话铃声不停地响。有的问我愿意到什么地方去度周末，有的问我想要去什么地方看马戏。虽然一切不外乎是豪华宅第或乡间别墅之间的应酬，但我是喜欢这种生活的。在纽约，有那么多的浪漫情事、夜半宴饮、午饭晚餐，甚至有专赴早餐的约会，种种节目把时间都给排满了。我走马观花，已经遍访了纽约上流社会，现在更有意深入格林威治村①的生活。

许多喜剧演员、丑角和唱感伤情歌的歌手，一旦声名雀噪，就会想到要提高自己的文化水平；于是往往会如饥似渴地追求知识。这类学生常常会遇到一些意料不到的老师：裁缝、卷烟工人、职业拳击手、侍者、卡车司机。

记得有一次，在格林威治村一个朋友家里，我谈到没法找到精确的词语来表达自己的思想，还说普通的词典不顶用。“肯定可以设计出一个系统的方法，”我说，“把表达抽象和具体意思的词根据词典编纂

① 纽约市的一个区，在曼哈顿南部，从 20 世纪初起被称为美国的波希米亚，以酒馆和夜总会出名，是作家、艺人等聚会的地方。

方法分类排列，然后按照归纳和演绎的步骤找到适当的词语，来表达思想。”“有这样一本书的，”一个黑人卡车司机说，“罗热[①]的《分类词典》就是这样一本书。”

亚历山大酒店里的一个侍者，每给我上一道菜，就要背诵一句他所喜爱的卡尔·马克思或威廉·布莱克的名句。

一个演杂技的小丑，说话时一口布鲁克林方言，向我推荐了伯顿[②]的《解忧》，他说，不但是莎士比亚，就连塞缪尔·约翰逊也受到了伯顿的影响：“但是，遇到有拉丁文的地方，你尽可以跳过去。”

在追求知识方面，我和这些人志同道合。自从演轻歌舞剧以来，我看了好些书，只是不曾精读。我看书看得很慢，并且只是随意地浏览。一经熟悉一个作家的风格和主题思想，我就会对他失去兴趣。我曾经逐词阅读了普鲁塔克[③]的五卷本《传记》，但是我觉得，花了那么多的工夫，我并不曾从书中得到应有的启发。我读得很认真，有几卷我曾经反复地读。许多年来，我浏览过柏拉图、洛克和康德的作品，读了伯顿的《解忧》：这样旁摭零拾，我也积累了不少自己需要的知识。

在格林威治村，我会见了历史学家、小品文和小说作家沃尔多·弗兰克[④]、诗人哈特·克莱恩[⑤]、《群众》主编马克斯·伊斯曼，以及曾任纽约港口总管的名律师达德利·菲尔德·马隆[⑥]和他那位热心于女性参政运动的夫人玛格丽特·福斯特。我有时还在克里斯廷酒店的餐厅用午餐，在那里遇到了好几个普罗文斯顿的演员；当时他们常去那里吃饭，因

---

① 罗热（1779—1869）：英国作家、医师，他于 1852 年出版的《分类词典》是按词义分类编写的一部词典。

② 伯顿（1577—1640）：英国作家、神父，所著《解忧》被英国诗人拜伦称为“一部既有趣又有益的典故与名言汇编”。

③ 普鲁塔克（46？—120？）：希腊历史学家和传记作者，他所写的《传记》为莎士比亚的剧作提供了大量题材。

④ 沃尔多·弗兰克（1889—1967）：美国新闻记者、作家，著有《我们的美国》。

⑤ 哈特·克莱恩（1899—1932）：美国诗人，最著名的长诗是《桥》，诗中将布鲁克林大桥作为美国的象征。

⑥ 达德利·菲尔德·马隆（1882—1950）：美国律师，曾鼓吹自由主义，反对禁酒政策。

为正在排练青年剧作家尤金·奥尼尔（他后来做了我的岳父）的《琼斯皇》。我去参观了他们的剧院，那是一个马房式的建筑，大小也像一间可以容纳六匹马的马房。

我之所以会认识沃尔多·弗兰克，是因为读了他于1919年出版的散文集《我们的美国》。文集中有一篇论马克·吐温的文章写得很深刻，对这位作家做了精细的分析；此外，在一般作家中，沃尔多最先认真地撰写了介绍我的文章。所以，我们后来成了极要好的朋友。沃尔多既是一位神秘主义者，又是一位历史学家。他具有敏锐的洞察力，能够窥测到美洲——北美洲和南美洲——的灵魂深处。

我和沃尔多一起在格林威治村度过了许多有趣的晚上。通过沃尔多，我又认识了哈特·克莱恩，此后我就常常和哈特在村中沃尔多的那套小公寓里吃晚餐，有时一直谈到第二天吃早餐的时候。那些谈话都是非常引人入胜的研讨，我们三个人殚思极虑，为自己的思想做出微妙的阐释。

哈特·克莱恩穷愁潦倒。他父亲是一个百万富翁，经营着一家糖厂，但为了让儿子继承他的事业，不给儿子经济上的资助，以此迫使他放弃写诗。我听不懂现代诗，更谈不上欣赏，但是，在写这本书的时候，我读了哈特·克莱恩的《桥》，觉得那首诗写得瑰异生动，情感洋溢，充满了刻骨的悲哀和鲜明的想象，对我来说，它有些太尖锐了。也许这种尖锐是出于哈特·克莱恩的本性吧。然而，哈特又是一个柔和可亲的人。

我们曾经讨论写诗的目的。我说，诗是写给世人的一封情书。“那也只是世上极小一部分人啊。”哈特伤心地说。他认为我的作品继承了希腊喜剧的传统。我告诉他，我曾经下过一番工夫去读阿里斯托芬的英译本，但是怎么也没法把它读完。

哈特最后获得了古根海姆基金奖[①]，但可惜为时已晚。多年穷苦落

① 美国财阀西蒙·古根海姆（1867—1941）设立的基金奖，旨在奖励学者、作家和艺术家。

魄，他已染上酗酒和放荡的习惯；在搭一艘客轮从墨西哥回美国的途中，他跳海自杀了。

自杀前几年，他赠给我一本短诗集，诗集名为《白房子》，是博奈与利夫莱特公司出版的。他在扉页上题着："给查理·卓别林，纪念《寻子遇仙记》，哈特·克莱恩赠。1928年1月20日。"其中有一首诗，题名为《卓别林风格》：

我们且随遇而安吧，感到满足吧，
因为，偶然仍可获得一些安慰；
虽然，安慰来得那样偶然，
有如一些难以救穷的倘来之物。

我们仍然爱着这社会：
有人在台阶上发现了一只小饿猫，
就让它远离纷乱的街道得到庇护，
让它投入他那温暖的怀抱。

我们一面向旁躲闪，一面对着那狞笑，
与命运之神进行搏斗：看他无情的手指
缓缓地向我们翻那破烂的生死簿，
在他目光的斜视下，我们显得那么天真，
同时，又感到多么惊讶！

然而，那些精妙的筋斗并非虚假，
同样，还有那弯曲手杖的旋舞；
要我们感到悲哀，这并不困难。

我们可以不理你，但无奈啊，有着这颗心：
如果这颗心仍活着，怎能怪我们？

戏引起了嬉笑，但我们看到：
那些凄凉的街巷里的月色，
使那可笑的垃圾箱变得圣洁，
而在欢笑声中，在追求圣迹时，
荒寂中我们听到一只小猫在叫。

达德利·菲尔德·马隆在格林威治村举行了一次盛大的宴会，那次赴宴的有荷兰实业家简·布瓦塞万、马克斯·伊斯曼，以及其他一些客人。我注意到一个显得十分紧张和容易激动的人，听别人管他叫“乔治”（我始终不知道他的真实姓名）。后来有人说，保加利亚国王很喜爱这个人，曾经资助他在索非亚大学读书。但是后来这个人推翻了王室，成为一个左派人士，侨居美国，加入了世界产业工人联盟，最后被判了二十年徒刑。他坐了两年牢后，上诉申请重审获准，现在是在保释中。

那天他参加猜词游戏，我看着他表演，这时达德利·菲尔德·马隆悄声说：“他这场官司是不会打赢了。”

乔治模仿莎拉·伯恩哈特，把一块桌布包在头上。我们看了都哈哈大笑，但是，许多人和我心里都在想，他难免要回到监狱里，再尝十八年铁窗滋味。

那是一个罕有的狂欢之夜，我临走的时候，乔治在后面唤我：“你急什么呀，查理？干吗这么早就回去？”我把他拉到了一边，一时不知道该说什么是好。“有什么是我可以为你效劳的吗？”我悄声问。他向我摆了摆手，仿佛是挥开一个什么念头，然后紧握着我的手，激动地说：“不用为我担心，查理。我没事。”

我本来打算再在纽约多待一段时间，但是我有事必须回加州。我急于开始给联美电影公司工作，先要赶紧为第一国家电影公司拍完合同中约定的影片。

在纽约过惯了自由、轻松、有趣的生活，现在重新回到加州，我感到很无聊。接下来我要为第一国家电影公司拍完四部各两本长的喜剧片，看来这简直是一项艰巨得无法完成的工作。此后，接连好几天，我又坐在制片厂里，恢复了苦思冥想的习惯。和拉小提琴或弹钢琴相似，思考也是需要每天练习的，近来我对此道已经荒疏了。

我在纽约恣意享受了花样翻新的生活，现在一时竟无法改变。于是我决定和我的英国朋友塞西尔·雷诺兹医生到卡塔利娜岛去钓几天鱼。

喜欢捕鱼的人，会把卡塔利娜岛看作一个天堂。岛上宁静的古老渔村阿瓦龙，开了两家小酒店。一年四季都有很多人去那儿钓鱼。每逢金枪鱼汛，连一条船都不容易租到。一大早就听见有人喊："鱼游过来了！"于是，极目望去，尽是一条条重达 30 磅到 300 磅的金枪鱼，破浪逆流前进。宁静的酒店突然变得热闹喧腾，游客们连赶着穿衣服都来不及。如果运气好，已经预先租好一条船，这时他们就会跌跌撞撞地抢上船去，一边走一边扣裤子纽扣。

有一次，我和医生在午饭前就钓到了八条金枪鱼，每条鱼都有三十多磅重。但是，这些鱼往往突然出现，随即突然消失，于是我们又像平时那样钓鱼。有时候，我们用风筝来钓金枪鱼，把风筝系在钓线上，风筝吊着一条作为钓饵的飞鱼，让飞鱼在水面上拍溅。这样钓鱼很刺激，因为可以看到金枪鱼互相冲击，在钓饵周围掀起一圈浪沫，然后追着钓饵游过去两三百英尺。

在卡塔利娜岛附近捕获的旗鱼，每条重 100 磅到 600 磅。钓这种鱼的方法更为精巧。钓线是松脱的，旗鱼轻轻地叼住饵——一条小青花鱼或飞鱼——然后带着饵游出约一百码远。接着它停下了，这时也把船停下，等上一会儿，让旗鱼有时间吞饵，慢慢地收线拽它，直到钓线被绷紧。随后将钓线猛扯上两三下，这时就开始有意思了。旗鱼游出一百多码远，线轴发出尖厉的声音，随后鱼停了下来，我们得赶快把线卷起，否则它就会像根棉线似的突然断了。如果鱼在逃走的时候突然扭转方向，水的阻力就会把钓线绷断。随后，鱼开始蹿出水面，总有二十到四十次，把脑袋摇摆得像斗牛犬似的。最后，它潜入海底。这时就要把它提升到水面，而这工作是很吃力的。我捕获的一条鱼重 176 磅，我只用了二十二分钟就把它拉上来了。

那是些宁静而愉快的日子，在美丽的清晨，我总是和医生持着钓竿，坐在船尾打盹儿，大海上弥漫着雾气，与无际的长空融合成一片，在寥廓的静寂中，能清晰地听出海鸥的啼唤和汽艇懒洋洋的喷气声。

雷诺兹医生是一位神经外科圣手，他在这方面的技巧已经出神入化。我知道他的许多病人的病史。有个孩子脑子里生了瘤，每天会晕厥二十次，已经逐渐变得痴呆了。但雷诺兹给她动了手术，她完全恢复了健康，后来成为了一位杰出的学者。

然而雷诺兹却是一个“疯子”。他对演戏着了迷。由于他在这方面怀有无限热情，我就和他成了知己。他老是说：“戏剧能够鼓舞人的灵魂。”我常常和他争辩，说行医才是鼓舞人的工作。使一个语无伦次的白痴变成一个杰出的学者，还有什么事能比这更富有戏剧性呢？

“只要知道某些神经纤维在哪儿就行了，”雷诺兹说，“但演戏是一种精神的体验，它能丰富你的灵魂呀。”

我问他为什么要专门研究神经外科。

“那只是因为干这行富有戏剧性。”他回答。

他常常在帕萨迪纳的业余剧院里扮演配角。他还在我的喜剧片《摩登时代》里客串了那位探监的牧师。

我钓鱼回来后，获悉母亲的健康状况有了改善，现在战事已经结束，我们可以接她到加州来了。于是我派汤姆去英国，陪她乘船过来。旅客登记的时候，她用了另一个名字。

航程中她完全正常。她每天晚上在大餐厅里吃饭，白天参加甲板上举行的游戏。抵达纽约时，她对人和蔼，态度安详，后来移民局的主管人员招呼她说："啊，啊，是卓别林夫人呀！我真高兴！原来您就是我们大名鼎鼎的查理的母亲。"

"是呀，"我母亲亲切地说，"原来你就是耶稣基督呀。"

那位官员露出了好奇的神情。他迟疑了一下，望了望汤姆，然后很礼貌地说："请您到那边去等一会儿好吗，卓别林夫人？"

汤姆知道这件事麻烦了。但是办完例行的手续后，移民局总算很优待，在不必依赖政府生活的条件下，发给了母亲每年签署一次的居住证。

我离开英国后，已有十年没见到母亲，所以，这会儿看见一位小老太太在帕萨迪纳站走下火车时，有点震惊。她一眼就认出了我和雪尼，看来她是很正常的。

我们让她住在海边离我们很近的一所平房里，雇了一对夫妇替她料理家务，还请了一个训练有素的看护侍候她。我和雪尼有时候去探望她，晚上大家一起做些游戏。白天她喜欢乘汽车出游和野餐。有时候她来制片厂，于是我就放映我的喜剧片给她看。

《寻子遇仙记》最后在纽约上映，一时盛况空前。正如我第一天见到杰基·库根的父亲，对他预言的那样，杰基成了红极一时的童星。他由于出演《寻子遇仙记》而成名，此后拍电影一共挣了四百多万美元。每天我们都收到赞扬这部影片的剪报：《寻子遇仙记》已被誉为经典之作。但是我始终没勇气去纽约看这部影片，我宁愿留在加州听有关它的报道。

在这本近于漫谈的自传里，不妨也让我谈一点自己对电影制作的看法。在这个问题上，虽然已经出版了许多有价值的书，但可惜那些作者多数都将自己对电影的爱好强加给读者。其实这类书都应当是入门书，只需要教会读者如何使用这一行的工具就行了。除此以外，一个富有想象力的研究者，应当在戏剧效果方面发挥自己的艺术感。一个业余电影演员如果富有创造力，只需要掌握一些最简单的技术基础知识就够了。对于一个艺术家来说，如果能够打破常规，完全自由地进行创作，成绩往往会是惊人的，正是由于这个缘故，许多导演的第一部影片都是新颖独创的。

对线条、空间、组织、速度等逐条地加以说明，这当然很好，但是这和演技并没有多大关系，反而容易形成枯燥无味的教条。从简单处入手，永远是最好的办法。

就我个人来说，我最不喜欢靠耍花招取得效果，比如从壁炉中一块煤炭的角度拍一个镜头，又比如跟着一个演员在酒店大堂里一路拍过去，仿佛是乘着一辆自行车护送那个演员似的；在我看来，这一类的效果是容易取得的，但它们过于直白。观众只要已经熟悉了电影中的布景，就无须在银幕上作交代，无须拍出一个演员从一个地方走到另一个地方。这样过分地夸大，往往会放慢了动作，使影片变得沉闷难看，然而，有人却误认为这就是人们已听得厌烦了的所谓“艺术”。

我之所以常常调整摄影机的位置，就是为了使演员的动作更富有舞蹈性。至于一架摄影机被安放在地板上，或是移到演员的鼻孔底下，那是摄影机在表演，而不是演员在表演。摄影机不应当侵犯演员。

时间的精简，在影片中仍是一个重要的优点。爱森斯坦[①]和格里菲斯对这一点都有体会。镜头的快速切接以及从一个镜头渐隐为另一个镜头，都属于制片的技巧。

我没有想到，有些影评家会说我的摄影技术是老式的，说我没有紧

① 爱森斯坦（1898—1948）：俄罗斯电影导演、制片人，以发展拍摄电影的新技巧闻名。

跟时代。什么时代呀？我的技巧是我自己思考的结果，也是我自己推论和揣摩的结果；它并不是从别人的方法中假借来的。如果我们在艺术方面必须紧跟时代，那么，和梵高相比，伦勃朗就是落后于时代的了。

讲到影片的主题，这里我想向那些热衷于拍大型特制影片的人略进一言，这也许对他们不无裨益——实际上，这类影片最容易拍摄。拍摄这类影片并不需要什么想象力，更无须什么演戏或导演才能。只要有1000万美元的本钱，有形形色色的龙套，有许多戏装和精致的布景。只需大力仰仗胶水和画布，就可以让一位呆板的埃及艳后沿尼罗河泛舟而下，让两万名临时演员开进红海，或炸塌杰里科[①]的城墙。这一切只不过是建筑承包商感兴趣的艺术。大元帅坐在导演椅上，面前摆好了剧本和场次安排表，而那些军士则在布景中一边挥汗一边哼哼，向队伍大声吆喝，发号施令：口哨一声响，这信号是“一万人从左边上场”；口哨二声响，“一万人从右边上场”；口哨三声响，“所有的人一起出动”。

这类场面宏大的影片，多数是以描绘超人为主题的。影片里的主人公能比一般人跳得更远，爬得更高，射得更准，打得更猛，爱得更强烈。实际上超人就是用这些办法来解决人世间所有的问题的——可他就是不会用头脑思考。

再简单谈几句有关导演技术的问题。指导演员拍一场电影，运用心理学是很有助益的。比如，在一班演员中，有一个演员可能是在影片拍到一半时才加入的。他虽然是很优秀的演员，但是，乍来到一个新的环境里，可能会感到紧张。我在这种情况下常常发现，导演的谦虚态度是很有帮助的。虽然自己胸有成竹，但是我常常把新来的演员拉到一边，悄悄地告诉他，我感到疲劳烦闷，不知道应当怎样导演这一场。他很快就忘了自己的紧张，转而过来帮助我，结果是他表演得很精彩。

① 古巴勒斯坦城，位于约旦河谷。

剧作家马克·康奈利[1]有一次提出了这个问题：一个作家给剧院写剧本，应当从哪方面入手？应当以理智为重，还是应当以情感为主？我认为应当以情感为主，因为在剧院里，情感比理智更能激发观众的兴趣；剧院是为情感而设的，它的讲台、舞台、红色的幕布、整个的建筑装饰，都是为了抒发情感。当然，戏中也包含理智的成分，但那是次要的。契诃夫知道这一点，莫尔纳[2]和许多其他的剧作家也知道这一点。他们还知道戏剧风格的重要性，基本上那是属于剧本创作的艺术。

我认为，所谓戏剧风格，就是戏剧性的点缀：中断一句说白、突然合起一本书、点燃一支烟的动作，射击、叫喊、坠落、破碎时发出的声响，有效的出场、有效的退场。这一切看来可能是毫无价值和浅显易懂的，然而，如果能很灵敏、很小心地加以处理，它们就会表达出舞台上的诗意。

凡是缺乏舞台意义的思想，都是没有价值的。更重要的是收到效果。一旦具有舞台意义，即使没有思想，也能收到效果。

这里可以举一个例子，我拍《巴黎一妇人》时，在纽约排演了一个序曲。在那些日子里，所有的故事片前面都有序曲，序曲往往要演半小时左右。我没有脚本或故事，但是记得曾经看过一张颇有感伤意味的彩色版画，题为《贝多芬奏鸣曲》，画的是一个美术家的工作室，一群放浪不羁的人闷闷不乐地坐在朦胧光影中，听一个人拉小提琴。于是，我只花了两天时间准备，就在舞台上重演了这一场。

我请了一位弹钢琴的、一位拉小提琴的、一个唱歌的、几个跳阿帕希舞的，然后尽量利用我所知道的舞台手法去导演。客人们有的坐在长靠椅上，有的坐在地板上，都背对着观众，并不去理会看客，自顾喝他们的威士忌，这时小提琴手奏出了奏鸣曲，每逢音乐停顿的时候，可以听见一个醉汉在打鼾。小提琴手奏完了曲子，舞者跳完了舞，歌手唱完

① 马克·康奈利（1890—1980）：美国剧作家。

② 莫尔纳（1878—1952）：匈牙利小说家、戏剧作家。

了《想我的金发美人》，念了两行歌词。一个客人说："已经3点了，我该走了。"另一个客人说："是呀，我们都该走了。"于是大家一面走下场，一面说了几句临时编的词儿。客人散尽，主人点了一支烟，关掉工作室里的灯，这时听见有人沿着大街一路上唱着《想我的金发美人》。

舞台沉入黑暗，只有月光从当中一扇窗子照射进来，主人走下场，歌声越来越低，幕布慢慢降落。

在看这场毫无意义的演出时，场内静得连一根针落下都可以听见。接连半小时，台上没人说一句话，只有几个很平常的轻歌舞剧的动作。然而，在第一次演出的晚上，这个剧组一共谢幕九次。

我不能假装欣赏剧院里演出的莎士比亚戏剧。我的情感太现代了。莎士比亚的戏需要带着一种装腔作势的派头去演，但那是我不喜欢的，也是我不感兴趣的。我觉得，我那是在听学术性的演讲。

> 我的好帕克，这儿来。你总记得吧，
> 有一次我坐在那海角的崖边上，
> 听见一只跨着海豚的美人鱼
> 那样抑扬婉转，曼声歌唱，
> 一时，汹涌的大海波平浪静，
> 连一些星星也猛冲出它们的轨道，
> 要去听一听那凌波仙子的歌声。

这些句子可能非常华美，但是我去看戏，并不是要欣赏这种诗句。再说，我不喜欢莎士比亚的某些主题，因为它们涉及的是国王、王后和一些显贵们以及他们的荣誉问题。也许，这种想法多少与我的心理状态有关吧；可能，这是由于我相信一种特殊的唯我论吧。在我为了糊口而遑遑奔走的那些日子里，荣誉是难得和我扯上关系的。我没法把自己和一位王子的荣誉问题联系在一起。即使哈姆雷特的母亲和她朝中的每一个人睡觉，我也不能切身体会那位王子的悲哀。

如果问我愿意在哪里演戏，我喜欢的是老式的剧院，那里的舞台能把观众与扮演者的世界分隔开。我喜欢幕布升起，或从当中分开，露出台上的场景。我不喜欢演员演戏时越过脚灯，和观众们混在一起，由一位演员靠在台边上说明剧情。这种方式不但近乎教训人，而且会破坏舞台的情调，这种说明剧情的方法是沉闷乏味的。

我希望舞台装置能增强场面的真实感，但不会超越这一限度。如果演的是描写日常生活的现代剧，我不要几何图形的设计。这些肆意追求的效果，反而会破坏我的表演艺术。

一些杰出的艺术家在布景方面过分炫耀他们的才华，以至于演员和戏剧反而退居次要地位。反之，如果始终没有一点布景点缀，效果也很糟。那样就会有一种学究味，仿佛是演员在嚷嚷："我们请诸位多多运用自己的感觉和想象力吧！"有一次公益演出时，我看到劳伦斯·奥利弗穿着一身晚礼服念《理查三世》中的一段台词。虽然他凭演技创造了一种中世纪的情调，但他那条白领带和那身燕尾服看来总是很不协调。

有人说，表演艺术在于能使自己心里感到轻松。当然，这条基本原则适用于一切艺术，但一个演员尤其要能克制自己，能保持一种内在的控制。一场戏无论演得多么激动，但演员内心应当是沉着而轻松的，随时都可以调整和指导自己情绪的起落——外表可以激动，内在必须受到控制。而一个演员要能做到这一点，就必须使自己心里感到轻松。怎样才会心里感到轻松呢？这是很难做到的。我的办法是自己体验出来的：在出场之前，我总是极度地兴奋紧张，在这种情况下我会筋疲力尽，但到了上场的时候我反而心里感到轻松了。

我不相信演戏是能够教得会的。我见过一些聪明人总演不好戏，也见过一些笨人戏倒演得挺好。无论如何，演戏基本上需要的是感情。温赖特[1]是一位美学权威，是查尔斯·兰姆和同时代许多文豪的好朋友，但他又是一个冷酷残忍的杀人犯；为了谋财，他毒死了他的堂兄。这个聪明人永远不能成为一位好演员，因为他是毫无感情的。

如果一个人十分聪明，但毫无感情，他就可能表现为一个十恶不赦的罪犯；如果一个人情感丰富，但没有智力，他就是一个与人无害的白痴。但是，如果智力与情感获得理想的调和，就能造就最好的演员。

对于一位伟大的演员来说，他的基本特点在于表演时爱他自己。我这样说，并不含有贬低他的意思。我常常听到一个演员说"我真爱扮演那个角色"，那意思是说，他爱的是扮演那个角色的自己。这可能是一种以自我为中心的想法，然而伟大的演员一心想到的是自己的趣味：欧文演《钟声》，特里扮斯文加利，马丁·哈维[2]演《香烟工人的罗曼史》，这三出戏都是很平常的戏，然而戏里的角色却被扮演得非常精彩。单是爱戏剧还不够；还需要爱自己和相信自己。

对教学派的表演，我知道的极少。据我了解，这一派注重的是如何发展演员的个性——其实，对某些演员来说，还是少去发展他们的个性为妙。归根结底，表演是扮演另一些人。个性是一种无法形容，但又随时在戏中流露出来的东西。然而，任何教学多少都有一些意义。比如，斯坦尼斯拉夫斯基[3]注重"内在真实"，我明白，这需要转移情感，需要体会一切事物：要能够体会到做一头狮子是怎样的，做一只老鹰又是怎样的，还要本能地感受一个角色的灵魂，要知道这一角色会在任一情况下做出的反应。这方面的表演是无法言传的。

指导一位真会演戏的男演员或女演员表演，只需要说一个词或短语

① 温赖特（1794—1847）：英国美学家、报刊撰稿者，为谋财毒死其岳母、小姨、叔父和友人，后又私造伪币，事发被捕。后文说毒死堂兄，疑误。

② 马丁·哈维（1863—1944）：英国名演员、剧院经理。

③ 斯坦尼斯拉夫斯基（1863—1938）：原名康斯坦丁·谢尔盖耶维奇·阿列克谢耶夫，苏联导演、演员、戏剧理论家，他的回忆录《我的艺术生活》阐述了戏剧理论。

就够了："这是福尔斯塔夫型的"，或"这是一个现代包法利夫人"。据说，杰德·哈里斯[①]曾对一个女演员说："这个角色的流动性，好像一朵摆动的郁金香。"这未免说得太玄了。

有人认为必须了解一个角色的全部细节，其实这是不必要的。谁也不能在一个剧本或一段台词中，写出杜丝向观众表现出的所有细微的表情变化。这些变化肯定还有某些方面是连剧作者都无法理解的。而且，据我所知，杜丝本人并不是一个知识分子。

我最恨某些戏剧学派主张用深思反省的方法去激起适当的情感。一个学表演的人如果必须从思想上去触动，单凭这一点，已经足以证明这个人是不配表演的了。

"真理"这个一般人讨论得最多的哲学名词，是有不同的形式的，并且一条真理与另一条真理可以是同样正确的。法兰西喜剧院的古典演剧法，与易卜生戏剧的所谓现实演剧法，同样可以令人信服；但二者都脱不开不自然的虚饰，都是为了要给人一种真理的幻觉——讲到底，一切真理中都孕育着谬误。

我从未研究过表演的技巧，然而幸运的是，我从小生活在一个伟大演员辈出的时代，有机会发展他们的知识和经验。虽然我是有天赋的，然而我没想到，排练的时候会发现，在技巧方面竟有那么多需要学习的东西。初学者即使有天赋，也必须学会技巧，因为无论天资多高，仍需学会技巧来发挥天资。

我发现，要学会表演，最重要的一条是要知道随机应变；也就是说，到了舞台上，随时都要知道自己是在什么地方和在做什么事情。上场后，必须很有把握地知道，应当在什么地方停下，应当在什么地方拐弯，应当在什么地方站住，应当在什么时候和什么地方坐下，以及是否应当直

① 杰德·哈里斯（1900—1979）：美国百老汇制片人、导演。

接与一个角色对话。知道随机应变，就会胸有成竹，这也是区别职业演员与业余演员的一个标准。我导演影片时，一向坚持要随机应变。

表演的时候，我总喜欢采用精巧与严谨的方式。毫无疑问，约翰·德鲁最好地体现了这一点。他总是那么潇洒、幽默、精巧，而又十分风趣。感情流露是容易的——一位好演员理应做到——当然，还需要注意措辞与声调。大卫·沃菲尔德[①]虽然有一条好嗓子，并且善于表达情感，然而无论说什么，他都有一种宣读《十诫》的感觉。

常常有人问我，在美国舞台上，我最喜欢的男女演员是谁。这问题很难回答，因为，如果我说出某些演员，就意味着我认为其他演员是比较差的，但实际并非如此。我喜欢的并不都是演正剧的演员。有些是喜剧演员，有些甚至是演杂耍的。

比如说艾尔·乔尔森[②]，他有一种魅力与活力，是一位天生的伟大艺人。在美国舞台上，他是最能抓住观众情绪的艺人，这个黑面孔的歌手有一条洪亮的嗓子，常常说一些很平常的故事，唱一些伤感的歌曲。但不论唱什么，他都能使听众的情感随着他的表演波动起伏；即使是唱那支无聊可笑的《好妈妈》，他也能吸引所有的观众。以前他只是在银幕上偶一露面，但是后来，到了1918年，他的名气达到了极点，观众们对他像疯魔了一样。他柔软的身体、大大的脑袋、锐利而凹陷的眼睛，都有一种奇异的、动人的力量。每当他唱起这些歌曲，如《彩虹落在我肩上》和《我走在大伙儿的前面》，他会使人情不自禁地振作起精神。百老汇的诗意、活力、粗野、希冀、梦想，一切都被他体现出来。

荷兰喜剧演员萨姆·伯内德也是一位优秀艺术家，他对什么事情都会表现得很恼火。“鸡蛋呀！一打要卖60美分——还是臭的！——再瞧，碎牛肉卖什么价！你得花两美元！两美元——只买到这么一小撮，这么

---

① 大卫·沃菲尔德（1866—1951）：美国演员，以演典型人物闻名。

② 艾尔·乔尔森（1886—1950）：美国演员和歌星。他主演的《爵士歌王》是最早的一部有声电影。

一丁点碎牛肉！”说到这儿，他就要做手势，好像是在穿一个针眼，夸张那小到了什么程度，接着又大发脾气，东喊几声西叫几句，仿佛是在跟谁吵架：“我记得，从前两美元的碎牛肉多得你没法搬呀！”

不演戏的时候，他又是一位哲学家。有一次福特·斯特林[①]去看他，哭着诉说怎样受了妻子的骗，萨姆听了，说：“这又怎样呢？连拿破仑还受人骗呢！”

我第一次到纽约，见到了弗兰克·廷尼。他在冬季花园剧院卖座最盛，和那里观众的关系非常亲密。他会在脚灯上探出身体悄声说：“那个女主角简直被我迷昏了。”然后他偷偷地向后台那面望一眼，好像是怕被人听见，接着又转向观众们，像是在告诉他们一个秘密：“瞧她多么可怜，今天晚上上场的时候，我说：‘晚上好。’可是她完全被我迷住了，连一句话都回不上来。”

就在这时候，女主角从台上走过，廷尼赶紧把一根手指放在嘴唇上，警告观众不要泄露了他的秘密。接着他就喜滋滋地招呼她：“喂，宝贝儿！”她气呼呼地扭转了身，含着怒大踏步走下场，她的梳子落下来了。

于是，他悄声对观众们说：“我刚才对你们说了什么来着？可是，背着人我们俩就是那样的。”这时他交叉了两根手指。[②]他拾起了她的梳子，向舞台经理喊道：“哈里，请你把这个放在我们俩的化装间里好吗？”

几年以后，我又看到了廷尼的演出，大为惊讶，因为他演喜剧的那种风度已经消失。他显得非常不自然，我竟然不能相信是同一个人。看到廷尼的这种变化，后来我就创作了电影《舞台春秋》。我很想知道，他为什么会失去那种精神与信心。在《舞台春秋》里，是由于年龄的关系；卡维罗[③]年老了，开始变得内向、矜持，他与观众之间的亲密关系也就

① 福特·斯特林（1883—1939）：美国演员、导演。
② 把一根手指交叉着放在同一只手的另一根手指上，迷信的人以为这样可以减轻说谎的罪过。
③《舞台春秋》中马戏团里的小丑，由卓别林扮演。

完全消失了。

在美国女演员中，我最喜欢的是菲斯克夫人，她热情、幽默，而又聪明，她的外甥女埃米莉·史蒂文斯也是一位富有才华的女演员，具有独特的风格和动人的技巧。简·考尔能恰如其分地传达情感，并且很有深度；莱斯利·卡特夫人同样具有吸引力。在女性喜剧演员当中，我喜欢特里克西·弗里甘札，此外当然还有范妮·布赖斯，她的刻意表演让她的戏谑天才充分地发挥出来。我们英国人也有自己的伟大女演员：爱伦·泰丽、爱达·里芙、艾琳·范布勒、西比尔·桑代克，以及机敏过人的帕特·坎贝尔夫人——以上，除了帕特夫人外，我都见过。

约翰·巴里摩尔[1]因为保持了戏剧的正统而闻名，但是他恶俗地显露自己的才华，就好像一个人穿着丝袜时不用吊袜带一样——抱着满不在乎的态度，对待一切都表示十分轻蔑；不论是出演《哈姆雷特》，还是和一位公爵夫人睡觉，在他看来都是一件闹着玩的事情。

吉恩·福勒[2]在他写的那部巴里摩尔传记里，讲到巴里摩尔有一次喝得酩酊大醉，被人从温暖的被窝里拉去扮演哈姆雷特，他演了一会儿，就一边在舞台旁的条幕后呕吐一阵，一边吃醒酒药。据说，英国剧评家曾盛赞他那天晚上的演出，说他是当代演哈姆雷特最精彩的演员。听了这样可笑的故事，每个人都会在理智上生出一种反感。

我第一次见约翰，是在他最红的时候，当时他正心事重重地坐在联美电影公司大厦的一间办公室里。经过介绍，屋子里只剩下我们两个人，我谈到他扮演哈姆雷特如何成功。我说，在莎士比亚的戏里，哈姆雷特是所有角色中最被人欣赏的一个。

他沉思了一会儿说：“演那国王也不错嘛。说真的，我觉得演那个角

① 约翰·巴里摩尔（1882—1942）：美国演员，因出演莎士比亚的《理查三世》和《哈姆雷特》而知名，后拍电影。

② 吉恩·福勒（1890—1960）：美国新闻记者、剧作家。

色要比演哈姆雷特更好。”

我感到很奇怪，怀疑他说这话究竟有多少诚意。如果不是那么虚荣，而是更加朴实的话，他未尝不可以与布斯[①]、欧文、曼斯菲尔德[②]、特里等伟大的演员媲美。但是那些演员都有崇高的精神和明智的见解。约翰的缺点则在于他有一种天真和虚幻的想法，总认为自己是一个命中注定要毁灭的天才——结果他确实是以一种恶俗和狂暴的方式做到了这一点：酗酒而死。

虽然《寻子遇仙记》放映后风靡一时，但是我的麻烦事仍未结束：我还得给第一国家电影公司拍摄四部影片。在才穷力竭的时候，我到道具室去，希望能在那儿发现一件可以帮助我打开思路的旧道具：旧布景的残余、一扇监狱门、一架钢琴，或者一架轧液机[③]。忽然，我看见了一套高尔夫球棒。有啦！流浪汉玩高尔夫球——《有闲阶级》。

情节很简单。流浪汉大肆享受富人的种种乐趣。他到南方去避寒，但他不是坐在火车里面，而是藏在火车下面。他玩高尔夫用的球，都是他从高尔夫球场上拾来的。在一次化装舞会上，他一身流浪汉打扮，混在许多有钱人当中，和一个美丽的姑娘有了感情。一起浪漫的意外之后，他从群情激愤的客人中逃之夭夭，又走上了流浪的道路。

演其中一场戏的时候，由于喷灯出了故障，发生了一件小小的事故。喷灯的热气透过了我的石棉裤，于是我们又添了一层石棉。卡尔·罗宾逊认为这是一个做宣传的好机会，就向报界报道了这件事。那天晚上我大为震惊，看见报上登出了新闻，说我脸上、身上和双手都受了严重的烫伤。接着，电影制片厂收到了成百上千的信件、电报和电话。我发

---

① 布斯（1833—1893）：美国名演员。

② 曼斯菲尔德（1854—1907）：美国演员，兼演悲剧和喜剧，尤其擅长扮演易卜生和萧伯纳剧中的角色。

③ 用来轧干洗过的衣服的机器。

了一条辟谣声明，但很少有报纸发表。结果是，从英国的来函中，有H.G. 威尔斯[①]的慰问信，他说看到了我受伤的消息，十分震惊。信里接着说，他非常欣赏我的作品，如果我今后不能再拍影片，他将感到非常遗憾。我立即发出复电，将真实情况告诉了他。

《有闲阶级》拍完后，我准备拍另一部两大本的影片，想要取笑当时管子工干的那门很能赚钱的生意。开场是我和麦克·斯温从一辆大轿车里走出来。扮演那家美丽女主人的埃德娜·普文斯，用丰盛的菜肴招待我们。我们大吃大喝完，被领进了一间浴室，我一到那儿，立即用一个听诊器开始工作，把它放在地板上，去听水管，还在上面轻轻地敲着，仿佛是一位医师在诊治病人。

影片拍到这里为止。我再也没法集中思想了。当时我没想到自己已经疲劳到了什么程度。过去两个月里，我一心只想去一趟英国——我怀念英国，而 H.G. 威尔斯的来信更使我急于要去一趟。别后十年，我收到了海蒂·凯利的一封信。信里说："你可记得一个不懂事的小姑娘……"现在她已经结婚，住在波特曼广场，如果有一天去伦敦，我要不要去看她呢？那封信写得很平淡，几乎可以说并未唤起我旧日的情分。这也难怪，在这十年里，我已多次出入情场。但是，我肯定是要去看她的。

我吩咐汤姆拾掇好我的东西，再关照里夫斯暂时关闭制片厂，让工作人员休假。我要去英国了。

① H. G. 威尔斯（1866—1946）：英国小说家、社会学家、历史学家、空想主义者。

十七

从纽约出发的前一天晚上，我在爱丽舍餐厅设宴，请了大约四十位客人，其中有玛丽·璧克馥、道格拉斯·范朋克和梅特林克夫人。我们玩猜词游戏[①]。道格拉斯和玛丽演第一幕。道格拉斯扮演一个公共汽车售票员，在车票上轧了一个洞，递给了玛丽。表演第二个音节时，他们打着手势做了一个拯救落水的动作，玛丽高声呼救，道格拉斯向她游去，然后将她安全地送到河边上。不用说，我们都喊出了“范朋克！”[②]

那天晚上大家都非常高兴，后来梅特林克夫人和我串演《茶花女》里死别的一场。梅特林克夫人扮演茶花女，我扮演亚猛。她在我怀里垂死的时候，忽然咳嗽起来，起先咳得还轻，后来越咳越厉害，她的咳嗽有感染性，于是我也咳起来了。我们俩就好像在比赛咳嗽。最后像是我几乎死在茶花女的怀里。

出发的那一天，早晨8点我好不容易才被唤醒。浴后我的积郁一扫而净，因为即将去英国，只感到兴奋。和我同乘“奥林匹克”号去英国的有我的朋友爱德华·诺布洛克[③]，他是《命运》和其他剧本的作者。

一大群新闻记者登上了船，我担心他们会留下来和我们长途做伴——后来有两个留下了，其他的都随着领港员一起走了。

---

① 一般被当作宴会后的余兴。首先选出一个作谜底的词，由几个客人客串几幕很短的表演，先分别将该词的几个音节作为表演的中心题目，再将整个词作为中心题目，而其余的客人则根据表演猜词。

② “范朋克”（Fairbanks）由 fair（票）和 banks（河岸）两词组成。

③ 爱德华·诺布洛克（1874—1945）：英国剧作家、小说家、电影剧本作家。著名的剧本有《牧神》和《命运》等。

最后，房舱里只剩下我一个人，四面摆满了朋友们送来的一篮篮水果和鲜花……自从离开英国，到现在已经有十年，上次和卡诺剧团的同事们乘的就是这条船，那时我们坐的是二等舱。我记得，侍者曾经领着我们在头等舱里匆匆地兜了一圈，让我们走马观花地见识了一下另一半乘客们的生活。侍者还谈到个别的房舱布置得多么豪华，收的费用又是多么昂贵，而我现在就占了这样一间房舱去英国。我从前在伦敦的时候，还是兰贝斯一个默默无闻、在困苦中挣扎的青年；而现在我已经成名致富，仿佛是第一次去伦敦观光。

出海后没几个小时，已经觉察出了英国的氛围。每天晚上，我和爱德华不去大餐厅，而是在丽兹餐厅吃饭。那里的酒菜都是按菜单点的，有香槟、鱼子酱、鸭肉末、松鸡、野鸡、葡萄酒、卤肉汁、小烤饼等。我有的是空闲时间，于是每天晚上都喜欢很无聊地打扮自己，还打起了黑领带。过这种奢侈享乐的生活时，我感到了有钱的快乐。

我原以为现在总可以轻松一下了。但是“奥林匹克”号的布告板上公布了我去伦敦的消息。在横渡大西洋的途中，邀请和请求的电报像雪片似的飞来，而且越来越多。人们的狂热好像正在酝酿成一场风暴。“奥林匹克”号的布告板上，转载了《联合新闻》和《电讯早报》的报道。有一条是：“卓别林衣锦还乡！从南安普敦至伦敦，沿途将重现罗马凯旋盛况。”

另一条报道是：“每天客轮沿途发布的新闻，以及查理在船上的活动，均由本社每小时从船上发出简报，并在街头出售号外，介绍这位大名鼎鼎、小矮个儿、撇着一双怪脚的演员。”

再有一条报道是：“《查理我的亲爱的》这首詹姆斯二世党人[1]所唱的古老歌曲，体现出一星期以来整个英国对卓别林的狂热，这狂热每小

① 1688 年英王詹姆斯二世出亡法国，拥护他的党人多次叛乱，为废王的儿子詹姆斯·弗朗西斯·爱德华和孙子查尔斯·爱德华寻求复辟，歌曲中的查理原指查尔斯·爱德华。

时将随着查理回国所乘的‘奥林匹克’号的逐渐驶近而加剧。”

还有一条报道是：“‘奥林匹克’号今晚将在浓雾中泊靠南安普敦，已有大队影迷聚集该地，前来欢迎这位矮小的喜剧演员。警局人员正忙于做出安排，在码头及市长欢迎查理的典礼上维持秩序……一如既往，像举行胜利游行时那样，报纸将报道在什么地点可以最清楚地一睹卓别林的风采。”

我不曾料到，会有这样盛大的欢迎。虽然那是令人兴奋的特殊礼遇，但是我却宁愿将这次回国推迟一段时间，等到我认为自己更配受到这样的欢迎的时候再回去。当时我只不过是渴望见到旧时熟悉的地方：悠闲自在地去各处走走，在伦敦各地做一次巡礼，看看肯宁顿和布里克斯顿，看看波纳尔弄 3 号的那扇窗子，看一眼我帮劈柴人干活的那个阴暗的木棚，看一下我同露易丝和父亲一起住的肯宁顿路 287 号二楼的窗子。当时我忽然想起了这些地方，于是怎么也没法把它们从心头抛开。

我们的船终于抵达瑟堡[①]！有许多人从船上下去，又有许多人登上了船——其中有摄影记者和新闻记者。我去英国有什么任务吗？来法国有什么任务吗？我打算去访问爱尔兰吗？我对爱尔兰问题[②]有什么看法吗？他们简直要把我生吞下去。

我们的船离开瑟堡，开赴英国，但这时它像是在爬行，慢腾腾地爬行。再也别想能睡得着。1 点了，2 点了，3 点了，我一直醒着。轮机停了，后来倒退，最后完全停下。我可以听到外面走道里传来人们来回奔跑的脚步声。我神经紧张，毫无睡意，于是向舷窗外望去。但外面一片漆黑，我什么也看不见；可是，我可以听见英国人的声音了！

① 法国海港，与英国军港朴次茅斯隔海峡相望。

② 1919 年第一次爱尔兰议会宣布爱尔兰共和国独立，战争随之爆发，1920 年南北爱尔兰分治，1921 年《英爱条约》签订，爱尔兰自由邦成立。卓别林回英，时在 1920 年。

天色破晓，我由于极度疲倦而睡熟，但只睡了两个小时。侍者给我端来热咖啡，送来早报，我起来了，快乐得像只云雀一样。

只见报上的一条标题是：

喜剧演员归国

盛况不亚于停战纪念日

另一条标题是：

伦敦家家户户谈卓别林来访

再有一条标题是：

卓别林抵伦敦将受到盛大欢迎

还有一条大字标题是：

看哪，我们的儿子——[①]

当然，也有少数指摘批评的文章：

呼吁恢复理智

看在上帝的分上，让我们恢复理智吧。我敢说，卓别林先生是一位十分可敬的人士；我也无意追究，此时此刻他对故国的这份深

① 仿《圣经》而作。《旧约·创世记》第48章第2节："有人告诉雅各说，看哪，你的儿子约瑟到你这里来了。"

切怀念，为什么不曾在大不列颠受到德国蛮子威胁、岌岌可危的黑暗岁月中表现出来。也许的确像某些人为他辩护的那样，查理·卓别林在摄影机前面耍上几手招笑的玩意儿，要比他在大炮后面做出一些英勇的行为更称职吧。

在码头上，我受到南安普顿市长的欢迎，然后匆匆忙忙上了火车。现在我们终于向伦敦进发！海蒂的哥哥阿瑟·凯利来到我的包厢里。我记得，当时我和阿瑟坐在一起，我一面看着外面晃动的绿色田野，一面跟他谈话。我告诉他，我收到了他妹妹的一封信，信中邀我到波特曼广场她家里去吃饭。

他奇怪地向我望了望，好像有些发窘："你知道吗，海蒂已经去世了。"

我大为震惊，但那时我还不能充分体会到这件事的悲哀；一时间太多的往事涌上心头，我只感到茫然若失。特别是在这种近似幻境的情况下，海蒂是我唯一想要再见的故人。

我们的火车正进入伦敦市郊。我急切地向窗外眺望，但怎么也认不出掠过去的街道。我又是激动又是担心：战后的伦敦也许已经面目全非了吧。

接着我更加激动了。仿佛心中已经没有思念，只有期望。可是，期望的又是什么呢？我心绪烦乱。我没法思考。我只能漠然望着伦敦的那些屋顶，但那儿并没有真实。一切都是期望，期望啊！

最后，火车开进了可以听见嗡嗡回声的火车站——滑铁卢车站到了！我走下火车，看见站台尽头挤满了被绳子拦住的人，以及一排排的警察。闹闹哄哄，一切都显得十分紧张。我虽然除了兴奋外一时无法体会其他的感受，但仍旧可以觉察出，自己像是在人们的押送之下，被拉着向站台的一面走去。当我们走近被绳子拦开的人群时，紧张的情绪开始缓和下来：“他来了！他来了！”“查理，好样的！”这时他们发出了欢呼。我和阔别了十五年的表兄奥布里在欢呼声中被推进了一辆轿车。在慌乱中，我竟随着他们避开了一群群等了很久要见我一面的人。

我叮嘱奥布里，一定要让我们的车走威斯敏斯特桥。汽车驶出滑铁卢车站，经过约克路，我注意到旧房屋已经不见了，原先的地方造起了一座新的大厦，那是伦敦郡议会所在地。但是汽车一拐过约克路，威斯敏斯特桥就像云层中射出的阳光那样突然呈现在我面前！它完全和从前一样，庄严的议会大厦仍然矗立在那里，它仿佛是永恒的。整个情景完全像我从前离开时一样。我几乎要哭出来了。

我选了丽兹酒店下榻，因为它当年刚落成时我还是一个孩子，走过门口时，一瞥间看到里面金碧辉煌，此后就一直很想知道其他部分是什么样儿。

一大群人等候在酒店外面，我发表了简短的讲话。最后我在酒店里把一切都安顿好了，就十分焦急地想要单独出去。但是人群仍聚集在外面高声欢呼，我不得不几次走上阳台，像一位王公贵人似的，对他们的欢迎表示感谢。处于这样不寻常的情况下，很难描绘当时的情景。

我的房间里坐满了朋友，但我一心只想离开他们。那是下午 4 点，我推说要小睡片刻，等到晚饭时再和他们见面。

他们刚走，我就赶快换了衣服，乘运行李的电梯，悄悄地出了后门。我立刻沿着杰明街一路走去，叫了一辆出租车，经过干草市场，穿过特拉法加广场，再沿着议会街驶过威斯敏斯特桥。

汽车拐了一个弯，肯宁顿路终于到了！可不就是那条路嘛！真叫人没法相信啊！它一点也没变。威斯敏斯特桥路拐角那儿是基督教堂！布鲁克街拐角那儿是巨盅酒馆！

我叫出租车在波纳尔弄 3 号前面不远的地方停下。当我向那幢房子走过去时，我觉得心里宁静得出奇。我站定了一会儿，仔细地打量一切。

波纳尔弄 3 号！它就在这儿，像是一个空空的头骨。我抬头看最上面一层的两扇窗子——从前母亲就坐在那间阁楼里，身体虚弱、营养不良，最后发了疯。现在，两扇窗子紧紧地关着。它们不肯透露出一点秘密，仿佛对那个好半晌站在那儿望着它们的人无动于衷，然而，它们的沉默却比语言表达了更多的意思。最后，几个孩子走过来，围住我，我只好走开了。

我走到肯宁顿路后边，也就是从前我曾经帮劈柴人干活的马房那儿。但是马房已经被一堵砖墙围起来，劈柴人也不见了。

后来我走到肯宁顿路 287 号，雪尼和我曾经同父亲、露易丝及他们的孩子住在那里。我抬起头来仔细看二楼的窗子，我童年的困苦日子是在窗内度过的。现在，它们却显得那么超然世外，那么宁静而又神秘。

后来，我走到了肯宁顿公园，经过了一家邮局，从前我曾在那里存了六十镑，那是我 1908 年以后省吃俭用攒下的钱，至今仍在那里存着。

肯宁顿公园！虽然隔了这么多年，仍旧是一片愁人的翠绿。后来我又走到肯宁顿门，那是我第一次和海蒂约会的地方。我在那儿伫立了一会儿，看见一辆有轨车停下了。有几个人上了车，但是没有人走下来。

后来，我又走到布里克斯顿路，去看格伦肖大厦 15 号由雪尼和我布置的那套房子。但这时我的情感已经耗尽，只剩下好奇了。

在归途中，我在号角酒馆休息了一会儿，喝了一杯酒。这酒馆从前生意兴隆时陈设华丽，桃花心木柜台擦得闪亮，挂着光洁的镜子，设有台球房。在那间大厅里，一些朋友曾为我父亲举行最后一次义演。现在，号角酒馆已稍显陈旧，但里面的陈设还是完整的。不远处，是我读过两年书的肯宁顿路郡议会学校。我望了望里面的运动场：四周添造了房子，那片灰色的柏油地缩小了。

我在肯宁顿区四下漫步，只觉得从前在那里遭遇的一切像是一场幻梦，而后来在美国经历的事情则是现实。同时我又觉得有点不安：这些使穷人感到亲切的街道，会不会仍能使我重又陷入绝望的困境中呢？

许多荒谬的文章写到我是怎样忧郁孤僻。也许，我根本就不需要太多的朋友，只是由于成了名，我才将各色的人都吸引了过来。急朋友之所急是容易的，但是，如果把时间都花在他们身上，未必是适当的。在我声名大噪的时候，朋友和相识来找我的太多了。我呢，既是一个外向又是一个内向的人，而当我更偏于内向时，我就只好避开了他们。也许就是因为这个缘故，有些文章说我行动诡秘，性情孤僻，很难和别人结为知己。这可是荒谬之谈。我有一两个极为要好的朋友，他们不但扩大了我的眼界，而且和我在一起时，总是给我带来乐趣。

然而，某些作家却随心所欲，有时候把我的个性描绘得很开朗，有时候又把它刻画得很阴暗。比如，萨默塞特·毛姆就曾经这样写道：

> 查理·卓别林……他的幽默是简明的、可爱的、自然的。然而，始终能感觉到，在这一切的后面隐藏着一种深切的悲哀。他是一个容易感伤的人，即使他不用滑稽的口吻说“咳，昨天晚上我感到一阵不痛快，简直不晓得该把自己怎么办才好”，你也可以知道他的心情是接近忧郁的。他不会给你一种印象，使你觉得他是一个生活得幸福的人。我想，他一直在怀念那些贫民窟。他的成名致富，将他局限于一种他只会感到拘束的生活方式。虽然年少时代过的是极端贫穷的日子，怀有的是自己明知道无法满足的渴望，然而，我认为，他一直在怀念在那个时代里所享受的自由。在他看来，伦敦城南的街道是供他戏耍游乐的，是有着无限惊险可以探索的……我可以想象到，他走进了自己的家门，会感到奇怪：自己究竟要在这个陌生人的住宅里干些什么。我怀疑，也许只有一个地方，他可以看作是自己的家，那就是肯宁顿路后面那幢三层楼的房子。一天

晚上，我和他一起在洛杉矶市内溜达，后来信步走到了最穷苦的人住的地方。那里是一些肮脏的廉租房和装饰得很俗气的旧商店，商店里卖的都是穷人的各种日用品。这时他高兴得容光焕发，用兴奋的口气说：“你瞧，这才是真实的生活，对吗？其他的一切都是虚假的。”①

要强使别人相信穷苦生活可爱，这很让人反感。我至今还不知道，有哪个穷人怀念穷苦，或在穷苦中感到自由。毛姆先生也无法使任何穷人相信，一旦成名致富，就会感到拘束。我有了钱并不感到拘束——相反，有了钱我只觉得自由。我不相信，毛姆会让小说中的任何人物有这种荒谬的想法——哪怕只有一点点。“伦敦城南的街道是供他戏耍游乐的，是有着无限惊险可以探索的……”这种油滑的论调，多少带一点玛丽·安托瓦内特②说话时那种虚诞浮华的口气。

我觉得，穷苦既不是可爱的，也不是崇高的。穷苦并没有让我学到任何东西，它只使我歪曲了价值标准，过高地估计了富人和所谓上流社会的品质与美德。

相反，财富与声名教我学会了怎样以正确的眼光去看待上流社会，在接近那些知名人士时我发现他们和我们一样是有缺点的。由于有了财富和声名，我才会轻视宝剑、手杖、马鞭等身份标志，将它们看作势利的表现；知道以学究口吻评价一个人的优点和智力是错误的；知道这种神话麻痹了英国中产阶级的思想；并且知道，智力并不一定是教育的结果，也不一定是古典文学方面的知识。

不论毛姆怎样设想，正如其他所有人一样，我就是我自己：一个独特

① 以上引语并不确实。那次我们偶然走到墨西哥人聚居区，我当时说了这么一句：“这儿要比贝弗利山显得更有生气。”——原注

② 玛丽·安托瓦内特（1755—1793）：法国国王路易十六之妻，法国资产阶级革命中在断头台上被处死。

的、不与他人一样的人，一个具有祖先传下的奋发进取精神的人；梦想、欲望，以及特殊经历的累积，我就是这一切的总和。

我到了伦敦，发现自己经常和一群好莱坞的朋友在一起。我在盼望一些变化，想要获得一些新的经验，看到一些新的面孔；我想要利用一下我的名气。我还有一个约会：去看 H.G. 威尔斯。此后我就可以自由做一些安排了，我希望会见另一些人。

“我已经安排好，在加里克俱乐部[①]设宴招待你。”爱德华·诺布洛克说。

“老是一些演员、画家、作家，”我开玩笑说，“可是，那个不大公开的英国上流社会在哪里呢？乡间别墅里举行的宴会，我至今还不曾被邀请参加过呢。”我要看看贵族的小圈子。我并不是为了满足虚荣心，只是想开开眼界。

加里克俱乐部里，油画和深色的橡木墙构成了明暗相衬的装饰，那是一个光线朦胧、气氛宁谧的地方，我在那儿会见了詹姆斯·巴里[②]爵士、E.V. 卢卡斯[③]、沃尔特·哈克特[④]、乔治·弗兰普顿[⑤]、埃德温·勒琴斯[⑥]、斯夸尔·班克罗夫特[⑦]，以及其他一些知名人士。那次宴会虽然沉闷，但名人们的出席仍使我非常感动。

我觉得那天晚上的宴会并不十分成功。按说名人会集时必须创造一种亲切舒适的气氛，但是由于那天主要的客人是一个新成名的暴发户，他怎么也不肯在餐后发表讲话，也许就是因为缺少了这个节目，所以很

---

① 成立于 1831 年，原为赞助演剧而设，后成为文人和艺术家的聚会之所。
② 詹姆斯·巴里（1860—1937）：英国剧作家、小说家，《彼得·潘》的作者。
③ E. V. 卢卡斯（1868—1938）：英国作家、文艺批评家。
④ 沃尔特·哈克特（1876—1944）：美国剧作家，曾写过许多电影剧本。
⑤ 乔治·弗兰普顿（1860—1928）：英国雕塑家，最著名的作品之一是虚构人物彼得·潘的塑像。
⑥ 埃德温·勒琴斯（1869—1944）：英国建筑师、画家。
⑦ 斯夸尔·班克罗夫特（1841—1926）：英国演员、剧院经理、作家。

难形成这种气氛。雕塑家弗兰普顿在席上竭力使他的谈话听来轻松有趣，但这并不能使阴暗的加里克俱乐部发出奇光异彩，因为其他人都只顾坐着吃煮火腿和糖浆布丁。

我首次招待英国报界时，无意中说了一句：我这次回国，是要重访在英国度过童年的地方，还要再尝尝清炖鳗鱼和糖浆布丁。这样一来，大家都请我吃糖浆布丁，在加里克俱乐部，在丽兹酒店，在 H.G. 威尔斯家里，甚至在菲利普 · 沙逊[①] 爵士豪华的宴会上，最后的一道甜点都是糖浆布丁。

不久，宴会散了，爱德华 · 诺布洛克悄悄地告诉我，詹姆斯 · 巴里爵士邀我们去阿德菲街他的寓所里喝茶。

巴里的寓所像个画室，那是一间很大的屋子，向外面望出去是景色优美的泰晤士河。屋子当中装了一个圆火炉，烟囱管一直伸到了天花板。他把我们领到一个窗口，从窗子里望出去，下面是一条狭窄的街道，对面是另一扇窗子。"那是萧伯纳的卧室，"他用一口苏格兰口音顽皮地说，"我有时候看见里面灯光亮着，就对着那扇窗扔几粒樱桃核或李子核。如果想要谈话，他就会推开窗子，与我随便扯上几句，如果无意谈话，他就不理睬我，或者关上灯。我一般是扔三次，就不再扔了。"

派拉蒙电影公司准备在好莱坞拍摄《彼得 · 潘》。我对巴里说："《彼得 · 潘》拍成电影，甚至会比戏剧更受欢迎。"他同意我的看法。他特别要安排一个场面，让温迪把一些仙子扫进一棵空心的树干里。那天晚上巴里还说："你为什么要在《寻子遇仙记》里插进做梦的那段？它打断了故事的连贯性。"

"那是因为我受了《吻一吻灰姑娘》[②] 的影响。"我坦率地回答。

第二天，爱德华 · 诺布洛克和我一起出去买东西，后来他提议去拜

---

① 菲利普 · 沙逊（1888—1939）：英国议会议员，曾任英国空军副部长。
② 詹姆斯 · 巴里所写的一部三幕剧。

访萧伯纳。但是事先他们并不曾约好。“咱们可以随便撞进去看看。”爱德华说。4 点，爱德华在阿德菲街按门铃。两人正等着的时候，我突然害怕起来。“还是下次再来吧。”我说，随即沿街跑走了，爱德华追上我，怎么劝说我也没用。直到 1931 年，我才有机会见到萧伯纳。

第二天早晨，我被客厅里的电话铃声惊醒，接着就听见我的美国秘书用清脆的声音说：“哪一位？……是威尔士亲王[①]呀！”

当时爱德华刚巧在那儿，他自称娴熟礼仪，于是接过了电话。我只听见他的声音说：“喂？哦，是的。今天晚上吗？谢谢您！”

爱德华兴奋地向我的秘书宣布，威尔士亲王请卓别林先生今天晚上赴宴，接着他就向我的卧室跑来。

“这会儿别去吵醒他。”我的秘书说。

“我的天哪，朋友，是威尔士亲王呀！”爱德华恼火地说，接着就滔滔不绝地大谈英国的礼节。

过了一会儿，我听见卧室门把手转动的声音，就假装是刚醒。爱德华走进来，抑制着激动，装出了冷淡的神情宣布：“今天晚上你一定不可以有其他的约会，威尔士亲王请你赴宴。”

我也对他装出冷淡的神情，说这件事倒是难办，因为我早已约好今晚要赴 H. G. 威尔斯的宴会。爱德华不理会我的话，又重复了一遍。我当然很激动——想到了要在白金汉宫和亲王一同进餐！“可是，我想这一定是谁在跟咱们开玩笑吧，”我说，“因为我昨天晚上刚在报上看到，亲王在苏格兰打猎。”

爱德华忽然露出尴尬的神情：“要不，我还是打个电话到宫里去问问清楚吧。”

他再回来时，脸上带着一副莫测高深的神情，不动声色地说：“可不

---

① 即 1936 年登基，后因娶辛普森夫人而逊位的爱德华八世。

是，他还在苏格兰。”

那天早晨，我听说以前在基斯顿电影公司的同事胖子阿巴克尔因杀人罪被控。这可是一件无中生有的事；我知道阿巴克尔是一个性格柔和而又懒散的人，他是连一只苍蝇都不肯伤害的，于是我向来采访此事的记者发表了这个意见。最后阿巴克尔被宣布无罪开释，但是这样一来他的事业毁了：虽然在公众中恢复了名誉，但是严重的打击给他带来了致命的影响，过了大约不到一年他就死了。

那天下午我要到奥斯瓦德·斯托尔电影院的办公室里去见威尔斯，我们约好了看一部根据威尔斯的短篇小说改编的电影。离电影院不远，我注意到那儿密密麻麻地聚了一群人。紧接着我就被连推带搡，塞进了一个电梯，然后被簇拥到一间小办公室，里面聚了更多的人。

当时我被弄得稀里糊涂，没想到我们第一次会在这种情况下相见。威尔斯静静地坐在一张桌子旁，眨巴着一双青紫色的眼睛，和蔼中微露出窘迫。我们还没来得及握手，打开闪光灯的摄影记者已经从四面拥上来。威尔斯凑近我小声说：“咱们俩被包围啦。”

后来我们被领进了试片室，影片即将放映完毕时，威尔斯小声说：“你觉得怎么样？”我坦率地告诉他，影片并不理想。灯亮后，威尔斯马上向我凑过来说：“你夸奖这孩子几句吧。”说真的，这部影片里也只有乔治·K. 阿瑟这孩子演得还差强人意。

威尔斯对电影抱着过分宽容的态度。“电影根本无所谓好坏，”他说，“只要是动的，就是精彩的！”

在那种情况下，我们是没有机会彼此熟悉的，但是那天晚些时候我收到了一张便条：

别忘了来吃晚餐。如果认为需要的话，不妨穿上一件大衣，7点半左右悄悄地进来，咱们可以安安静静地吃一顿饭。

那天晚上，丽贝卡·韦斯特[1]也去了。起先大家谈话时还有点拘谨，但后来就融洽了。威尔斯谈到了苏联，因为他最近到那里去过。

“进步得很慢呀，”他说，“发布一些理想的宣言是容易的，但是要实行起来可就困难了。”

“发展教育嘛。”

我对他说，我对社会主义知道的很少；又开玩笑地说，我看不出一个必须工作才能维持生活的制度有什么优点：“坦白地说，我更喜欢那种不必工作就能生活的制度。”

他大笑起来：“那么，您拍电影呢？”

“那算不上工作——那是儿戏。”我用滑稽的口吻说。

他问我在欧洲度假期间打算做些什么。我说想去巴黎，然后再去西班牙看一场斗牛：“我听人说，那技巧紧张动人，十分好看。”

“的确如此，但对马来说可太残酷了。”他说。

“您何必为了几匹马动感情呢？”现在，我想到当时说过这样愚蠢的话，真恨不得把自己踢上一脚；瞧我那句话说得多么冒失啊。我看得出，威尔斯是会原谅我的。但是那天回来时，我一路上都在责怪自己的愚鲁无知。

第二天，爱德华·诺布洛克的朋友、名建筑师埃德温·勒琴斯爵士到酒店里来了。当时他正在给德里设计一幢新的总督官邸，刚从白金汉宫觐见乔治五世陛下回来。他随身带去了一个抽水马桶模型；它大约有六英寸高，上边装有一个可以容一酒杯水的水槽，一拉动链条，水就真的冲了出来。国王和王后拉动链条，又在水槽里添满了水，都觉得它有趣好玩，于是勒琴斯提议，再在它四周造一所玩偶之家。后来，他请了好些英国名画家给几间主要的房间画了微型画。房子里的每一件设施都

① 丽贝卡·韦斯特（1892—1983）：英国小说家、政治家。

是微型的。模型做好了，王后允许将它公开展出，为慈善事业募集了一大笔钱。

过了一段时间，我的社交活动开始减少了。我已经会过了文人与名流，重游了童年旧地；现在，每天除了跳上跳下出租车，避开人群，看来已经没有什么其他的事可做的了。后来，爱德华·诺布洛克去了布赖顿，这时我突然决定整理行装，抛下这儿的一切，启程前往巴黎。

我以为我们这次启程，事先并未透露消息，但是到了加来，已经有一大群人在那里欢迎我们了。“夏洛万岁！”他们见我走下跳板时都这样喊着。渡海时我们遇到了很大的风浪，我几乎丢了半条命，但这时还是勉强地笑着挥手。我被推推搡搡地拥进了火车。抵达巴黎时，那里也有一大群人欢迎我，并布置了警戒线。我又被一些人热情地推着挤着，然后在警察的帮助下，几乎是被举起来塞进了一辆出租车。这情形很好笑，我确实觉得有趣，但也是出乎我的意料的。这样的接待虽然激动人心，然而兴奋之余，我已精疲力竭。

到了克拉里奇酒店，电话铃每十分钟就要不停地响上一阵。那是安妮·摩根小姐的秘书打来的。我知道这是要找我做什么事，因为安妮·摩根是 J.P. 摩根的女儿。我们想设法把她的秘书敷衍了。但是那位秘书怎么也不肯让我们搪塞过去，问我是否可以见一见安妮·摩根小姐，说她不会占用我很多时间。情不可却，我只好答应 3 点 45 分在酒店里见她。但是时间到了，摩根小姐还没来，过了十分钟，我就要离开了。我走过大堂的时候，酒店经理追上了我，露出急切的神情：“安妮·摩根小姐看您来了，先生。”

摩根小姐自作主张，非要见我不可，这已经使我感到不快，可是现在竟然迟到！我只好赔着笑向她招呼：“对不起，我 4 点有个约会。”

“真的吗？”她说，“可是，我最多只耽搁您五分钟。”

我望了望钟，那时是4点缺五分钟。

“咱们是不是可以找个地方坐一下，”她说，接着就趁我们在大堂里找座位时开始说了起来，“我这会儿正在为重建战时遭到破坏的法国募捐，如果能够在特罗卡德罗宫[①]举行一次庆祝会，放映您的《寻子遇仙记》，同时再请您出场，我们就能募到一大笔捐款。”

我对她说，她可以在庆祝会上放映那部影片，但是我不准备出场。

“可是，您露一次面，就可以多募很多的钱，”她坚持说，“我肯定您会被授勋。”

我忽然转到了一个荒唐的念头，于是两眼直瞅着她：“您有把握吗？”

摩根小姐笑了。“我们只能向政府推荐，”她说，“当然，我会尽力而为的。”

我望了望钟，把手伸了过去：“真对不起，我一定要离开了。明天开始我要去柏林三天，所以，有什么事您可以通知我。”我含混地说了这么一句，就向她道了别。我知道这样的做法近于胡闹，所以一离开酒店就开始后悔，觉得自己太冒失了。

进入上流社会，往往是由一件偶然的事情促成，那件事情像燧石上溅开的一点火花，而社交活动就像那点火花引起了一场燎原大火，于是就这样“进入”了。

我记得，有两位委内瑞拉女士——两位出身都很低微的姑娘——给我讲过她们进入纽约上流社会的经过。在一艘远洋客轮上，她们遇见了一个洛克菲勒家族的人，这人给她们写了一封介绍信，从此她们就展开了社交活动。几年后，其中一位女士告诉我，她们成功的妙诀是：从来不向一个已婚的男子卖弄风情。结果是，纽约的女主人都喜欢她们，什

① 巴黎著名建筑，1878年为举行国际博览会而建，1937年重修，改名夏乐宫。

么地方都邀请她们去——甚至给她们物色了佳偶。

讲到我本人，我进入英国上流社会也是一件意想不到的事情。有一次我正在克拉里奇酒店里洗澡，有人告诉我乔治·卡庞蒂埃[①]来了，接着他就走进了浴室；他和杰克·登普西比赛之前，在纽约见过我。我们互相亲热地打招呼，他悄悄告诉我，有一个朋友在客厅里等着他，他想要我认识那个朋友，还说那是一个英国人，“在英国很有地位”。于是我披了一件浴衣，去见了菲利普·沙逊爵士。我和他的珍贵友谊从此开始，一直持续了三十多年。那天晚上，我同菲利普爵士和他的姐姐——当时是罗克萨维奇夫人——一起进餐，第二天我就启程去柏林了。

柏林人对我的反应很有趣。我一到那里，就失去了一切地位，只剩下了我这个人，而且这个人甚至无法在夜总会里占一个好点的位子，原来柏林还没有放映过我的影片。后来还是一个美国军官认出了我，气愤地把我的身份告诉了那个惶惑失措的老板，最后他总算给我们预备了一些酒。当时一些人认出了我，就围聚在我们的桌边，那个经理的反应也挺有趣的。其中有一个德国人，一度在英国做过俘虏，曾看过我的两三部喜剧片，这时突然大喊“查理！”，接着就向那些茫然失措的顾客转过身去：“你们知道这是谁吗？他就是查理呀！”他像发了疯似的搂着我狂吻。但是，他这样兴奋，并没有引起别人过多的注意。后来还是大家都关注的德国影星波拉·内格里邀我们到她的桌边去，这才稍微引起了众人的注意。

我抵达柏林的第二天，收到了一张神秘的便条，上面写的是：

亲爱的朋友查理：

自从在纽约达德利·菲尔德·马隆的宴会上见了你，此后我遇

---

① 乔治·卡庞蒂埃（1894—1975）：法国拳击家，1920 年赢得轻重量级拳赛世界冠军，1921 年在重量级拳赛中被美国的杰克·登普西击败。

到的事情太多了。现在我住在一家医院里，病得很厉害，请千万来看看我吧。你会给我带来很大的鼓舞……

写条子的人注明了医院地址，签的名字是“乔治”。起先我想不起这是谁。后来我回忆起来了：他肯定是那个保加利亚人乔治，就是那个还要回去坐十八年牢的人。从信中的口气明明可以看出，他这是暗示要我“照顾”。因此我想应当随身带 500 美元去。出乎我意料的是，到了医院，我被领进一个宽大的房间，里面摆着一张桌子，桌子上装有两架电话，两个身穿便服的人来接待我，后来我才知道，他们都是乔治的秘书。其中一个把我领到隔壁的一个房间里，乔治躺在一张床上。“我的朋友！”他热情地欢迎我，“你来了，真叫我高兴。我一直没忘记，你在达德利·马隆的宴会上对我表示的同情和好意！”接着他就冷冷地吩咐了秘书几句话，于是屋子里就只剩下了我们两个人。他没有说明自己怎样离开了美国，所以我觉得不便向他打听；此外，他十分关心他在纽约的朋友，向我探询他们的近况。我被弄糊涂了，一时摸不大清他的底细，好像是读一本书时跳过了其中的几章一样。最后他向我说明，他现在担任布尔什维克政府的采购员，来柏林订购机车和钢桥。后来我把那 500 美元原封不动地带回去了。

柏林满目凄凉。战败的气氛依然笼罩着一切，几乎在每条街道的拐角上，都可以看到断腿缺臂的士兵求乞的悲惨景象。安妮·摩根小姐的秘书急着打来电报，因为报纸上已登出了我将在特罗卡德罗宫露面的新闻。我复电说，我并没有答应亲自去，现在，为了不对法国公众失信，我要向他们说明真相。

最后我收到这样一封电报：“来此定可授勋，已为此事筹划安排，并经过一番周折——安妮·摩根。”于是，我在柏林只待了三天，就回到了巴黎。

在特罗卡德罗宫首映的那天晚上，我同塞茜尔·索蕾尔、安妮·摩根和其他几个人坐在包厢里。塞茜尔凑近了我，向我透露秘密："今天晚上要给你授勋。"

"那太荣幸了！"我谦虚地说。

一部沉闷的纪录片一直到休息时间还没放完。我感到非常厌倦，最后灯总算亮了，两位公务员陪我到部长的包厢里。好几位新闻记者紧跟着我们；其中有一位很精明的美国记者，一再凑近我耳边悄声说："你要接受荣誉军团勋章了，小伙子。"部长致颂词的时候，我这位朋友又不停地向我悄声说："他们骗了你，小伙子；那勋章不对，那是他们给学校教师的；你领这个还不够光荣，你要领那个有红色绶带的，小伙子。"

实际上，我因为和学校教师一同受到表彰，已经感到非常快乐。证书上写的是："查尔斯·卓别林：戏剧家、艺术家、民众教育受勋者……"

安妮·摩根还给了我一封情文并茂的信，向我表示感谢，邀我第二天去凡尔赛特里亚农别墅[①]吃午餐，说她将在那里和我见面。那次宴会济济一堂，来了形形色色的客人——希腊乔治亲王、莎拉·威尔逊夫人、塔莱朗-佩里戈尔侯爵夫人、保罗·路易斯·韦勒司令、埃尔莎·马克斯韦尔等。那天早晨宴会上看到的一些事、听到的一些话，我已记不清楚，因为当时我只顾忙着应酬。

第二天，我的朋友沃尔多·弗兰克和领导法国新戏剧运动的雅克·科波[②]一起来到酒店里。晚上我们一同去看马戏，看到了几个很出色的丑角，然后陪同科波在拉丁区吃了晚饭。

又过了一天，我已约好要去伦敦，参加菲利普·沙逊爵士和罗克萨

① 在凡尔赛花园，由大小特里亚农两座行宫构成。

② 雅克·科波（1879—1949）：法国著名演员、舞台指导、戏剧评论家。

维奇勋爵夫妇招待劳合·乔治[1]的宴会。但是，由于海峡上空有大雾，飞机被迫在法国海岸着陆，我们到达时已经晚了三个小时。

现在让我谈一点有关菲利普·沙逊爵士的事情。大战中他曾任劳合·乔治的秘书。他年纪和我差不多大，谈吐风趣，仪容秀美，但长得有一些像外国人。他是代表布赖顿和霍夫选区的下院议员，自己虽然是英国最富有的人之一，但并不愿意闲着，他总是努力工作，使自己的生活过得很有意义。

我第一次在巴黎见他时，说我感到非常疲劳，并且十分紧张，需要避开一般人；还埋怨说，甚至酒店墙壁的颜色也刺激着我的神经。

他大笑起来："那么，你喜欢什么颜色的墙壁呢？"

"黄色的和金色的。"我开玩笑说。

他邀我到利姆的别墅去，说我可以远离一般人，在那儿安静地休息几天。使我感到惊讶的是，一到那里，我发现给我收拾的房间已经装上了黄色和金色的粉彩窗帘。

他的别墅华美绝伦，装饰得富丽堂皇。菲利普很会收拾屋子，因为他的品味非常俊雅。我住的那套豪华的房间，给我留下了深刻的印象：炖在火上的汤锅一直保持温热，我夜里饿了就可以吃；早晨两个彪形男仆把一辆真可称为自动食堂的餐车推进房间，车上有精美的美国麦片粥、炸鱼片、熏肉和鸡蛋。我有一次说，来到欧洲后很想吃美国麦饼，瞧，这会儿送来的可不是麦饼吗？一直送到我的床前，都是热气腾腾的，还有黄油和枫糖浆。这真有点像《一千零一夜》里的场景。

菲利普爵士料理家务时，总把一只手插在衣袋里，摩挲着他母亲的珍珠——那串珠子足有一码多长，每一颗都有大拇指的指甲那么大。"我随身带着，让它们有点生气。"他说。

---

① 劳合·乔治（1863—1945）：英国政治家，1916 年至 1922 年任英国首相。

我从疲劳中恢复过来后，菲利普爵士问我要不要和他一起去布赖顿的一家医院，探望那些在大战中患了痉挛性麻痹症的伤员，这是一种不治之症。看到那些青年的面孔和绝望神情，真令人痛心。一个青年已经浑身麻痹，用嘴咬着一支毛笔在画画，因为他全身就只剩下这一部分还可以使用了。另一个人两手紧握着拳头，必须把他麻醉，才能给他修剪指甲，以免指甲陷入掌心。有些病人的样子太可怕了，医生不许我去看——但菲利普爵士还是去看了。

离开了利姆，菲利普爵士陪同我返回伦敦花园路的住宅，当时他正在那儿举行他一年一度的四代乔治画展，为慈善事业募款。那是一所轩昂壮丽的住宅，有一间很大的花房，里面摆满了蓝色风信子。第二天我去那儿吃午餐时，风信子已经换了另一种颜色的。

我们去参观威廉·奥宾[①]爵士的画室，看见一幅菲利普爵士的姐姐罗克萨维奇夫人的画像，那幅画色彩明净。我对奥宾的印象不太好，因为他装出一副拙讷和狐疑的神情，我觉得那是傲慢的表示。

此外我还去参观了 H.G. 威尔斯在华维克伯爵夫人领地上的乡间住宅，威尔斯夫妇和他们刚从剑桥大学回来的两个儿子住在那里。他们邀我去那里过夜。

那天下午，一共去了三十多位剑桥大学教授，他们一边静悄悄地坐在花园里，好像是等着拍一张集体照，一边默默地打量着我，仿佛是在观察一个来自另一个星球的人。

晚上，威尔斯一家人和我玩一种叫作“动物、蔬菜或矿物”的游戏，我觉得像是在参加一次智力测验。我记得最真切的是，我盖上那条冰冷的被子，在烛光下就寝。那是我在英国度过的最寒冷的一夜。直到第二天早晨我才暖和过来，H. G. 威尔斯问我夜里睡得好不好。

---

① 威廉·奥宾（1878—1931）：爱尔兰画家，以画人像、风景画与风俗画闻名。

“很好。”我很有礼貌地说。

“许多客人都说屋子里很冷。”他懵然地说。

“我不说屋子里很冷，应当说冰冷！”

他大笑起来。

那次去 H.G. 威尔斯家做客，我还记得以下这几件事：他那间朴素的小书房，被外边的树荫遮得暗沉沉的，靠近窗子摆着一张桌面倾斜的老式写字台；他那位美丽大方的太太，领着我去看附近那座 11 世纪建成的教堂；我们和一个老年刻工谈话，那个工人正在为制作铜版拓几块墓碑；成群的鹿在屋子附近徘徊；圣约翰·欧文[①] 在一次午餐时谈到了彩色照片激动人心的前景，但我对此表示厌恶；H.G. 威尔斯朗诵了一篇剑桥大学教授写的论文，我说那繁缛的文体听来倒像是 15 世纪的僧侣写的；威尔斯谈了一则有关弗兰克·哈里斯的故事。他说自己年轻时很穷苦，卖文为生。他将初期的一篇涉及四维空间的科学论文投给几位杂志主编，但都被退回。最后，他收到弗兰克·哈里斯的一张便条，邀他到办公室去。

“尽管那时手头很紧，”威尔斯说，“但是，为了要去拜访哈里斯，我买了一顶旧的大礼帽。哈里斯一见我就说：‘亏你打哪儿弄来了这么一顶帽子？亏你怎么会想到把这样的文章投到杂志社？’他说时把我的稿子向桌上一扔：‘这篇文章写得太理智了——在这一行业里，理智是没市场的！’我原先把我那顶大礼帽很当心地放在桌角上；谈话时，为了加重语气，弗兰克不停地拍桌子，于是我那顶大礼帽就跟着跳动。我只担心他的拳头随时会恰巧落在帽子上。最后，他采用了那篇文章，并约我另写几篇稿子。”

我在伦敦会见了《莱姆豪斯之夜》的作者托马斯·伯克[②]。伯克个子矮小，为人恬静而深沉，一张脸使我想起了济慈的画像。他老是一动不

① 圣约翰·欧文（1883—1971）：英国剧作家、小说家。

② 托马斯·伯克（1886—1945）：英国小说家、小品文作家。

动地坐在那里，难得朝说话的人看一眼，却能吸引我一直说下去。我只想要向他畅谈心底的话，而且后来确实向他倾吐了一切。和他在一起，我感到比和威尔斯在一起更加舒坦自在。伯克和我一起去莱姆豪斯的街道和中国城散步时，自己一句话也不说。他要通过这种方式，让我自己去了解那一带的情况。他很羞怯，我始终不知道他对我抱有什么看法，又过了三四年，他赠给我一本他的半自传体作品《雨丝风片》，我才知道他的少年时代和我的很相似。这时我才知道他对我是抱有好感的。

后来我已意兴阑珊，这时我请了表兄奥布里一家吃饭。又过了一天，我去看吉米·拉塞尔。吉米从前是卡诺剧团里的同事，如今是一家酒馆的老板。后来，我想到要回美国了。

我明白，再在伦敦待下去，我就会感到闲散无聊了。我是舍不得离开英国的。但是，我已经不能再从名流那里获得什么了。我现在已经可以很满足地回美国去——虽然我仍感到有些忧郁，因为我留下的不仅是那些曾经盛情款待过我，并予以我赞扬和表彰的富豪与名流，而且是那些等候在滑铁卢车站和北火车站热情欢迎我的英、法民众；想到我被从这些人身边推了过去，塞进了一辆出租车，未能向他们亲切致意时，我就感到懊丧，那种心情就仿佛我是在践踏一些花朵似的。我留下的还有我过去的一切。这次重访肯宁顿路波纳尔弄 3 号，我总算了却一桩心事；现在我可以回到加州，重新埋头工作，因为只有在工作中才会感到方向明确，其他的一切都是虚幻的。

十八

我一到纽约，玛丽·多萝就打来了电话。玛丽·多萝打电话来——这件事如果发生在几年前，会意味着什么啊！我和她共进午餐，餐后去看她演出的日场戏《百合花开》。

那天晚上，我和几个人共进晚餐，其中有马克斯·伊斯曼、他妹妹克里斯特尔·伊斯曼，以及码头装卸工出身的牙买加裔诗人克劳德·麦凯[①]。

在纽约的最后一天，我和弗兰克·哈里斯一同去参观兴格监狱[②]。途中他告诉我，他正在写一本自传，但认为写得太晚了。他说："我已经上了年纪。"

"上了年纪也有好处，"我大胆地说，"可以少写一些有欠慎重的话。"

曾经领导爱尔兰人进行反抗和组织工会的吉姆·拉金[③]，被判了五年徒刑，关在兴格监狱里，现在弗兰克要去看他。以口才见长的拉金，被诬告图谋推翻政府，一个不公正的法官和陪审团判了他的刑，后来这项判决虽被阿尔·史密斯州长撤销，可那时拉金已经坐了好几年牢了。

监狱里笼罩着一种奇特的氛围，仿佛人类的精神到了那里就停止了活动。兴格监狱里老式的牢房，阴森得像是中世纪的建筑：狭小的石头房间里很挤地睡着四到六名犯人。是怎样残酷的人，想出了建造这样恐怖的监狱啊！我们去时，牢房都空着，犯人正在院子里放风，只有一个

---

① 克劳德·麦凯（1890—1948）：美国小说家、诗人，出生于西印度群岛的牙买加，作品多描写美国黑人生活。

② 美国哈德逊河畔奥斯宁镇内禁锢政治犯的监狱。

③ 吉姆·拉金（1876—1947）：爱尔兰工会领袖，第一次世界大战时赴美，曾协助组织美国共产党。

年轻人靠在敞开的牢房门边站着，茫然露出悲哀的神情。狱吏向我们解释：新来的犯人，如果是被判了多年徒刑，头一年照例是住在老式牢房里，以后才住进较新式的牢房。我走过那个年轻人身边，跨进他的牢房，立刻被一种幽闭恐怖的感觉攫住。“我的天哪！”我说着赶快退了出来，“这是不人道的！”“你说得对。”那个年轻人悲愤地悄声说。

狱吏是个很和善的人，他向我们解释，兴格监狱太挤了，需要建造更多的牢房。“但是，政府最后才会考虑到我们这个地方；没有哪位政治家会很关心监狱里的情况。”

老式的行刑室像一间教室，房间长而狭，天花板很低，里面摆了一些长板凳和桌子，是给记者们坐的，前面是一个简陋的木质构造——电椅。一根光溜溜的电线，从天花板下垂到椅子上空。屋子里显得很可怕，正是由于陈设简单，缺少引人注目的东西，它比狰狞的断头台更加阴森可怖。紧靠着电椅后面是一层木头隔板。死囚被处决后，立即被抬到隔板上，进行尸体剖验。医生告诉我们：“如果电椅没能够彻底解决问题，就动手术割下尸体的脑袋。”他还说，行刑后，脑子里的血可以热到 212 华氏度[①]。我们走出行刑室，只觉得要晕了过去。

弗兰克打听吉姆·拉金在哪里，狱吏答应让他会见拉金；虽然这是违反规章的，但狱吏可以破例。拉金在制鞋车间，我们到了那里，受到了他的接待，他是一个高大而英俊的男子，身长约六英尺四英寸，蓝色的眼睛闪出锐利的光芒，但笑起来是亲切的。

拉金见到弗兰克虽然高兴，但显得紧张不安，急于要回去做工。尽管狱吏安慰他，但他总不放心。“如果我在工作时间被特许会客，这给其他人的心理影响是不好的。”拉金说。弗兰克问他狱中的待遇怎样，还问有什么可以帮助他。他说那儿的待遇相当不错，但他很不放心他在爱尔

① 即 100 摄氏度。

兰的妻子和孩子，因为自从入狱以后，他就再也听不到他们的消息了。弗兰克答应帮助他。我们出来后，弗兰克说，他心里很难过，因为看到吉姆·拉金那样勇敢豪放的人，竟会这样畏惧监狱的纪律。

我回到好莱坞，就去探望母亲。看来她很愉快，并且已经知道了我重访伦敦的盛况。“听到有关你儿子的这些无聊事儿，你有什么想法呀？”我好奇地问她。

“太好啦，可是，你为什么不做一些切切实实的事情，却要过演戏这种虚幻的生活呀？”

“你来说说看，”我大笑道，“你也有责任。”

她沉默了一下：“要是你能够用自己的才能去侍奉上帝，想一想，你能拯救多少灵魂。”

我笑了：“我可能救了灵魂，可是救不了穷呀。”

我的经纪人里夫斯的太太很喜欢我母亲，她在归途中告诉我，自从我走了以后，母亲一直很健康，几乎没有发过病。她情绪很好，一点也不感到拘束。里夫斯太太喜欢去探望母亲，因为母亲谈吐很风趣，常常叙述一些从前的琐事，招得她大笑。当然，母亲有时候也很倔强。里夫斯太太告诉我，有一天她和看护陪同母亲到市区，去给她买些布料做新衣服。母亲忽然想到一个奇怪的念头，她不肯下车。“叫店员到我这儿来，”她拿定了主意，“在英国，店员总是走到车旁来的。”

后来她总算下了车。一个很和气的年轻姑娘招待她们，给她们看几匹布；有一匹是淡褐色的，里夫斯太太和看护都觉得挺合适，可是母亲不喜欢。

这时她用十分文雅的英国腔调说：“不好，不好！那颜色太素净——给我鲜艳点的。”

惊讶的姑娘只好依照她的意思，但不大相信自己的耳朵。

里夫斯太太还告诉我，有一次她陪母亲去参观鸵鸟饲养场。饲养员和蔼有礼地招待她们，领她们去看孵化室。“这个大约下星期就可以孵出小鸟来了。”他捧着一个鸵鸟蛋说。就在这时候，有人找他去听电话，于是他把蛋递给看护，自己离开了。他刚走出去，母亲就一把从看护手里夺过那个蛋，说：“还给那只可怜的鸵鸟吧！”说着她把它向围栏里一扔，它“叭”地就爆开了。不等饲养员回来，她们赶快拉着母亲离开了鸵鸟饲养场。

“有一天，太阳晒得挺热，”里夫斯太太说，“她一定要买些冰淇淋，给司机和我们吃。”当汽车缓缓驶过一个下水道检修口时，一个工人从里面伸出头来。母亲从汽车里探出身子，要把她的冰淇淋给那个工人吃，但是她把冰淇淋扔到了他脸上。“喏，孩子，让你凉快凉快吧。”她说着在车上向他挥手。

我虽然没让她知道我的私生活，但看来她都一清二楚。在我和第二个妻子发生纠纷的那段时间里，她有一次下着跳棋（说也奇怪，她总赢）时忽然说：“你为什么不摆脱掉所有这些烦恼呢？到东方去一趟，好好地玩一下。”

我觉得这话说得奇怪，问她是什么意思。

“瞧报纸老是缠着你的私生活。”她说。

我笑了：“你对我的私生活知道些什么呢？”

她耸了耸肩：“要不是你这样怕难为情，我也许能给你出点主意。”

像这样的话，她只偶尔说一句，就不再提了。

她常常到贝弗利山我的住宅来看我的两个孩子：查理和雪尼。我还记得她第一次来的情景。当时我刚造好了那幢房子，布置得很精致，雇了好些人手：男仆、女仆等等。她在房子里四面打量了一下，然后从窗口远眺四英里以外的太平洋。我们都看她有什么反应。

“真不舍得打破这样宁静的气氛啊。”她说。

她好像把我的成名致富看作一件理所当然的事情，在这方面从来不曾有过任何评论，直到有一天，只有我们两人走在草坪上，她夸那花园收拾得好。

“我们雇了两个花匠。”我告诉她。

她沉默了一会儿，朝我望了望。“你一定是很有钱了。”她说。

“妈妈，这会儿我的身价是500万美元。”

她若有所思地点了点头。“但愿你身体健康，能够享受这些钱。”她只说了这么一句。

此后两年里，母亲身体一直很好。但是后来，我拍《马戏团》的时候，获悉她病了。以前她患过胆囊炎，后来好了。医生警告我，她这次发病情形很严重。我们把她送进了格伦代尔医院，但是那里的医生认为最好还是别动手术，因为她的心脏很衰弱。

我到医院时，她刚服了止痛药，已进入半昏迷状态。“妈妈，查理来了。”我悄悄地说，轻轻地握着她的手。她有气无力地捏了捏我的手，睁开眼睛，要坐起来，但是虚弱得坐不起来。她没法安定，老是嚷痛。我安慰她，说她就会好的。“也许会好的。”她懒懒地说，又捏了捏我的手，接着就昏昏沉沉地睡了。

第二天，我正在拍电影，接到通知，说母亲去世了。我已经料到了，因为医生警告过我。我停止工作，卸了装，和我的副导演哈里·克罗克一起赶往医院。

哈里候在外面，我走进病房，坐在窗口和床之间的一张椅子上。百叶窗半闭着。屋内的静寂和外面的阳光同样使人感到难受。我坐在那里，凝视着床上那个瘦小的身躯，她面孔仰着，眼睛闭着。人已去世，她仍旧带着一副烦恼的神情，仿佛是在担心又要遭到什么苦难。多么奇怪啊，她的生命竟会结束在这个地方，光怪陆离的好莱坞的郊区——离那个使她伤心的兰贝斯有七千英里之遥。后来，我逐一回忆她一生中奋斗的经过，她受到的折磨、她怀抱的勇气、她悲惨凄凉的岁月……我哭了。

过了一小时，我才恢复过来，离开了病房。哈里·克罗克仍候在那里，我见他等了那么久，表示很过意不去，他当然能够理解我的心情，于是我们默默地乘车回去了。

雪尼当时在欧洲，因为有病，不能来参加葬礼。我的两个儿子查理和雪尼，都在他们的母亲那里，但是我没去见他们。别人问我是否要把她火化了。我对这想法感到害怕！不，我还是把她葬在绿色的大地上，至今她仍在好莱坞公墓中安息着。

我不知道我是否如实地描绘了我母亲的高贵形象。但我确实知道，她愉快地肩负起了自己的重任。善良和同情是她最突出的品德。她虽然信仰宗教，但同时又喜爱罪人，并且一直认为自己属于他们的行列。她的性格中不含丝毫恶俗之气。她在言谈中无论用什么粗鄙的语句，总是用得很恰当。尽管我们不得不过穷苦生活，但她使雪尼和我始终未曾沾染市井恶习，我们意识到自己不是一般的贫民，而是特殊的人物。

女雕塑家克莱·谢里登出版了《从五月市到莫斯科》一书，一时全国为之轰动，她来到好莱坞，萨姆·高尔德温设宴招待她，并邀我作陪。

克莱长得颀长好看，是温斯顿·丘吉尔的外甥女，嫁的是理查德·布林斯利·谢里登[①]的后裔。她是革命后第一个去苏联的英国女性，后来曾受委托，为布尔什维克党领导人塑半身像，包括列宁和托洛茨基。

她虽然是亲布尔什维克的，但她的书没有招来特别的反感；美国人感到迷惑不解，因为作者是英国的一位贵族人士。后来她受到纽约上流社会的款待，并为其中一些人塑了像。被她塑过像的人，还有贝阿德·斯沃

① 理查德·布林斯利·谢里登（1751—1816）：英国著名的社会风俗喜剧作家。

普[1]、伯纳德·巴鲁克[2]等。我认识她时，她正带着六岁的儿子狄克在各地演讲。她埋怨说，在美国很难靠雕塑维持生活："美国男子尽可以让艺术家为他们的太太塑像，但自己却不愿做模特，他们太害羞了。"

"我可不害羞。"我说。

于是我们做了安排，把她的黏土和工具都搬到了我家，从午饭后到下午很晚的时候，我一直摆好姿势让她塑像。克莱有一种引人谈话的本领，于是我就在谈话中炫耀自己的智力。后来，我仔细看那即将完工的塑像。"这简直是一个罪犯的头像嘛。"我说。

"恰巧相反，"她一本正经地回答，"这是一位天才的头像。"

我哈哈大笑，于是提出了一套理论，说天才和罪犯十分近似，二者都是极端的个人主义者。

她告诉我，自从发表了有关苏联的演讲，她觉得自己已为社会所摈弃。我知道克莱既不是一个专写政治小册子的作家，也不是一个政治狂热者。"你已经写了一本很有趣的书，报道了苏联的情况，那么，就到此为止了吧，"我说，"你何必一定要登上政治舞台呢？这样肯定要吃亏的。"

"我是靠演讲为生的，"她说，"一般人都不愿听真理，但我既然想到了什么说什么，那就只能宣传真理。再说，"她情不自禁地补充了一句，"我喜欢我那宝贝儿布尔什维克。"

"我那宝贝儿布尔什维克。"我重复了一句，大笑了起来。但是我觉得，实际上克莱的处世方法是清醒而现实的，因为，后来 1931 年我再遇见她时，她说她住在突尼斯郊外。

"可是，你为什么要住在那儿呢？"我问。

"那儿比较便宜呀，"她不假思索地回答，"要是去伦敦住，单凭我

① 贝阿德·斯沃普（1882—1958）：美国新闻记者、时事评论员。
② 伯纳德·巴鲁克（1870—1965）：美国金融家，1946 年提出原子能管制计划"巴鲁克计划"。

有限的这点收入，在布卢姆斯伯里我只能租两间小屋子，但是在突尼斯，我可以租一幢房子，雇几个仆人，还可以有一个美丽的花园，让小狄克在里面玩耍。”

小狄克十九岁那年死了，这对她是一个惨痛可怕的打击，从此以后她再也不曾恢复过来。后来她皈依了天主教，一度进了修道院；她信仰宗教，我想只是为了要获得一些安慰。

有一次我在法国南部看见一块墓碑上嵌了一幅照片，上面是一个笑吟吟的十四岁小姑娘，下面刻了三个字：“为什么？”一个人在悲怆迷惘中，是不可能找到一个答案的。他只能做出一些错误的解释，给自己多添一些痛苦——然而，这并不是说，就没有一个答案。我不能相信，像某些科学家所说的那样，我们的存在是没有意义的，或者是出于偶然的。生与死是如此绝对，又是如此不可调和，因此它们不可能是偶然的。

生与死的表现——天才的夭折、世事的动荡、残酷的屠杀、非常的巨变——似乎是空虚的、毫无意义的。然而这些事情的发生却证明了一点：冥冥中存在着一种绝对和确定的目的，它是我们的三维空间思想无法理解的。

有些哲学家认为，世间的一切都是物质的某种形式的运动，而一切存在的物质又都是无增无减的。既然物质是运动，那么它就必须受因果定律的支配。假如我承认这一点，那么一切运动都是命中注定的。而如果是这样的话，那么我现在搔搔自己的鼻子，不也和一颗流星的陨落一样是注定的吗？猫在屋子里走来走去，树叶从树上落了下来，孩子摔了一跤：这些运动不都可以无限地回溯吗？难道它们不都是注定的吗？不都是可以永远发展下去的吗？树叶的飘落，孩子的跌跤：我们知道这一切的直接原因，但是我们不能追溯它们的开始，也无法推断它们的结局。

我并不教条式地信仰宗教。我的看法和麦考利[①]相似，麦考利说，16世纪的人和当代人所辩论的都是同样的宗教问题，并且辩论得既玄妙又尖锐，尽管知识丰富了，科学进步了，然而不论过去也好，现在也好，没一位哲学家能够进一步说明这些问题的实质。

我既不相信，也不否定任何论点。可以凭头脑想象出的和可以用教学证明的，两者同样接近真理。我们不能永远通过推论去接近真理；推论需要具备逻辑性和可信性，而这就把我们束缚在一种几何形式的思想方法上。我们在梦中看见已死的人，以为他们是活着的，但同时又知道他们是死了的。梦境虽然缺乏理性，但难道就不具有可信性吗？有一些事情是超出理解范围的。我们怎能理解一秒钟的万万万分之一呢？然而，根据数学系统，这肯定是存在的。

随着年事的增长，我更多地体会到了信仰的意义。我们靠信仰生活，比自己所意识到的更多；我们靠信仰获得的成就，也比自己所意识到的更多。我相信，信仰是我们一切思想的先导。如果没有信仰，就不可能有假设、原理、科学或数学。我相信，信仰是思想的延展。有了信仰，我们才可以否定不可能的事情。否定信仰，等于反对自己，反对我们一切创造力的精神源泉。

我相信那些未知的事物，那些我们不能凭理智去了解的事物；我相信，那些超出我们理解范围的，只不过是其他维度内的简单事实；在未知的领域中，存在着一种使我们达到美好境界的无限力量。

在好莱坞，我仍旧是那么孤独。我经常在自己的制片厂里工作，难得有机会遇见其他制片厂里的人，所以我不容易结识新的朋友。只有道格拉斯和玛丽可以解除我的寂寞。

---

① 麦考利（1800—1859）：英国维多利亚时期的历史学家，著有《古罗马歌曲》《英国史》等。

他们俩婚后十分幸福。道格拉斯重建了原来的住宅，把家里布置得很漂亮，又添盖了好几间客房。他们生活得很奢华，仆人服侍得非常周到，菜肴烹调得非常精美，道格拉斯非常会做主人。

他在制片厂里建了很考究的住处，化装室旁边设有土耳其浴室，还有一个游泳池。他就在那儿招待一些知名人士，邀他们在制片厂里进午餐，领他们参观摄影棚，观看电影拍摄，然后请他们洗蒸气浴和游泳。他们浴后就坐在化装室里，裹着浴巾，挺像罗马参议员。

刚走出蒸气浴室，正准备跳进游泳池，就会被介绍给暹罗[①]国王，这确实是不寻常的。实际上有许多知名人士，我都是在土耳其浴室里第一次见到，包括阿尔巴公爵、萨瑟兰公爵、奥斯丁·张伯伦、维也纳侯爵、帕纳兰达公爵等。一个人被剥掉了一切世间名利的标志时，就可以估计出他真正的价值——阿尔巴公爵的地位就是这样在我心目中大大地提高了的。

每当这些显赫人物去见道格拉斯时，他总要请我去，因为他老是要把我当个宝贝似的献给客人。我们的习惯是这样的：洗完蒸气浴，大家在 8 点左右去玛丽·璧克馥和道格拉斯·范朋克的住所，8 点半进晚餐，晚餐后再看一场电影。因此我没机会和那些客人熟悉。但是，偶尔由于范朋克家的应酬太多，我就把其中一部分客人邀到我家去。可是，说老实话，我不会像范朋克夫妇那样款待他们。

讲到招待显贵人物，再没有人比道格拉斯和玛丽更擅长了。他们对客人的那种亲热而又随便的态度，我怎么也没法学会。招待那些公爵时，头一天晚上当然总听到他们很正式地称呼公爵为“阁下”，但是不用过多久，“阁下”已经变成亲热的“乔吉”或“吉米”[②]了。

宴会上，道格拉斯的小杂种狗常常跑了出来，这时道格拉斯显得那

① 1939 年，暹罗改国名为泰国。
② 分别为乔治和詹姆斯的昵称。

么潇洒，总是叫它表演一些招笑的小把戏，而这就使原来可能会令人感到拘束的气氛变得活跃了。我常常听到客人悄声夸赞道格拉斯。女士们也在背后说："多么可爱的人儿啊！"道格拉斯确实是像她们所说的那样。再没有谁比他更会讨她们的欢喜了。

但是有一次连道格拉斯也失败了。这里我不便指名道姓，因为我所说的人属于上流社会，拥有许多高贵的头衔。为了款待他们，道格拉斯已经花了整整一个星期的时间。主宾是一对度蜜月的新婚夫妇。为了要讨他们的欢喜，凡是可以想象得到的事情都做了。先是让他们乘了私家游艇去卡塔利娜岛捕鱼，道格拉斯事先吩咐在那里杀了一头鹿，把它沉到海里去吸引鱼群（但是结果他们一条鱼也没捕到），然后是在制片厂的场地上举行牛仔竞技表演。颀长美丽的新娘虽然温和有礼，但始终非常缄默，没有什么兴致。

每天晚上，道格拉斯都在筵席上竭力招待她，尽管他热情洋溢、语言风趣，但怎么也没法使她鼓起兴致。第四天晚上，道格拉斯把我拉到一边。"她可把我难倒了，我怎么也没法引她谈话，"他说，"所以今天晚上我把你安排在她旁边。"说到这里，他笑起来了："我已经告诉她，你非常聪明有趣。"

道格拉斯这样给我做了宣传，我就座时很担心，就好像是一个伞兵准备跳伞似的。我想，还是采取秘密谈话的方式吧。于是我从桌上拿起了餐巾，把身子凑近那位夫人，悄悄地对她说："鼓起兴致来吧。"

她转过头来，没十分明白我说的话："您说什么？"

"鼓起兴致来吧！"我含混地重复了一句。

她露出惊讶的神情："鼓起兴致来？"

"是呀。"我回答说，把膝上的餐巾铺好，眼睛向前望着。

她停了一下，向我仔细看了一会儿："您为什么这样说呀？"

我想，现在机会来了。"因为您非常忧郁，"不等她回答，我又接下去说，“您瞧，我是有吉卜赛血统的，懂得这类的事情——您是在哪个月出生的？”

“4月。”

“这就对啦，是白羊座嘛！我明白了。”

她高兴了，这样一来她就显得很可爱了。“明白什么了？”她笑着说。

“这个月里，您的精、气、神都处于低潮。”

她思索了一会儿：“真了不起，您能看出这一点。”

“只要直觉敏锐，这是挺简单的——这会儿您的心情很不愉快呢。”

“外表上看得出来吗？”

“也许，其他的人看不出来。”

她笑了笑，接着考虑了一下，然后心事重重地说：“真奇怪，您算出来了。可不是，实际上正是这个情形。我现在非常愁闷。”

我点了点头，表示同情：“这是您心情最不好的一个月。”

“我感到非常沉闷，觉得没有一点希望了。”她接下去说。

“您的心情是可以理解的。”我说到这儿，不知道再讲一些什么才好。

她伤心地继续说：“我真想出走——只想避开一切事务，躲开所有的人……我愿意做任何事情——找一个工作——做一个临时电影演员，但是，这样又会使所有和我有关系的人难堪，他们的地位太高了，不能接受这样的事。”

她在谈话中用了“他们”，但是我知道，这当然是指她的丈夫。这时我慌了，我不再装作是在秘密谈话，我开始严肃地劝告她，而所说的当然都是一些老生常谈。“出走没用，责任是永远回避不了的，”我说，“生活是欲望的表现，一个人是永远不会满足的，所以，千万不要冒失——您会为这种事懊悔一辈子的。”

“我想，您这话说得对，”她忧郁地说，“无论如何，和一个能理解的人聊一聊，我心里舒畅多了。”

道格拉斯正在和其他客人闲谈，时不时朝我们这里瞟上一眼。这时她望向他笑了笑。

饭后，道格拉斯把我拉到了一边："你们俩到底是在谈些什么呀？我以为你们都要把对方的耳朵咬下来了！"

"哦，只不过是谈一些日常的大道理罢了。"我得意地说。

十九

现在我正在履行第一国家电影公司和我签订的合同的最后部分，巴望早一天能结束。这家公司一点也不懂得体贴和同情，而且眼光短浅，所以我急于要离开。再说，这时我一心想拍故事片。

要拍完最后三部电影，看来是非常困难的。我先拍两大本的《发薪日》，此后只需要再拍两部影片就行了。我的下一部喜剧片《朝圣者》，长短相当于一部故事片。这样一来又要伤脑筋去和第一国家电影公司交涉了。正如萨姆·高尔德温所说："卓别林不配做一个生意人——他只在意他没有少拿钱。"谈判的结果倒还满意。由于《寻子遇仙记》打破了卖座纪录，我对《朝圣者》提出的条件并未经过什么周折就被接受了：这部影片将作为两部影片计算，公司将付给我应得的 40 万美元，此外还有应当分到的利润。现在我终于可以和联美电影公司的同伴们合作了。

在道格拉斯和玛丽的提议下，约瑟夫·申克（我们称他为诚实的乔）和他的妻子诺玛·塔尔梅奇加入了联美电影公司，此后诺玛拍的影片将由我们公司发行。乔将担任公司总经理。我虽然喜欢乔的为人，但并不认为他做出了一位总经理应有的贡献。他的妻子是一位相当红的影星，但是讲到票房收入，她比不上玛丽或道格拉斯。乔的地位并不高于阿道夫·朱科尔，我们既然已经拒绝了朱科尔入股，为什么要允许乔入股呢？但是道格拉斯和玛丽的意见占了上风，所以乔当上了总经理，并且成为联美电影公司中的平等股东。

此后不久，我收到了一个紧急通知，邀我出席一次讨论有关联美电影公司前途问题的会议。我们的总经理先在会上说了几句客套话，表示很乐观，接着玛丽就严肃地对我们说，她听到一则业内传播的消息，感到很恐慌——她老是感到恐慌——据说院线即将合并，除非我们采取适当措施，对抗这种竞争，否则联美的前途将是岌岌可危的。

我听了这席话并不着急，因为相信，只要我们的影片好，就不怕这种竞争。但是其他人都很担心。乔·申克严肃地警告我们，虽然我们公司的基础是牢固的，但是，如果为自己的前途设想，就不应当单由我们几个人去承担全部风险，而是应当让外人持有一些股份。他已经和华尔街的狄龙-里德公司联系，他们愿意投资 4000 万美元，向我们公司入股，分享盈利。我坦率地说，我反对华尔街和我的工作产生任何联系，并坚持说，只要我们能够拍出精彩的影片，我们就不必害怕合并。乔抑制着愤怒，用沉着的口气高姿态地说，他这是要为公司做一些建设性的工作，我们应当利用这一机会。

玛丽又把话接了过去。她谈公事时惯用一种谴责别人的口气，不是直接说我，而是间接扯到其他的人，这样就会使我觉得自己是十分自私的。她赞扬了乔的好处，特别强调了他工作辛苦，为了建立我们的公司出了多少力气。“我们做出的努力，都应当是建设性的。”她说。

然而，我已打定主意，坚持不要其他人参与我本人所做的努力；我愿意并且有信心用自己的钱为这些努力进行投资。会议演变成了一场激烈的争论——激烈的程度已超出了一般的讨论，然而我坚持自己的主张，我说如果其他人不准备接受我的意见，坚持要继续做这件事，他们尽可以这样做，我就退出公司。这样一来大家都严肃地声明要誓守忠诚，而乔也保证不会做任何可能破坏我们友谊或影响我们公司协调的事情。于是，华尔街入股的事就不再提了。

在给联美电影公司拍摄我的第一部影片之前，我原打算让埃德娜·普文斯担任一次女主角。虽然我和埃德娜在情感上已经疏远，但是我对她的事业仍很关心。然而经过比较冷静的分析，我意识到她已变得相当老气，而这与影片中所需要的角色是不相称的。此外，我也不愿意把我的剧情和人物局限于一个固定的喜剧班底，因为我已有一些模糊的想法，满怀雄心，打算拍一些喜剧故事片，而拍这一类的影片，就需要有更为齐全的班底。

接连几个月，我一直在考虑，如何经过自己的改编，和埃德娜拍一部《特洛伊女人》。但是我们越深入研究这项工作，越认为需要把它拍成一部成本很高的影片，最后还是放弃了这项计划。

后来我又开始考虑让埃德娜扮演其他有趣的女性。当然，我想到了约瑟芬[①]！尽管拍这种影片需要古代服装，并且成本要比拍《特洛伊女人》高一倍，但这都不成问题。当时我的热情很高。

我们开始进行广泛的研究，阅读德布里昂的《回忆拿破仑·波拿巴》，以及拿破仑的仆人康斯坦的回忆录。但是我们越是深入钻研约瑟芬的身世，就越是被拿破仑的形象吸引。我对这位叱咤风云的天才大感兴趣，到后来拍约瑟芬的念头逐渐减弱，而拿破仑的形象则变得更加鲜明，我很想扮演这个角色。这部影片可以叙述他的意大利战役：用史诗的形式描绘一个二十六岁青年的意志与勇气，他怎样制服百战沙场的老将，消除他们的妒忌和强有力的反抗。然而，可惜的是，后来我的热情逐渐冷淡下去了，有关拿破仑和约瑟芬的计划也就作罢了。

大约就在这个时候，曾经多次改嫁、轰动一时的美女佩吉·霍普金斯·乔伊斯一身珠光宝气，带着从五个丈夫那儿弄到手的300万美元——这是她对我说的——在好莱坞露面了。佩吉出身寒微：她是一个理发匠的女儿，后来当了齐格菲歌舞团的舞女，先后嫁了五个百万富翁。

---

① 约瑟芬（1763—1814）：原为法国亚历山大·德·博阿尔内子爵之妻，1796年嫁拿破仑，后拿破仑与之离异，重娶玛丽亚·路易莎。

此时佩吉的美貌虽仍不减当年，但是神态已略显倦怠。她直接从巴黎过来，很引人注目地穿着黑色衣服，因为最近有一个青年为她自杀了。她就这样穿着一身丧服冲进了好莱坞。

有一次，我们一起很安静地进餐时，她悄悄告诉我，说她最不喜欢出风头。“我只想嫁一个男人，生几个孩子。我心底里是一个朴实的女性。”她一边说一边整理胳膊上戴的20克拉的钻石和翡翠镯子。开玩笑的时候，佩吉管这些首饰叫“我的臂章”。

谈到她的某一任丈夫时，她说，新婚之夜，她把自己锁在卧房里，要他先从门缝里塞进一张50万美元的支票，才许他进来。

“他照办了吗？”我问。

“他照办了，”她娇嗔中带着点嘲笑的口气说，“第二天早晨，趁他还没醒，我第一件事就是去兑现了那张支票。但是，他是一个浑蛋，一个酒鬼。有一次我把一瓶香槟对着他的脑袋就是一下子，他被送进了医院。”

“所以，你们俩就这样拆了伙？”

“不是的，”她大笑起来，“他好像倒挺喜欢我这一招，后来更对我着了迷。”

托马斯·因斯邀请我们到他的游艇上去。总共只有三个人：佩吉、托马斯和我。大家坐在特等房舱的一张桌子旁边，喝着香槟。那时已经是黄昏，佩吉手边摆着一瓶香槟。天渐渐黑了下来，这时我看出佩吉正把她对我的兴趣转移到托马斯·因斯身上，开始对我显得有点不耐烦了，于是我就想起，她会把从前用香槟酒瓶对付她丈夫的那一招使到我头上来。

我虽然喝了一点香槟，但人很清醒，就轻轻地对她说，只要我怀疑她那漂亮的脑袋里转到了那个念头，我就要把她从船上扔下去。从那次以后，我就脱离了她那个小圈子，而米高梅公司的欧文·塔尔贝格则成了她的下一个爱慕对象。欧文非常年轻，有一段时间被她这位风头人物迷得神魂颠倒。米高梅公司里盛传他们俩即将结婚的惊人谣言，但后来欧文的热情消失，结果两人并没有搞出什么动静来。

在我们那段短暂但离奇的交往过程中，佩吉曾给我讲过她和一位著名法国出版商交往时的几件趣事。这几件趣事促使我创作了《巴黎一妇人》的剧本，该片由埃德娜·普文斯主演。我无意自己出演，只是导演了那部影片。

一些影评家说，无声电影没法表现心理状态；要表现心理状态，最多只能是通过一些明显的动作，如男主角把女性角色按在树干上，狂热地对着她的嗓子眼扑哧扑哧地喷气，或是挥动椅子，打砸笨重的东西等等。《巴黎一妇人》一片驳倒了上述的说法。我故意用一些细致的动作，来表现心理状态。例如，埃德娜扮演一个交际花，她的女友走进房间，给她看一本社交新闻杂志，里面刊载了一条埃德娜的情人结婚的消息。埃德娜冷冷地接过了杂志，看了看，马上把它放在一边，做出一副漠不关心的样子，接着就点燃了一支烟。但是观众们可以看出她是受到了刺激。她笑嘻嘻地在门口和她的朋友道了别，赶回去看那本杂志，情绪十分激动地读那条新闻。影片用了许多微妙的暗示。有一场戏是女仆在埃德娜的卧室里打开了衣橱，无意中让一个男人戴的硬领落在地板上，而这就说明了女主人和片中男主角（由阿道夫·门吉欧扮演）的关系。

影片受到了一些有鉴赏能力的观众的热烈欢迎。它是第一部蓄意讽刺和描写心理的无声电影。此片一出，就有其他许多同类型的影片问世，其中包括恩斯特·刘别谦导演的《姻亲关系》，门吉欧在该片中几乎是重演了同样的角色。

阿道夫·门吉欧一跃成为大明星，但是埃德娜的成绩却不太好。这时有人邀请埃德娜去意大利拍一部影片，为期五个星期，报酬是 1 万美元，她向我讨主意，问是否应当接受。我当然怂恿她去，但是她不愿和我们断了关系。于是我建议，她不妨接受邀请，如果影片不卖座，她尽可以再回来和我合作，而那 1 万美元仍旧可以到手。埃德娜拍了那部影片，成绩并不太好，所以又回到了我们公司。

那时我还没拍完《巴黎一妇人》，波拉·内格里以一副十足的好莱坞派头，在美国社交界初次露面。派拉蒙电影公司把宣传工作做得实在过了火，显得过分地愚蠢。他们乱七八糟地虚构了一些妒忌和争吵的故事，为葛洛丽亚·斯旺森和波拉大肆宣传。刊出的标题有《内格里抢斯旺森的化装室》《葛洛丽亚·斯旺森给波拉·内格里尝闭门羹》《内格里已同意接见斯旺森》。报刊就这样喋喋不休地胡扯下去。

讲到那些虚构的故事，我们既不能怪葛洛丽亚，也不能怪波拉。实际上，她们一开始都是很要好的朋友。但是女性间离奇曲折的故事，宣传部门一经得悉，便如获至宝。当时有许多人设宴招待波拉。就在谣言纷纭的那段时间里，我在好莱坞剧场的交响音乐会上遇见了波拉。她同宣传人员和派拉蒙电影公司的董事坐在我隔壁的包厢里。

“查理！你怎么不给我信呀？你一次也不来看我。难道你不知道，我是从德国赶来看你的吗？”

我听了这话很得意，虽然并不相信她最后的那一句，因为我只在柏林见过她一面，不超过二十分钟。

“瞧你多么狠心，查理，也不打个电话给我。我等了那么久，想要看到你的信。你工作的地方在哪儿？把电话号码告诉我，我要给你打电话。”她说。

我对美丽的波拉的这份热情很怀疑，但她的关注使我多少受到了感动。过了几天，她在贝弗利山她租的房子里设宴招待我。即使是以好莱坞的标准来说，那次宴会也是盛大的，虽然去了其他许多男明星，可是她只顾招待我。不管是否出自真诚，我都很高兴。这是我们的奇遇的开始。此后，接连着几个星期，我们一起在公共场所出现，而在那些专栏作家们看来，这当然是风流事件。不久报上就出现了这样的标题：《波拉和查理订婚》。这类报道使波拉感到非常不安，她说我应当发表一篇声明。

“应当是由女性出面。”我回答。

“我应当说些什么呢？”

我不置可否地耸了耸肩。

第二天，我接到通知，说内格里小姐不能见我，但没说明原因何在。可是，就在那天晚上，她的女仆惊慌失措地打来电话，说她家小姐病得很厉害，问我能不能立刻去一趟。我一到那里，就被一个哭哭啼啼的女仆领进了客厅，只见波拉小姐两眼紧闭着躺在一张长靠椅里。后来她睁开了眼睛，哼哼着说：“你真狠心呀！”就这样，我扮演了一次卡萨诺瓦[①]。

过了一两天，派拉蒙电影公司经理查理·海顿打电话来说：“你给我们招来了很多麻烦，查理。我可以跟你谈一谈吗？”

“当然可以。请到我家里来吧。”我说。

于是海顿来了。他来时已近午夜。这个身材矮胖、容貌猥琐的人，在批发仓库里管事倒挺合适；他一坐下来，就开门见山地说：“查理，报上登的这些谣言，把波拉都给气病了。你为什么不发表一篇声明，把这些谣言平息一下？”

我见他傲慢无礼，就直盯着他说：“你要我说什么？”

他试图用开玩笑和不介意的口气掩饰他的窘态：“你喜欢她，对吗？”

“我认为，这一类的事情谁也管不着。”我回答。

“可是，我们公司已经在这个女人身上投资了100万！报上这些宣传对她的影响很坏。”说到这里，他停顿了一下，“查理，你既然喜欢她，为什么不娶了她呢？”

---

① 18世纪欧州闻名的大情圣。

这时，从他那令人难以置信的侮慢态度中，我看不出有丝毫玩笑的意味。“如果你以为，为了保住派拉蒙电影公司的投资，我就会和一个人结婚，那你完全想错了！”

“那么，你就别再和她见面吧。”他说。

“这要由波拉决定。”我回答。

谈到后来，我用开玩笑的口气淡淡地说，我在派拉蒙电影公司里没有股份，所以我不明白为什么应该娶她。我和波拉的关系就这样突然地开始，又同样突然地告终了。此后她没有再来找我。

就在我和波拉打得火热的那段时间里，一个年轻的墨西哥姑娘来到了电影制片厂；她是从墨西哥城一路步行到这儿来找查理·卓别林的。我因为已经对一些影迷有过几次经验，所以关照我的经纪人“好好地把她打发走”。

这件事随即被丢开了，可是后来家里给我打来电话，说这位姑娘坐在门口台阶上。我一听这话，汗毛都竖起来了。我吩咐仆人叫她离开，说我暂时留在制片厂里，等到事情做完了再回去。十分钟后，我听说她已经走了。

那天晚上，波拉和雷诺兹医生夫妇在我家吃晚餐，我把这件事情说给他们听了。我们推开前门，四面望了望，看那姑娘是否确实没有再来。可是，饭刚吃到一半，仆人冲进餐厅，脸色都白了。“她在楼上，睡在您的床上！”仆人说他去收拾屋子，给我铺床时，发现她穿着我的睡衣躺在床上。

我慌得不知道怎么办才好。

“让我去会会她。”雷诺兹说着离开座位，急忙走上楼。其余的人都坐在那儿，静候事态的发展。过了一会儿，他从楼上下来了。“我跟她做了一次长谈，”他说，“她年纪很轻，人也长得漂亮——谈话很有条理。我问她为什么睡在你的床上。‘我要见卓别林先生。’她说。‘你可知道，’

我对她说，‘你这样会被认为是有精神病，可能被送进疯人院？’她一点也不在意。‘我又不是疯子，’她说，‘我只不过是崇拜卓别林先生的艺术，所以从墨西哥远道来见他。’我对她说，她最好还是脱掉你的睡衣，穿好自己的衣服，立刻离开这儿，否则我们就要报警了。”

“我想见一见这位姑娘，”波拉装模作样地说，“叫她下楼到起居室吧。”我犹豫不决，觉得这样会使大家很窘迫。但是后来姑娘大大方方地走了进来。雷诺兹说得对：姑娘年轻漂亮。她说已经在制片厂外徘徊了一天。我们请她吃饭，但是她只喝了一杯牛奶。

她坐在那儿喝牛奶时，波拉向她提出了许多问题：“你爱卓别林先生吧？”（这时我眨了眨眼睛。）

姑娘大笑：“爱他！哦，没有的事，我只不过是崇拜他，因为他是一位伟大的艺术家。”

波拉问：“我的影片你看过吗？”

“看过。”她漫不经心地说。

“你觉得怎么样？”

“很好——但是，你不是卓别林先生那样的艺术家。”

当时波拉的表情挺有意思。

我警告那姑娘，她的行为会引起误会，然后问她可有回墨西哥城的旅费。她说她有钱；于是雷诺兹又劝了她几句，她就走了。

但是，第二天中午，男仆冲进了房间，说她服毒了，正躺在路中间。我们丝毫不敢怠慢，立刻打电话报警，用救护车把她送走了。

第二天报纸大肆宣传，刊出了她在医院病床上的照片。医生已经给她洗了胃，她正在接见新闻记者。她说并没服毒，只是为了要引人注意，又说她并不爱查理·卓别林，她来好莱坞，只是想要拍电影。

她出院后被福利联盟照管，福利联盟写了一封措辞委婉的信给我，问我能否资助她返回墨西哥城。信里说：“她并无恶意，不是坏人。”于是我们代她付了回乡的旅费。

现在我可以给联美拍第一部喜剧片了，我一心要拍出一部比《寻子遇仙记》更为成功的电影。接连几个星期，我一直搜索枯肠。我老是对自己说："下一部影片一定要成为一首史诗！一首最伟大的史诗！"可是，我什么也想不出来。一个星期日早晨，我在范朋克家里度周末，早餐后和道格拉斯一起闲坐，看几张立体风景照。有几张是阿拉斯加和克朗代克河的风景，一张是奇尔库特山口一长列金矿勘探者的人像，他们正在攀越冰冻的山峦，背面还印了一段文字，描写这些人如何在艰苦环境中克服困难。我想，这可是一个精彩的主题，它可以激发我的想象。果然，各种离奇念头和喜剧动作立刻在我脑海中涌现，虽然我还没有一个故事，但故事的轮廓已经开始形成。

说来也矛盾，创作一部喜剧时，悲剧因素往往会引发嘲笑心理；我想，这是因为嘲笑是一种反抗的态度：无可奈何的情况下，我们必须用嘲笑的态度去反抗自然的力量，否则我们就会发疯。我看过一本书，它讲到唐纳移民队[①]去加州时迷了路，被大雪困在内华达群山中。一百六十个拓荒者，最后生还的只有十八人，多数人冻饿而死。有的人饿得只好吃死尸，还有人为了充饥，把自己的鹿皮鞋烤了吃。从这些悲惨的描写中，我想到了影片中最好笑的镜头。在极度饥饿的情况下，我一边把我的皮鞋煮了吃，一边还剔出鞋钉，仿佛它们是美味阉鸡的骨头，并且津津有味地大嚼鞋带，仿佛它们是细面条。这样饿得要发狂时，我的同伴把我想象成一只鸡，要把我生吃了。

六个月里，我想出了一系列喜剧片镜头，于是也不用剧本，我就开始拍摄，相信从喜剧的穿插和动作中可以演化出一个故事来。当然，我

① 乔治·唐纳一家人和其他移民组成的一支队伍，于 1846 年经内华达群山赴加州，迷路为雪所困，八十余人中生还者无几。爱尔兰人帕特里克·布林详记探险经过的日记，至今为人传诵。

走了不少冤枉路，许多有趣的镜头到后来都被剪去了。其中有一组镜头，拍的是流浪汉和爱斯基摩姑娘谈情说爱的场景，姑娘教流浪汉学爱斯基摩人那样用擦鼻子代替接吻。流浪汉要离开她去找金矿时，依依不舍地与她道别，用鼻子抵着她的鼻子热情地擦着。流浪汉走开后，又转过了身，用中指摸摸自己的鼻子，向她最后抛了一个"吻"，接着又偷偷地用指头在裤子上擦了擦，因为他这时候已经有点伤风感冒了。但是有关爱斯基摩人的部分后来都被剪去了，因为它们和片中舞女更重要的故事有了冲突。

拍《淘金记》的时候，我第二次结婚。[①] 由于我们有两个儿子，现在他们都已长大成人，而我又非常爱他们，所以有关这次婚事我就不详细加以记述了。我们婚后共同生活了两年，都试图使婚姻美满，然而毫无希望，结果还是招来了很大的痛苦。

《淘金记》在纽约河滨剧院上映时，我去主持首映典礼。影片一开始，就看到我兴冲冲地绕过一座悬崖，不知道自己背后跟着一头熊，观众们狂笑鼓掌。直到终场，只听到笑声，间或还夹杂着掌声。后来联美电影公司的销售经理海勒姆·艾布拉姆斯走过来拥抱我："查理，我保证这部影片一共至少可以卖 600 万。"结果真的卖了那么多钱！

首映结束，我病倒了。那时我住在丽兹酒店，一天忽然觉得透不过气来，就慌忙打电话给一个朋友。"我快死了，"我喘着气说，"找我的律师来呀！"

"律师！你是要请一位医生。"朋友也慌了。

"不，不，去找我的律师，我要立遗嘱。"

我的朋友惊慌失措，律师和医生他都去找了，但是那时候我的律师凑巧在欧洲，所以只来了医生。

---

① 1924 年 12 月卓别林和莉妲·葛蕾结婚，生了两个儿子，分别是查尔斯·斯宾塞·卓别林和雪尼·艾尔·卓别林。其后查尔斯·卓别林写了《我的父亲查理·卓别林》一书。

医生照例检查了我的身体，并没有发现什么别的疾病，只是神经紧张。“这是因为天热的缘故，”他说，“离开纽约，到海边去一趟，你可以在那儿静养几天，呼吸海滨的空气。”

半小时内，我已被匆匆忙忙地送到了布赖顿海滨。在路上我无缘无故地哭了。后来，我住进了临海的一家酒店，占了一间面向大海的房间，坐在窗口深深地呼吸海滨的空气。但是这时候有许多人聚集在酒店外面叫喊：“喂，查理！”“你好啊，查理！”我只好从窗口移到里面去坐，免得让他们看见了。

突然，我听见狗叫似的一声尖号。一个人掉下水了。救生员把他抬起来，放在我的窗口前面，给他施行急救，但是为时过晚，他已经死了。救护车刚把他送走，又听见一声惨叫。前后一共抬过来三个人，后面的两个人被救活了。我比刚来时更加紧张了，决定还是回纽约去。过了两天，我差不多完全好了，于是又回加州去了。

二十

回到贝弗利山，我收到一个朋友的来信，邀我去他家会见格特鲁德·斯坦[①]。我到了那里，斯坦小姐正坐在客厅当中的一张椅子上，穿了一件花边领子的棕色衣服，双手放在膝上。不知怎的，她那样子有些像梵高画的鲁兰夫人，不过格特鲁德没有像鲁兰夫人那样把红发在头顶上挽一个髻儿，而是把剪短了的棕色头发披散着。

客人们围着她站了一个圈，彬彬有礼地保持着相当的距离。一个侍女向她悄声说了几句什么，然后走近我说："格特鲁德·斯坦小姐要见您。"我赶快走上前。当时我没有机会和她多谈话，因为其他客人正陆续到来，等着被引见。

午餐时女主人让我坐在格特鲁德旁边，不知怎的我们谈到了艺术。记得谈话好像是这样开始的，我夸赞餐厅窗外的景色很美，但是格特鲁德对此并不表示赞许。"天然的都是平凡的，"她说，"倒是模仿的更有趣。"她就这个题目发表了一通意见，说人造大理石要比真的更美，特纳画的日落要比真的天空更可爱。虽然这些话早已被前人说过，但我仍旧很有礼貌地表示同意。

她对电影情节发表了一套见解："它们太陈腐了，并且，太复杂和牵强了。"在一部影片里，按照她的意思，我最好是走上一条大街，拐上一个弯，再拐上一个弯，再拐上一个弯。我想说，这无非是要解释她那神

① 格特鲁德·斯坦（1874—1946）：美国女作家。

秘的诗句“玫瑰是玫瑰是玫瑰”，但是我本能地克制了自己，没有把这句话说出口。

午餐桌上铺着美丽的比利时花边台布，好几位客人见了都赞不绝口。我们谈话时，咖啡是盛在很轻的漆器杯子里端上来的，我的那杯摆在太靠近我袖子的地方，我的手微微一动，咖啡被打翻在台布上。真叫人不好意思！我正一迭声向女主人道歉时，格特鲁德也打翻了她的咖啡。这时候我稍觉宽慰，因为现在感到窘促的不单是我一个人了。然而，格特鲁德毫不介意，她说：“不要紧，它没泼翻在我衣服上。”

约翰·梅斯菲尔德[1]来参观我们的制片厂；他身材高大，长得很漂亮，并且对人和蔼而体贴。但是，不知怎的，他的这些特点会使我感到十分羞怯。幸而我刚读过《小街上的窗子》，很欣赏一首诗，所以当时并没有一直沉默着，我背诵了我喜爱的那几行诗：

一群人在监狱门外聚集，
等着那丧钟为他们敲响，
等着去尝另一地狱的毒剂，
绝望的人啊，他们就是这样。

拍《淘金记》的时候，一天我接到埃莉诺·格林的电话：“亲爱的查理，你一定要见一见玛丽昂·戴维丝；她这人真可爱，她一定喜欢见你，所以请你到国宾酒店来和我们一起吃晚饭，饭后一起去帕萨迪纳看你的电影《有闲阶级》。”

我虽然不曾见过玛丽昂，但是早已看过有关她的五花八门的广告。这类讨厌的广告，翻开每一份赫斯特系报刊都可以看到。它们做得太过

① 约翰·梅斯菲尔德（1878—1967）：英国桂冠诗人、剧作家、小说家。

火，以致人们给玛丽昂·戴维丝编了许多笑话。有一次，有人叫比阿特丽斯·李莉[1]看洛杉矶繁密的灯火时，她就开起了玩笑。“这太美啦！”比阿特丽斯说，“我想，再过一会儿，它们就会聚集到一起，连缀成‘玛丽昂·戴维丝’几个字了！”只要翻开一份赫斯特系的报刊，就必然会看到玛丽昂的巨幅照片。但一般人看了这些广告，反而不愿去买票了。

一天晚上，范朋克夫妇在家里放映了玛丽昂·戴维丝演的《骑士春秋》。使我感到意外的是，玛丽昂是一位很有才能的喜剧演员，是富有吸引力与魅力的，即使没有赫斯特系报刊为她大吹大擂，她也有资格成为一位大明星。在埃莉诺·格林的宴席上，我发现玛丽昂为人纯朴可爱，从那时起我们就成了知己。

赫斯特[2]和玛丽昂的关系不但在美国，在世界各国都被编成了故事流传着。他们俩的交往，直到赫斯特逝世为止，前后历时三十多年。

如果有人问我，在我一生中，什么人给我留下的印象最深刻，我应当说，是已故的威廉·伦道夫·赫斯特。我还应当说明，虽然赫斯特有值得赞美的品德，但他给我的印象并不都是愉快的。他个性中那些离奇难解的部分吸引了我：他孩子气、精明、和善、冷酷、有财有势，对人坦率自然。如果以世俗的标准来衡量，他是我所知道的最自由的人。他所经营的企业，形形色色都有，范围庞大惊人：发行几百种刊物，经营采矿事业，在纽约拥有巨额地产，在墨西哥占有大片土地。赫斯特的秘书告诉我，他的企业总值达 4 亿美元——当时是一个很大的数目了。

人们对赫斯特毁誉参半。有人认为他是一个真正的爱国人士，另一些人则认为他是一个机会主义者，其兴趣所在，无非是推销报纸，积累财富。然而，年轻的时候，他确实富有冒险精神，信仰自由主义。再说，

---

① 比阿特丽斯·李莉（1898—1989）：英国女演员，以演喜剧闻名。
② 赫斯特（1863—1951）：美国财阀，赫斯特系报刊的老板。

他父母的家当也可供他随意动用。据说，有一次金融家拉塞尔·塞奇在第五大道遇见了赫斯特的母亲菲比·赫斯特。他说：“如果令郎再这样抨击华尔街，他的报纸每年要亏损100万。”

“如果照这样亏损下去，塞奇先生，那么他的事业还可以维持八十年。”赫斯特的母亲说。

我第一次见赫斯特就说错了一句话。《剧艺报》的主编和发行人赛姆·西尔弗曼陪我到河滨路赫斯特的公寓里去吃午餐。那是有钱人爱住的那种跨两层楼的公寓，房间里挂着珍贵的名画，天花板很高，四壁都装着红木嵌板，墙上的格子里摆着瓷器。赛姆把我介绍给赫斯特一家，然后我们坐下来吃饭。

赫斯特夫人很迷人，态度和蔼大方。赫斯特恰巧相反，他老是睁大眼睛，让我说下去。

“我第一次在美艺酒馆里看见您，赫斯特先生，”我说，“您和两位女士坐在一起，当时一个朋友把您指出来给我看。”

我觉察到什么人在桌底下踩了我一脚。我猜那是赛姆·西尔弗曼。

“哦！”赫斯特表情滑稽地说。

我不知道该怎样往下说才好。“嗯，如果不是您，那一定是一个长得和您很像的人——当然，我的朋友也没看真切。”我天真地说。

“是呀，”赫斯特眨了眨眼睛，“能有一个替身，是非常方便的。”

“可不是。”我笑了，也许笑得声音太大了一些。

赫斯特夫人给我解了围。“是呀，”她以幽默的口气强调了一句，“是非常方便的。”

这件事就这样被轻轻地带过了，我觉得那顿午餐吃得很愉快。

玛丽昂·戴维丝来到好莱坞，在赫斯特的世界电影公司摄制的影片中担任主角。她在贝弗利山租了一幢房子。赫斯特让他那条二百八十英尺长的大型快船取道巴拿马运河，驶到加州海面。此后，有一段时间，影界人士就过上了《一千零一夜》里的生活。玛丽昂每星期要举行两三次盛大宴会，每次邀请的客人多达上百位，其中有男演员、女演员、参议员、马球运动员、合唱团小歌手、外国权势人物，还有赫斯特的经理和编辑人员。气氛捉摸不定，混杂着轻快和紧张，因为当天晚上的宴会是否愉快，都要看赫斯特的脾气这个晴雨表，而他那脾气又是水银柱般变化莫测的。

我还记得玛丽昂在她租的那幢房子里举行宴会时发生的一件事。我们有五十来个客人站在那儿，赫斯特阴沉地坐在一张高背椅上，他的编辑人员在四周围了一个圈。玛丽昂光艳照人，像雷卡米埃夫人[①]那样穿了件长袍，斜倚在一张长靠椅上，但是后来看见赫斯特只顾办公事，就变得沉默起来。突然，她愤怒地大喊："嘿！喂！"

赫斯特抬起头来。"你是在叫我吗？"他问。

"是的，是叫你！你过来！"她说时一双蓝色的大眼睛紧瞪着他。赫斯特的编辑人员退到了后面，屋子里空气紧张，一片静寂。

赫斯特像斯芬克斯似的坐在那儿，眼睛眯缝了，脸绷得更紧了，嘴唇抿成了一条细线，手指神经质地敲着那张宝座似的椅子的扶手，一时拿不准要不要大发雷霆。我已经准备去取帽子了。但是，他忽然站起来。"嗯，我想我该走了，"他一边说，一边笨拙地向她走过去，"我的女主人，有什么吩咐呀？"

"办公事到城里去办，"玛丽昂火辣辣地说，"别在我家里办。我的客人都等着要喝一杯，你赶快给他们安排一下。"

"是，是。"他一边说，一边一瘸一拐地走到厨房里去了，这时所有的人才放了心，大家笑了起来。

有一次我从洛杉矶去纽约处理一件紧急事务，中途收到赫斯特拍来

---

① 雷卡米埃夫人（1777—1848）：拿破仑时代的法国交际花，她的沙龙是当时文人和艺术家聚会的地方。

的电报，邀我和他一起去墨西哥。我复电表示歉意，说我有事去纽约。可是，到了堪萨斯城，赫斯特的两个助手接我来了。“我们来接您下车。”他们赔着笑说，还说赫斯特先生准备叫他驻纽约的律师在那里办理我的事务。但是我没能分身。

我从来没见过谁像赫斯特那样挥金如土。洛克菲勒对金钱怀有道义上的责任感，皮尔庞特·摩根从金钱的力量中获得鼓舞，但是赫斯特毫不在意地挥霍着千百万美元，就像在花每星期的零用钱一样。

赫斯特赠给玛丽昂的圣莫尼卡海滨住宅，简直是一座王宫，是由意大利匠人建造在沙土上的一座乔治式[①]建筑，宽三百英尺，上下分为三层，一共有七十间房间，舞厅和餐厅的墙壁都是用金箔糊就的。到处挂的是雷诺兹、劳伦斯和其他名家的画——虽然其中也杂有一些赝品。在那间装有橡木嵌板的宽大的藏书室里，只要一按按钮，一部分地板就会掀起来，变成放映电影的银幕。

玛丽昂的餐厅可以很宽舒地坐五十位客人。几套很精致的客房，至少可以供二十位客人下榻。前临大海的那座花园，辟有一个意大利式的大理石游泳池，长一百多英尺，当中横跨着一座威尼斯式的大理石桥。游泳池近旁是一座酒吧兼小舞厅式的建筑。

圣莫尼卡当局曾经打算建造一个码头，供小型军舰和游艇停泊之用，这项计划获得了洛杉矶《时报》的支持。我因为自己有一条小游艇，也觉得这主意很好，一天早餐时把这件事说给赫斯特听了。“这样会有伤风化的，”他气愤地说，“水手们会跑来向这些窗子里看，这儿又不是妓院！”此后这件事就不再被提起了。

赫斯特非常任性。遇到兴致好的时候，他会挺招人笑地跳他喜欢的

---

① 英王乔治一世至乔治四世时代（1714—1830）的建筑风格，特别是1800年以前盛行于英国或英国殖民地的建筑风格。

查尔斯顿舞[1]，也不管别人怎样看他。他做事从不仰承他人鼻息，只是随着自己高兴。在我的印象中，他是一个很呆板的人——也许他确实是这样的人，但是他并不试图把自己扮成另一个样子。许多人以为署名赫斯特的社论是由阿瑟·布里斯班[2]捉刀的，然而布里斯班曾经亲口对我说，赫斯特的社论是全国写得最漂亮的。

有时候赫斯特显得特别孩子气，动不动就要发火。我记得，一天晚上，我们正在挑选两组人，准备玩猜词游戏，他忽然抱怨把他给漏了。“这么着，”杰克·吉尔伯特开玩笑说，“咱们俩来玩一次，就选 pill-box 这个词，我扮演 box，你扮演 pill。”可是赫斯特误会了[3]，他的声音都哆嗦了：“我才不玩你那个老掉牙的猜词呢。”他说着走出了屋子，随手砰的把门关上了。

赫斯特在圣西米恩的大庄园，占地四十万英亩，沿太平洋海岸逶迤三十英里。住宅像堡垒似的造在一片高地上，海拔五百英尺，离海岸四英里。主要部分由几座城堡式建筑构成，建筑材料都是从欧洲装运来的。房屋的正面看起来是兰斯大教堂和庞大的瑞士农舍式别墅的综合体。周围是五幢意大利式别墅，建造在高地边缘，像环列在它周围的几个卫士，第一幢别墅里可以住六位客人。这些房屋都是按照意大利式风格装饰的，天花板是巴洛克式的，上面雕刻的展开翅膀的天使笑嘻嘻地朝下望着。正中的别墅里还有可供三十多位客人共住的房间。会客室长约九十英尺，宽五十英尺，墙上挂着哥白林花毯[4]，有的是真品，有的是赝品。轩昂华贵的大厅里，两头都摆着玩十五子游戏[5]和打弹球[6]的桌子。餐厅的建筑模仿威斯敏斯特大教堂的中部，虽具体而微，但里面仍可很舒畅地坐

---

① 20 世纪 20 年代风行的一种活泼的四拍舞蹈，跳时膝部屈伸，腿向侧面外踢。
② 阿瑟·布里斯班（1864—1936）：美国著名报纸主笔。
③ pill 和 box 的意思分别为丸药和盒子，pill 有时又指“讨厌的人”。
④ 巴黎出产的一种双面挂毯。
⑤ 一种双方各用十五枚棋子，掷骰决定行棋格数的棋戏。
⑥ 玩时把球从一块有许多钉子的斜板下端向上弹，任其滚落在标有号码的洞穴中。

八十位客人。这里一共雇用了六十个仆人。

在听力所及的地方，是个动物园，里面养着狮子、老虎、狗熊、无尾猿、猩猩以及各色的禽鸟和爬虫。从动物园门口到别墅之间，是一条五英里长的车道，道旁竖着布告板："请让动物先行"。如果成对的鸵鸟还没打定主意要离开大路，访客就只好坐在汽车里等。母羊、麋、鹿、野牛成群结队，在庄园附近漫游，常常把路堵上。

火车站上停有接客的汽车，如果乘飞机去，那儿还有一个私人飞机场。如果不是在开饭的时间到达，访客会被领到下榻的地方，并被告知：8 点开晚饭，7 点半大厅里供应鸡尾酒。

讲到娱乐，在那里可以游泳、骑马、打网球，玩各种应有尽有的游戏，或者是去动物园。赫斯特有一条严格的规定，下午 6 点之前不用鸡尾酒款客。但是玛丽昂会把她的朋友邀到她住的地方，偷偷地用鸡尾酒招待他们。

酒菜非常精美；看菜单，就像是查理一世在大摆筵席，有时鲜的野味：野鸡、野鸭、松鸡、鹿肉。但是在这样穷奢极侈的筵席上，用的却是纸制餐巾，只有赫斯特夫人在家的时候，才请客人用亚麻布餐巾。

赫斯特夫人每年来圣西米恩一次，但并没有因此引起纠纷。她和玛丽昂互立内外两个门户，已是双方心照不宣的事情：每次赫斯特夫人快到的时候，玛丽昂和我们一伙人就会很小心地离开那儿，或是回到圣莫尼卡玛丽昂的海滨住宅。我从 1916 年起就认识了米莉森特 · 赫斯特，成了很要好的朋友，因此我可以来往于两户之间。有时候米莉森特和她那些旧金山的上流社会朋友住在庄园里，邀我去度周末，于是我就仿佛是在社交季中初次造访似的去到那里。然而，米莉森特也并不存有什么幻想。虽然她假装不知道刚有人撤离，但是又显示了她的幽默感。她说："即使没有玛丽昂，反正也会有其他人。"她时常悄悄地向我谈到玛丽昂和赫斯特的关系，但是从来不曾表示怨恨。"他仍旧和往常一样，好像我们之间并没有发生过什么事情，仿佛压根儿就没有玛丽昂这么一个人，”她说，“我一回到这儿，他总是显得那么亲切可爱，但就是待不上几个小时。并且，总是来这么一套：吃饭吃到半当中，仆人递给他一张条子，他打个招呼就走了。等到再回来时，他总是尴尬地说，有一件紧急的事情，要立刻去洛杉矶处理，我们都假装相信他的话。当然，大伙都知道，他又是去会玛丽昂了。”

一天晚饭后，我陪米莉森特去庭院里散步。别墅浸在月光里，衬着那七座山峦的蛮荒景色，显得神秘而阴森；群星的光芒刺穿了十分澄净的天空。我们伫立了一会儿，环顾四周美丽的景色。动物园那里传来狮子偶尔发出的怒吼和大猩猩不断的尖声厉号，嗥声在山顶上空回荡。每天黄昏，太阳一落山，猩猩就开始号叫，起初叫得很轻，后来逐渐惨厉可怕，一直叫到深夜里，让人感到阴森可怖。

“那个该死的畜生肯定是疯了。”我说。

“这里整个就是一个疯狂的世界。你瞧呀！”她说时望了望那座城堡式的别墅，“这只有疯狂的奥托想得出来呀……他还要继续修建，不断地增添，一直造到他死的那天为止。以后，它还有什么用处呢？谁也没有财力来维修它。做酒店吧，不合适，如果捐献给政府，我怀疑它对政府有什么用途——连做学校也不配。”

米莉森特谈到赫斯特，总是透出一种慈蔼的口气，而这就使我怀疑，她对他是否仍有夫妻之间的感情。她是一位善良的女性，很能体贴别人，但是，自从我在政治上遭到歧视以后，她就不再答理我了。

一天傍晚，我去圣西米恩度周末，玛丽昂出来接待我时，神情很紧张。原来，有一个客人走过时，被人用剃刀给刺伤了。

玛丽昂一激动就会口吃，但这样一来反显得更加妩媚，好像是小说中的一位落难佳人。“我们还不……不……不知道，这是什么人干的事情，”她压低了声音说，“可是赫斯特已经派了几个侦探到处搜索，现在我们别让其他的客人知道这件事。有人怀疑，作案的是一个菲律宾人，所以赫斯特吩咐，还没大致查清楚之前，所有的菲律宾人都离开庄园。”

“被刺伤的是谁？”我问。

“今天晚餐的时候，你就可以看到他。”她说。

晚餐时我坐在一个年轻人对面，他的脸用绷带包扎着；只看见他炯炯闪亮的一双眼睛，以及不停地笑着时露出的一口白牙。

玛丽昂用胳膊肘在桌子下面碰了碰我。“就是他。”她悄声说。

他胃口很好，好像一点也没有因为受到袭击而扫了兴。别人向他打听这件事情时，他只耸了耸肩，咧开嘴笑了笑。

饭后玛丽昂领我去看出事的地方。“就在那座塑像后面，”她指着一座复制的“胜利女神”大理石像说，“瞧，这儿是血迹。”

“他到那塑像后面去干什么呀？”我问。

“是要……要……要躲开那个人的袭……袭……袭击。”她说。

突然，我们的那位客人又在夜色沉沉中出现，他跌跌撞撞地走过我们面前，血从面颊上滴了下来。玛丽昂惨叫了一声，我蹿了起来。一下子不知道从哪儿跑出来了二十个人，把他团团围住。“我又被刺伤了。”他呻吟着。两个侦探把他抬起来，护送到他的房间里，随即在那儿盘问他。玛丽昂也走开了，但是，一小时后，我在大厅里遇见了她。“怎么一回事？”我问。

她露出疑惑的神情：“他们说，那是他自己干的事。他是一个疯子，这样做只是为了要出风头。”大家不再同情他了，当天晚上赶紧把这个怪人从山上送走，而那些无辜的菲律宾人第二天早上又回来工作了。

托马斯·立顿[①]爵士也曾在圣西米恩玛丽昂的海滨住宅里做过客，

---

① 托马斯·立顿（1850—1931）：英国运动家和商人，以经营茶业致富，曾以大量广告推销其“立顿”牌饮料。

这位饶有风趣的苏格兰老人老是长篇大论地谈话，说的是一口很有韵味的土腔。在滔滔不绝的谈话中，他常常回忆一些往事。

他说："查理，你来到美国，现在可发迹了——我也是这样。第一次来这儿，我乘的是一条运牲口的船。我当时就对自己说：'下次来的时候，我要坐上自己的游艇。'而后来呢，我确实做到了。"他还向我发牢骚，说他经营立顿饮料，被骗去了几百万英镑。驻西班牙大使亚历山大·穆尔、托马斯·立顿爵士和我，在洛杉矶常常一起出去吃饭，席上亚历山大和托马斯爵士谈一些从前的事情，两人你一句我一句顺口提到贵族的名姓，就像是随意抛香烟蒂似的。他们给我的印象是：贵族们一开口就是说俏皮话。

在这段时间里，我常常去看赫斯特和玛丽昂，他们很好客，邀我每星期去玛丽昂的海滨住宅度周末，我因为很喜欢他们过的那种豪华生活，尤其因为道格拉斯和玛丽那时在欧洲，所以就常常应邀去了。一天早晨，和其他几个人一同进早餐时，玛丽昂在剧本问题上向人讨主意，但是赫斯特不喜欢听我的意见。那个电影故事主要谈的是男女平等问题，于是我说，一般都是由女人挑选她们的男人，男人在这方面是没法做主的。

赫斯特的看法不同。"哦，不对，"他说，"一向都是男人挑选女人。"

"我们以为是如此，"我回答，"但是，只要一个小姑娘指着你说'我要那一个'，你就被她挑了去。"

"你的想法完全错误。"赫斯特自信不疑地说。

"问题是，"我接下去说，"她们都把技巧隐藏得非常巧妙，让我们相信，那是我们在挑选。"

赫斯特蓦地把桌子一拍，早餐桌上的东西都被震得跳了起来。"我说一样东西是白的，你就偏要说那是黑的！"他大吼。

我相信，当时我的脸色微微发了白。仆人刚巧给我端上咖啡。我抬起头来说："请你叫人把我的东西收拾一下，给我叫一辆车。"接着，我一言不发，站起身来，走进舞厅，憋着一肚子怒气在那儿大步地走来走去。不一会儿，玛丽昂来了：“怎么啦，查理？”

我的声音直哆嗦。“凭他是谁，也不能向我那样吆喝。他以为他是谁？是尼禄吗？是拿破仑吗？”

她没答话，就转过身去，赶快离开了屋子。过了一会儿，赫斯特来了，他装作没发生过任何事情的样子：“什么事情呀，查理？”

“我是不习惯被人吆喝的，尤其是当我在别人家里做客的时候。所以，我这就走。我——”我的一句话没说完又咽下去了。

赫斯特想了想，接着也开始在屋子里来回地走。“让咱们把这件事情谈谈开吧。”他说，他的声音也在发抖。

我跟着他进了大厅，走到摆在墙凹处的一张古色古香的奇彭代尔式[①]双人椅跟前。赫斯特身高六英尺四英寸，长得相当胖。他在椅子里坐下，指了指那点空着的地方说：“坐下吧，查理，让咱们把这件事谈谈开。”我挨着他紧紧地挤在一起坐了下去。他不再说一句话，突然伸出了手，我虽然坐在那儿没法动弹，但还是挺费力地和他握了手。接着他就开始解释，他的声音仍旧颤抖着：“你瞧，查理，我实在不喜欢玛丽昂演这个剧本……她是尊重你的意见的。你呢，又赞成她演这个剧本……嗯，大概就是由于这个缘故，我冒犯了你。”

我的气立刻消了，和他和解了，一迭声说这是怪我不好；最后我们再一次挺费力地握了手，然后试着站起来，但是发现我们都卡在那张奇彭代尔式椅子里，这时椅子发出了可怕的嘎吱声。费了好大劲，我们终于挣脱了身，那张椅子倒纹丝不动。

当时玛丽昂一离开我，就直接去找赫斯特，怪他不该那样粗暴，叫他出来道歉。玛丽昂知道什么时候乘机进言，什么时候保持缄默，所以

---

① 由英国家具师托马斯·奇彭代尔所制，以纤巧华美著称。

有时候她是不开口的。“他发起脾气来，”玛丽昂说，“好像是起了风暴，打响了雷……雷……雷啊。”

玛丽昂性情愉快，风趣悦人。每逢赫斯特有公事去纽约，她总是把她的朋友一起邀到她在贝弗利山的住宅里（那时候海滨住宅还没有建造），于是我们就举行宴会，玩猜词游戏，一直玩到午夜。接着，鲁道夫·范伦铁诺就在他家里回请，而我又在我家里宴客。有时候，我们包下一辆公共汽车，装满一车食物，再雇上一个奏六角手风琴的乐师，于是一二十个人一起到马利布海滩，在那里生起篝火，半夜里野餐、捕小银鱼。

赫斯特报系的专栏作家露爱娜·帕森斯每次都由后来担任我副导演的哈里·克罗克陪同着，和我们一起去。这样玩乐一番之后，我们总是在凌晨四五点才回家。玛丽昂对露爱娜说：“这要是被赫斯特知道了，咱们俩当中准有一个被解雇，可……可……可是，被解雇的不会是我呀。”

有一次，玛丽昂在家里举行宴会，大伙儿正玩得高兴，赫斯特从纽约打来了电话。玛丽昂听完了回来，怒气未息。“你们想得到吗？”她气愤地说，“赫斯特竟然派了人监视我！”

原来赫斯特在电话里给玛丽昂读了一份侦探的报告，列举了他走后玛丽昂做的一些事情：有人看见她凌晨4点离开了某甲家，5点离开了某乙家等等。她后来告诉我，赫斯特准备立刻回洛杉矶，把他们俩的事料理清楚，从此一刀两断。玛丽昂当然恼火，因为她只是去看了几个朋友，并没有做任何出格的事。侦探报告里所举的确实是事实，但经过一番歪曲，就给人留下了错误的印象。赫斯特到了堪萨斯城，拍来电报：“已改变初衷，不拟回加州，旧地多少欢娱，往事不堪回首，现仍返纽约。”可是，过了不久，他又拍来一封电报，说他要来洛杉矶了。

赫斯特一回来，所有的当事人都紧张起来。但是玛丽昂和他的那次见面消除了一切误会，最后是为欢迎赫斯特回贝弗利山举行了一次盛大的宴会。玛丽昂在她租的房子上层造了一个可以坐一百六十位客人的临时餐厅。收拾装潢，安装电灯，铺设舞池：在两天之内全部竣工。玛丽昂只要一摩擦神灯，样样东西都齐备了。那天晚上，她戴了一只新的价值 7.5 万美元的翡翠戒指，那是赫斯特给她的礼物，总算幸运，谁也没有被解雇。

我们在圣西米恩的庄园和玛丽昂的海滨住宅住腻后，有时就到赫斯特的游艇上去度周末，泛舟到圣卡塔利娜岛，或者是去南面的圣迭戈海滩。有一回，游艇到了圣迭戈海滩，不得不把当时已经接管赫斯特世界电影公司的托马斯·因斯送下船。那次我没去，但一同在船上的埃莉诺·格林后来告诉我，说因斯起先玩得很高兴，可是午餐时突然浑身剧痛，只得离了席。大伙都以为他是发了胃病，但后来他痛得更厉害了，这才被抬上岸，送进了一家医院。医院发现他突发了心脏病，于是把他送回贝弗利山他的家里，他到家三星期后，心脏病复发死了。

恶毒的谣言四下传开，说什么因斯是被开枪打死的，赫斯特与此事有关。谣言纯属虚构。这件事我知道，因为因斯去世前两星期，赫斯特、玛丽昂和我还到他家里去探望过他；看到我们三个人，他非常高兴，相信自己不久就会痊愈。

因斯的死打乱了赫斯特世界电影公司的计划，这些计划只好由华纳兄弟电影公司完成了。但是两年后赫斯特的电影公司并入米高梅电影公司，米高梅的制片厂为玛丽昂造了一所精致的化装室（我管它叫特里亚农宫）。

赫斯特的报刊业务大部分都是在这儿处理的。我多次看见他坐在玛丽昂的会客室当中，地下摊了二十多份报纸。他坐在椅子上综观形形色色的标题。“那一条排得不醒目。”他指着一份报纸尖着嗓子说，“为什么登某某人的那篇特写？”有时他会拣起一本杂志，大拇指翻一翻书页，双手掂一掂它的分量。“《红皮书》上的广告怎么啦？——这一期出得挺轻嘛。拍电报给雷·朗，叫他马上来。”就在这个当口，刚离开摄影棚的玛丽昂来了，她打扮得花枝招展，带着一副嘲笑的神气，故意践踏着那些报纸走过来，还说：“把这些破烂都给我收拾开，我的化装室都被它们给弄乱了。”

赫斯特有时会显得十分天真。他去看玛丽昂的影片首映，常常邀我和他同车过去，汽车快要开到电影院门口时，他先下了车，以免被人看见他是和玛丽昂一起去的。但是后来《赫斯特考察家报》和洛杉矶的《时报》卷入了一场政治斗争，赫斯特猛烈抨击对方，《时报》不甘示弱，最后就进行人身攻击，指责赫斯特过着双重生活，在圣莫尼卡筑有香巢，并且提到了玛丽昂。赫斯特没有在他的报纸上反驳这类攻讦，但是后来有一天他来找我（那时玛丽昂的母亲刚去世），说：“查理，戴维丝夫人下葬，你可以和我一起去抬灵柩吗？”我当然答应了。

大约是在 1933 年，赫斯特邀我一同去欧洲旅行。他已经在丘纳德轮船公司的一艘客轮上，为一行人包了整整一排房舱。但是我谢绝了，因为这样旅行，一定是同二十来个客人一起去，赫斯特想要停留就停留，想要赶急就赶急。

有一次我和赫斯特去墨西哥旅行，就尝到了这种滋味，那时我的第二任妻子正有孕，十辆汽车跟在赫斯特和玛丽昂的车后，在崎岖的路上行进，恨得我只是骂这伙人。路没法走了，我们只好放弃了原定的目的地，在一个墨西哥农民家里过夜。我们一共有二十个人，但只有两间屋子；多承他们照顾，把一间屋子让给了我们夫妻俩和埃莉诺·格林睡。有的人睡在桌上和椅子上，有的人睡在鸡舍和厨房里。我们那间小屋子里的情形怪有趣的，我妻子占了那张唯一的床，我横卧在两张椅子上，埃莉诺好像是准备去丽兹酒店，打扮得齐齐整整，戴着帽子，蒙着面纱，戴着手套，躺在一张破躺椅上。她像墓上雕凿的偃卧着的人像，双手交叉放在胸口上，睡着时始终不曾改变这个姿势。这一点我知道得挺清楚，因为那天夜里我一直没合上眼。第二天早晨，我从眼角睨视，只见她起来时仍和昨天躺下时一样，发式纹丝不动，连一根头发也没乱，她皮肤白皙光润，精神焕发，就好像正走过广场酒店的茶室那样。

赫斯特有一次带着我从前的副导演哈里·克罗克一起去欧洲旅行。那时哈里是赫斯特的社交秘书，他问我是否可以为赫斯特写一封介绍信给菲利普·沙逊爵士，于是我写了。

菲利普热诚款待了赫斯特。他知道赫斯特多年来一直公开反英，就做了安排，让他和威尔士亲王会面。菲利普让这两位在他的藏书室里单独会晤，据他说，亲王在那里单刀直入地问赫斯特为什么那么反英。他还说他们在那里谈了两个小时，他相信赫斯特与亲王的那次会晤收到了有益的效果。

我永远无法理解赫斯特的反英情绪，因为他在英国拥有最赚钱的股票，可以从这些股票中获得巨额利润。他的亲德倾向可以追溯到第一次世界大战。在关键时刻，他和当时的德国大使伯恩斯托夫伯爵之间的交往和友谊引起了舆论强烈的抨击。赫斯特虽然拥有强大的势力，但也无法平息物议。此外，他的外籍通讯记者卡尔·冯·维甘德直到第二次世界大战即将爆发时，还经常写偏袒德国的文章。

赫斯特去欧洲旅行时，访问了德国，并会见了希特勒。那时还很少有人知道希特勒的那些集中营。我的朋友科尼利厄斯·范德比尔特率先写了几篇报道，透露了集中营的内幕。范德比尔特找了一个借口，进入了一个集中营，描写了纳粹在那里进行的种种迫害。但是，由于那些残酷的暴行被他描绘得十分惊悚，很少有人相信那是真的。

范德比尔特寄给我一套明信片，上面印的都是希特勒发表演说时的姿势。他那张脸丑恶得可笑，好像是在拙劣地模仿我的样子：一撮滑稽的小胡子、几绺竖起的乱发，加上可厌的薄唇小嘴。我不可能特别关注希特勒这样一个人。每一张明信片上是一个不同的姿势：有一张上面，他向一群人大声疾呼，手蜷曲得像爪子；另一张上面，一条胳膊举起，另一条胳膊下垂，像一个玩板球的人准备投球；还有一张上面，双手在前面紧握，好像是在举一个假想中的哑铃。他敬礼时一只手向上挥起，引向肩后，掌心向上，我看了就想要在上面放一托盘脏碟子。"这是一个疯子！"我心想。但是，等到爱因斯坦和托马斯·曼被迫离开德国时，我才觉得希特勒这副嘴脸不是滑稽可笑，而是阴险可怖了。

我第一次见到爱因斯坦是在1926年，那时他到加州来讲学。我认为，科学家和哲学家都是理想化的浪漫主义艺术家，他们朝着另一个方向发挥了自己的热情。我的这一想法很能说明爱因斯坦的个性。他性情愉快，对人亲切，细看上去像一个典型的阿尔卑斯山区的德国人。虽然他的态度安详温和，但是，透过外表，我可以看出，他是非常容易动感情的，而他那非凡的智力就来源于这种性情。

环球电影制片厂的卡尔·莱姆勒打电话给我，说爱因斯坦教授想要见我。我听了很激动。于是我们在环球电影制片厂里见了面，并在那里同教授、他的夫人、他的秘书海伦妮·杜卡斯和副教授沃尔特·迈耶共进了午餐。爱因斯坦夫人的英语讲得很流利，实际上要比教授说得好。这位肩宽背阔的女性，精力十分充沛；她显然因为做了这位伟大人物的太太而感到幸福，并且无意于掩饰这种心情；她的热情是可爱的。

餐后莱姆勒先生领大家去参观电影制片厂，爱因斯坦夫人把我拉到了一边，小声说："您为什么不邀教授上您家去呢？如果有机会咱们几个人在一起静静地谈一谈，我知道他一定会很高兴的。"因为爱因斯坦夫人关照应当是一次简单的宴会，所以我另外只请了两个朋友。席上她给我讲了爱因斯坦想出相对论那天早晨的情景。

“博士像往常一样，穿着睡衣，从楼上走下来吃早餐，但是那天他几乎什么东西也没吃。我以为他不大舒服，就问他哪儿不痛快。‘亲爱的，’他说，‘我有一个惊人的想法。’他喝完了咖啡，走到钢琴跟前，开始弹琴。他时而弹几下，时而停一会儿，记下一些什么，然后又重复说：‘我有一个惊人的想法，一个绝妙的想法！’”

“我说：‘那么，究竟是什么想法，你就讲出来吧，别叫人心神不定啦。’”

“他说：‘这很难说，我还得把它推究出来。’”

她告诉我，他继续弹琴，有时记下一些什么，大约过了半个小时，他回到楼上的书房里，关照她别让人打扰他，此后就在楼上待了两个星期。“每天我把饭菜给他送上去，”她说，“黄昏时他出去散一会儿步，活动活动，然后又回到那儿工作。”

“一天，”她说，“他终于从书房里走下来，面色很苍白。‘喏，就是这个。’他一边对我说，一边疲倦地把两张纸放在桌上。那就是他提出的相对论。”

因为雷诺兹医生也懂点物理学，所以那天晚上我也邀请了他，他在席上问教授可曾看过邓恩写的《时间实验》。

爱因斯坦摇摇头。

雷诺兹装模作样地说：“邓恩提出了一个有关维度的很有趣的理论，一种”——说到这儿，他迟疑了一下——“一种维度的发展。”

爱因斯坦立刻向我转过身，带着顽皮的神情悄声说：“一种维度的发展，这是个什么玩意儿？”

后来雷诺兹不再谈维度的问题了，他问爱因斯坦是否相信鬼。爱因斯坦承认从来没有看见过鬼，还说：“如果有其他十二个人同时看到了同样的现象，那么我会相信的。”他笑了。

那时候大家都盛谈灵魂现象，通灵论在好莱坞风行一时，尤其是在一些电影明星家里，常常举行灵媒会，展现实物腾空和各种心灵学现象。我没参加过这种集会，但是著名喜剧女演员范妮·布赖斯言之凿凿，说她在一次灵媒会上亲眼看见一张桌子从平地升起，飘浮在房间里。我问教授可曾目睹这种现象。他和蔼地笑了笑，摇了摇头。我还问他的相对论是否和牛顿的假设有所抵触。

“正相反，”他说，“是假设的进一步发展。”

我在席上告诉爱因斯坦夫人，等我的下一部影片放映后，我准备去欧洲。

“那时候你一定要到柏林来看我们，”她说，“我们住的地方不大——教授没有很多钱，虽然洛克菲勒基金会有一百多万美元供他作科学研究，但是他从来没有动用过。”

后来我去柏林时，到他们住的那套朴素的小公寓里去拜访他们。那住宅有点像在布朗克斯能看到的房子：客厅兼做餐厅，地上铺着破旧的地毯。家具中最贵重的是一架黑漆钢琴，也就是爱因斯坦在上面写出有关四维空间的历史性草稿的钢琴。我常常猜想，不知道那架钢琴后来落到哪里去了。它可能被安放在史密森学会或大都会博物馆里，也可能被纳粹党徒当柴火烧了。

纳粹的恐怖笼罩了德国，爱因斯坦一家去美国避难。爱因斯坦夫人讲了一件有趣的事，说明了教授在金钱方面是多么一无所知。普林斯顿大学要聘请他，谈到了报酬问题。教授提出的数目太小了，普林斯顿大学说，他要的待遇在美国连维持生活都不够，他至少需要两倍于此数的薪水。

1937 年，爱因斯坦夫妇到加州旧地重游，一同来看我。爱因斯坦和我亲热地拥抱，并告诉我，他是同三位音乐家一起来的。“饭后我们要演奏给你听。”那天晚上，爱因斯坦参与演奏了莫扎特的四重奏。虽然他的弓法不太娴熟，技巧有点生硬，但是演奏时他露出了狂喜的神情，闭上了眼睛，摇晃着身体。那三位音乐家对教授的参与并不表示十分欢迎，都委婉地劝他休息一会儿，由他们三人另奏几支乐曲。教授同意了，然后和我们一起坐在那里听。可是音乐家演奏了几支乐曲后，教授悄声问我："我什么时候再演奏呀？"音乐家们走后，爱因斯坦夫人有点着恼，她安慰丈夫道："你演奏得比他们哪一个都好！"

过了几天，爱因斯坦夫妇又来与我共进晚餐，这一次我邀请了玛丽·璧克馥、道格拉斯·范朋克、玛丽昂·戴维丝、赫斯特，以及其他两位客人。玛丽昂·戴维丝坐在爱因斯坦旁边，爱因斯坦夫人坐在我的右边，再过去是赫斯特。餐前大家兴致好像都挺不错，赫斯特很亲切，爱因斯坦很客气。但是，大家吃了一会儿，我就觉察出气氛逐渐冷淡下来，到后来大家一句话也没有了。我竭力要使谈话活跃起来，但是怎么也没法引得客人开口。餐厅里笼罩着可怕的沉寂，我只见赫斯特悲哀地对着他的点心盘子，教授露出微笑，陷入沉思。

玛丽昂仍旧是嬉皮笑脸，在桌上向每个人说几句俏皮话，扯几件不相干的事情，可就是没和爱因斯坦说话。突然，她扭转身向教授淘气地说："哈罗！"接着她就用几根手指在他头上摆弄了一番，说："你为什么不把头发剪一剪呀？"

爱因斯坦笑了，于是，我想现在可以散席，还是到客厅里喝咖啡去吧。

苏联电影导演爱森斯坦来到了好莱坞，他的随行人员中有格里戈尔·亚历山德罗夫，还有一个年轻的英国人，是爱森斯坦的朋友，叫艾弗·蒙塔古。我常常看到他们几个人在一起。他们在我的球场上打网球，球打得很差——至少亚历山德罗夫打得很差。

爱森斯坦将为派拉蒙电影公司导演一部影片。这时他已经因为拍了《战舰波将金号》[1]和《十月》[2]而成名，所以派拉蒙电影公司把他看作一棵摇钱树，想聘请他作导演和编剧。后来他编了一个很好的剧本叫《萨特[3]的黄金》，这是根据一篇有关早期加州的有趣文献改编的。剧本中并无宣传色彩，然而，由于爱森斯坦来自苏联，派拉蒙电影公司后来有了顾虑，最终打消了原议。

有一天，我和爱森斯坦谈到了共产主义，我问他：受了教育的无产者，在智力方面是否比得上那些世代有文化背景的贵族。我觉得他对我浅薄的知识感到惊讶。出身于苏联中产阶级工程师家庭的爱森斯坦说："一经受了教育，群众的智力就会变成一片富饶的新土壤。"

第二次世界大战后，我看到爱森斯坦导演的《伊凡雷帝》，那是所有历史片中的一部登峰造极之作。他用写诗的手法解释历史——一个极好的解释历史的方法。我看到，甚至一些新近发生的事情也会被人任意加以歪曲，因此所谓历史只会引起我的怀疑。然而，用诗的方法解释历史，就可以对某个时期获得一般的印象。总而言之，艺术作品比史书包含了更可靠的事实和更详尽的记述。

---

① 描写 1905 年俄国革命的影片。

② 根据美国记者约翰·里德（1887—1920）的回忆录《震撼世界的十天》拍摄的历史影片，原书描写十月革命初期的情形。

③ 萨特（1803—1880）：美国拓荒者、商人，在萨克拉门托他的新拓居地发现金矿后，引起 1848 年的淘金热。许多人淘金致富。但萨特却因此破产。

二十一

我在纽约的时候，一个朋友告诉我，他看到了影片配音的情形。他预言，这一发明不久即将在电影业中引起一场革命。

我听过后就把这件事丢开了，又过了几个月才想起来，因为华纳兄弟电影公司摄制了它的第一部有声电影。那是一部古装电影，由一位非常漂亮的女演员主演——她的名字我现在不提了——起先她在片中悄然无语，然而却十分生动地表现了巨大的悲哀，一双忧郁的大眼睛里流露出即使是莎士比亚的辞藻也难以描绘的痛苦。可就在这时，影片中突然出现了一个新的元素——一只贝壳凑近耳朵时发出的声音。接着，那位美丽公主的声音就像是透过沙土传了过来："哪怕是抛弃了女王的宝座，我也要嫁给格雷戈里。"这使我大吃一惊，因为，在这以前，我们都觉得这位公主是十分可爱的。电影继续演下去，里面的对话就更加好笑了，但是这一切还不及音响效果更招笑。公主房门上的把手一扭动，我以为是什么人开动了田里的一辆拖拉机；门一关上，又像是两辆装运木材的卡车撞上了。有声电影刚问世时，制片人完全不知道怎样控制声音：一位身披铠甲的游侠骑士，发出了铿锵的响声，听着像是走进了一家钢铁厂；一家人吃饭，听上去像是一家小饭店到了最忙乱的时刻；水倒在杯子里，会发出类似高音 C 的奇怪声音。我离开电影院时，相信有声电影是不可能持续多久的。

但是，又过了一个月，米高梅电影公司放映了《轻歌曼舞》，那是一部大型音乐片，虽然内容庸俗无聊，但是放映时卖座极盛。这是有声电影的发轫，此后所有电影院立刻开始争订有声电影。无声电影衰落的日子到了。这是一件令人惋惜的事，因为那时候无声电影正在改良进步。德国导演茂瑙已经很有效地利用了这一艺术形式，一些美国导演也在仿效他的手法。一部好的无声电影，是具有世界性吸引力的，它的受众包括知识分子和普通民众。然而，现在这一切都要成为明日黄花了。

但是我决定继续拍无声电影，因为我相信，不同类型的娱乐是可以并存的。再说，我是一个哑剧演员，在这方面我是别具一格的，而且不客气地说一句，是首屈一指的。所以我接下去又拍了一部无声电影——《城市之光》。

影片取材于一个小丑的故事，他由于在马戏场上出了事故而双目失明。他有一个小女儿，是一个多病和神经质的孩子。他出院时，医生嘱咐他不要让女儿知道他已经失明，应当等她身体强健了再告诉她，因为怕她受不了刺激。后来小丑跌跌撞撞，把小姑娘招得哈哈大笑。但是，这情节太令人伤感了。于是，小丑瞎了眼的故事，就被改编成里面有卖花姑娘的《城市之光》了。

下面这个故事里的次要情节，已经在我脑海中酝酿了好多年：富翁俱乐部里的两个会员有一次谈到，人清醒时的意识是不可靠的，于是决定用一个睡在泰晤士河河岸上的流浪汉做一次实验。他们把流浪汉送进华丽得像天宫般的公寓里，让他恣意享受美酒声色之乐，等他烂醉睡熟后，再把他送回原来的地方，流浪汉醒来后还以为自己做了一场梦。根据这一构思，我想到了《城市之光》里的百万富翁，富翁沉醉时和流浪汉挺要好，可是清醒后就不理睬他了。围绕这个主题，展开了剧中的情节，流浪汉就在盲女郎面前假装是一个富翁。

那些日子里，结束了《城市之光》一天的拍摄，我总是去道格拉斯的制片厂洗蒸气浴。他的许多朋友——演员、导演、制片人——都聚在那里，于是我们就随意喝着杜松子酒和汽水，闲谈有关有声电影的事情。

听到我在拍另一部无声电影，多数人感到惊奇。“你真有勇气呀。”他们说。

以前我拍电影，往往会引起一些制片人的兴趣。但是现在他们都只想拍有声电影，于是，随着时光的推移，我开始感到自己与世隔绝，担心已经走上绝路。

乔·申克以前是公开表示不喜欢有声电影的，但现在他的想法也动摇了：“恐怕以后是它们的世界了，查理。”他接着说，只有卓别林能拍出一部卖座的无声电影。虽然这是一句恭维我的话，但听了却叫人不好受，因为我无意独自死守着无声电影的艺术。杂志上的文章也对查理·卓别林拍电影的前途表示了怀疑和担心，读来并不让人舒服。

《城市之光》的确是一部理想的无声电影，什么困难也阻止不了我拍这部影片。然而，我遇到了好几个问题。自从有声电影问世以来，到现在已有三个年头，一般演员几乎忘了怎样演哑剧。现在他们只顾着念白与时间的配合，而不再顾着动作与时间的配合。还有一个困难，是需要物色一个既会装成一个盲女，但又不致因此损及美感的姑娘。许多人跑来自荐，她们抬起了头，露出了眼白，那样子真叫人看了难受。总算运气好。有一天，我看见一家电影公司在圣莫尼卡海滩拍电影。有许多穿着泳衣的漂亮姑娘，其中一个向我挥手。那是我以前见过的弗吉尼亚·彻里尔。

“我什么时候可以和你一起拍电影呀？”她问。

看到那蓝色泳衣包裹下的婀娜匀称的身体，我根本没想到要请她来扮演这样一个需要着重表现心灵的盲女郎。但是，对其他几个女演员进行了一两次试镜后，我很失望，于是把她找了来。出乎我意料的是，她居然擅长模仿盲人。我教她朝着我看，但要向自己内心里看，而不是看见了我，她居然能够照着我的意思做。彻里尔小姐长得很美，并且适于上镜，只是缺乏演戏经验。有时候这反而成为一个优点，尤其是拍这种技术占首要地位的无声电影。富有经验的女演员有时积习太重，而哑剧中的动作技巧又十分机械，这样她们就会感到一时无所适从。经验较浅的演员，反而更容易适应机械的动作。

有一个镜头是，流浪汉为了穿过那条车辆拥挤的街道，从一辆轿车一面的门走进，再从对面的门走出。流浪汉关上车门，瞎眼的卖花姑娘听见了声音，以为他是汽车的主人，就把花送上去。流浪汉用他仅有的半克朗买了一束鲜花。一个不小心，他把她手里的花碰落在人行道上。她蹲下身子，四面摸着去捡。他指给她看。但是她仍旧摸索着。他忍不住自己捡了起来，奇怪地朝她看。突然他明白了，原来她看不见，于是把花在她眼前晃了晃，确定了她是盲人，这才很过意不去地把她扶了起来。

这一整场，总共只有七十秒钟，但为了拍好它，我花了五天时间，一再地重拍。这不能怪女演员，一半是由于我拍电影时刻意求工，已经到了着魔的程度。《城市之光》经过了一年多的时间才摄制完成。

拍摄这部电影期间，股票市场狂跌。我幸而不曾被殃及，因为我以前读了梅杰·H.道格拉斯的《社会信贷》，该书分析并解释了我们的经济制度，说一切利润基本来自工资。所以，失业意味着丧失利润，并使资本减少。这一说法给我留下了很深的印象，因此，1928 年，当美国的失业人数达到一千四百万人时，我售出了所有的股票和债券，把我的全部所有都变成了流动资本。

股票市场狂跌的前一天，我和欧文·伯林[1]一同进晚餐，他对股票行情很是乐观。他说，他常去的一家餐馆里，一个女侍者把投资增加了一倍，不到一年就赚了 4 万美元。他本人手头有价值几百万美元的股票，这些股票可以给他带来上百万元的利润。他问我玩不玩股票。我对他说，

① 欧文·伯林（1888—1989）：美籍俄罗斯作曲家。

现在已经有一千四百万人失业，所以我不相信股票。我劝他趁有赚头的时候把股票一起抛出，从此洗手别干了，他听了大不高兴。于是我们在这个问题上争执起来。“你为什么要低估美国的价值！”他责备我，说这是很不爱国的表现。第二天，股票市场暴跌了 50 点，欧文的财产荡然无存。一两天后，他来到我的制片厂里，又是懊丧又是愧悔，他很想知道我的消息是从哪儿来的。

最后，《城市之光》拍摄完毕，只剩下配乐了。有一点是值得欣慰的，那就是音乐可以由我来决定，于是我自己作了曲。

因为优美的音乐会给我的喜剧片增添感情，所以我要认真地为它配上富有浪漫色彩的优美音乐，以此衬托流浪汉的个性。改编乐曲的人很少理解这一点。他们老是要配上一些滑稽有趣的音乐。但是我总是这样解释：我不要音乐喧宾夺主，我要它优美悦耳地配合着情感表达，正如黑兹利特所说：一部艺术作品，如果没有感情，就是不完整的。有时候，音乐家向我炫耀，大谈半音阶和全音阶的局限性，这时我就用外行的口气打断了他的话：“不管旋律多么美，这主要是一支即兴伴奏曲。”给一两部影片配过乐后，我已经能用内行的眼光去看乐队指挥的总谱，知道哪支乐曲被管弦乐队配得过了火。如果我看到铜管乐器或木管乐器组内的音符很多，我就说“铜管乐器奏得太杂了”或“木管乐器奏得太乱了”。

听五十人组成的交响乐队首次演奏自己谱的乐曲，比任何其他的事都更紧张刺激。

《城市之光》终于配好了音乐，我急于要知道影片的效果如何。于是，也不事先公布，我们在闹市区的一家剧院里进行了试映。

那次我所受到的考验是可怕的，因为那家剧院有一半座位都是空着的。观众都是去看戏的，并不是去看喜剧片的，直到电影已经放映了一半，他们才从迷茫中清醒过来。可以听到一些笑声，但是笑声很轻。影片还没放完，我看见几个人影在过道中移动。我用胳膊肘碰了碰我的副导演：“他们还没看完就走了。”

“也许，他们是上厕所去了。”他悄声说。

此后我再也没法集中思想看电影了，我只顾等走过去的人再回来。过了几分钟，我小声说：“他们还没回来呀。”

“有的人是赶火车去了。”

离开剧院时我心想，两年时间和两百万美元都算白扔了。走到外面，剧院经理站在休息室里向我招呼。“影片十分精彩呀，”他笑着说，但接下去的那句恭维话却是寓意含混的，“以后，我想看你拍一部有声电影，查理——全世界的人都在等着呢。”

我勉强挤出了笑容。我们的工作人员已经陆续走出剧院，这时都站在人行道上。我走到他们当中去。我的经理里夫斯一向是很严肃的，但这时却用轻松的口气说：“我认为它挺不错，要知道——”他最后这几个字听来不大妙，但是我很有把握地点了点头：“如果剧院满座，观众的反应会是热烈的。当然，还有一两个地方要修剪一下。”

这时我们忽然想起，直到现在，我们还不曾为这部影片做过推广，于是大家都慌了。但是我倒并不为此十分着急，因为我希望，我的名气仍旧具有票房价值。我们联美电影公司的经理乔・申克警告我，现在已不比放映《淘金记》的时候了，一般电影院老板已不再准备给我那样的待遇，而轮流上映的大电影院也和我们保持着相当的距离，都抱着观望的态度。以前电影院老板对我的每一部新片都很感兴趣，但现在他们已经不那么热心了。此外，要在纽约放映电影是有困难的。他们通知我，纽约所有的电影院都被预定出去了。所以我必须排队等候。

在纽约，只能租借到科汉剧院，它有一千一百五十个座位，但那儿不适于放映电影，大家都认为它大而无当。它甚至不配称为一个电影院。虽然我每星期要付 7000 美元租金，并且保证连续租八个星期，但剧院里除了四壁之外，其他一无所有：经理、出纳、引座员、放映师、台上工作人员、电光招牌广告，一切都需要自己筹备。既然已经花了200万美元——都是我自己拿出来的钱——我就索性孤注一掷，把这剧院租下来了。

同时里夫斯和洛杉矶一家新落成的剧院谈妥，将在该剧院初次献映我们的影片。爱因斯坦夫妇当时仍在洛杉矶，也要去看——但是，他们再也不曾想到，去时会有那么多的麻烦。首映的那天晚上，他们先在我家吃晚餐，然后我们一起驱车去市区。几个街区的大街上挤满了人。人群挤碎了剧院附近商店的橱窗，警车和救护车试图驶进人群。我们由一队警察护卫着，推推搡搡，走进了休息室。我最讨厌首映的晚上：心情紧张，闻到香水和麝香混杂着煤气灯的气味——头昏脑胀，只想作呕。

这位老板造了一座很考究的剧院，但是和当时的许多剧院老板一样，他不懂得怎样放映电影。电影开始了。银幕上映出了导演和制片人的名字，像一般电影首映时一样，观众报以掌声。后来，第一个镜头终于出现。我的心急跳起来。那是一个纪念碑揭幕典礼上的滑稽镜头。观众们看了都大笑起来！他们的笑声越来越高，变成了哄堂大笑。我已经抓住了观众！我的一切疑虑和恐惧都开始烟消云散。我只想要哭。接连放映了三本，观众们一直笑着。由于紧张兴奋，我也跟着他们一起笑。

就在这时，发生了一件令人难以置信的事情。突然间，影片在一片笑声中中断了！剧院里灯光通明，一个人用麦克风宣布："在继续放映这部精彩的喜剧片之前，让我们占用诸位五分钟的时间，向诸位介绍一下这座美丽的新剧院的优点。"我简直没法相信自己的耳朵。我发了狂。我从座位上一下子跳起来，沿走道飞奔过去："那个婊子养的混蛋剧院经理在哪里？我要宰了他！"

观众们都支持我，大家又是跺脚又是拍手，而那个白痴仍继续大谈剧院里种种精致的设备。但是观众开始喝倒彩，他这才赶快停下。此后，整整映了一本，笑声才又恢复正常。在这种情况下，我认为这部影片是成功的。映到最后一场时，我注意到爱因斯坦在拭眼泪——这又一次证明，科学家是多愁善感的。

第二天，也不等看影评，我就启程去纽约，因为再过四天就要在纽约放映电影，我必须先赶到。我一到那儿，大吃一惊，发现什么宣传工作都没做，报上只刊出了一则敷衍的广告——“我们的老朋友又要和我们见面了”以及其他几条毫无吸引力的介绍，此外什么都没有。于是我警告我们联美电影公司的工作人员：“不能全凭观众对我的好感，必须向他们做广告；要知道，我们是在一家剧院里首映，而这家剧院平时是不放映电影的。”

我每天在纽约最大的报纸上刊登半版广告，用同样大小的字体：

查尔斯·卓别林

《城市之光》

科汉剧院

全天各场连映，票价 50 美分至 1 美元

我花了 3 万美元在报纸上做广告，再用 3 万美元在剧院门口租了一个电光招牌。由于时间已所剩无几，我们必须加紧，于是我整夜不眠，试验胶片的放映，决定影片的大小，矫正有差距的地方。第二天我招待了新闻记者，向他们谈论了为什么我要拍一部无声电影。

联美电影公司的工作人员，对我拟定的票价表示怀疑，因为我把票价定为最高 1 美元，最低 50 美分，但所有大电影院的首映场票价，最高的是 85 美分，最低的只有 35 美分——它们放映的都是有声电影，并且还有演员亲自登台。我的想法显然也有根据：我们放映的是一部无声电影，而这就更需要抬高它的票价；如果观众们要看这部影片，他们是不会因为 85 美分与 1 美元的差价而不来的。所以我反对让价。

影片首映的情况很好。但是首映的成绩并不能说明一切。最重要的还是要看一般观众的反应如何。他们会对一部无声电影感兴趣吗？我半夜没睡着，一直在转这些念头。但是上午我被负责宣传的工作人员惊醒，他在 11 点冲进了我的卧室，兴奋地大喊："伙计，可真有你的呀！这一炮打响啦！从今天早晨 10 点起，排队的人已经绕过了整个街区，现在交通都给阻塞了。大约有十名警察在维持秩序。观众们都争先恐后地要进去。你该听听，他们在怎样嚷嚷！"

我感到一阵轻松愉快，于是一边吩咐给我预备早餐，一边开始盥洗。我说："告诉我，放映到什么地方笑声最大？"于是他详细地描绘了观众们看到哪儿哈哈大笑，看到哪儿捧腹大笑，看到哪儿纵声狂笑。"你还是自个儿去瞧瞧吧，"他说，"看了对你的心脏有好处。"

我本来是不愿去的，但最后却不过他的那份热情，只好去了。我只看了半个小时，和一群人站在剧院后面，连续的、突然迸发的笑声打破了快乐的紧张气氛。这已经足够了。我心满意足地离开了那儿，然后，为了平复自己的感情，我在纽约市漫步了四个小时。其间，我有时走过那家剧院，看到人们排成长队，络绎不绝地绕过那片街区。这部影片又获得了一致的好评。

放映影片的那家剧院，共有一千一百五十个座位，接连着三个星期，每星期卖座 8 万美元。对面派拉蒙剧院共有三千个座位，放映的是一部有声电影，还有莫里斯·萨瓦利埃[①] 亲自登台，一个星期里只卖了 3800 美元。《城市之光》一连放映了十二个星期，扣除一切开销，还净赚四十多万美元。它之所以不再放映下去，是因为纽约轮流上映的剧院提出要求，说它们已用高价订下这部影片，不愿影片轮到它们放映时已经过

---

① 莫里斯·萨瓦利埃（1899—1972）：法国演员和歌星，后去美国拍电影，所演《风流寡妇》是当时很红的一部影片。

气了。

现在我准备去伦敦，在那里为放映《城市之光》做好筹备工作。这次在纽约，我常常约见我的朋友拉尔夫·巴顿，他是《纽约客》的编辑，刚刚为巴尔扎克《都兰趣话》的新版画了插图。他只有三十七岁，但是已经先后结婚五次。最近他情绪很坏，一度企图自杀，大量吞服了什么药剂。我劝他陪我一同去欧洲，说这样换一个环境对他有好处。于是我们两人登上了“奥林匹克”号，也就是我头一次回英国乘的那艘船。

二十二

暌别十年后，我不知道这次回去伦敦人会怎样接待我，于是感到惴惴不安。我倒挺想悄悄地回去，不要惊动任何人。然而，我这次去是为了主持《城市之光》的首映，必须为影片做宣传工作。我没有失望，有很多人来欢迎我。

这一次我住的是卡尔顿酒店，因为和丽兹酒店相比，它是一个更有年头的地方，住在那儿我会感到伦敦更加亲切。我住的房间十分华丽。我认为最伤心的事是习惯于奢华的生活。每天走进卡尔顿酒店，我就像是走进了一座金碧辉煌的宫殿。在伦敦，财富能使你每时每刻过着新奇有趣的生活。世界就是一场演出。一早节目就已经上演。

我向窗外望去，看见下面大街上贴了好几幅招贴。一幅上面写的是："查理仍然是他们的宠儿。"我觉察到它的弦外之音，不禁会意地笑了。新闻记者对我非常客气，我在一次招待会上闹了一个笑话：他们问我是否要去参观埃尔斯特里，我很天真地问："它在哪儿？"他们彼此交换了一下眼神，微微笑了笑，然后告诉我，那是英国电影工业的中心。我当时确实显得很尴尬，所以他们也没有因此生气。

第二次去英国，几乎和第一次同样激动人心，并且肯定比第一次更有趣，因为我有机会会见了许多更有趣的人物。

菲利普·沙逊爵士打电话来，他几次邀我和拉尔夫到帕克街的市内宅邸和利姆的乡间别墅去吃饭。我们还和他在下议院共进了午餐，在议院休息室里会见了阿斯托夫人[1]。过了一两天，阿斯托夫人邀我们去圣詹姆斯广场 1 号共进午餐。

我们一走进客厅，就好像走进了杜莎夫人的蜡像馆——我们面对着萧伯纳、约翰·梅纳德·凯恩斯、劳合·乔治以及其他一些名流，但这些都是活生生的人。阿斯托夫人机智过人，所以谈话很活跃，但后来她突然被唤走了，接着就是一阵使我感到难受的沉默。幸亏萧伯纳接替了阿斯托夫人，讲了一则有关英格[2]主教的趣事：英格对圣保罗的说教表示愤慨，说："保罗歪曲了耶稣的教义，简直是把耶稣倒钉在十字架上。"萧伯纳最和蔼悦人的地方是，他会亲热地凑趣，使席上谈笑风生。

午宴上，我跟经济学家凯恩斯闲谈，说我在一本英国杂志上读到一篇文章，谈的是英格兰银行（当时它还是一家私人银行）在信贷方面所起的作用；文章里说，大战期间，英格兰银行已经用空了全部黄金储备，只剩下 4 亿英镑的外国证券，政府要向该行借 5 亿英镑，于是银行的主管人员就把那些证券一起搬了出来，看了一眼，又把它们藏进金库，然后向政府提供了贷款，据说这个办法曾被重复用了好几次。凯恩斯点点头说："是这样的。"

"可是，"我很有礼貌地问，"那些借款又是怎样偿还的呢？"

"还是用纸币去偿还嘛。"凯恩斯说。

午宴将近结束，阿斯托夫人把一副喜剧演员用的假牙套在牙齿上，模仿维多利亚时代贵妇人在马术俱乐部里说话的样子。她带上了假牙，面部就变了形，显得十分滑稽。她激动地说："在我们那个时代里，我们英国妇女带着猎犬出去打猎，多么气派——不像美国西部那些轻佻的丫头，她们跨在马背上，多么恶俗难看。我们是坐在横鞍上，跑得又稳又快，多么庄重，多么文雅。"

---

① 阿斯托夫人（1879—1964）：英国第一位下议院女议员，沃尔多夫·阿斯托勋爵之妻。

② 英格（1860—1954）：英国神学家，伦敦圣保罗大教堂主教。

阿斯托夫人真可以成为一位杰出的演员。她又是一位可爱的女主人，我应当感谢她为我们举行了多次愉快的宴会，让我有机会见到许多英国知名人士。

午宴后客人都散了，阿斯托勋爵领我们去看芒宁斯[1]给他画的肖像。我们到了画室门口，芒宁斯不愿让我们进去，经阿斯托勋爵再三商量，他才答应了。他画的是阿斯托勋爵骑在一匹马上，四周是一群猎犬。这时我的一句话合了他的意，我不但赞美那些已经画好的人像，还夸他给猎犬的动作作的速写草稿。我说："这些动作是有音乐性的。"芒宁斯高兴起来，又给我看了另外几幅速写。

又过了一两天，我们在萧伯纳家用午餐。餐后萧伯纳把我领到他的书房里——只有我们俩——阿斯托夫人和其他客人都还在起居室里。书房俯临泰晤士河，窗明几净。忽然我发现壁炉架上摆满了萧伯纳的著作，萧伯纳写的文章我读过的很少，这时我就像个傻子似的走近它们，发出了惊叹："啊呀，这全都是您写的呀！"接着我就想到，也许他是故意安排了这么一个机会，要和我谈一谈他的作品，试一试我的学识。我又想到，我们俩总不会老待在这儿，其他的客人会走进来打破这个僵局的。我真希望他们快点进来。然而，没人进来，一时屋子里静默得令人难受，我只好笑着转过身去，四面打量屋子里的陈设，泛泛地谈几句，说这屋子是多么舒适。然后，我们又回到其他客人那里。

此后我几次见到了萧伯纳夫人。我记得我们谈到了萧伯纳的剧本《苹果车》，说一般人对这剧本的反应比较冷淡。萧伯纳夫人很恼火。她说："我叫萧伯纳别再写剧本，一般观众和写剧评的都不配看这些戏！"

此后三个星期里，我们一直忙着赴宴。一次是由拉姆齐·麦克唐纳首相邀请，一次是由温斯顿·丘吉尔邀请，一次是由阿斯托夫人、菲利

---

① 芒宁斯（1878—1959）：英国画家、英国皇家学院院长。

普·沙逊爵士等一些贵族们邀请。

我第一次见到温斯顿·丘吉尔，是在玛丽昂·戴维丝的海滨住宅里。那天一共有大约五十位客人，他们在舞厅和会客室之间转来转去。丘吉尔由赫斯特陪同着在走道里出现，双手插在背心口袋里，一副拿破仑的姿势站在那儿，注视着这些跳舞的客人。他那样子好像是一时茫然失措，不知怎样才好。赫斯特看见了我，招呼我过去，给我们介绍了。

丘吉尔虽然对人很亲热，但显得有点粗鲁。赫斯特走开了一会儿，我们俩就站在那里，随便交谈了几句，而客人们仍在我们身边转来转去。后来，我们谈起英国工党政府，这时他才振作起精神。“我有一件事不理解，”我说，“在英国，如果选举社会党政府，并不会改变国王和王后的地位。”

他疾速地向我瞥了一眼，露出嘲笑和挑衅的神情。“当然不会改变。”他说。

“我还以为社会党是反对君主制度的呢。”

他大笑起来：“如果你是在英国，我们会因为你说这句话而割了你的脑袋。”

又过了一两天，他邀我到他住的酒店里去吃晚餐。我去时那里已经坐了另外两位客人，还有他的儿子伦道夫，那是一个十六岁的漂亮小伙子，他非常喜欢说理和辩论，并且像一般不容异议的青年那样，在一些问题上提出了批评。我看得出，温斯顿为他感到十分骄傲。那是一次非常愉快的晚餐，父子俩在席上随意取笑，聊了一些日常琐事。此后，在他返回英国之前，我又和他在玛丽昂的海滨住宅里见过几次。

现在我和拉尔夫来到伦敦，丘吉尔先生邀我们去查特威尔度周末。那天天气十分寒冷，我们驱车到达那里。查特威尔别墅是一幢美丽的老式房子，里面陈设得很朴素，也很雅致，有着家庭的亲切氛围。我在第二次来到伦敦时，才真正开始对丘吉尔有所了解。当时他是下议院的一位后座议员。

我认为温斯顿爵士比我们多数人都更会寻欢作乐。在人生舞台上他扮演了许多角色，表现出了勇气、兴趣与巨大的热情。这个世界上的快乐，他几乎都没有错过。人生对他来说是有趣的。他活得痛快，玩得也痛快——他押了很大的赌注，并且是一个赢家。他享受了权力，但从来不曾对权力着迷。在事务繁忙的生活中，他能够挤出时间来从事他所爱好的消遣：砌砖、跑马、绘画。我在他的餐厅里看见壁炉上挂着一幅静物画。温斯顿看出我对这幅画很感兴趣。

“这是我画的。”

“啊，太美啦！”我激动地说。

“算不了什么——我在法国南部看见一个人画风景画，我说：‘我也能画。’”

第二天早晨，他领我去看他自己给查特威尔砌的围墙。我大为惊奇，说砌墙并不像看起来那样轻而易举。

“我来教你怎样砌，五分钟内你就可以学会。”

第一天晚上，席上有几位年轻的议员，这些人真可以说是都拜倒在他的门墙之下，其中有布思比先生（即现在的布思比勋爵）和已故的布伦丹·布雷肯（后来成为布雷肯勋爵），两位的谈吐都很风趣。我告诉他们，我要去会见当时正在伦敦的甘地。

“我们把这个家伙纵容得太久了，”布雷肯说，“管他什么绝食抗议，当局应当把他送进牢房，永远关在牢里。除非我们足够坚定，否则就会丢了印度。”

“如果监禁能够解决问题，那倒是一个挺简单的办法，”我插嘴说，“但是，你把一个甘地关进监狱，就会有另一个甘地出现。甘地象征着印度人民的需要，除非他们的需要得到满足，否则就会陆续产生甘地。”

丘吉尔转过身来向我笑了笑：“你倒可以成为一位出色的工党党员。”

丘吉尔的可爱之处，就在于他能容忍和尊重别人的意见。对那些与他意见相左的人，他好像是从来不记恨的。

布雷肯和布思比当天晚上就回去了，第二天我和温斯顿一家人很亲密地共度假日。当时政局不安，比弗布鲁克勋爵[①]连续打电话到查特威尔来，温斯顿晚餐时几次离席去听电话。当时正在进行选举，国内处于经济危机之中。

我觉得吃饭时的情景很有趣，温斯顿在桌上大谈政治，一家人听着，却显得非常平静。能感觉到，这是他们日常生活中的一部分，大家对此已经习惯了。

“内阁大臣谈到平衡预算如何困难重重，”丘吉尔说时偷偷地向家人瞟了一眼，然后看了看我，“说什么经费已经到了拨无可拨的地步，说什么再没有其他东西可以上税了，因为英国人拌起糖茶来已经像是在搅糖浆一样了。”[②]他停了下来，留心看大家对这几句话的反应。

“如果再在茶叶上征收一笔税，预算是不是可以平衡呢？”我问。

他看了我一眼，迟疑了一下。“可以的。”他回答——但是我觉察出他的口气并不是十分肯定。

我很喜欢查特威尔那种朴素的、几乎是斯巴达式的风格。丘吉尔的卧室和图书室合而为一，里边四面沿墙壁高高地堆满了书。有一面全都是国会议事录，还有许多有关拿破仑的书籍。“是呀，”他承认，“我是十分崇拜他的。”

“我听说，你有意拍一部以拿破仑为主题的电影，”他说，“你应当去拍嘛——这方面有极精彩的喜剧素材：有一次，拿破仑正在洗澡，他兄弟热罗姆穿着一身金线绦镶边的制服，冲到他的跟前，以为这是一个好机会，可以使拿破仑在尴尬的情况下答应他提出的要求。但是拿破仑故

---

① 比弗布鲁克勋爵（1879—1964）：英国报刊发行人，第一次世界大战期间任航空大臣和掌玺大臣等。

② 指英国人已穷得只能喝茶末泡的茶，搅拌时浑浊得像糖浆一样。

意在浴缸里滑了一下，往他兄弟的制服上泼了一身水，然后吩咐他离开那儿。兄弟狼狈地退出来了——喜剧片里一个很精彩的镜头呀。”

我记得，有一次丘吉尔先生和夫人在奎格利诺餐馆吃午餐。温斯顿满面怒容，像是一个孩子在闹脾气。我走到桌子跟前去招呼他们。“看样子您好像是受了谁的气似的。”我笑着说。

他说他刚在下议院里参与了辩论，对德国问题的讨论情况很不满意。我以为这是一件稀松平常的事，但是他摇了摇头：“不，不，这问题非常严重，确实非常严重。”

在丘吉尔家做客后不久，我见到了甘地。事先有人来问我是否愿意去见甘地。我听了当然非常兴奋。对甘地我是一向尊敬的，我钦佩他精明的政治眼光和钢铁般的坚强意志。但是我认为他去伦敦是一个错误。因为到了伦敦这种环境里，他那传奇式的重要意义就会消失，而他的形象也不够有感染力。在寒冷阴湿的英国，很不整齐地围着一块传统的缠腰布，就显得与四周的一切很不协调。所以他在伦敦的形象让一些人挖苦和嘲笑。一个人往往是在更遥远的地方，会给人更崇高的印象。

我见到他，是在东印度码头路附近贫民区内一幢简陋的小房子里。街上站满了人，两层楼上挤着新闻记者和摄影记者。接见是在楼上一间大约十二英尺见方的客厅内。我去时圣雄还未到，我在那里等他的时候，开始考虑应当和他谈些什么。以前我曾听说他的入狱、绝食抗议和为印度的自由而作的斗争，此外还约略知道他反对使用机器。

最后他到了，当他系着缠腰布走下汽车时，人们都向他高声欢呼。在贫民区那条拥挤不堪的小街上，许多人欢呼簇拥着这样一个外国人，走进一幢简陋的房子，那情景确实是很奇特的。他上了楼，走到窗口，招手叫我过去，于是我们俩一起向下面的人群挥手。

我们刚在沙发上坐下，照相机的闪光突然照亮了屋子。我坐在圣雄右边。想到必须就一个自己一无所知的问题发表相当精辟的谈话，我开始局促和害怕起来。坐在我右边的是一个脾气很执拗的少妇，她向我说了一大堆话，可我一句也没听进，我只是表示赞许地点着头，同时心里却在盘算应当向甘地谈些什么。我知道，这次必须由我来开场，不能等着圣雄来说给我听：他是多么喜爱我最新的一部影片等等——我怀疑他是否看过我的影片。后来，一个印度女人突然用命令的口气打断了那个少妇喋喋不休的谈话："小姐，请你说到这儿为止，让卓别林先生和甘地谈话好吗？"

挤满了人的屋子突然静了下来。圣雄那张仿佛戴着面具的脸上露出了期待的神情，这时我想到，现在整个印度都在等着我说话。于是我清了清嗓子。"我当然赞同印度人民的追求，赞同他们为自由而进行的斗争，"我说，"然而，您对机器那样深恶痛绝，我有点想不通。"

圣雄点了点头，微微笑了笑，这时我接下去说："无论如何，机器如果被用来为人民造福，就可以帮助打碎奴役他们的枷锁，让他们用更少的时间从事劳动，有更多的时间增进知识和享受人生。"

"这我明白，"他冷静地说，"但是，印度人要实现这些目标，就必须首先摆脱英国的统治。过去机器使我们依赖英国，我们要想不再依赖他们，唯一的办法就是抵制一切机器制造的货物。因此，我们每一个印度人都必须纺自己的纱，织自己的布，把这看作一项爱国任务。这是我们向英国这样强大的敌人进攻时应当采取的方式——当然，还有其他的原因。印度的气候和英国的不同，因此印度人的习惯和需要也有所不同。英国寒冷的气候需要努力发展工业，形成复杂的经济形态。你们需要餐具制造业，可我们用手拿东西吃。所以，生活中出现了许多不同的地方。"

关于印度如何使用策略争取自由，我听了一堂现身说法的课；说来也矛盾，使我受到鼓舞的这个人既讲求实际，又富于理想，同时具有实现这些理想的坚强意志。他还告诉我，要实现高度的独立，就必须抛弃一切不必要的东西，而暴力终将自趋灭亡。

屋子里其他的人都散了，圣雄问我是否想要留在那儿看他们做祷告。他自己盘腿坐在地板上，另外五个人和他围坐成了一圈。那是一个奇怪的景象：在伦敦贫民区中心的一间小屋子里，六个人盘着腿坐在地板上，曛黄的夕阳很快在屋檐后落下，我坐在一张沙发上，看他们恭恭敬敬地做祷告。我心里想，这是多么矛盾啊，这位非常讲求实际的人，具有精明的法律眼光、深刻的政治现实感，然而，这一切都仿佛消失在一片顶礼颂赞声中了。

《城市之光》首映的那一天，暴雨倾盆，但是热心的观众仍旧赶到剧院里，影片放映得很成功。我坐在楼厅包厢里萧伯纳的旁边，引起了场内一片笑声和掌声。我们俩只好一同站起来鞠躬。这样一来观众们就又笑了起来。

丘吉尔来看首映，还参加了首映后举行的晚宴。他发表了一篇讲话，说他要为一个人祝酒，这个人原本是河对岸的一个小男孩，后来赢得了全世界的喜爱，这个人就是查理·卓别林！我没想到他会说这番话，当时听了感到有点惶窘，尤其是在听到他开头称呼“勋爵们，女士们，先生们”的时候。由于受到现场仪式感的感染——还由于其他的原因——我也用类似的口气说：“勋爵们，女士们，先生们，我的朋友故财政大臣——”说到这里，我说不下去了。我只听到好些人在窃窃私语。接着我又听到一个洪亮的声音重复说：“故财政大臣，故财政大臣！我喜欢这个说法，故财政大臣！”说这话的当然是丘吉尔。我一时醒悟过来，于是接下去说：“嗯，说‘前财政大臣’怪别扭的。”①

① 丘吉尔 1924 年至 1929 年任英国财政大臣。在英语中，“前财政大臣”应为 ex-Chancellor of the Exchequer，但读来比较拗口，卓别林为此改用了 late，但这个词兼有“前”“旧”“已故”等意思。

马尔科姆·麦克唐纳（工党首相拉姆齐·麦克唐纳的儿子）邀我和拉尔夫去会他的父亲，然后在契克斯[①]过夜。我们去时，在路上遇见了首相，他正在散步，穿着灯笼裤，系着围巾，戴着便帽，叼着烟斗，拄着手杖，那装束完全是一个乡绅，丝毫也不像一位工党领袖。我一见到他，就觉得他是一个地位显赫的要人：这人显然意识到首相的重大责任，他那高贵的气派中透出了幽默的趣味。

那天晚上，大家起先感到有些拘束。但是吃完晚饭，我们都到知名的长厅里去喝咖啡，在那里看到了克伦威尔刚死后做的面部模型和其他历史文物，然后一起坐下来闲谈。我对首相说，自从我上次回来后，英国已经有了很大的改观。1921 年，我在伦敦还看到很多穷人，一些白发苍苍的老奶奶睡在泰晤士河的堤岸上，但是我这次来，那些老奶奶都不见了，睡在那里的流浪汉也没有了。商店里货物充足，孩子们鞋袜穿得整整齐齐，这一切当然应归功于工党政府。

首相的神情显得高深莫测，他不开口，让我说下去。我问工党政府是否有权力从根本上改变这个国家的宪法。他眨了眨眼睛，用幽默的口气回答说：“应当是可以的，然而，英国政治有一个矛盾的现象：只要一朝大权在握，立刻就会变得束手无策。”他回忆了一下，然后说了一段他任首相后首次进白金汉宫觐见的故事。当时国王陛下很亲切地招呼了他，说：“怎么，你们打算把我怎么办呢？”

首相笑了起来，说：“当然是向陛下效忠，为国民谋福利。”

在选举期间，阿斯托夫人邀我和拉尔夫去普利茅斯她的家里度周末，会见也要去那里度周末的 T. E. 劳伦斯[②]。但是劳伦斯因为临时有事未曾赴约。后来阿斯托夫人邀我们到她的选区去，参加在码头上举行的一次集

---

① 在白金汉郡温多弗区附近，伦敦西北三十英里处，1921 年起为英国首相的乡间别墅。

② T. E. 劳伦斯（1888—1935）：英国军人、作家、考古学家，第一次世界大战期间曾组织阿拉伯人反抗土耳其，有“阿拉伯的劳伦斯”之称。

会，她将在会上向渔民演讲。她问我是否也可以说几句话。我说我是支持工党的，不能赞同她的政治观点。

“没关系，”她说，“只不过是因为他们想要看看你。”

那次露天集会，我们在一辆大卡车上讲话。选区里的主教也来了，主教显得有点不高兴，我觉得他只是敷衍地招呼了我们一下。阿斯托夫人做了简短的介绍，然后我登上了卡车。“朋友们，你们好，”我说，“让我们这些百万富翁来指导你们选举，这敢情好，但是，我们的情况跟你们的情况是很不同的。”

这时我忽然听见主教发出感叹：“说得好！”

我接下去说：“阿斯托夫人和你们可能有一些共同点——至于共同点是什么，那我可不知道。我想，你们总比我知道得更清楚一些。”

“好极了！非常好！”主教说。

“至于她的政纲，她的政历，代表这个，呃……呃……”“这个选区。”主教说——我每次一结巴，他就提醒我。“阿斯托夫人的政历肯定是十分令人满意的。”我最后还说，我知道她为人非常和蔼可亲，心地极其善良。我走下了车，主教满面堆笑，热情地和我握手。

英国的牧师非常坦率诚恳，反映了英国人的优秀品质。正是由于休利特·约翰逊博士和柯林斯教士，以及其他许多高级教士，英国教会才总是显得那么有活力。

我的朋友拉尔夫·巴顿做出来的事情很古怪。我发现客厅里的钟停了，电线被人割断了。我告诉他这件事，他说：“是呀，是我割断的。我嫌那钟滴答滴答吵得讨厌。”我听了很惊讶，感到不大痛快，但是，想到拉尔夫一向脾气古怪，也就把这件事丢开不提了。他离开纽约后，抑郁症看来已经痊愈。现在他决定要回美国了。

临动身之前，他问我是否愿意和他一起去看他的女儿。那是他的大女儿，是他第一个妻子所生的，一年前做了修女，现在在哈克尼[①]一个天主教女修道院里。拉尔夫常常提起她，说她十四岁就受到神的感召，一心要做修女，无论父母怎样劝说也没用。他给我看她十六岁那年拍的一张照片，她的美貌立刻将我吸引住：乌黑的大眼睛、丰满而又细巧的嘴、亲切的微笑。

拉尔夫解释说，他们夫妇曾经带她去巴黎，多次参加舞会，出入夜总会，希望她能打消进修道院的念头。他们给她介绍了好些男朋友，让她到最热闹的地方去玩，她好像也感兴趣，但仍旧不能改变初衷。拉尔夫已有十八个月没见到她。现在修女见习期满，她已正式担任圣职。

女修道院坐落在哈克尼贫民区中心，是一所阴暗的房子。我们到了那里，女修道院长接待我们，把我们领进了一间阴森森的小房间，我们在那里坐下，等候了不知多长时间。最后他的女儿进来了。我登时感到一阵悲哀，因为她长得和照片上一样美丽，只是笑时露出嘴里一边缺了两颗牙齿的地方。

当时的情景显得很不协调：我们三个人坐在那间阴暗愁人的小房间里；三十七岁的父亲是一个混混沌沌的俗人，他跷着腿，吸着烟；十九岁的女儿是一个漂亮年轻的修女，她坐在我们对面。我想离开那儿，在外面的汽车里等，但是父女俩怎么也不许我走。

她虽然外表愉快活泼，但是我看出她另有一种冷淡的神情。她的动作很急促，仿佛是神经过敏，一谈到自己做小学教师她就显得很紧张。“小孩儿真难教，”她说，“可是，我会习惯的。”

拉尔夫和她谈话时吸着烟，眼光中流露出得意的神情。虽然他不是一个教徒，但是，我看得出，他挺喜欢女儿成为一个修女。

父女俩团聚时，有一种忧郁冷落的气氛。她肯定已经在精神上经

---

① 伦敦北郊区名。

历了一次考验。尽管她美丽年轻，但是自有一种忧郁和严肃的神情。她谈到我们在伦敦受到欢迎的热闹情形，还问到拉尔夫的第五任妻子杰曼·泰尔菲的近况。拉尔夫告诉她，他们已经离婚。“这还用说吗，”她转过身来笑着对我说，“我就是不赞成爸爸娶那么多太太。”拉尔夫和我都不好意思地笑了。

拉尔夫问她是否要在哈克尼待很久。她心事重重地摇了摇头，说教会也许要派她去中美洲：“但是，去的时间和地点，他们是不会让我知道的。”

“那么，到了那儿，你总可以写封信给你父亲吧？”我插了一句。

她犹豫了一下：“照规矩我们是不可以和任何人通信的。”

“连你父母也不可以吗？”我问。

“不可以。”她装出毫不在意的神情，接着向她父亲笑了笑。大家沉默了一会儿。

临走的时候，她抓住了父亲的手，亲切地握了很久，仿佛是出于一种天性。我们驱车离开了那儿，拉尔夫虽然仍旧装得不大在意，但是可以看出他很抑郁。两星期后，他在纽约寓所里自杀：躺在床上，用被子蒙着头，向自己开了一枪。

此后我常常去看 H. G. 威尔斯。他在贝克街租了一间公寓。我去那里拜访他，总看见他的四个女秘书身周堆满了参考书籍，一边从百科全书、技术书刊，以及文献和论文中做摘记，一边进行核对。“那是我最近写的一部书《货币分析》，”他说，“工作量够大。”

“看样子，我还以为工作大部分是她们做的呢。”我开玩笑说。图书室四周的高架上摆了一些样子像大型饼干罐的箱子，上面分别标着“传记材料”“私人信件”“哲学论文”“科学资料”等等。

饭后来了一些朋友，其中一位是看上去很年轻的哈罗德·拉斯基教授。哈罗德是一位极有才华的演说家。有一次我听他在加州美国律师公会里演讲，也不用什么提纲摘记，就口若悬河地谈了一个小时。那天晚上，在威尔斯的公寓里，哈罗德向我谈了有关社会主义哲学的一些惊人的新发现。他说速度上的稍许加快，会形成巨大的社会差别。那次谈话非常有趣，后来威尔斯就寝的时间到了，他毫不客气地望了望客人，再看了看表，于是大家都散了。

1935 年，威尔斯到加州来看我时，我怪他不应该批评苏联。我读了几篇他贬低苏联的报道，想要从他那里获得一些第一手资料，没想到他对苏联几乎没有好感。

“但是，你的结论是不是下得过早了呢？”我和他争辩，“他们的任务是艰巨的，国内外都出现了反对势力和阴谋活动。再过一段时间，肯定会有好的成果吧？”

那时候，威尔斯对罗斯福新政取得的成绩抱有很大热情，认为在美国垂死的资本主义中会出现一种准社会主义。他好像对他曾经会见过的斯大林有所不满。

“既然你这位社会主义者认为资本主义注定要毁灭，”我说，“要是苏联的社会主义失败了，那么这个世界还有什么希望呢？”

“社会主义不会在苏联失败的，也不会在其他地方失败的，”他说，“然而苏联模式存在诸多问题。”

“苏联肯定是犯了错误，”我说，“并且，和其他国家一样，还会继续犯错误。我认为它最大的错误是，革命后拒绝偿付外国贷款和苏联公债，说什么那些都是沙皇欠的债。可能它有理由拒付债款，但我仍认为它铸成了一个大错，因为这样就招致了其他各国的反对、抵制和军事入侵。结果是，它比偿付这些债款多花了一倍的钱。”

威尔斯部分同意我的看法，说我的见解理论上是对的，但事实上是不行的；拒付沙皇的欠债已经明令公布，这鼓舞了革命斗志。如果再去偿清旧政权的债务，会激起人民的愤慨。

“可是，”我争辩，“如果苏联肯遵循惯例，不单凭空想，就可以从一些资本主义国家那里借到巨额贷款，把本国的经济更快地建设起来。战后资本主义迭经变革、通货膨胀，这样它就可以很容易地偿清债务，同时保持国际信誉。”

威尔斯笑起来：“可现在已经太晚啦。”

我会见威尔斯的次数很多，会见的地方也不同。他在法国南部为他的苏联太太盖了一幢房子，而那位太太的脾气是很容易激动的。壁炉架上刻了几个哥特体的字：“两个爱人，筑室于此。”“是呀，”他听我谈到这几个字时说，“我们好多次把这几个字刻上去又涂抹掉。每次我们拌了嘴，我就吩咐泥瓦匠涂抹掉；等到我们和好了，她又吩咐泥瓦匠把字刻上去。它被刻上去又涂抹掉好多次，到后来，泥瓦匠不理我们了，让它留在上边了。”

1931 年，威尔斯的《货币分析》完稿，写这部书一共花了两年时间，他看起来很疲劳了。

“现在打算做什么呢？”我问。

“写另一本书。”他懒懒地笑着说。

“我的天呀，”我说，“您就不准备休息一段时间，或者做一些别的事情吗？”

“有什么别的事情可做呢？”

威尔斯的寒微出身给他留下了一些印迹，从他的作品中或外表上看不出来，从他过分敏感的反应中可以看出来，这就像我一样。我记得，有一次他错发了一个“h”音，直羞得头发根都红了。想不到这样一个大人物，竟然会为这样一件小事脸红。我记得，还有一次他谈到一个在英国贵族家里当花匠的叔父。叔父最大的愿望就是让威尔斯进一个大宅门当听差。威尔斯嘲笑说：“要不是上帝保佑，我也许已经当上二管家了！”

威尔斯想知道，我是怎样对社会主义产生兴趣的。我告诉他，那是因为我到了美国，有一次遇见了厄普顿·辛克莱。他驱车陪我去帕萨迪纳他的家里用午餐，途中轻轻地问我是否相信利润制。我半开玩笑地说，这个问题只有会计师能够回答。这的确是一个难以解答的问题，但是我本能地感受到，他这句话问到了点子上，从那时起，我就对社会主义产生了兴趣，并且不再把政治看作历史问题，而把它看作经济问题了。

记得威尔斯曾经问我是否具有超感觉力。于是我讲了一件可能并非出于巧合的事情。有一次，我和网球运动员亨利·科歇，还有另一个朋友，一起到比亚里茨[①]的一家酒吧里。酒吧墙上是三个赌博的轮盘，每个轮盘上都标有“1”到“10”的号码。我故弄玄虚、半开玩笑地说，我觉得自己受到了一种精神力量的支配，要去转动那三个轮盘，第一个轮盘将停在“ 9 ”上，第二个将停在“ 4 ”上，第三个将停在“ 7 ”上。接着，啊，瞧呀，第一个停在“ 9 ”上了，第二个停在“ 4 ”上了，第三个停在“ 7 ”上了——百万分之一的可能性。

威尔斯说这纯粹是巧合。“可是，”我说，“巧合的事情如果一再发生，就是值得研究的。”于是我又讲到一则小时候亲身经历的事。有一次，我走过坎伯韦尔路的一家杂货铺，发现那家店铺关上了百叶窗，这情形是罕见的。我一时冲动，爬上窗台，向百叶窗的缝隙里张望。屋子里阴暗无人，但是食品杂货都摆得好好的，地板当中是一口大货箱。我当时感到一阵恶心，就跳下窗台，继续朝前走去。过后不久，破获了一件谋财害命的案子。一个外表和蔼、名叫埃德加·爱德华兹的六十五岁老人，霸占了五家杂货铺，每次他都是用窗户的吊锤打死店主，然后霸占他的财产。在坎伯韦尔路的那家杂货铺里，那口货箱中装的是最后三

① 法国西南海岸比斯开湾的游览胜地。

个被害者的尸体：达比先生、达比夫人和他们的孩子。

但是威尔斯不相信这是超感觉力在起作用，他说日常生活中有许多巧合的事情，这原是一些很普通的现象，它们并不能证明什么。我们当时谈到这里为止，其实我还可以告诉他一件亲身经历，那时候我年纪还小，有一次在伦敦桥路一家酒馆门口停下，去讨一杯水喝。一个态度和蔼、留着小黑胡子的男人，给了我一杯水。不知怎的，我一时不想去喝那杯水。我假装要喝，趁那人转身和另一个顾客谈话时，就放下那杯水走了。两星期后，伦敦桥路王冠酒馆的老板乔治·查普曼被控用马钱子碱先后毒死了五个妻子。就在他给我水喝的那一天，最后一个被他害死的妻子正在酒馆楼上一间屋子里咽气。查普曼和爱德华兹后来都被绞死了。

讲到鬼神的事，我在贝弗利山盖那幢住宅的前一年，收到了 封匿名信，写信的人说，他是一个千里眼，一次在梦中看到了一幢房子，房子造在一座小山顶上，前面是一片草坪，草坪的尽头有点像船头那样，是尖的。那幢房子一共有四十扇窗，还有一间天花板很高、很大的音乐室。他说那是一个神圣的地方，因为两千年前印第安人曾在那块土地上杀活人祭神。永远不能让那幢房子陷入黑暗，否则那儿就要闹鬼。信里还说，如果要避免凶祸，我就不能单独待在那幢房子里，同时还要使房子永远保持光亮。

当时我并没注意这封信，以为是什么骗子写来的，就把它当作一件奇怪好笑的事搁在一边了。但是，过了两年，我有一次清理书桌抽屉，发现了那封信，又把它读了一遍。真奇怪，信里有关房子和草坪的描写完全是正确的。以前我不知道有多少扇窗，这时想到了去数一数。使我十分惊愕的是，我发现恰巧是四十扇。

我虽然不相信幽灵，但是有一回决定要做一次试验。星期三晚上用人都休假，房子里空寂无人，我到外面去吃晚餐。一吃完饭，我回到家里，走进风琴室，那是一间像教堂中部一样狭长的屋子，天花板是哥特式的。我放下窗帘，关上了所有的灯。然后，我一路摸索到一张扶手椅跟前，在椅子里静悄悄地坐了至少十分钟。浓密的黑暗刺激了我的感官，我恍惚觉察到一些模糊的影子在我眼前飘荡；但是，后来我明白了，那是月光照进窗帘的缝隙，在一只水晶酒瓶上折射的光影。

我把窗帘拉紧了，那些浮动的影子也消失了。我又在黑暗中等着——这一次足足等了五分钟，没有任何动静，我小声说："如果这儿有鬼，就请向我显灵吧。"我又等了一会儿，但是仍旧毫无动静。于是我又说："有没有什么方法，可以让我与神明相通？是否可以给我一个信号，比如轻轻地拍一下，或者通过我的大脑，促使我写出一句什么话来；要不就吹来一阵冷风，表示幽灵出现了。"

我又坐了五分钟，但是，既没有吹来一阵风，也没有出现任何迹象。四周一片死寂，我头脑里一片空白。我认为试验终于失败，于是开亮了灯。后来我走进了起居室。窗帘没有拉拢，月光下清楚地看出了那架钢琴。我坐下来，开始抚摸琴键。无意中我弹出了一个和弦，觉得那声音很美，于是又重复弹了几次，最后乐声在整个屋子里回荡。我为什么要这样弹琴呢？也许，这就是一种神灵的显示吧！我继续弹那个和弦。突然一道白光围在我的腰间，我蓦地从钢琴前跳起，站在那里，一颗心扑通扑通跳得像是在擂鼓一样。

我镇定下来以后，开始推究原因。钢琴是摆在窗边角落里的。这时我恍然大悟，原来那是一辆在山路上驶近的汽车射出的灯光，我把它当作鬼魂了。为了彻底弄清楚，我又在钢琴前面坐下，把那和弦反复弹了几次。起居室那面的尽头是一条黑暗的过道，过道对面是餐厅的门。我从眼角里看见那扇门开了，一个什么东西从餐厅里出来，沿着黑暗的过道走去，那是一个矮小难看的妖怪，眼睛周围有着小丑脸上画的那种白圈，它摇摇摆摆地向风琴房走了过去。我还没来得及转头，它已经不见了。我毛骨悚然，站起身，要去追它，但是它已经没有踪影了。我以为是自己神经太紧张的缘故，可能是一根闪动的睫毛造成了幻景，于是我又去弹琴。此后再没有出现什么迹象，我决定睡觉去了。

我换了睡衣，走进浴室。刚一开灯，我就看见了那个妖怪，它正在浴缸里瞪着我！我一下子跳出浴室，差点摔倒。原来那是一只臭鼬！我从眼角里看见的就是这个小东西，只是它在楼下显得更大一些。

第二天早晨，男仆把这个惊慌失措的小畜生关在笼子里，后来我们都很钟爱它。但是有一天它逃走了，此后我们再没有见过它。

我离开伦敦之前，有一天约克公爵[①]夫妇邀我去吃午餐。那次基本是一次家宴，席上只有公爵、公爵夫人、夫人的双亲和弟弟——一个大约十三岁的小家伙。后来菲利普·沙逊爵士也来了，餐后公爵夫人托我们俩送她弟弟回伊顿公学。这个小家伙挺安静，他紧跟着菲利普爵士和我；我们由两位班长陪同着在学校附近走了一圈，后来班长和其他几个学生请我们去喝茶。

我们走进了卖糖果和便宜茶水的普通小卖部，公爵夫人的弟弟和其他百来个伊顿公学的学生留在外边。我们四个人走进楼上一间很拥挤的小屋子，围着一张小桌子坐下。他们招待得很周到，可是后来问我要不要再来一杯茶时，我随便答应了一句，这就害得他们产生了经济恐慌，因为我们的东道主钱不够了，不得不和其他几个学生商量办法去了。

菲利普悄声说："恐怕他们请客时缺了两个便士，这可怎么办呢？"

但是他们终于凑够了钱，又叫了一壶茶，我们不得不赶快喝了，因为上课铃已经响了，他们只有一分钟时间赶着进校门，所以当时那一阵是够乱的。我们进了校舍，由校长出来接待，他领我们参观了雪莱[②]和

① 即后来的乔治六世（1895—1952），1936 年至 1952 年为英国国王，约克公爵为其即位前的封号。
② 英国浪漫主义诗人雪莱（1792—1822）在 1804 年至 1810 年是伊顿公学的学生。

其他许多名人刻了姓名的大厅。最后校长仍将我们交给了那两位班长，由他们领着进入全校最神圣的地方，也就是雪莱住过的那间屋子。但是我们的朋友小鲍斯-莱昂[①]仍留在外边。

只听见我们年轻的东道主口气十分专横地对他说："你来干什么？"

"哦，他是和我们一起的。"菲利普出去打圆场，说明他是我们从伦敦带来的。

"好吧，"我们年轻的东道主不耐烦地说，"进来吧。"

菲利普爵士悄声说："他们准许他进来，已经是做了很大的让步；如果是另一个孩子撞进了这个圣地，是会影响前途的。"

直到后来有一次陪阿斯托夫人去伊顿公学，我才注意到该校严格的纪律。那是一个严寒的日子，天色已经很暗，我们沿着灯光朦胧的棕色过道摸索着前进，看见每扇房门边的墙上都挂着洗脚盆。最后我们找到了那扇门，敲了敲。

她的儿子，一个面色苍白的小伙子，打开了门。房间里，他的两个室友挤在一个小小的壁炉边暖手，壁炉里只有几块煤。那情景看上去实在让人心酸。

阿斯托夫人说："我想知道，这个周末是不是可以带你回家。"

我们谈了一会儿，忽然听见叩门的声音，我们还没来得及说"请进"，只见门把手已经转动，舍监走进来了，那是个四十岁左右的人，身材魁梧，仪容漂亮，金发碧眼。他简单地向阿斯托夫人说了一句"晚上好"，向我点了点头。接着他就把手肘撑在小壁炉架上，开始吸烟斗。显然阿斯托夫人来得不是时候，所以她解释道："我这次来，是想要知道，可不可以领这孩子回去度周末。"

"很抱歉，不可以。"他很不客气地回答。

---

① 约克公爵夫人娘家姓鲍斯-莱昂。

“哦，就照顾一下吧，”阿斯托夫人仍旧和颜悦色地说，“别这么固执啦。”

“我不是固执，我只是说明事实。”

“可是，瞧他的脸色这么苍白。”

“哪里的话，他很好嘛。”

我们原来坐在孩子的床上，这时她站了起来，走到舍监跟前。“哦，就照顾一下吧！”她一边连哄带骗地说，一边轻轻地推了推他。我常常看到，每逢要说服劳合·乔治或其他人时，她总是喜欢这样推推他们。

“阿斯托夫人，”舍监说，“你这种习惯很不好，你会把人推倒的。我请你别这样。”

阿斯托夫人技穷了。

后来不知怎的，我们把话题扯到了政治问题上，舍监立刻用一句简短的批评打断了我们的话：“英国的政治之所以搞不好，就是因为女人太爱多管事，话说到这儿为止，晚安，阿斯托夫人。”接着他很随便地向我们俩点了点头，就走开了。

“瞧这个人脾气多坏。”阿斯托夫人说。

可是她的儿子却为舍监辩护：“哦，他不坏，妈妈，实际上他人非常好。”

尽管舍监并不那么尊重女性，但是我仍十分喜欢他的为人，因为他具有一种诚实和坦率的性格，他毫无幽默感，但是很诚挚。

我已多年未曾见到我哥哥雪尼，我从英国到尼斯，去他那儿盘桓几天。雪尼以前老是说，等到有一天攒满了 25 万美元，就退休。这里我可以补充一句，他攒的钱已经大大超过了这个数目。他不但是一个精明的商人，而且是一个杰出的喜剧演员，他拍了许多很能卖座的影片，包括《潜艇领航》《鸿运高照》《箱中人》《查理的姑母》等等，他从这些影片中赚了不少钱。现在，像他所说的那样，他已退休，和妻子在尼斯安了家。

当时弗兰克·J. 古尔德也住在尼斯，他听说我要去那儿看我哥哥，就邀我去瑞昂莱潘海滩他的家里做客，我当即答应了。

我到尼斯之前，在巴黎停留了两天，到女神剧场去了一趟，因为兰开夏八童伶班的艾尔弗雷德·杰克逊正在那里领班，他是从前剧团中的童伶之一。我见到了艾尔弗雷德，他告诉我，杰克逊家已经相当富裕，现在拥有八个舞蹈班，他父亲仍旧健在。我如果去女神剧场，就可以看到他，因为几个戏班都在那儿排练。老人虽然已经八旬开外，但仍然精神矍铄。我们谈到往事，都感慨地说："真没想到啊！"

"你瞧，查理，"他说，"你小时候给我印象最深的是你温和的性情。"

不能长期地陶醉于社会的赞扬，就像蛋奶酥一样，时间一久，它就会塌下去。这次我受欢迎的情形也是如此：往后气氛突然冷下来了。第一阵风是从报刊上吹来的。一番天花乱坠的吹捧之后，报刊改变了它们的调门。我想，是为了读起来可以更有趣一些吧。

伦敦和巴黎的激情已经消逝。我感到倦怠了，需要休息了。我在瑞昂莱潘休息时，接到通知，要到伦敦守护神剧院做一次御前演出。但是我没去，只汇去了 200 英镑。这样一来我就触怒了当局。他们说我冒犯君主，藐视王室命令。我没想到，守护神剧院经理的一纸通知竟有如君主的敕令一样。再说，我临时接到通知，也来不及为此作好准备。

几个星期以后，我又受到了第二次抨击。一天，我正在网球场上等候我的搭档时，来了一个年轻人向我介绍他自己，说他是我的一个朋友的朋友。我们彼此寒暄了几句，谈到了自己的一些看法。这个年轻人挺讨人喜欢。我这人有一个弱点，就是会对新认识的人突然产生好感，尤其是当他善于倾听时，于是，我就在许多问题上发表了意见。谈到世界大事时，我表示悲观，说欧洲局势将导致另一场战争。

“哼，下一次再打仗，可别指望我参加。”我的朋友说。

“我认为你这样并没错，”我回答，“我就是瞧不起那些专给我们带来苦难的人；我就是不爱听人家吩咐，要我们去把什么人杀死，去为什么事情送命——还要说这一切都是因为爱国。”

我们很亲切地道了别。记得我还约他第二天吃晚饭，但是后来他没来。真没料到呀！和我谈话的这个人并不是什么朋友，原来他是一位新闻记者。第二天报纸就在头版刊出：“查理·卓别林不是爱国主义者！”

说得没错，但当时我并没要把私人看法公诸报端。事实是：我之所以不是爱国主义者，不仅是由于道德或理智上的原因，而且是由于我缺乏这种爱国主义者的感情。有人在爱国主义的幌子下杀害了六百万犹太人，怎么能容忍这种爱国主义？也许有人说，那是在德国发生的事情；可是，其他国家难保不出现那种杀人的组织啊。

我是不能大力鼓吹国家自豪感的。如果有人习惯了家庭的传统、住宅、花园、快乐的童年、家人和朋友等等，我是能够理解这种感情的，然而我却是缺乏这一切背景的。对我来说，爱国主义充其量不过是一些地方习惯所形成的思想感情罢了，如赛马，打猎，吃约克郡布丁、美国牛肉饼，喝可口可乐，然而，如今这些都已成为全世界普及的东西了。当然，如果我所在的国家遭到侵略，我想，和大多数人一样，我也会做出最大的牺牲。但是我不能对祖国抱有那样狂热的爱，因为那只会使一个人成为纳粹。我尽可以毫不在乎地放弃这种感情——根据我的观察，纳粹组织虽然暂时是潜伏着的，但是它们可以很快地再活跃起来。因此，除非是我本人相信某一政治目标，否则我就不愿意为它做出任何牺牲。我不能为国家主义牺牲——我更不愿为一位总统、首相或独裁者去送死。

过了一两天，菲利普·沙逊爵士陪我去孔苏埃洛·范德比尔特·鲍尔桑家吃午餐。他家住在法国南部一个美丽的地方。座上有一位客人显得很特殊，他身体瘦长，头发乌黑，留着小短胡子，样子和蔼可亲，午餐时我和他攀谈起来。当时我谈到了梅杰·道格拉斯的《经济民主》一书，说他的信贷理论可以解决目前各国的经济危机——孔苏埃洛·鲍尔桑那天午后说："我发现和卓别林谈话挺有趣，我注意到了他那强烈的社会主义倾向。"

首先我肯定说了一些话，特别使那位身体瘦长的绅士感兴趣，因为他脸上发光，眼睛睁得很大，我可以看到他的眼白。他好像赞同我说的每一句话，可是后来我谈到了我的重点，那些话肯定是和他的意思相左的，因为他露出了失望的神情。原来那天我是在和奥斯瓦尔德·莫斯利爵士谈话，我根本没想到这个人后来会当上英国法西斯头目——但是，我至今还清楚地记得，他的瞳仁上方露出眼白，咧开着的大嘴里露出牙齿，给人的印象即使不是有点可怕，至少是十分异样的。

在法国南部，我还会见了曾经为拿破仑、俾斯麦、巴尔扎克等人写长篇传记的作家埃米尔·路德维希。他把拿破仑描写得很有趣，但是，由于过分注重心理分析，反而使一些叙述为之减色。

他拍给我一封电报，说他十分欣赏我的《城市之光》，很想要见我一面。他的样子和我想象的完全不同。他像是一个温文尔雅的奥斯卡·王尔德，头发留得很长，丰满的嘴唇有着女性的曲线美。我们两人在我的酒店里见面，初见时他显得相当客套，有些做作，他递给我一片月桂树叶，说："从前罗马人成了名，就被赠予一顶月桂树叶编的王冠。所以，我送您一片月桂树叶。"

过了一会儿，我对这种热情的赞扬逐渐适应，这才开始觉察到，路德维希是在掩盖自己的羞涩情绪。等到他恢复正常后，我发现他是一个非常聪明有趣的人。我问他传记写作最基本的条件是什么。他说最基本的是态度。"这样说来，传记是具有偏见和经过删节的记录了。"我说。

“有百分之六十五的事情是不会被提到的，”他回答，“因为那些事情牵涉到了其他人。”

晚餐席上，他问：在所看到过的一切当中，我认为什么是最美的。我不假思索地回答说，海伦·威尔斯[1]打网球的动作最美，不仅姿势优美，动作简练，而且对男性有一种健康的吸引力。再有，就是停战后不久我看到的一个新闻片镜头，一个农民在佛兰德犁一片上面曾经死了成千上万人的土地。路德维希描绘了一幅佛罗里达海滩日落的景色，那时，一辆敞篷汽车懒洋洋地驶过，车上挤满了穿泳衣的漂亮姑娘，其中一个坐在后挡泥板上，一条腿荡在空中，汽车在前进，她的脚趾触到了沙土，划出了一条连绵不断的印迹。

此后，我又想起其他美丽的景色：佛罗伦萨市政广场上本文努托·切尔利尼[2]的“珀耳修斯”。那时是夜晚，广场上已经点上了灯，我原来打算去看米开朗琪罗的“大卫”，但是一看到“珀耳修斯”，我觉得其他一切艺术品都黯然失色。我被风格与形式的无法形容的美迷住了。珀耳修斯手里高举着美杜莎的头，那女怪在他脚底下惨痛地蜷曲着身体，珀耳修斯成为一切悲哀的象征，他使我想起了奥斯卡·王尔德神秘的句子：“因为，每个人都会杀死他心爱的东西。”在善与恶永恒的神秘斗争中，他完成了自己应做的事情。

我接到阿尔巴公爵[3]的电报，邀我去西班牙。但是第二天报纸以大字标题刊出：“西班牙爆发革命”。于是我改赴维也纳——忧郁的、美丽的维也纳。那个地方给我留下的最清晰的记忆是：我和一个美丽的姑娘有过一段罗曼史。那件事的经过有点像维多利亚时代小说的最后一章：两人海誓山盟，最后吻别，知道以后再不会有相逢的日子。

---

① 海伦·威尔斯（1906—1998）：美国网球运动员，曾七次获得美国女子网球锦标赛冠军。

② 本文努托·切尔利尼（1500—1571）：意大利雕刻家、金饰匠。后文中的珀耳修斯是希腊神话中宙斯的儿子，他杀死了蛇发女怪美杜莎。

③ 阿尔巴公爵（1878—1953）：西班牙外交家、历史学家，西班牙内战爆发时，任驻英大使。

离开维也纳，我到了威尼斯。那是秋天，当地已经没有游客。但是我却更喜欢那里有一些游客，因为有些地方需要游客点缀，才会显得温暖而有生气，否则就很容易变得像一片墓地一样。实际上我喜欢那些游山玩水的人，因为去度假的人看来总要比匆匆忙忙挤进旋转门去写字间的人更可爱一些。

威尼斯虽然景色秀丽，但使人感到忧郁，所以我只在那里待了两夜，每天没什么可以消遣的，只能听听留声机唱片——连唱片也只能偷着听，因为星期日跳舞和听唱片都是墨索里尼所禁止的。

我原本想要回到维也纳，去那儿重寻旧欢。但是我已约好了去巴黎赴欧洲合众国的倡导者阿里斯蒂德·白里安[①]的午宴，我不愿错过这一机会。那次我会见白里安先生时，他好像身体欠佳，带有一副失望和愤懑的神情。午宴是在巴黎报纸《不妥协者》发行人巴尔比先生的寓所里举行的，虽然我不懂法语，但觉得那次宴会十分有趣。诺阿耶伯爵夫人[②]是一个活泼得像只鸟儿似的娇小女人，她能说英语，非常机敏可爱。白里安先生一看见她就说："近来我极少见到你；你这样难得来，就好像是一个被人遗弃了的情妇啊。"

餐后，他们陪我去爱丽舍宫，我在那里接受了荣誉军团骑士勋位。

我不打算描绘我第二次访问柏林时受到的热烈而盛大的欢迎——虽然，有时候我几乎又是心痒痒地想要提到那件事。

讲到这里，我想起了有一次玛丽和道格拉斯把他们出国时拍的旅行纪录片放映给我看。我本来以为他们会给我看一些有趣的旅行纪录片的。影片一开始，是玛丽和道格拉斯抵达伦敦的情景，火车站上欢迎的群众

---

① 阿里斯蒂德·白里安（1862—1932）：法国政治家，曾十一次任法国总理。1929年他提出了欧洲合众国思想。

② 诺阿耶伯爵夫人（1876—1933）：法国女诗人。

人山人海，酒店外欢迎的群众也是人山人海，然后是他们抵达巴黎的情景，那儿欢迎的人更多了。我看完了伦敦、巴黎、莫斯科、维也纳和布达佩斯各地火车站上和酒店外的盛况，天真地问：“我们什么时候可以看到一点市镇和乡村的风光呀？”他们都笑了。应当承认，我描绘那些欢迎我的群众时，也是不够谦虚的。

到了柏林，民主政府招待我，并派约克女伯爵——一位非常漂亮的德国姑娘——陪着我，可以说她充当了我的随员。那是1931年，是纳粹党人刚在德国国会得势的时候，我竟然没有觉察到有半数的报刊都在攻击我，说我是一个外国人，说德国人这样狂热地欢迎我实在可笑。当然，这些都是纳粹报纸。当时我很天真，玩得很高兴，对这一切都毫不在意。

德皇的一位堂弟很热情地陪我去参观波茨坦的无忧宫。在我看来，所有的宫殿都是荒谬的建筑，是无谓的炫耀。想到凡尔赛宫、克里姆林宫、波茨坦宫和白金汉宫时，我一般并不重视它们的历史意义，而只是意识到它们背后的自负心理。德皇的堂弟告诉我，无忧宫具有更美的建筑风格，它虽然小巧，却更富有人情味。但是我看到它，就想起了女性的梳妆盒，感到很扫兴。

我参观了柏林警察历史博物馆，只感觉到恐怖和烦闷——那些照片上拍的尽是被害的、自杀的以及形形色色腐化堕落的变态行为。最后我总算离开了那幢大楼，又呼吸到新鲜空气。

《奇迹》的作者冯·富尔默博士请我去他家吃饭，我在那里见到了德国艺术和戏剧界的一些代表人物。我还和爱因斯坦夫妇在他们那套小小的公寓里消磨了一个晚上。当时曾经安排好，让我和冯·兴登堡[①]将军一起吃晚饭，但由于将军临时生病而作罢，后来我又去了法国南部。

---

① 冯·兴登堡（1847—1934）：第一次世界大战中任德军东线司令，1925年至1934年任德国总统。

前面已经说过，我在这本书里将谈到性的问题，但不会加以渲染，因为我在这方面并没有什么新颖的东西可以谈。然而，人类的繁殖原属自然界的重要活动，一个男人，不论年轻或年老，遇见一个女人，总会估量一下他与对方之间发展性关系的可能。而我也是一向如此的。

工作的时候，我从来不会想到女人；拍完了电影、无事可做的时候，我才会在这方面把持不住。正如 H.G. 威尔斯所说："一天当中有那么一个时刻：你已经写完了早晨应写的稿子，复完了下午应复的信件，再没有其他的事情可做了。这时候你就会感到沉闷，也就会想到性了。"

因此，在蓝色海岸[①]无事可做的时候，我幸运地认识了一个极其美丽的姑娘，这姑娘能够消除我的寂寞。她和我一样是散漫不羁的，于是我们一见之下，互认知己。她毫不隐讳地告诉我，说她新近刚忘情于一个曾经与之恋爱，但后来彼此不欢而散的埃及青年。我们之间的关系虽然未经谈明，但双方都心照不宣；她也知道我最后是要回美国去的。我每星期补贴她一笔费用，于是两人一同去俱乐部、酒馆和其他娱乐场所。我们吃饭、跳舞，从事一般游乐。但是，由于经常接近，我被她的魅力所捕获，想到要回美国时，就不忍抛下她。一念及要和她分手，我就觉得不忍；她是那么愉快、美丽、知情识趣。但是，有时候她也会引起我的猜疑。

一天下午，我们在一个俱乐部里参加舞会，她突然紧拉住我的手，原来她多次对我提到的那个埃及情人 S 来了。我很不高兴；后来，过了一会儿，我们就离开了那里。快走到酒店时，她忽然发现手套留在俱乐部了，要回去取，叫我先回酒店。她的托词分明是假的。但是我既不加以阻拦，也不多说什么，就一径回酒店去了。两小时后，她仍没回来，我肯定她这次去不仅仅是为了一副手套。我已约了几个朋友那天晚上出

① 法国东部濒临地中海的一段海岸，其间有很多著名的避暑和消寒胜地。

去吃饭，时间快到了，仍旧不见她来。我刚要独自去，她回来了，面色苍白，头发蓬乱。

“你回来太晚，不能去吃饭了，”我说，“被窝里舒服暖和，你还是回到那儿去吧。”

她不承认有这种事，又是辩解又是央求，但是怎么也没法为耽搁了这么多时间自圆其说。我肯定她是和她那个埃及情人在一起的，经过一阵激烈的争吵，我没带她去，就独自走了。

一个人突然感到孤寂无聊，谈话时竭力要使声音高过如泣如诉的萨克斯，高过夜总会里的喧哗吵闹：谁不曾有过这样的经历啊？和几个人坐在一起，在招待客人，但内心却那么痛苦。我回到酒店，发现她不在那儿。我慌了。难道她已经走了不成？她竟然走得这么快！我走进她的卧室，心上一块石头才落了地，因为她的衣服和其他东西仍旧在那里。十分钟后，她兴冲冲地回来了，说是去看电影了。我冷冷地对她说，我第二天就要去巴黎，现在准备和她把账结清，从此一刀两断。她对这一切都表示同意，但仍旧不肯承认她和那埃及情人有过沾惹。

“即使我们之间还存有一些情分，”我说，“但是，因为你这样欺骗我，那点情分也没了。”接着我就编了一个谎，说我曾跟踪她，看见她从俱乐部里出来，和她的埃及朋友到他的酒店里。可真没想到，她痛哭流涕，承认是有这么一回事，接着就赌咒发誓，保证以后不再和他见面。

第二天早晨，我收拾东西，准备动身时，她抽抽搭搭地哭起来了。我的朋友上来说，东西都已准备停当，他在楼下等我，我准备搭他的车走了。她咬着食指，伤心地哭起来：“千万不要丢下我，千万不要……不要丢下我呀。”

“你要我怎样呢？”我冷冷地问。

“只要你陪我去巴黎；到了那儿，我保证再也不麻烦你了。”她说。

看她那么一副可怜相，我心软下来。我告诉她，这样一路上是不会愉快的，也是毫无意义的，因为一到巴黎我们就要分手了。她对一切都表示同意。于是，那天早晨，三个人乘了我朋友的车一起去巴黎。

车刚开时，气氛很严肃，她黯然无语，我客气而冷淡。然而这种气氛是很难持久的，因为车一路行进时，我们看到了一些共同感兴趣的东西，其中一个人就会说出一些自己的看法。但是，我们不会像以前那样亲热了。

我们直接将她送进酒店，然后和她道别。她说和我永别了，但这明明是一句假话。她感谢我为她费了许多事，和我握了手，装腔作势地说了一声“再见”，就消失在酒店里了。

第二天她打电话来，问我是否可以陪她去吃午饭。我拒绝了。但是，当我和朋友一起走出酒店时，看见她穿着皮大衣，打扮得整整齐齐，已经等候在外面了。于是我们三个人一同吃了午饭，后来又去参观了马尔美松[①]，约瑟芬被拿破仑抛弃后在那里度过了晚年。那是一所美丽的宅邸，约瑟芬曾在那里洒了不少眼泪；在萧瑟的秋天，我们当时的心情更是忧郁。我的女友忽然不见了；后来我发现她坐在花园里的一张石凳上，哭得泪人一般——看来，她是受到了整个气氛的感染。我的心几乎软下来了，但是，我怎么也不能淡忘她那个埃及情人的事。于是我们在巴黎分了手，我启程去伦敦。

回到伦敦，我又几次见到威尔士亲王。记得第一次见到他是在比亚里茨，那是由我的朋友弗内斯夫人[②]介绍的。我和网球运动员科歇，还有其他两个朋友，在一家热闹的餐厅里吃饭，亲王和弗内斯夫人走进来。西尔玛递了一张条子到我桌上来，问我们是否愿意饭后和他们一起去俄罗斯俱乐部。

---

① 原为巴黎西面的村庄，现属吕埃镇郊区。1798 年至 1814 年，约瑟芬住在该地的一个城堡内。

② 闺名西尔玛·摩根，其夫克里斯托弗·弗内斯子爵（1852—1912）系英国造船业巨头。

我觉得那次会见是客套的应酬。我们彼此经过介绍，亲王殿下叫了酒，然后起来和弗内斯夫人跳舞。亲王跳完舞，在我身边坐下，和我谈话：“您当然是美国人啰？”

“不，我是英国人。”

他露出惊讶的神情：“您在美国待了多久？”

“1910 年就去了。”

“哦，”他点了点头，好像在思索什么，“是战前去的吗？”

“是的。”

他笑了。

在那天晚上的谈话中，我提到了夏里亚宾[①]，说他将设宴招待我。亲王显得很孩子气，说他也想去。“殿下，”我说，“夏里亚宾对您的光临肯定会感到荣幸和快乐。”于是我请亲王允许我去安排这件事。

宴会的那天晚上，亲王的风度赢得了我的尊敬，他先陪着夏里亚宾八十多岁的老母亲，一直到她离席去休息，才过来和我们大家一起谈笑。

此时威尔士亲王在伦敦，他邀我去贝尔维迪尔堡他的乡间别墅。那是一座古堡，经过重新修建，但布置得很一般，只是菜肴烹调得十分精美，而亲王又非常会招待客人。他领着我到处参观；卧室里的陈设简单朴素，只在床头挂了一张绣了王旗的新式大红花毯。另一间卧室里的陈设使我吃了一惊，那是一个红白两色的房间，里面摆了一张四帷柱大床，柱顶上插了三根粉色的羽毛。这时我才想起，羽毛是亲王皇室纹章上的标志。

那天晚上，有人介绍我们玩当时美国风行的一种叫作“公评”的游戏。玩时发给每个客人一张卡片，上面列有十个项目，包括魅力、智力、品格、性吸引力、仪容、诚意、幽默感、适应能力等。先由一个客人走

---

① 夏里亚宾（1873—1938）：俄罗斯男低音歌唱家，1921 年后侨居国外。

出去，切实考虑卡片上自己所有应予评定的项目，给它们分别打上分数，从一分起到最多的十分——比如，我给自己打的分数是：幽默感七分，性吸引力六分，仪容六分，适应能力八分，诚意四分。同时，其他人都悄悄地给离开了屋子的那个人评分。后来，被评分的人进来，读出他自己打的分数，再由一位代言人读其他客人所评的分数，看两种分数是否符合。

轮到亲王时，他说他的性吸引力是三分，但是客人们平均评了他四分，我评了他五分，也有人只评了他两分。在仪容项下，亲王给自己评了六分，客人们平均给了他八分，我给了他七分。在魅力项下，他自己说应得五分，客人们的平均评分是八分，我评的分数也是八分。至于诚意，亲王给自己打了最高分十分，客人们的平均分数是三分半，我评的是四分。亲王很恼火。他说："我认为，我最重要的特征就是有诚意。"

我小时候曾经去曼彻斯特，在那里待过几个月。现在既然闲着没事，我就想到要到那里去看看。虽然曼彻斯特是那样凄冷，但它对我具有一种浪漫的吸引力，仿佛透过雾和雨，那里闪出了一种令人难以捉摸的光辉；也许那是因为我想起了兰开夏郡人家灶下的炉火——也许，是因为受到当地人精神的感召。于是，我雇了一辆轿车，向北出发。

去曼彻斯特的途中，我在埃文河畔的斯特拉特福停下，因为以前从来不曾去过那里。我到达那儿时是星期六晚上，时间已经很迟，晚饭后我出去散步，希望能够找到莎士比亚的故居。四下一片漆黑，但是我本能地拐了一个弯，沿着一条街走了下去，在一所房子外停下，擦亮了一根火柴，看出了一个牌子："莎士比亚故居"。我肯定是被一个相契的灵魂引导着——可能是诗人的吧！

第二天早晨，斯特拉特福市长阿奇博尔德·弗劳尔爵士到酒店，领我参观了莎士比亚故居。我怎么也没法把诗人和这样一个地方联系在一起；我几乎无法相信，这样一位伟大人物，竟然会住在这样一个地方，或者是出生于这样一个地方。一个农民的孩子到了伦敦，成为当红演员，当了剧院老板，这种事是容易想象的；但是，这样一个人竟然会成为伟大的诗人和剧作家，会掌握那么多有关外国宫廷、红衣主教和帝王的知识，这可是令人无法理解的。至于莎士比亚的作品究竟是谁写的这个问题，管他是培根写的也好，是南安普顿[①]或里奇蒙[②]写的也好，我都不介意，但是我根本没法相信那是一个斯特拉特福的孩子写的。一位具有贵族风度的人，才写得出那样的作品。一位出身高贵和富有才华的人，说话时才会那样完全不注意文法。我看了那所农舍，听了一些当地的传说——他小时候怎样喜欢游荡，怎样不用功读书，怎样偷捕鱼鸟，对某些事物又是怎样抱有乡愚的看法——我不相信他在思想上会发生这样大的转变，成为最伟大的诗人。在伟大天才的作品中，可以从某些地方看出他们是出身寒微的，然而，在莎士比亚的作品中，却一点也找不到这类的迹象。

我从斯特拉特福乘汽车去曼彻斯特，下午 3 点左右到了那里。那天是星期日，曼彻斯特市内一片沉寂，街上几乎连一个人影也没有。所以我很高兴地回到车上，取道布莱克本。

我小时候随剧团巡回演出《福尔摩斯》时，布莱克本是我爱去的一个城镇。那时我常住在一家包膳宿的小客栈里，每星期付 14 先令，不演出时就在客栈里的小台球桌上打台球。英国刽子手比林顿常常去那儿，我和他打过台球。

我们到达布莱克本时刚 5 点，虽然天色已经昏暗，可是我仍旧找到了从前住的那家客栈，在那儿喝了一杯酒，但并没有被人认出来。客栈老板已经换了人，可是我那个老伙伴台球桌仍旧在那里。

后来，一路摸黑，我到了市场上；占地大约三英亩的广场上黑漆漆

① 伊丽莎白女王的宠臣，也是莎士比亚的赞助人。
② 疑指爱德华·德维尔，英国军人、诗人、演员、诗人赞助者。

的，最多只点了三四盏路灯。一些人聚在那儿听政治演说。当时英国正处于严重的经济萧条中。我从这群人里走到那群人里，听他们发表不同的意见：有的人措辞尖锐激烈；一个人谈社会主义，另一个人谈共产主义，还有一个人谈道格拉斯计划[1]，但可惜这问题太复杂了，一般工人都听不懂。听到会后三三五五聚在一起的人的谈话，我没想到会发现一个思想仍像维多利亚女王时代那样保守的老人。他说："英国人多年来坐吃山空，毛病就出在这里；发救济金会毁了英国！"于是我在黑暗中发表我的意见，尖着嗓子插嘴说："要是没有救济金，那就不是英国啦。"这时有一些人支持我："说得对，说得对！"

当时政治局势并不乐观。英国的失业人数几乎已达到四百万——这个数目还在不断地增加——但是工党也提不出什么与保守党不同的办法来。

我去伍尔威奇，听到了坎宁安·里德先生代表自由党竞选的演说。他虽然谈了许多政治上冠冕堂皇的话，但是并没有做出任何承诺，因此不能对选民产生什么影响。坐在我身边的一个年轻伦敦姑娘大喊道："你们不要听这套上等人无聊的废话，只要告诉我们，你打算把四百万失业工人怎么办，我们就知道该不该选你的政党。"

我想，如果这个姑娘在政治上是代表下层社会的，那么工党就有希望获胜，然而，我估计错了。斯诺登[2]发表广播讲话后，保守党大获全胜，贵族都选了斯诺登。所以，我离开英国时，保守党政府正处于优势，但等到我抵达美国时，保守党政府又在走下坡路了。

度假不过是在追逐一些空虚的理想而已。我在欧洲遍访名胜，玩得时间太久了，而之所以会如此，我自己也很清楚。当时我觉得自己受到了挫折，失去了目标。自从有声电影发明以来，我不能决定何去何从。

---

① 由英国经济学家克利福德·休·道格拉斯（1879—1952）提出的社会信贷计划。

② 斯诺登（1864—1937）：曾任英国掌玺大臣。

虽然《城市之光》对我来说是一次巨大的胜利，它赚的钱比当时任何有声电影赚的都多，但是我觉得，如果再拍一部无声电影，对我将是不利的，此外，我担心自己已经落伍，因此被一种沮丧的情绪所困扰。虽然一部好的无声电影更富有艺术价值，但是我必须承认，有声电影更能表现人物形象。

有时我也在考虑是否可以拍一部有声电影，但是一想到这件事我就难受，因为我知道它永远不能达到我拍的无声电影的高度。如果拍有声电影，我就必须完全抛弃流浪汉的形象。也有人提议，不妨让流浪汉说话。但这是一件无法想象的事，因为只要流浪汉一开口，他就会变成另一个人物。再说，他脱胎的那个时代和他穿的那套破烂衣服，都限定了他不能说话。

正是由于想到了这些令人烦恼的问题，我才把我的假期延长了下去，然而，我的内心却在不断地催促我："回好莱坞吧，开始工作吧！"

结束了英国北部的旅行，我回到了伦敦卡尔顿酒店，正准备订船票取道纽约返回加州，忽然收到了道格拉斯·范朋克从圣莫里茨[1]拍来的电报，于是我的计划又改变了。电报上说："请来圣莫里茨。将特为你的光临降一场雪。谨此恭候。道格拉斯问好。"

我刚读完电报，就听见有人胆怯地叩门。"进来！"我以为来的是侍者。可是没想到，蓝色海岸的那个女友在向屋子里张望。我吃了一惊，有些恼火，但最后还是忍住了。"进来吧。"我冷冷地说。

我们去哈罗德商店购物，买了滑雪装备，然后我在邦德街一家首饰铺里给她买了一只镯子，她十分高兴。又过了一两天，我们到了圣莫里茨；我见了道格拉斯，不觉精神为之一振。虽然道格拉斯和我一样，也在为决定自己的前途感到为难，但是我们谁都不提这些事情。我看见他

① 瑞士东南部格劳宾登州的一座城市，以风景优美著称。

独自在那里，相信玛丽已经和他分手。然而，在瑞士群山中的相会让我们的忧郁随之消失。我们一起滑雪——至少是一起学着滑雪。

前德国皇储，也就是德皇的儿子，当时也住在那家酒店里，但是我没有去会他，只是有一次在电梯里和他遇见了，我不好意思地笑了，因为想起了我的喜剧片《从军梦》，德国皇储在里面是一个丑角。

到了圣莫里茨，我把我哥哥雪尼也邀去了。既然不必急于回贝弗利山，我就决定取道远东返回加州，雪尼也答应陪我，要把我一直送到日本。

我们首先启程去那不勒斯，我在那里和女友道别。但是这一次她情绪很好。她没有哭。我想，她已经把这些事情看穿，觉得无所谓了，因为在瑞士待了几天以后，我们之间的激情已经淡了下来，对此我们都心中有数了。我们很友好地分了手。船驶离岸边时，她在码头上模仿我，像流浪汉那样走路。那是我最后一次看见她。

二十三

有关东方各国，前人已经写过许多引人入胜的游记，所以我不打算再在这方面向读者饶舌。但是我有理由要写一写日本，因为我在那里遇到了一些离奇古怪的事情。我之所以要去日本，是因为我读了小泉八云的一本书，书里谈到的日本文化和戏剧引起了我的兴趣。

我们登上了一艘日本轮船，避开了1月砭肌裂肤的寒风，进入了阳光和煦的苏伊士运河。船抵达亚历山大港，上来了另一批旅客，其中有阿拉伯人，也有印度人——实际上这些人代表的是另一个世界！一到日落黄昏，那些阿拉伯人就要在甲板上铺好席子，朝着圣地麦加方向念诵祷词。

第二天早晨，船进入红海，于是我们都脱下了“北欧人的衣服”，穿上了白色的短裤和绸质的衬衫。轮船在亚历山大港装上了热带水果和椰子，所以我们的早餐有芒果，晚餐有冰冻椰子牛奶。一天晚上，我们学着日本人的习惯，在甲板上席地而坐，共进晚餐。一位船员教我在米饭上倒一点茶，给饭增添一些香味。当轮船驶进下一个南方港口时，大家更兴奋了。日本船长冷静地宣布，第二天早晨就要抵达科伦坡了。锡兰虽然富有异国情趣，但我们一心想去的却是巴厘岛和日本。

我们的下一个港口是新加坡，一到那儿，我们就进入了中国杨柳图案瓷盘上描绘的那种氛围——沿海一带都长着榕树。新加坡给我留下鲜明印象的是那些在新世界游艺园里献技的中国演员，那些孩子都是非常有才能的，并且读过很多书，因为他们所演的戏都是伟大中国诗人写的古典作品。演员因袭传统形式，在一个宝塔上演出。我看的那出戏，要连演三个晚上。主演是一个十五岁的姑娘，她扮演一个王子，歌唱时真有遏云裂帛的嗓音。第三天晚上，演到了全剧的高潮。有时候不懂得一国的语言，反而更好，我从来不曾像看到最后一幕时那样感动至深，也从来不曾听过那种很不调和的乐调：如泣如诉的丝弦、雷声震响般的铜锣、尖厉沙哑的声音。那充军发配的年轻王子，最后退场时唱出了一个凄凉绝望的人的无限悲哀。

雪尼怂恿我去巴厘岛，说该岛是如何不曾受到文化浸染，那儿美丽的女性是如何袒胸露臂。这些介绍引起了我的兴趣。我们第一次看见那座岛，是在一个清晨——朵朵白云萦绕着青翠的群山，望过去那些峰峦就像一些漂浮着的小岛。在那个年代里，还没有海港或机场，人们都是乘划艇靠近一个旧木头码头登岸的。

我们的车绕过了一些大杂院，每个大杂院里住着一二十户人家，围墙砌得很整齐，大门口装修得也很气派。我们越向前进，景色越是秀丽，只看见一层层银光闪闪的绿色稻田，向下是蜿蜒曲折的溪流。忽然，雪尼用臂肘碰了碰我。沿路边走来一列年轻女性，她们头顶着一篮篮水果，态度大方，胸部袒露着，只腰里围着花布。打那儿起，我们一路上就不住地用臂肘碰来碰去。有些女性长得很美。我们的向导是一个美籍土耳其人，他和车夫坐在前面，我觉得这人很讨厌，因为他老是露出一副色眯眯的神情，扭过头来看我们的反应——仿佛他在排演一出什么戏给我们看似的。

巴塘的那家酒店是新近建成的。每间客厅像阳台似的敞开，卧室则设在客厅后面，里面清洁又舒适。

美国水彩画家赫希菲尔德和他的妻子已经来了巴厘岛两个月，这时邀我们去做客，他们的寓所以前是墨西哥艺术家米格尔·科瓦尔鲁比亚斯住的。赫希菲尔德向一个巴厘岛贵族租了那所房子，每星期只付 15 美元，生活过得像贵族地主一样。晚饭后，赫希菲尔德夫妇、雪尼和我一起出去散步。夜色沉沉，天气闷热，没有一丝风，忽然间，看见无数的萤火虫，大片大片的，像闪耀着青光的波浪，在稻田上空疾涌而过。从另一个方向，和着乐调的旋律节拍，传来了小铃鼓的丁冬轻鸣和大铜锣的堂堂震响。“什么地方有人舞蹈，”赫希菲尔德说，“咱们去看看。”

走过去大约两百码，看到了一群土著，有的站着，有的蹲着，还有一些姑娘盘腿坐着，她们有的带着篮子和小灯，在兜售零食。我们挤进人群，看见两个十岁左右的姑娘，腰间系着绣花围裙，头上戴着精致的金箔装饰，和着低沉的大锣，配着高昂的歌声，在灯光下跳着花式舞蹈，金箔随着舞步灿灿闪亮。她们的头摇摆着，眼睛闪动着，手指颤抖着：一切和那粗犷的音乐相配合。音乐越来越强烈，到后来像是奔腾的怒浪，接着又逐渐徐缓下来，像是安静的河流。音乐一下子结束了，跳舞的姑娘突然停止，又回到人群里面。没有一个人鼓掌——巴厘岛人从来不鼓掌，也从来不赞美或道谢。

音乐家和画家沃尔特·斯皮斯来酒店看望我们，和我们共进了午餐。斯皮斯已在巴厘岛住了十五年，能说当地语言。他曾经把一些巴厘岛音乐改编成钢琴曲，这时弹给我们听；我觉得有些像用二拍子演奏的巴赫协奏曲。他说，巴厘岛人的音乐趣味相当精致，他们不喜欢我们现代的爵士乐，认为那还不够活泼，过于缓慢。他们觉得莫扎特的乐曲富有情感，但只对巴赫的作品感兴趣，因为那些作品的格调与节奏和他们的相似。我觉得巴厘岛的音乐冷酷无情，听了会叫人感到不安；即使是十分悲哀的乐调，也流露出饥饿的弥诺陶[1]那种阴森可怖的兽欲。

午餐后，斯皮斯领我们走进丛林深处，那里将举行一次鞭挞仪式。我们必须沿森林里一条小径走四英里路。一到那里，我们就看见一大群

---

① 希腊神话中，在迷宫里吃人的人身牛头怪物。

人，围着一个大约十二英尺长的祭坛。年轻的姑娘系着美丽的围裙，袒露着胸部，排列成行，头上顶着篮子，篮子里盛着水果和其他献祭物品，一个样子像苦修僧人的祭司，穿着一件白色长袍，长发一直披到腰际，一边祝福，一边把供品放在祭坛上。几个祭司念完了祷词，一群嘻嘻哈哈笑着的青年拥了上去，看见祭坛上有什么就抢什么，祭司用鞭子狠狠地抽打他们。因为鞭子抽得太厉害了，有的人不得不抛弃了已经拿到手的东西，据说这样用鞭子抽，是为了赶走那些引诱青年偷窃的魔鬼。

我们随意参观了一些庙宇，访问了一些大杂院，看了斗鸡，参加了一些节日庆祝和宗教仪式，那些仪式不分昼夜，每时每刻都在举行。有一次，我离开一处仪式，已是凌晨 5 点。巴厘岛人的神都是喜欢享乐的，人们礼拜这些神，不是出于敬畏，而是出于喜爱。

一天晚上，已经很迟了，斯皮斯和我看见一个高大健壮的女人在火炬照耀下舞蹈，她的小儿子在后面模仿她的动作。一个看上去相当年轻的男子，偶尔给她指点一下。我们后来才知道，原来这个人是她的父亲。斯皮斯问他几岁了。

“地震是哪一年发生的？”他问。

“十二年前。”斯皮斯说。

“是吗，那一年我已经有三个孩子结婚了。”似乎觉得这样解答还不够清楚，他又补充了一句：“我现在已经活了 2000 美元了。”意思是说，他这辈子已经花了那么多的钱了。

在许多大杂院里，我看见崭新的轿车被用来养鸡。我问斯皮斯这是什么缘故。他说：“有一个大杂院里的人家用共有方式经营生产，把卖牲口赚的钱存在储蓄基金里，许多年来，他们积攒了一笔为数相当可观的钱。有一天，听了一个会兜售生意的汽车销售员的话，他们买下了几辆‘凯迪拉克’牌轿车。头几天里，他们把汽车开来开去，觉得怪好玩的，到后来汽油用光了。这时他们发现，开一天汽车花的钱，等于他们干一个月活挣到的，于是他们把汽车都丢在院子里，让鸡去做窝了。”

巴厘岛人的幽默和我们的很相似：他们爱说一些涉及男女关系的笑话，谈一些日常的大道理，还要玩弄一些字眼。有一次我要试试酒店里那个年轻侍者的幽默感。“小鸡为什么要穿过那条路呀？”我问。

他露出了轻蔑的神情。“这谁都知道嘛。”他对翻译说。

“你说得对，那么，是先有鸡还是先有蛋？”

这一下可把他问倒了。“是鸡——哦，不对——”他摇了摇头，“是蛋——哦，不对。”他把头巾向后推了推，又思索了一会儿，最后他很有把握地说：“是蛋。”

“那么蛋又是什么下的呢？”

“是鳖呀，鳖是老祖宗，所有的蛋都是它下的。”

那时巴厘岛是个天堂。当地人一年只下稻田干四个月活，其他八个月都从事文化艺术活动。整座岛上的娱乐都是免费的，这个村里的人为另一个村里的人演出。然而，这天堂已不复存在了。随着教育的普及，人们遮掩起他们的胸部，抛弃了那些喜欢享乐的神，转而信仰西方的神了。

动身去日本之前，我的日本秘书小野提议由他先去给我们做好准备。我们将受到日本政府的接待。轮船驶抵神户码头，有飞机在船的上空盘旋，散发欢迎传单，成千上万的人在码头上欢呼。我看见无数绚丽多彩的和服，背后是烟囱和灰暗的码头，那种美是很不协调的。从日本人的表现中，我看不出传说中的神秘与仇恨。群众是那样兴奋激动，和我在其他各地所见到的相同。

日本政府为我们准备了一列去东京的专车。一站站下去，欢迎的人越来越多，情绪也越来越热烈，站台上挤满了漂亮的姑娘，她们赠给我们许多礼物。看她们穿着和服，站在那里等候，真像是看一次花卉展览。到了东京，估计有四万人等候在车站上欢迎我们。在一阵人潮拥挤中，雪尼跌倒在地，差点被人踩伤了。

东方的神秘一向被描写得像传奇中的故事。我总以为那是我们欧洲人的夸大之词。但是刚在神户登陆，我们就觉察到了那种神秘的气氛，后来到了东京，则完全被那种气氛所包围。去酒店的途中，我们的车开到市内一个清静的地方。汽车突然放慢速度，最后在皇宫前面停下。小野露出了焦急的神情，向轿车后窗外望出去，然后转身向我提出了一个很奇怪的要求。他问我是否可以下车，向皇宫鞠躬致敬。

“是习惯如此吗？”我问。

“是的，”他随口说，“您不必鞠躬，只要走下车就行了。”

我觉得他的要求有点奇怪，因为除了我们后面跟着的两三辆汽车以外，周围没有一个人。如果是习惯如此的话，一般人就会知道我要下来，也就会有一群人等候在那里，至少是有那么一小群人等候在那里。但我仍旧下了车，鞠了躬。我回到车上，小野紧张的神色松弛下来。雪尼认为这是一个奇怪的要求，觉得小野的举动也很奇怪。自从我们到了神户，小野就显得心事重重。我对这些事并不介意，说这也许是因为他工作得太累了。

那天晚上没有发生什么事情，但是第二天早晨雪尼十分激动地走进了客厅。“我不喜欢这种事情，”他说，“我的皮包被人搜查了，我的文件都被动过了！”我对他说，即使是发生了这种事情，也没有什么了不起的。但是我怎么解释也没法消除雪尼的顾虑。“这件事有些蹊跷！”他说。但是我笑他，说他太会犯疑了。

那天早晨，政府派了一位特工人员来照看我们，说我们无论去什么地方，都必须先让小野通知他。雪尼硬说这是在监视我们，说小野隐瞒了一些事情。我必须承认，小野确实越来越显得忧心忡忡了。

雪尼的疑虑并非毫无根据，因为那天发生了一件离奇的事情。小野说，一个商人有几幅绢绘春宫，要邀我到他家里去看。我吩咐小野转告那个商人，说我对此不感兴趣。小野露出了为难的神色。“要不，我还是叫他把画送到酒店里来吧？”他向我出主意。

“绝对不要，”我说，“叫他别浪费时间。”

他开始踌躇：“这些人不是一句话就可以打发走的呢。”

“你这是什么意思？”我问。

“嗯，他们已经恫吓了我好几天了；东京这地方，有些人可不是好惹的。”

“别胡说啦！”我回他说，“我们叫警察去追查。”

但是小野摇了摇头。

第二天晚上，我同我哥哥和小野在一家餐馆的雅座里吃晚餐，六个年轻人走了进来。一个人在小野身边坐下，抱起胳膊，其他几个人退后一步，一起站在那里。坐下来的那个人怒气冲冲，开始用日语向小野说些什么。小野一听他的话，忽然脸色变得煞白。

我身边没带武器。但是我一边把一只手放在外衣口袋里，仿佛是带了一支手枪，一边大声说：“这是什么意思？”

小野头也不抬，冲着他的盘子嘟哝道：“他说，您不肯去看他的画，这是侮辱他的祖宗。”

我一下子跳了起来，一只手仍插在口袋里，恶狠狠地瞪着那个年轻人。“这究竟是怎么一回事？”接着我对雪尼说，“咱们离开这儿。小野，你去叫辆车。”

一经安然到了外面，我们都放了心。一辆汽车正等着我们，我们乘上车就走了。

第二天首相[①] 的儿子请我们去看相扑比赛，走过来一个随从人员，他拍了拍犬养健先生的肩膀，向他悄悄说了几句什么。犬养健先生向我告罪，说有紧急事情要先走，但等会儿还会来的。相扑将结束时他来了，

① 指犬养毅（1855—1932），日本近代政治家，1931 年至 1932 年任日本首相。

面色惨白，显然是受了极大的刺激。我问他可是病了。他摇摇头，接着突然用双手捂住了脸。他说：“我父亲刚才被人暗杀了。”

我们把他护送到我们酒店的房间里，给他喝了一些白兰地。这时他才告诉我们事情发生的经过：六个海军青年军官打死了首相官邸门口的警卫，冲进了首相的私室，那时他正和他的妻子女儿在一起。这件事以下的经过是犬养健听他母亲说的：来暗杀的人围住了首相，并用手抢指着他，首相试图和他们说理，一连谈了二十分钟，可是没有用。他们一句话不说，就准备开枪。但首相求他们不要当着他妻女的面打死他。他们准许他离开她们。他很镇静地站起来，领着几个行刺的人走进了另一间屋子——他在那里一定是试图再一次和他们说理，因为妻子和女儿心急如焚地等了很久，才听见枪声响起，首相被打死了。

暗杀事件发生的时候，首相的儿子正在看相扑比赛。他说，当时如果不是和我们在一起，他肯定和他父亲一同惨遭毒手了。

我把他送回家，看到了两小时前他父亲被杀害的那间屋子。席子上还有一大摊血没干。那里聚集了许多摄影记者和新闻记者，但是，出于礼貌，他们都没有拍照。他们还要我发表讲话。我只得说，这件事对首相家属和全国都是一件惨痛的悲剧。

惨剧发生的第二天，原来是安排了我受故首相正式接待的，现在当然取消了。

雪尼说，暗杀事件只是整个神秘案件的一部分，我们多少被牵连其中。他还说：“六个刺客打死了首相，六个人那天晚上到我们吃饭的餐馆里：这并不是偶然的巧合。”

直到后来，休·拜厄斯[①]出版了他那部内容丰富、情节有趣的作品《暗杀政府》（由阿尔弗雷德·A. 克诺普夫出版公司出版），涉及我的那

① 休·拜厄斯（1875—1945）：英国新闻记者、作家。

部分秘密才被披露。看来，有一个号称黑龙会[①]的集团在当时甚为活跃，而那次要我向皇宫鞠躬的人就是属于这个集团的。我从休·拜厄斯的书中摘录一段有关审讯杀害首相人犯的记述：

主持策划这次暗杀的古贺清志海军中尉在军事法庭上供述，阴谋分子曾经讨论过一项轰炸众议院的计划，企图以此引发军事管制。先由那些可以很容易领到旁听证的文官在楼座上扔炸弹，而青年军官则埋伏在门口，开枪打死那些从里面逃出来的议员。还有一项计划，如果不是在法庭上招供出来，确实是很难令人相信的：暗杀当时访问日本的查理·卓别林。首相曾邀请卓别林先生出席茶会，青年军官认为可以乘茶会时冲进官邸。

法官：暗杀卓别林，这有什么意义呢？

古贺：卓别林是美国的红人，又是资产阶级的宠儿。我们相信，杀死了他，可以挑起一场日美战争，这样我们就可以一箭双雕。

法官：那么，为什么后来又放弃了你们精心策划的阴谋呢？

古贺：因为后来报纸透露，举行茶会的事还没确定。

法官：计划袭击首相官邸，你们的动机何在？

古贺：是要推翻兼任政党总裁的首相，也就是说，要粉碎政府的核心。

法官：你打算杀死首相吗？

古贺：是的，我有这样的打算。不过我与他并没有私人恩怨。

这个凶手还说，他们之所以最后放弃了暗杀卓别林的计划，是因为“内部对此存在争议，有人认为，暗杀这个喜剧演员，未必就会挑起日美战争，增强军方势力”。

① 当时日本的一个法西斯组织，它的头子是内田良平和头山满。

我可以想象，当时暗杀分子已经开始执行他们的计划，可是后来发现我并不是一个美国人，而是一个英国人——“哦，非常抱歉！”

但是，在日本遇到的事情并不全是神秘和不愉快的；我在那里的大部分时间都过得很有趣。我没想到，歌舞伎竟然给我带来了很大的乐趣。它并不完全是一种拘于形式的戏剧，我们可以在其中看到古老戏剧与现代戏剧的混合。演员的技巧被认为是首要的，戏剧只不过是演员用来表现技巧的素材而已。用我们西方的标准来衡量，他们的技巧是有明显的局限性的。每逢不能有效地运用写实手法时，他们就索性忽略掉。比如，我们西方人演出一场比剑时，不免要暴露出一些不合情理的地方，无论双方斗得多么激烈，总可以从中看出一些小心谨慎的动作。相反，日本人在这种场合就不去理会什么写实主义。他们比剑时，彼此隔开一段距离，做出劈和刺的姿势，这一个要砍那一个的头，那一个要斫这一个的腿。每一个人在自己的那块地方跳跃旋舞，就像是在跳芭蕾舞一样。战斗是印象派的，它总是以一胜一负的姿势告终。在表现死亡的场景里，演员们又从印象主义转变为写实主义了。

他们有许多戏都以讽刺为主题。我看过一出和《罗密欧与朱丽叶》类似的戏，剧中两个年轻恋人的婚事遭到了父母的反对。戏是在一个旋转舞台上演出的，日本人用这种舞台已有三百年的历史。第一场的布景是新房，小夫妻俩刚结婚。这一幕的剧情是，一些和事佬赶到一对新人的父母那里去求情，希望两代人言归于好。但是传统势力太顽强了。父母已经狠下了一条心。于是两个有情人决定按照日本的传统方式自杀，即在席子上撒满花瓣，然后在那上面殉情；由新郎先杀死新娘，然后自己伏剑而死。

这对相爱的人在席子上撒花瓣准备自杀时，他们说的一些话把观众逗乐了。翻译告诉我，那些话之所以招笑，是因为它们含有讽刺的意味，比如他们说：“咱们这样相亲相爱了一夜，如果再活下去，那就显得是虎头蛇尾了。”接连着十分钟，他们一直这样说笑话。后来，新娘跪在铺满花瓣的席子上，离开新郎几步，袒露出脖子；当新郎拔出剑向她慢慢地走近时，舞台开始转动，剑锋还没刺到年轻妻子的咽喉，这一场已经从观众们眼中消失，接下去看到的是沐浴在月光中的屋外场地。这时观众们都静悄悄地坐着，仿佛经过了一段很长的时间。最后，听见越来越近的人声。原来那是死者的朋友来向他们报告好消息：父母已经宽恕了他们。来的人已经喝醉，他们开始争执，不能决定由谁去宣布这个消息，后来他们为这对相爱的人唱小曲儿，但听不到他们的反应，于是就去敲门。

“别去打扰他们了，”一个人说，“他们要不是睡熟，就是太忙了。”于是大家走开了，一边走一边继续唱小曲儿，同时台上传来滴答滴答的空洞钟声，说明戏已演完，台上的幕布随之徐徐降落。

日本还可以免受西方文化毒害多久，这是一个可以争辩的问题。日本人留意生活中简单的片刻，这是他们的文化特点——徘徊着观赏月华，朝圣般欣赏樱花，品茗时悄然沉思：看来这一切是注定要消失在西方工业的烟雾中了。

我的假期结束了，在假期中虽然接触了许多有趣的事情，但也看到了一些令人懊丧的情景。我看到食物在霉烂，货物堆得很高，但是饥饿的人群在它们周围徘徊，千百万人失业，没人需要他们工作。

一次在饭桌上，我居然听到一个人说，除非我们发现更多黄金，否则什么也解决不了目前的危机。我谈到自动化会减少就业机会，有人说这问题是可以解决的，因为劳动力最后会变得非常便宜，劳动力甚至可以去和自动化竞争。经济萧条是十分残酷的。

二十四

我回到贝弗利山的家里，站在起居室当中。那是一个下午，时间已经不早，长长的一道日影铺在草坪上面，几缕金色的阳光照进了那间屋子。看上去，一切都是那么宁静。我真想哭上一场，我离家已经八个月，但自己也不知道，是不是想要回来。我思想混乱，茫无目标，只感到坐立不安，十分寂寞。

我去欧洲，多少希望会遇到一个可以改变我生活方向的人。然而，这希望落空了。我所遇到的女性很少是属于这一类型的，而那些可能符合这一要求的，又都是对此不感兴趣的。现在回到加州，我好像是回到了墓地。道格拉斯和玛丽已经离异，所以，那个小天地已经不复存在了。

那天晚上我只好独自吃晚餐，但我一向是不喜欢在那幢大房子里独自吃饭的。于是我吩咐不必开饭，径自驱车去好莱坞，最后停下车，沿着好莱坞大街走下去。我仿佛根本就不曾离开过那个地方。那儿仍旧是长长的一排排的一层楼店铺，陈旧的军用物品商店、廉价药房、伍尔沃思[①]连锁商店和克雷斯吉[②]连锁商店：一切在萧条中都显得那么俗气。好莱坞仍然保持着新兴市镇的格局。

我一边沿着大街走过去，一边心里盘算：我是否应当从此退休，卖了所有的东西，去中国做个寓公。再没有其他事情可以鼓舞我在好莱坞待下去了。无声电影的时代肯定已经结束，而我也无意跟有声电影唱对

① 伍尔沃思（1852—1919）：美国商人，“5 分与 1 角商店”创办人。
② 克雷斯吉（1867—1966）：美国商人，创办了克雷斯吉公司，属底特律财团。

台戏。再说，我已与世隔绝。我回忆有什么熟悉的朋友，可以打个电话，随便约他们来吃饭，但竟然想不起一个人来。我的经理里夫斯知道我回来，就跑来看我，说公司里一切都好。但是，此外没有其他人来看我。

去电影制片厂处理那些沉闷无聊的事务，真像是跳进一潭冷水里。但是，总算有一件事使我听了高兴：《城市之光》放映的情况非常好，我们已经净赚了 300 万美元，每月还不断有十几万美元汇入。里夫斯要我去好莱坞的银行，会一会新任的经理，彼此熟悉一下。我没肯去，我已经七年没进银行的门了。

德皇的孙子路易·费迪南德亲王到电影制片厂来看我，后来在我家和我共进晚餐，我们谈得很融洽。亲王聪明而又风趣，他谈到第一次世界大战后的德国革命，说那是一出喜剧。“我祖父已经逃往荷兰，”他说，“但是我的几位亲属仍旧留在波茨坦宫里，他们都吓得不敢出来。最后，革命党人整队向皇宫进发，先给我的亲属递来一张条子，问是否可以接见他们。在那次会晤中，革命党人说要保护他们，还说，如果需要什么，只要打个电话给社会党总部就行。他们听了这话，简直不敢相信是真的。但是后来政府派人来和他们谈判解决他们的财产问题，他们为了要分得更多的财产，就不愿做出肯定的答复。”他把这些事概括成一句话：“我国革命是一个笑话。”

自从我回到美国，那里就出现了一些几近神奇的事。经济萧条虽然为害剧烈，但也反映了美国人民的伟大。当时的情形每况愈下。有几个州为了推销滞销商品，甚至用木板印发信用纸币。这时胡佛已伤心欲绝，只会坐在那儿发脾气；他相信货币应从上面分派，这样就会逐步流入普通老百姓手中，但这一害人的经济谬论最后没有任何帮助。既然无法结束这出悲剧，他在竞选运动中大放厥词，说什么如果富兰克林·罗斯福当了总统，美国制度——当时已经不是什么十全十美的制度——就会基本遭到毁灭。

富兰克林·D. 罗斯福终于当了总统，但美国并未因此遭到毁灭。他发表了演说《被忘了的人》[①]，使美国政治一洗以前那种萎靡不振之风，在美国历史上建立了一个鼓舞人心的时代。我在萨姆·高尔德温的海滨别墅，从收音机里听到了这篇演说。当时我们好几个人坐在那里，有乔·申克、弗雷德·阿斯泰尔夫妇、哥伦比亚广播公司的比尔·佩利，以及其他一些客人。“真正让我们感到恐惧的只是恐惧本身”，空中传来了这句话，有如闪过了一道阳光。但是，和多数人一样，当时我是怀疑的。“这好得简直不能叫人相信了。”我说。

罗斯福一就任总统，就开始将诺言付诸实施；为了防止银行倒闭，他命令所有银行休假十天。那是美国全国人民奋起的一个时刻。所有的商店继续用信贷方式做买卖，连电影院也用赊欠的办法卖戏票，接连十天，罗斯福和他的智囊团制定新政纲领，而在这段时间里，人民都有英勇的表现。

立法机关奉命做好一切应急准备：重新建立农村信贷，以防有人利用取消抵押品赎回权进行大规模掠夺；筹措资金以实行大规模公用事业计划；制定国家复兴法案；提高工资最低限额；缩短工作时间，扩大就业机会；鼓励组织工会。“做得太过火啦，这是在实行社会主义呀。”反对他的人这样叫嚣。但不管它是不是社会主义，它终于挽救了资本主义，使其不致彻底崩溃。它还在美国历史上进行了一些最有效的改革。看到美国公民这样迅速地响应政府建设性的号召，那情景确实是令人鼓舞的。

好莱坞也在经历一番变化。演无声电影的影星已经消失——留存下来的只有我们少数几个人。这时有声电影已经奠定了基础，原来好莱坞那种优美宁静的气氛已经不复存在。一夜之间，电影仿佛已经变成了一种冷酷无情的工业。配音的技术人员开始革新电影制片厂，装起了复杂

① 罗斯福在宣誓就职的演说中提到，他要帮助“那些在金字塔底层被忘了的人”。此后“被忘了的人”常指新政时代受救济的贫民。

的配音设备。大得像间屋子似的摄影机，像重型卡车一般在摄影场上一路隆隆震响着被推过去。配备复杂、电线盘绕的收音机也被安装起来。一些人穿得像是来自火星的勇士，戴着耳机，高坐在那里，而演员则在他们面前表演，传声器像钓鱼竿似的在他们头顶上空摇来晃去。一切都是那么复杂，叫人看了感到不快。一个人的四周布置了那么多乱七八糟的东西，叫他怎么从事创作呢？我厌恶这一切。后来，这些复杂的设备都被改成了便携式的，摄影机更易于移动，那些设备也可以用不太昂贵的价钱租来使用了。虽然有了这些改进，但是我仍旧鼓不起兴致重新投入工作。

我仍旧在转那个念头：是否应当收起摊子，去中国侨居呢？我可以在香港地区生活得很好，把拍电影的事忘个干净，而不是在好莱坞这儿一天天烂下去。

此后三个星期，我一直闲荡着。后来有一天，乔·申克来电话，约我到他的游艇上度周末，那是一艘很漂亮的游艇，有一百三十八英尺长，可以很舒适地乘坐十四个人。乔常常让他的船泊在卡塔利娜岛的阿瓦龙附近。在他的客人当中，难得有人谈吐风趣，他们一般都喜欢玩扑克，而我对此道并不感兴趣。但我醉翁之意不在酒。乔的船上常常载了许多美丽的姑娘，我当时非常寂寞，希望可以在她们当中找到一线阳光。

后来我确实如愿以偿。我遇到了宝莲·高黛。她愉快的性格让人觉得轻松有趣，一天晚上她告诉我，说她准备把前夫给的一部分赡养费共计 5 万美元投资到一家电影公司里。她已把所有的文件带到船上，准备签字了。当时我几乎是强行阻止了她。那家公司做的明明是好莱坞的滑头生意。我对她说，我几乎自从电影创始以来就干这一行，根据我对这一行的经验，我不愿为拍电影投资一个铜板，除非电影由我自己来拍。而即便由自己拍，也得担风险。我说，赫斯特手下有那么一班采访人员，对美国发生的任何事情都了如指掌，但是他投资拍电影也赔了 700 万美元。她怎么能只想到赚钱呢？结果我打消了她的计划。这是我们俩交友的开始。

寂寞把宝莲和我联系在一起了。她刚从纽约来，感到人地生疏。我们两人都像是鲁滨逊发现了星期五[①]。平时我们每天要做的事情很多，宝莲在给萨姆·高尔德温拍一部影片，我要处理一些日常事务工作。但是一到星期日，大家都感到冷清无聊。在百无聊赖中，我们驱车远游，实际上我们已经跑遍了整个加州海岸线。看来已经没有其他可做的事情了。我们最有趣的消遣，是到圣佩德罗港口去看游艇。有一条游艇要出售，那是一条五十五英尺长的汽艇，上面有三间特等房舱、一间厨房，还有一间很漂亮的驾驶室：正是我所喜欢的那种游艇。

"如果你能有一条这样的船，"宝莲说，"咱们星期日好玩的事可多啦，还可以到卡塔利娜岛去。"于是，我就打听那条船怎样买法。船主米切尔先生开办了一家摄影机制造厂，他领我们看了那条船。一个星期中我们先后去看了三次，到后来我们都觉得不好意思再去了。但是米切尔先生说，只要船还没卖掉，他欢迎我们随时上去看。

后来我没让宝莲知道，就买下了那条船，在上面装齐了食物和其他必需品，准备航行到卡塔利娜岛，船上带了我自己的厨子，还有安迪·安德森，他从前演过基斯顿警察，曾做过船长。下一个星期日，一切准备就绪。宝莲和我一大早就出了门，她以为是要乘汽车到很远的地方，答应只先喝一杯咖啡，等会儿到了什么地方再吃早点。后来，她发现我把车开往圣佩德罗了，便说："你总不见得是再去看那条船吧？"

"我想再去看一次，可以做出最后决定。"我回答。

"那么，你还是一个人去吧，太不好意思了，"她无精打采地说，"我在车上等你。"

---

① 在英国作家笛福的《鲁滨逊漂流记》中，主人公鲁滨逊在荒岛上过了二十五年的孤寂生活，后来解救了一个土人，给他起名为"星期五"。星期五成为了鲁滨逊的仆人和朋友。

我们的车在浮码头旁停下了，凭我怎么哄她也不肯下车。“不，你一个人去。可是，赶快点，咱们还没吃早饭呢。”

两分钟后，我回到汽车跟前，好不容易总算把她哄上了船。船舱里布置得挺花哨，桌上铺着粉色和蓝色的台布，配着粉色和蓝色的瓷器。从厨房里飘来了咸猪肉和鸡蛋的香味，闻了令人馋涎欲滴。“船长挺客气，他请咱们吃早饭，”我说，“我们可以吃到麦饼、咸猪肉、鸡蛋、吐司、咖啡。”宝莲向下面厨房里一望，认出了我的厨子。“啊，”我说，“你星期日总想找个地方去玩，所以，吃完了早点，咱们就到卡塔利娜岛游泳去吧。”接着我就告诉她，我已经买下了那条船。

她的反应挺有趣的。“等一等。”她说。接着就站起身，走下了船，在码头上一路跑过去大约五十码，然后双手捂住了脸。

“喂！来吃早饭呀。”我大声喊。

她重新走上了船，说：“经过那一阵兴奋，我非得这样来一下，才能恢复过来。”

这时日本厨子弗雷迪满面堆笑，把早饭送进来。后来我们的船开动轮机，驶出港口，到了太平洋上，向二十二英里以外的卡塔利娜岛进发，最后在那里泊了九天。

眼前我仍旧没法订出工作计划。和宝莲在一起，我做的尽是些无聊的事：看赛马，去夜总会，参加盛大的宴会；一切都是为了消磨时间。我不愿意离群索居，不愿意多转念头。然而游乐时，我又老是怀着一种负疚心理：我在这儿干些什么？我为什么不去工作？

此外，一个青年影评家的几句话，使我听了感到懊丧。他说《城市之光》很好，但它已接近于伤感，希望我将来拍电影时更多采用一些写实手法。当时我也同意他的看法。但如果那时我和现在知道的一样多，我就会对他说：所谓写实主义，往往是不自然的、虚伪的、平淡的、沉闷的；在一部影片中，重要的并不是现实，有意义的乃是想象力。

说来也奇怪，完全是出于偶然，并且是出乎意料，我突然被一件事情鼓舞着要拍另一部无声电影。我和宝莲去墨西哥蒂华纳[①]看赛马，那里类似肯塔基赛马[②]的优胜者赢得了一只银杯。主持赛马的人请宝莲授奖给获胜的骑师。她经人一说就答应了。听到她在扩音器前讲话时我感到惊讶。她虽然出生于布鲁克林，但是模仿起肯塔基的交际花来却惟妙惟肖。从此我相信她是会演戏的。

这一下我提起了兴致。我觉得宝莲有点像一个街头流浪女郎。这是十分精彩的素材，可以把它搬上银幕。我想象我这个流浪汉和一个流浪女郎在一辆拥挤的囚车里邂逅，流浪汉知情识趣，把位子让给女郎坐。这是故事里主要的一段，我可以就这段展开情节，编制笑料。

这时我又想起，有一次我会见了纽约《世界报》一位年轻活泼的记者。他听说我要去底特律，就给我讲那儿工厂里的传动带装置，那段描述是够悲惨的：一些健康的农村青年被大工业吸引，在传动带装置下工作了四五年，精神上受到了严重的摧残。

从那席谈话中，我想到了《摩登时代》的主题。为节省时间，我使用了一台吃饭机器，于是工人就可以在吃饭时继续工作。工厂里的那些镜头花样迭出，演到后来流浪汉患上了精神病。情节都是按自然层次发展的。流浪汉病好了，被警察逮去，遇见了那个流浪女郎，女郎是因为偷面包被捉去的。他们俩在一辆挤满了犯人的囚车中相遇。从这一场再演下去，就是两人如何在摩登时代里设法谋生。经济萧条、罢工、暴动、失业：两人被卷进了一系列苦难中。拍戏时，为了要把宝莲打扮得龌里龌龊，我把油污涂在她脸上，她差点哭出来。我一边抹一边说：“抹这油污，就像是点美人痣呀。”

---

① 墨西哥西北部的一座城市，靠近美国边境。

② 指美国肯塔基州路易斯维尔市每年一度的赛马。

用时髦服装把一个女演员打扮得漂漂亮亮，这是挺容易做到的，但是，像《城市之光》里那样，把一个演员打扮成卖花姑娘，同时又要她俏丽动人，那就伤脑筋了。为《淘金记》里的那个姑娘设计服装不成问题。为《摩登时代》里的宝莲设计服装，就需要精心揣摩，要有戴奥尔[①] 的创造力了。如果流浪女郎的服装问题被处理得稍微大意一点，那些补丁就会显得像戏装一样，既不入情入理又不逼真。我把一个女演员扮成流浪者或卖花姑娘时，总是想要既收到诗意的效果，又不致损害了她的个性。

《摩登时代》即将献映之前，有几位专栏作家说，他们获悉影片具有共产主义色彩。我想这是由于报上刊登了影片故事的梗概。另一些持论公正的影评家说，影片既不拥护也不反对共产主义，我是骑墙派的。

最使人感到神经紧张的，是电影放映后去看相关报道：一会儿这篇报道说，第一个星期里观众人数打破了纪录；一会儿那篇报道又说，第二个星期里人数略有下降。影片在纽约和洛杉矶初次上映后，我一心只想要离开那里，而且离开得越远越好，不要听到有关影片的报道；我决定带着宝莲和她母亲一起去檀香山，临行前吩咐公司和我保持联系。

我们在洛杉矶乘船，抵达旧金山时遇到倾盆大雨。但是这并没使我们扫兴，我们上岸去买了一些东西，再回到船上。走过那些仓库时，我看见一批待运的货物上打有“中国”的戳印。“咱们到那儿去！”

“到哪儿去？”宝莲问。

“到中国去。”

“你这是在开玩笑吗？”

“咱们现在就去，否则以后就没机会去啦。”我说。

---

① 戴奥尔（1905—1957）：巴黎服装设计师，第二次世界大战后十年间，他的设计在欧美各国产生了很大的影响。

“可是我什么衣服都没带。”

“你需要什么，都可到檀香山去买嘛。”我说。

所有船都称得上是仙丹灵药，因为再没有比航海更容易让人恢复健康的了。烦恼都被暂时抛开了，船把你给带走，医治好你的病痛，最后再驶进港口，依依不舍地把你又送回到沉闷无聊的世界里。

但是，船一抵达檀香山，我看见了《摩登时代》的大幅广告，不觉大吃一惊。新闻记者已经等候在码头上，恨不得把我的话都吞下去。无处可躲。

但是，船抵东京，我却没被人发现，因为多承船长照顾，他给我登记了另一个名字。后来日本海关当局看了我的护照，登时大惊小怪起来。他们说：“您为什么来的时候不让我们知道呢？”当时日本刚发生了一次军事政变①，死了好几百人，所以我想这次来还是别让人知道的好。我们在日本停留期间，政府派来的一位官员始终不曾离开我们。从旧金山到香港，一路上我们几乎没有和其他旅客交谈过，但是船一停泊在香港，气氛开始活跃起来。这应当归功于一位天主教神父。“查理，”一个身材高大、神情严肃的商人说，“我想介绍你认识一个从康涅狄格州来的美国神父，他被派到附近一座孤岛上的麻风病院工作，已经五年了。神父很寂寞，每星期六都要来看美国船上的旅客。”

神父年近四十，颀长而英俊，红润的脸上带着亲切的笑容。我叫了酒，接着我的朋友叫了酒，后来神父又叫了酒。起先只有我们少数几个人，但是天晚了，在座的逐渐增加到二十五个人，每人都叫了酒，最后人数增加到大约三十五个人，酒不停地往上送，许多人喝得酩酊大醉，被抬上了船，但是神父酒到就喝，始终微笑着，清醒地招待着每一个客人。最后我勉强站起，向他道别。他殷勤地扶着我，我和他握手。这时

① 1936 年 2 月 26 日，日本陆军中属“皇道派”的少壮派军官，率所部发动军事政变，海军大将斋藤、财政大臣高桥、陆军教育总监渡边等多人身亡。

我觉得他的手很粗糙，就翻过来仔细看那掌心，手掌上满是皲裂，当中有一个白点。“希望这不是麻风呀。”我开玩笑。他咧开嘴，摇了摇头。一年以后，我们听说他患麻风病死了。

我们离开好莱坞已经五个月。旅行中我和宝莲结了婚。后来我们在新加坡搭了一条日本船回美国。

启航的那一天，我收到一张便条，写便条的人说他和我有许多共同的朋友，但多年来我们两人一再失之交臂，现在，在中国南海，是我们见面的绝好机会。署名是“让·科克托[1]”。后面的附言是:晚餐前可先到我的房舱里来喝一杯开胃酒。我立刻怀疑这是一个骗子，心想，这样一位巴黎市内的大忙人，这会儿跑到中国南海来干什么呢？其实，便条上说的都是实话，科克托来这儿，是因为接受了法国《费加罗报》的一项任务。

科克托不会说英语，我又不会说法语，幸亏他的秘书可以给我们当翻译，秘书会说几句英语，但是说得不大好。那天晚上，我们俩大谈自己对生活与艺术的看法，一直谈到午夜。我们的翻译结结巴巴，话说得很慢，而科克托则把两只好看的手放在胸前，说话快得像是在开机枪，他那吸引人的目光一会儿闪到我这边，一会儿闪到翻译那边，翻译则毫无表情地说：“科克托先生……他说……您是一个阳光下的……诗人……他是一个黑夜里的……诗人。”

接着，科克托立刻从翻译那儿向我转过身来，像鸟儿似的很快地点一点头，又说了下去。后来我再接着往下说，扯的是一些哲学和艺术上的问题。谈到投机时，我们互相拥抱，而我们的翻译则在一边冷眼旁观。这样的高谈阔论，一直持续到凌晨 4 点，我们约好了 1 点吃午饭时再见。

可是，我们的热情已经达到了顶峰，我们已经谈够了！两人都不愿

---

① 让·科克托（1889—1963）：法国诗人、小说家、剧作家、电影导演。

意再去赴那次约会了。那天下午，我们双方都送出了道歉信，它们的内容相同，两人都讲了一大堆道歉的话，但都小心谨慎地避而不谈另一次约会，我们已经彼此谈腻了。

晚饭时，我们走进餐厅，科克托背对着我们坐在里面的角落里。但是他的秘书没法装作没看见我，只好向他轻轻做了一个手势，意思是说我们来了，科克托迟疑了一下，然后转过身，装出惊讶的神情，高兴地挥了挥我给他的那封信，我也高兴地挥了挥他送来的那封信，两人都笑了。接着我们就冷静地掉转了头，一本正经地研究我们的菜单。科克托先吃完饭。侍者正在给我们上主菜时，他匆忙从我们桌边悄悄地走了过去。但是，走到门口，他又转过身来，向外边指了指，意思好像是说："我们在那儿等你们。"我热情地点头表示同意。但是后来总算放了心，我发现他已经走了。

第二天早晨，我一个人去甲板上散步。突然，我猛吃一惊，看见科克托正从边角上向我这边走过来！我的天呀！我赶快找一个地方躲避，可这时他看见了我，却飞也似的跨进了大厅正门，我舒了一大口气。此后我们早晨都不去散步了。白天里我们一直在玩捉迷藏，避免彼此撞上。但是，快到中国香港地区的时候，我们又恢复正常，偶尔遇见时也略谈上几句。还有四天才能到东京。

科克托在船上讲了一则奇怪的故事，据说他曾在中国内地见过一位活佛，那是一个五旬左右的人，出世后就一直浸在一缸油里，只有脑袋露在缸外。由于多年来在油里泡着，他的身体就像胎儿一样嫩，可以用手指戳穿。他没有说明是在中国什么地方看到的，最后又承认，不是他亲眼看见的，是听人说的。

在船停泊的各个港口，我们俩难得遇见，即使偶尔相逢，也只是简单地问一句好和说一声再见。但是后来消息传来，说我们要同乘"柯立芝总统"号回美国，从此以后，我们就不再试图装得那么亲热了。

科克托在东京买了一只好玩的蝈蝈，养在一个小笼子里，常常一本正经地把它带到我的房舱里来。“它挺聪明，”他说，“我每次对它说话，它就唱歌。”蝈蝈成了他的爱宠，到后来竟成了我们的谈资。“皮卢今天早晨好吗？”我问。

“不大好，”他严肃地说，“我已经限制它的饮食了。”

船到了旧金山，我再三邀他和我们一起去洛杉矶，因为我们有一辆轿车在码头上等着。皮卢也被带上了车。半路上它唱起来了。“你们瞧，”科克托说，“它喜欢美国。”说到这里，他忽然打开车窗，又打开小笼子的门，把皮卢放了出去。

我吃了一惊，问道：“您这是干吗？”

“他让它获得自由。”翻译说。

“可是，”我说，“它在这儿人地生疏呀——它又不会说本地话。”

科克托耸了耸肩：“它挺聪明，很快就会学会的。”

我们回到贝弗利山的家里，电影制片厂传来了令人兴奋的消息。《摩登时代》上映后已风靡全国。

但是现在这个问题又在困扰我：我是否应当再拍一部无声电影呢？我知道，如果再拍的话，我是要担很大风险的。整个好莱坞已经没有一个拍无声电影的人，我已成为此道中硕果仅存的一个。到目前为止，我总算运道还好，但是往后就要一直担心，经常想到哑剧正在逐渐变成过时的艺术，这可是一件令人难受的事情。再说，要设法使无声的动作连续放映一小时四十分钟，要把机智融入动作中，要拍七八千英尺的胶片，每二十英尺的胶片里都有一个笑料：这可不是轻易能够做到的。我还想到一件事：如果我真的去拍有声电影，无论拍得多么好，也没法超出我演哑剧的水平。我也曾考虑，如何让流浪汉开口说话：或是说一些单音节的词，或是只嘟哝几句什么。但是，这都不行。只要一开口，我就会变得和其他丑角一样了。这些愁人的问题，一直困扰着我。

这时我和宝莲结婚已经一年，但是我们俩之间的分歧正在逐渐扩大。这一半要怪我情绪不好，因为我老是惦念着工作。宝莲在《摩登时代》中一演而红，已被派拉蒙电影公司聘请去拍了几部电影。但是我既不能工作，又无心寻乐。在这样的愁闷心情下，我决定和我的朋友蒂姆·杜兰特到佩布尔海滩去。也许，我能在那里工作得更好一些。

佩布尔海滩在旧金山以南一百多英里处，那里荒凉愁人的景色显得有点阴森。我管那地方叫"浪迹天涯者的归宿地"。一般人管它叫"十七英里车道"；那里有成群的麋鹿在林木掩映处徜徉，有许多轩敞浮夸的房屋空着等待出售；倒了的树木在空地上霉烂；到处都是木虱、毒藤、丛生的夹竹桃、有毒的龙葵——像女妖[1]出没的地方。面对着海洋、建筑在岩石上的，是几幢百万富翁的华丽住宅，这一带一般被称为黄金海岸。

我第一次见蒂姆·杜兰特的时候，有人陪同着他来参加我们星期日的网球聚会。蒂姆的网球打得很好，此后我们就常常一起打球，当时他刚和 E. F. 赫顿[2]的女儿离了婚，到加州来消愁解闷。蒂姆很会理解别人，所以后来我们成为极要好的朋友。

我们租的那所房子，面对着半英里外的海洋。房子阴湿简陋，一生火就搅得满屋子都是烟。蒂姆认识佩布尔海滩许多上层社会的人物，每逢他出去应酬，我就耐心工作。接连好多天，我一直独自在图书室里用功，或是在花园里散步，竭力思索题材，但是怎么也想不出。最后，我不再自寻烦恼，和蒂姆一起去拜访邻居。我常常想，如果用这些人物做素材，倒可以写出一些精彩的短篇小说——并且是典型的莫泊桑小说。有一所很大的住宅，虽然里面布置得很舒适，但气氛却有点神秘和凄凉。主人殷勤好客，总是不停地大声讲话，但他的妻子却从不开口。自从五

① 指爱尔兰与苏格兰民间传说中报凶信的女妖。

② E. F. 赫顿（1875—1962）：英国作家，所写的大部分是游记。

年前她的孩子夭折以后，她就难得再讲一句话或露出一丝笑容。她只会说一句“您好”或“再见”。

在另一幢高踞在悬崖上、俯临着大海的房子里，一位小说家的妻子失踪了。据说，她到花园里去拍照，肯定是向后多退了几步。等到丈夫再去找她时，发现只剩下了一个三脚架。此后再也没人看到过她。

威尔逊·迈兹纳的妹妹讨厌她的那些邻居，因为他们的网球场俯对着她的房子。于是，每逢邻居打网球，她就生起一堆火，那些网球场就被笼罩在烟雾中。

老费根两口子非常有钱，一到星期日就大摆筵席请客。一次我在席上见到了一个纳粹领事，一个金黄头发、油腔滑调的年轻人，他竭力表现，但是我对他敬而远之。

有时候我们在约翰·斯坦贝克家里度周末。他的那所小屋在蒙特里附近。那时他已经发表了《托蒂拉·弗莱特》和一些短篇小说，刚刚有了一些名气。约翰每天早晨写作，平均一天大约写两千字。他的草稿很整洁，几乎没有一处修改的地方，我看了感到惊奇。我真羡慕他。

我很想知道作家们写作的方式，以及他们一天里写出的字数。托马斯·曼平均每天写大约四百字。莱昂·福伊希特万格[①]每天口授两千字，平均定稿六百字。H.G. 威尔斯平均每天写一千字。英国新闻记者汉南·斯沃弗[②]每天写四五千字。美国评论家亚历山大·伍尔科特[③]在十五分钟内写出了一篇七百字的书评，一完稿就去打扑克——他写那篇文章时我在场。赫斯特总是一晚上写两千字的社论。乔治斯·西米恩[④]只用一个月时间就写出了一部短篇小说，而那部小说有很高的文学价值。乔治斯告诉我，他凌晨 5 点起床，自己烧好咖啡，然后在书桌前坐下，一边

---

① 莱昂·福伊希特万格（1884—1958）：德国小说家、剧作家，以多产著称，1940 年后侨居美国。
② 汉南·斯沃弗（1879—1962）：英国新闻记者、戏剧评论家。
③ 亚历山大·伍尔科特（1887—1943）：美国新闻记者、戏剧评论家。
④ 乔治斯·西米恩（1903—1989）：法籍比利时小说家，所写的侦探小说曾风行一时。

手里转动一只网球大小的黄金球，一边思索。他写稿时用一支蘸水笔，我问他为什么要把字写得那么小，他说：“这样手腕可以省点力。”至于我本人，我一天口授一千字，转变成影片中的对话大约为三百字。

斯坦贝克家里没有仆人，所有的家务都由斯坦贝克夫人承担。家里整理得井井有条，我觉得这位主妇是很可爱的。

我们曾经做过多次谈话，谈论到苏联时约翰说，它有一个成就，那就是消除了娼妓。“大概，这是最后一个私营行当了吧。”我说。

一位迷人的贵妇人嫁的却是一个公然在外面渔色的丈夫，一次在她那所豪宅里单独设宴招待我。我去时颇涉遐想。但是那位太太对我无话不谈，她流着眼泪说已经八年不和丈夫同床共枕，但是仍然爱他，她的泪水浇灭了我的热情，我开始劝她要达观一些——此后谈的都是一些应以理智为重的话。后来，谣传她变成了同性恋者。

诗人鲁滨逊·杰弗斯[①]住在佩布尔海滩附近。我和蒂姆第一次见他是在一个朋友家里。他沉默寡言，对人很冷淡，我仍像往常那样喜欢多嘴，说了许多对当时的社会现象不满的话，目的无非是使那个晚会活跃一些。但是鲁滨逊一句话也不说。我走出来时感到很懊悔，怪自己不该独自高谈阔论，心想鲁滨逊一定很讨厌我，可是我没猜对，过了一星期，他邀我和蒂姆去吃茶点。

鲁滨逊夫妇住在一个中古石头城堡式的房子里，他称这座自建在太平洋岸边一块岩石上的房子为“石窟”。我觉得那设计充满稚气。最大的一间房只有十二英尺见方。离那房子几英尺远，是一个中古式的圆形石塔，塔高十八英尺，径长四英尺。狭窄的石梯尽头是一间地牢似的小圆屋子，墙上的裂口就是窗子。那就是他的书房。他那部《杂毛马》就是在那里写的。蒂姆说，他喜欢墓穴式的房子，这是一种心理上乐于早死

① 鲁滨逊·杰弗斯（1887—1962）：美国诗人。《杂毛马》是他的一部诗文集。

的表现。然而，我看到鲁滨逊·杰弗斯在日落时出去散步遛狗，欣赏美丽的黄昏，他脸上露出一种难以形容的宁静的表情，仿佛陷入遐想。我敢说一句，一个像鲁滨逊·杰弗斯这样的人，是不会以死为乐的。

二十五

战争阴云又四下密布。纳粹分子正在步步进逼。我们很快忘了第一次世界大战和那四年惨烈的屠杀。我们很快忘了人类遭到破坏后留下的创伤：那些四肢都被截去的人，那些断了胳膊的、缺了腿的、瞎了眼的、毁了下巴的、患了痉挛成了瘸子的。即便不曾被打死打伤，也逃脱不了厄运，许多人都已精神失常了。战争像弥诺陶一样夺走了青年，只留下了一些苟延残喘的、死气沉沉的老人。然而，我们很快就淡忘了这一切，又把战争形容成有趣动人的事情，唱起了这类流行歌曲：

你怎能叫他们留在乡下，
他们呀，已经见过了巴黎……

有人说，战争在许多方面都是一件好事。它能扩大工业，发展技术，给人们更多的就业机会。可是，我们在股票市场上赚进千百万美元的时候，又怎么会想到死在战场上的千百万人？股票市场蒸蒸日上时，《赫斯特考察家报》主编阿瑟·布里斯班说：“美国钢铁每股要涨到 500 美元了。”后来，钢铁股票并没有那样涨上去，从事投机的人却从窗子里跳下去了。

另一场战争正在酝酿中，这时我正想要为宝莲写一部电影剧本，但毫无进展。阿道夫·希特勒这个丑恶的怪物正在煽起战争狂热，这叫我怎能一心去迎合女性的兴趣，写浪漫故事或谈爱情问题呢？

早在1937年，亚历山大·科达[①]就给我出主意，说可以根据面貌相似引起误会的情节，编一则有关希特勒的电影故事，因为希特勒和流浪汉都留着小胡子；他还说，我可以一人兼演两角。当时我没考虑这个，但是现在这个主意成了时髦的题材，而我又急于重理旧业。后来，我突然想到了。啊，对啦！如果扮演希特勒，我就可以当着一大群观众胡说八道，爱说什么就说什么。而扮演流浪汉，我几乎会仍旧像从前那样不开口。希特勒的故事可以用来滑稽模拟和表演哑剧。于是，怀着满腔热情，我急忙回到好莱坞，开始写剧本。创作这则电影故事，我前后花了两年时间。

我设定首场将是第一次世界大战的战场镜头：德国人要吓倒协约国军队，准备发射射程七十五英里的巨炮。他们满以为一炮就可以炸平兰斯大教堂，没想到瞄差了一点，只炸毁了一个公共厕所。

宝莲将参演这部电影。前两年她在派拉蒙电影公司演得很成功。我们虽然已比从前生分了一些，但彼此仍旧和和气气，保持着夫妻关系。但宝莲做出的事情也真古怪。有一件事情，要不是发生在不适当的时候，也许倒是挺招笑的。一天，她由一个年轻人陪同，来到制片厂我的化装室里。那个年轻人长得很英俊，老是注意他那身剪裁得很时髦的衣服。我那天正在为写剧本伤脑筋，没想到会有人来打搅我。但宝莲说她有十分重要的事，接着就坐下来，叫那个年轻人拉过一张椅子，坐在她身边。

“这位是我的经纪人。”宝莲说。

这时她向年轻人看了看，让他接下去说。年轻人话说得挺快，声音清脆利落，仿佛自己也觉得自己说得挺好：“你瞧，卓别林先生，自从《摩登时代》放映以来，你给宝莲的报酬是每星期2500美元。但是，我

① 亚历山大·科达（1893—1956）：英国电影导演、制片人，1939年起任亚历山大·科达电影公司经理。

们还有一桩事情没跟你算账，卓别林先生，那就是她的广告问题，她的广告应当在全部海报中占百分之七十五……”讲到这里，他不再说下去了。“妈的这是怎么一回事？”我大喊起来，“给她登什么广告，用不着你来对我说！我比你更关心她的权益！给我出去，两个人一起出去！”

《大独裁者》刚拍了一半，我就收到联美电影公司发来的警告。公司接到海斯[①]办事处的通知，说我将遇到审查的麻烦。英国办事处也为放映反希特勒的影片担心，怀疑它是否能在英国上映。但是我决心要继续拍这部影片，因为我非要嘲笑希特勒不可。如果当时我已经知道德国集中营里恐怖的真实情况，我是不会拍《大独裁者》的，也不会和杀人狂纳粹分子开玩笑。当时我决定要嘲笑他们的纯正血统论这一无稽之谈。我再也没有想到，在原始社会之外，竟然会发生那样的暴行！

正当我拍《大独裁者》的时候，斯塔福德·克里普斯[②]爵士经苏联来到加州。他由一个刚从牛津大学毕业的年轻人陪同着来我家吃饭，我已经想不起那个年轻人的姓名，但仍记得他那天晚上说的话。他说：“如果局势像德国和其他地方那样发展下去，我最多只能再活五年。”斯塔福德爵士曾在苏联考察，那里的见闻给他留下了很深的印象。他描绘了苏联人的庞大计划，当然，也谈到了他们的困难。看来，他认为战争是无法避免的了。

后来纽约办事处转给了我更多令人担忧的信件，信中要求我别拍这部电影，说这样的电影绝对不可能在英国或美国上映。但是我已下定决心要把它拍出来，即使是自己租剧院放映也在所不惜。

我还没拍完《大独裁者》，英国已向纳粹德国宣战。那天我正在卡塔利娜岛附近我的游艇上度周末，从收音机里听到了这个令人沮丧的消息。战事初起，各条战线上相当沉寂。我们都说：“德国人绝对无法突破马其

① 海斯（1879—1954）：美国律师，时任美国电影摄制发行会主席（1922—1945）。
② 斯塔福德·克里普斯（1889—1952）：英国政治家。

诺防线。”后来，战火突然四下蔓延：比利时被突破了，马其诺防线崩溃了，在敦刻尔克遭到无情的惨败，法国沦陷了。消息越来越坏。英国人陷入苦战。这时我们的纽约办事处就像发了疯似的拍来了一封封电报：“赶快拍完你的影片，所有人都在等着。”

拍《大独裁者》并不是一件轻而易举的事；需要许多模型布景和道具，我们准备了一年工夫才备齐。如果不用这些道具，成本要高上四倍。尽管这样节省，在开机之前，我已经花去了50万美元。

后来希特勒决定入侵苏联！这证明他终于发了疯。当时美国还没有参战，但是英美两国都如释重负。

《大独裁者》一片接近完成时，道格拉斯·范朋克和他的妻子西尔维亚来看我们拍外景。最近五年里道格拉斯很少活动，我也难得看见他，因为他一直往来于英美之间。我觉得他人已苍老，稍许发胖，显得心事重重。但他仍旧是当年那个热情洋溢的道格拉斯。看我们拍摄其中一个镜头时，他纵声大笑。“我真想早点看到它。”他说。

道格拉斯在那里待了大约一小时。他离开后，我站在那儿注视着他的背影，看他搀扶着妻子走上一个陡坡；他们沿着那条小径走去，我们之间的距离越来越远了，这时我突然感到一阵悲哀。道格拉斯转过身来，我向他招手，他也向我招手。那是我见他的最后一面。一个月后，小道格拉斯打电话给我，说他父亲夜间心脏病突发逝世。这对我是一个沉重的打击，像他这样的人，是应当活在世上的啊。

我怀念道格拉斯：我怀念他的热情与风趣给人带来的温暖；我怀念电话中他亲切的声音，他常常在寂寞无聊的星期日早晨打来电话：“查理，来吃午饭……然后就是去游泳……然后就是吃晚饭……然后就是，看一场电影好吗？”是呀，我怀念他的友情和给我带来的快乐。

我喜欢结交的是社会上的哪一类人呢？按说，我应当选我的同行。然而，我的朋友当中只有道格拉斯一个人是演员。在好莱坞的各种宴会上，我遇到过许多明星，但彼此间始终是隔膜的——也许，当演员的人太多了吧。那种气氛并不够友好，而是隐含着对抗，人人都要出风头，于是就像是处于竞争和应战之中。一颗明星一旦到了许多明星当中，就很少还能发出光芒，更别提给人温暖了。

作家是可爱的，然而他们是不大乐于教人的；他们尽管自己知道的很多，但难得会把所知道的告诉别人；他们多数喜欢把自己的知识写在自己的作品里。科学家可能是极好的朋友，但他们一出现在客厅里，我们就已经觉得自己的头脑变得迟钝了。画家使人感到沉闷乏味，因为他们多数都要使你相信：他们不但是画家，而且是哲学家。诗人当然是最高级的，其中也有一些是性情和蔼、对人宽厚的友伴。但是我认为，总的来说，音乐家要比其他任何一类人更能与人融洽相处。最让人觉得温暖、受到感动的，就是看一次交响乐团的演出。乐谱架映出了富有浪漫色彩的光辉，指挥刚在乐器调音中出现，全场就突然静寂：这一切都增强了融洽与合作之感。我记得，钢琴演奏家霍洛维茨有一次在我家吃晚餐，一些客人谈论世界大事，说不景气和失业可能会导致一次宗教复兴。这时他忽然站起来说："听了这些谈话，我很想弹琴。"当然没有人反对，于是他演奏了舒曼的《第二钢琴奏鸣曲》。我很怀疑，他此后是否还能再一次演奏得那样精彩。

就在大战爆发前不久，我到他家和他们夫妇共进晚餐，他的太太是托斯卡尼尼[①]的女儿。席上还有拉赫玛尼诺夫[②]和巴尔比罗利[③]。拉赫玛尼诺夫的长相很怪，他有一种爱美和孤僻的神情。那是一次便宴，席上一共只有五个人。

每次谈到艺术，我好像都对它有不同的解释。其实，这又有什么不

① 托斯卡尼尼（1867—1957）：意大利乐队指挥，他的女儿汪妲嫁给了霍洛维茨。
② 拉赫玛尼诺夫（1873—1943）：俄罗斯作曲家、钢琴演奏家、乐队指挥。
③ 巴尔比罗利（1899—1970）：英国乐队指挥。

可以呢？那天晚上我说，艺术是另一种与精湛技巧相配的情感。后来有人把话扯到了宗教问题上，我承认自己不信仰宗教。拉赫玛尼诺夫赶快插嘴说："可是，你怎么能从事艺术，但同时又不信仰宗教呢？"

我迟疑了一下。"我想，我们谈的不是同一件事吧，"我说，"根据我的理解，宗教是信仰某一教条，但艺术不是一种信仰，而是一种感情。"

"宗教也是如此呀。"他回答说。听了这话，我就不再谈下去了。

有一次在我家里吃晚餐的时候，伊戈尔·斯特拉文斯基[①]提议我们一起拍一部电影。我想出了一个故事。我说，这个故事是超现实主义的：在一个下等夜总会里，围着舞池摆了几张桌子，客人三三两两地坐在桌边，每张桌边的人代表世俗的一面：这张桌边坐的是贪婪，那张桌边坐的是虚伪，另一张桌边坐的是冷酷。舞池当中在演一出耶稣受难剧，戏里正演到救世主被钉上十字架，所有桌边看戏的人都无动于衷，有的人在点菜，有的人在谈生意，还有一些人对戏毫不在意。暴徒、祭司长和法利赛人向十字架挥着拳头大喊："你如果是神的儿子，就从十字架上下来，救救你自己吧。"近旁的一张桌边，几个商人正在兴冲冲地谈一笔大买卖。一个人紧张地抽着烟，向救世主望了一眼，然后茫然地向他喷了一口烟。

另一张桌边，一个商人和他的妻子正在商量点什么菜。妻子抬起头来望了望，然后紧张地把椅子从舞池边向后移开了一点。"我不明白，大伙干吗要上这儿来，"她说时感到不大舒服，"这儿挺闷的。"

"这儿的戏演得精彩呀，"商人说，"这夜总会都已经要关门了，后来幸亏排演了这出戏。现在不会再赔本了。"

"我看，这是亵渎神明的。"他妻子说。

"这样挺好嘛，"丈夫说，"那些从来不做礼拜的人，到这儿来也可以

---

① 伊戈尔·斯特拉文斯基（1882—1971）：美国作曲家、乐队指挥。

知道一些基督教的故事。”

戏继续演下去，一个醉汉由于酒力发作，脑子不清醒，独自坐在那里，不禁哭着大喊：“瞧呀，他被钉在十字架上了！你们都不去管呀！”他摇摇晃晃地站起来，哀求什么似的向十字架伸出了双臂。一位牧师太太坐在离他不远的地方，向领班的服务员表示不满，于是醉汉被赶了出去，但他仍旧一边哭着，一边愤愤不平地说：“瞧呀，你们不去管呀！瞧你们这帮好基督徒呀！”

“你瞧，”我对斯特拉文斯基说，“他们把醉汉赶了出去，是因为他扰乱了演戏。”我还解释说，这样在夜总会的舞池里演耶稣受难剧，是为了要说明，如今口头上声称信仰基督教的一些人已经流入形式主义了。

这位音乐名家显得十分严肃了。“可是，这是亵渎神明的呀！”他说。

我感到十分惊讶，并且有点惶窘。“真的吗？”我说，“我压根就没想到这是亵渎神明的。我以为这是在批评世俗对基督教所抱的态度——也许，我只顾编故事，没把它的主题说明白吧。”于是，这件事就被丢开不提了。可是，过了几个星期，斯特拉文斯基来了一封信，想知道我是否仍有意和他拍一部电影。但这时我的热情已经冷却，我只想自己拍电影了。

一天，汉斯·艾斯勒[①]把勋伯格[②]领到我的制片厂，勋伯格身材矮小，态度直率得近于生硬，我非常钦佩他的音乐，以前洛杉矶举行网球比赛时，我经常看见他戴着一顶白帽子，穿着一件短袖圆领紧身衬衫，一个人坐在露天看台上。他看了我的《摩登时代》后对我说，他很喜欢这部喜剧片，只可惜我的音乐配得太差了，我在这一点上不得不部分同意他的看法。谈到音乐时，他说了一句我永远难忘的话：“我爱声音，爱美妙的声音。”

---

① 汉斯·艾斯勒（1898—1962）：奥地利德裔作曲家。
② 勋伯格（1874—1951）：美国作曲家，西方现代派音乐代表人物。

汉斯·艾斯勒讲了一件有关这位伟大人物的趣事。汉斯跟勋伯格学习和声，最冷的冬天在雪地里走五英里路去听这位大师8点的课。那时勋伯格已开始秃顶，他坐在那里弹琴，汉斯凑到他的肩上，吹着口哨哼那乐调。“年轻人，”大师说，“你就别吹啦。冰凉的气吹得我脑袋冷飕飕的。”

拍摄《大独裁者》的时候，我收到了一些奇怪的信；现在影片拍完了，这类信来得更多了。有的发出恫吓，说将来无论在哪里放映这部电影，他们都要在剧院里扔臭气弹，向银幕上开枪；有的进行威胁，说要去制造混乱。起初我想报警，但是又怕这样一张扬出去，观众们不敢再去看电影了。一个朋友替我出主意，说不妨找码头装卸工人工会会长哈里·布里奇斯谈一谈这件事。于是我请他到我家来吃晚饭。

我很坦率地说出了我要见他的原因。我知道布里奇斯是反对纳粹的，于是向他说明，我拍了一部反纳粹的喜剧片，收到了恫吓信。我说：“这部电影首映的时候，我是否可以，比如说，请二三十位码头工人来看，让他们分散在观众当中，要是那些亲纳粹分子捣乱，他们就轻轻地跺脚，别让那些人闹得太厉害。”

布里奇斯听了哈哈大笑。“我不相信事情会闹到那个地步，查理。你有你自己的观众去对付那些坏蛋，只要有他们保护就够啦。再说，如果那些信是纳粹分子写的，他们无论如何不敢在光天化日之下出现。”

那天晚上，哈里讲了旧金山罢工的一件趣事。当时他实际上已经支配了整个城市，控制了全市的供应。但是他绝对不妨碍医院和儿童必需用品的供应。谈到那次罢工的情形，他说：“如果罢工是正当的，就不必再去诱导工人；只要向他们说明事实，他们就会自己做出决定。我对我的人说，如果决定罢工，他们是会遭遇许多困难的；结果如何，甚至无法预料。但是，无论他们做出什么决定，我一定照着他们的决议去做。我说，如果你们罢工，我就去第一线。于是，五千名工人一致赞成罢工。”

我在纽约包了阿斯托和卡皮特两个剧院放映《大独裁者》。我们在阿斯托剧院为新闻界举行预映。那天晚上我设宴招待富兰克林·罗斯福的首席顾问哈里·霍普金斯①，饭后我们一起去看预映，到达那里时影片已经放映了一半。

为新闻界预映喜剧片时，有一个很明显的特点，那就是观众都会情不自禁地发出笑声。那次预映时，他们也是那样笑着。

“这是一部非常精彩的电影，”我们走出剧院时哈里说，“很值得拍这样一部电影，但是这样的电影不大会赚钱。它可能要亏本。”我用了200万美元，花了两年的时间，现在听到了他这两句预言，当然不会高兴。但是我仍旧冷静地点了点头。多谢上帝保佑，霍普金斯的话没说准。《大独裁者》在卡皮特剧院上映时，观众们看得如痴如狂。影片在纽约两家剧院连续上映了十五个星期，截至那时为止，它是我所有影片中赚钱最多的一部。

但是影评则是毁誉参半。影评人多数都反对最后那篇演说。纽约的《每日新闻》说，我是在把群众导向共产主义。虽然大多数影评人都反对那篇演说，说它和人物的性格不符，但是一般观众都喜爱它，我收到了许多热烈赞扬它的来信。

颇有地位的好莱坞导演阿尔奇·L. 梅奥请我允许他把演说词印在他的圣诞贺卡上。以下是他为演说词写的介绍，以及我的那篇演说词：

> 如果我生活在林肯时代，我相信我会把那篇葛底斯堡演说词寄给您，因为那是林肯时代最鼓舞人心的一篇讲话。今天，我们面临新的危机，另一个人从心底里说出了最真挚的话。虽然我与此人

① 哈里·霍普金斯（1890—1946）：美国社会工作者和行政官员，罗斯福总统的顾问。

并不熟悉，但是他的话深深地打动了我……受到鼓舞之余，我把查理·卓别林写的这篇演说词全文寄上，让您也可以满怀希望。

《大独裁者》结尾演说词

遗憾得很，我并不想当皇帝，那不是我干的行当。我既不想统治任何人，也不想征服任何人。如果可能的话，我倒挺想帮助所有的人，不论犹太人还是非犹太人，黑人还是白人。

我们都要互相帮助。做人就应当如此。我们要把生活建立在别人的幸福上，而不是建立在别人的痛苦上。我们不要彼此仇恨，互相鄙视。这个世界有足够的空间让所有的人生活。大地是富饶的，是可以使每个人都丰衣足食的。

生活的道路可以是自由的、美丽的，只可惜我们迷失了方向。贪婪毒化了人的灵魂，在全世界筑起仇恨的壁垒，强迫我们踏着正步走向苦难，进行屠杀。我们加快了发展的速度，却隔离了自己。机器应当创造财富，但它们反而给我们带来了穷困。我们有了知识，反而看破了一切；我们学得聪明乖巧了，反而变得冷酷无情了。我们头脑用得太多了，感情用得太少了。我们更需要的不是机器，而是人性。我们更需要的不是聪明乖巧，而是仁慈温情。缺少了这些东西，生活将充满暴力，一切也都完了。

飞机和无线电缩短了我们之间的距离。这些原本是为了要发挥人类的优良品质：要求全世界的人彼此友爱，要求我们大家互相团结。现在世界上有千百万人听到我的声音——千百万失望的男人、女人、小孩——他们都是一个制度下的受害者，这个制度使人们受尽折磨，把无辜者投入监狱。我要向那些听得见我讲话的人说：“不要绝望呀。”我们现在受到苦难，只是因为那些害怕人类进步的人在即将消逝之前发泄他们的怨毒，满足他们的贪婪。这些人的仇恨会消逝，独裁者会死亡，他们从人民那里夺去的权力会重新回到人民手中。只要我们不怕死，自由是永远不会消失的。

战士们！你们别为那些野兽卖命——他们鄙视你们——奴役你们——他们统治你们——吩咐你们应当做什么——应当想什么，应当怀抱什么样的感情！他们强迫你们去操练——限定你们的伙食——把你们当牲口，用你们当炮灰。你们别去受这些丧失了理性的人的摆布了——他们是一伙机器人，长的是机器人的脑袋，有的是机器人的心肝！可是你们不是机器！你们是人！你们心里有着人类的爱！不要仇恨呀！只有那些得不到爱护的人才仇恨——那些得不到爱护和丧失了理性的人才仇恨！

战士们！不要为奴役而战斗！要为自由而战斗！《路加福音》第 17 章里写着，神的国就在人的心里——不是在一个人或一群人的心里，而是在所有人的心里！在你们的心里！你们人民有力量——有创造机器的力量。有创造幸福的力量！你们人民有力量建设自由美好的生活——使生活富有意义。那么——为了民主——就让我们使出那力量来吧——就让我们团结在一起吧。就让我们进行战斗，建设一个新的世界——一个美好的世界，它将使每个人都有工作的机会——它将使青年人都有光明的前途，老年人都过安定的生活。

那些野兽就是用这些诺言窃取了权力。但是，他们说谎！他们从来不履行他们的诺言。他们永远不会履行他们的诺言！独裁者自己享有自由，但是他们使人民沦为奴隶。现在，就让我们进行斗争，为了解放全世界，为了消除国家的壁垒，为了消除贪婪、仇恨、顽固。让我们进行斗争，为了建立一个理智的世界——在那个世界上，科学与进步将使我们所有的人获得幸福。战士们，为了民主，让我们团结在一起！

哈娜，你听见我在说什么吗？不管这会儿在哪里，你抬起头来看呀！抬起头来看呀，哈娜！乌云正在消散！阳光照射出来！我们正在离开黑暗，进入光明！我们正在进入一个新的世界——一个更可爱的世界，那里的人将克服他们的贪婪、他们的仇恨、他们的残忍。抬起头来看呀，哈娜！人的灵魂已经长出了翅膀，终于要振翅飞翔了。他们飞到了虹霓里——飞到了希望的光辉里。抬起头来看呀，哈娜！抬起头来看呀！

影片预映后一星期，《纽约时报》老板阿瑟·苏兹贝格设午宴招待我。我一到那里，他就把我领上纽约时报大厦的最高层，引进了一所私人住宅，宅内客厅里挂着图画、照片，摆着革制家具。一个人很威武地站在壁炉前，他身材高大，眼睛很小，有着圣人般的风度，那是美国前任总统胡佛先生。

“总统先生，”苏兹贝格先生把我领到这位大人物跟前说，“这位是查理·卓别林。”

胡佛先生笑得脸上出现了许多皱纹。“哦，我认识，”他满面春风地说，“多年前我们就见过了。”

我真没想到，胡佛先生还记得那次会晤，因为那时他好像正一心忙于准备进入白宫。他在阿斯托酒店设宴招待新闻记者，一个记者可以说是为了凑热闹而把我带到那儿去听胡佛先生讲话。那时我正为离婚的事心烦意乱，只记得我嘟哝了几句什么，意思是说我对国家大事懂得极少（其实我对自己的私事又何尝不是懂得极少）。这样随便扯了一两分钟，然后我就坐下了。过后，我被介绍给胡佛先生。记得我只说了一句“您好”，此外什么也没谈。

那次，他宣读了大约有四英寸厚的一叠讲稿，读完一张揭去一张。他读了一个半小时，听的人都瞅着那叠纸发愁。两小时后，那叠讲稿才读完一半。有时候他跳过去十来张，把它们向旁边一放。这时观众确实在暗自庆幸。生活中没一件事是永恒的，那篇讲话终于结束了。他有条不紊地收拾起他的文件，我赔着笑，准备对他的演讲说几句恭维的话，但是他没注意到我，径自从我身边走过去了。

现在，经过了这么多年，其间还担任过一任总统，他又和我会面了：站在壁炉前面，显得特别和蔼。我们一共十二个人，围着一张大圆桌共进午餐。有人告诉我，凡是这类午宴，都是为了要进行密谈。

有那么一伙美国大企业的经理和董事们，让人一见就会产生自卑感。他们都长得高大英俊，穿得极其整齐，态度沉着，思路清晰，分析起来头头是道。他们的声音高昂清脆，谈到人事问题时用的却是一些几何学的术语，比如"在每年失业模型中出现的组织程序"等等。那天午餐席上，我看到的就是这一流的人物，他们一个个都显得那么魁伟健壮，好像是几座摩天大楼。其中唯一富有人情味的是安妮·奥黑尔·麦考密克，她是《纽约时报》著名的政治专栏作者，是一位活泼可爱的女记者。

午餐席上气氛严肃，谈话很拘束。所有的人都称胡佛先生为"总统先生"，但我觉得这样似乎有点不必要。坐了一会儿，我就开始觉得他们这次请我来并非事出无因。过了一会儿，苏兹贝格先生的几句话亮了底。他先像暗示什么似的沉默了一会儿，接着就说："总统先生，我希望您给我们说明一下您这次计划去欧洲的使命。"

胡佛先生放下刀叉，一边咀嚼，一边仍在转什么念头，接着，他咽下了一口，开始说出他显然心中一直在考虑的问题。他脸冲着盘子，一边说话一边悄悄地向苏兹贝格先生和我瞟了一眼。"我们都知道，目前欧洲的情况是多么悲惨，自开战以来，那儿痛苦的程度和饥饿的恐慌正在迅速增长。形势十分紧迫，所以，我已经向华盛顿陈情，说我们必须立即采取救灾措施。"（据我理解，"华盛顿"指的是罗斯福总统。）说到这里，他列举了一些事实和数字，以及第一次世界大战期间“我们养活全欧洲”时，他出使欧洲所取得的成绩[①]。“完成这样一件使命，”他接下去说，“并不是代表某一个政党，它只是从人道主义出发——诸位对这件事总相当关心吧。”说到这里，他斜瞟了我一眼。

我严肃地点了点头。

“您打算什么时候去实行这项计划呢，总统先生？”苏兹贝格先生问。

“我们只要一得到华盛顿的批示就去，”胡佛先生说，“华盛顿方面是需要加以催促的，这件事情要公众提出要求，还要社会知名人士进行支持。”说到这里，他又向我斜瞟了一眼，我又点了点头。“在沦陷的法国，”他继续说下去，“有千百万人缺衣缺食。在挪威、丹麦、荷兰、比利时，在欧洲各地，饥荒的威胁正在增长！”他一边滔滔不绝地说下去，一边列举事实，同时表达信心和希望，呼吁大家要以慈善为怀。

接着是一阵沉默。后来我亮了亮嗓子：“的确，现在的情况和第一次世界大战时有所不同。法国已经全部沦陷，还有许多其他国家也是如此，我们当然不愿意让这些粮食落到纳粹手里。”

胡佛先生微微皱了皱眉，席上微微起了一些骚动，大家望望胡佛先生，再望望我。

胡佛先生又冲着盘子蹙起了眉头。“我们要设立一个无党无派的委员会，它将和美国红十字会合作，并根据《海牙协定》第 27 条第 43 款执行，该条款允许救济委员会救济交战国双方贫病交迫的难民。我想，作为一位人道主义者，您会支持这件事情的。”以上不是他说的原话，但在我印象中大意如此。

我仍坚持我的观点。我说：“我完全同意这项计划，但必须保证这些粮食不致落到纳粹手里。”

① 第一次世界大战期间，胡佛曾任美国救灾委员会主席。

这句话又在席上引起了骚动。

“这类事情，我们以前也曾办过。”胡佛先生说时谦恭中透出了愠意。那些高大的青年这会儿都把注意力集中在我身上。其中一个人微微笑了笑。“我想，总统先生是能处理这个问题的。”他说。

“这是一项非常好的计划。”苏兹贝格先生做了权威性的总结。

“我完全同意这句话，”我和颜悦色地回答，“并且百分之百地支持这项计划，只要这件事的具体执行全部由犹太人来经手！”

“哦，”胡佛先生很爽快地说，“这是办不到的。”

沿第五大道，可以听到一些油嘴滑舌的青年纳粹分子站在小小的红木讲台上，向三五成群的人大放厥词。有一个纳粹分子说：“希特勒的哲学，是对这个工业时代的问题做出的深刻周密的研究；这个时代里，已经容不下掮客或犹太人了。”

这时有一个女人打断了他。“这是什么话！”她激动地说，“这儿是美国。你以为是在哪儿呀？”

那个奴颜婢膝、油头粉面的年轻人，涎皮赖脸地笑着。“我是在美国呀，偏巧我是一个美国公民。”他油腔滑调地说。

“是吗，”她说，“我是一个美国公民，同时是一个犹太人，如果我是一个男人，我非揍死你不可！”

有一两个人对这个女人发出的威胁表示支持，但多数人都漠不关心，默默地站在那里。旁边一个警察劝住了这个女人。我走开时感到惊奇，简直不能相信自己的耳朵。

过了一两天，我来到一座乡间住宅，皮埃尔·赖伐尔[①] 的女婿尚布

① 皮埃尔·赖伐尔（1883—1945）：法国律师、政客，曾数度组阁。第二次世界大战期间投靠纳粹，组织维希傀儡政权，后以叛国罪被处死。

伦[1]伯爵——一个面色苍白、形容憔悴的年轻法国人——午餐前老是缠着我说话。原来他在纽约看了《大独裁者》的首映。这时他仿佛表示宽大为怀似的说：“当然啦，你那种观点，总不至于是严肃认真的吧。”

“那不过是一部喜剧片罢了。”我回答说。

如果当时我知道纳粹集中营里惨无人道的屠杀和酷刑，我是不会对他那样客气的。那次一共约有五十位客人，四人一桌，他和我们坐到了一起，试图逗引我参加一场政治辩论，但是我对他说，与其谈政治，我宁可吃好菜。后来，听他那样谈话，我举起了酒杯说：“我这是在痛饮‘维希[2]水’呀。”这句话还没说完，只听见另一桌上有人破口大骂起来，那是两个女人，她们唇枪舌剑，各不相让。后来吵得更厉害了，我简直以为她们要扯对方的头发了。一个女人对另一个女人大喊：“我不听你这套混账话。你是个该死的纳粹！”

个纽约富家子弟用宽容的口气问我为什么如此反对纳粹。我说，那是因为他们反对人民。“哦，我明白了，”他说话时好像忽然有了新的发现，“你是犹太人，对吗？”

“反对纳粹的不一定都是犹太人，”我回答，“正常和正派的人都反对他们。”大家说到这里为止，不再谈下去。

一两天后，我应邀去华盛顿美国革命女儿[3]大厅广播《大独裁者》结尾的演说词。在这之前，我还要去会见罗斯福总统，总统要看这部影片，我们已将其送往白宫。当我被领进总统的私人办公室时，总统对我说：“请坐呀，查理；你这部影片在阿根廷给我们招来了不少麻烦。”有关这部影片的事，他总共只提了这么一句。后来一个朋友把这件事概括为一句话，他说：“在白宫，你受到了接待，但不曾被拥抱。”

---

① 尚布伦（1906—2002）：大战时在英国军队中任联络官，后助其岳父赖伐尔进行叛国活动。

② 法国南部城市，附近有矿泉水。1940 年至 1944 年贝当与赖伐尔等于此地设立了亲希特勒的傀儡政府。

③ 一个非营利性组织，成员均为女性，其祖先参加过美国独立战争。

我和总统在一起坐了四十分钟，他敬了我几杯淡马丁尼酒，我不好意思推辞，一口气给干了。临行时我跌跌撞撞地走出了白宫——可就在这个时候，我忽然想起了10点还要去广播。那是一次全国广播，也就是要向六千多万人发表演讲。我接连着洗了几次冷水浴，喝了一些浓烈的黑咖啡，多少才从沉醉中清醒过来。

当时美国还没有参战，所以那天晚上大厅里仍来了许多纳粹分子。我刚开始演讲，他们就咳嗽。声音那么响，听得出那不是真的咳嗽。我一紧张就觉得嘴里干燥，舌头黏在上腭上，怎么也说不出话来。一共要讲六分钟。讲到当中，我停下了，说非喝一口水不可，否则就没法往下说了。大厅里当然没有一滴水，这时我只得让六千万听众等候着。好不容易过了两分钟，才有人用一个信封递了点水给我。这样我总算把那篇演说词讲完了。

二十六

我和宝莲的离异，已经成为一件无可避免的事情。早在拍摄《大独裁者》之前，我们对此就已经心中有数，现在影片拍完，我们必须做出决定了。宝莲临走前留下话，说她要回加州去给派拉蒙拍另一部电影，于是我就独自在纽约消磨了一段时间。后来我的管家弗兰克打电话来，说宝莲回到贝弗利山时，并没在家里住下，而且收拾好东西走了。等我回到家里时，她已经去墨西哥，准备办理离婚手续。那是一个十分凄凉的家。这次的分离，当然使我感到难过，要斩断八年来生活中的联系，确实是一件很不好受的事情。

虽然《大独裁者》已经成为美国人非常喜爱的一部电影，但是，毫无疑问，它也在暗中引发了一些敌对的情绪。我刚回到贝弗利山时，报界的行为中已初现端倪：二十多位记者来意不善地静坐在我家围着玻璃的游廊上。我请他们喝酒，但是他们拒绝了——这情形在招待新闻记者时是罕见的。

“你现在打算做些什么，查理？”一个人显然是代表所有来访的记者，提出了这个问题。

“给《大独裁者》做点宣传工作。”我带开玩笑地说。

我告诉他们，我会见了总统，我的影片给驻阿根廷美国大使馆招来了麻烦，我以为这些都是很好的新闻材料，但他们仍旧保持沉默。停了一会儿，我诙谐地说：“这样看来，我是不大受欢迎的了，对吗？”

“对，是不受欢迎的，”发言人说，“你和群众的关系不大好：你离开这儿的时候也不通知报界一声，我们不喜欢你这种做法。”

虽然我和当地报界的关系不太热络，但我听了这两句话仍感到诧异。事实是：我离开好莱坞的时候，之所以不曾招待报界，是因为我当时很担心，怕那些对《大独裁者》不太友好的人会不等这部影片在纽约上映，就把它给毁了。我已经花了200万美元，可不能冒任何风险。我对他们说，反纳粹的影片，即使是在美国，也有强大的敌人，为了让影片有上映的机会，我决定要在公映之前的最后一刻举行一次预映。

但是，无论我怎样解释，他们仍旧抱着敌对的态度。此后风向开始转变，报刊上散布了恶意中伤的流言蜚语；起先是出现了一些轻微的攻击，编造出一些嘲笑我吝啬的故事；接着就是传播有关宝莲和我的丑恶的谣言。尽管他们肆意进行恶意宣传，但是《大独裁者》仍在英美两国继续打破卖座纪录。

美国虽然还未正式出兵，但是罗斯福已经在和希特勒进行冷战。这时总统的处境是十分困难的，因为一些纳粹分子已经打入美国各机构和组织；不管这些组织自己是否觉察到，它们已被用作纳粹的工具了。

后来，突然传来了日本偷袭珍珠港的惊人消息。严重的打击震动了美国。但是美国立即投入战备，不久就有许多美国军队被派遣到海外去。在这紧要关头，苏联人一面在莫斯科郊外阻挡着希特勒的大军，一面呼吁立即开辟第二战场。罗斯福拥护这一主张；这时纳粹支持者虽然已改为在暗中活动，但是他们的流毒仍在四下散布。他们利用各种方式来离间我们和我们的苏联盟友。恶意的宣传一时甚嚣尘上：“让他们两败俱伤，然后咱们来坐收渔人之利。”他们用尽了一切诡计花招，试图阻止开辟第二战场。此后的日子是令人焦灼的。每天我们都听到苏联人可怖的伤亡数字。一天一天过去了，一星期一星期过去了，许多个月过去了，纳粹仍旧留在莫斯科郊外。

我相信，我的麻烦就是从这个时候开始的。位于旧金山的美国战时苏联难民救济委员会主席打来电话，说美国驻苏联大使约瑟夫·E.戴维斯先生临时患了喉炎，问我是否可以代他发一次言。虽然事出仓促，但我还是应允了，大会定在第二天举行，于是我搭了夜车，第二天早晨8点抵达了旧金山。

委员会安排了一系列招待我的节目——一会儿是这儿午餐，一会儿是那里晚宴——这样一来，我就没时间准备演讲了，可我又是主要发言人。我在席上喝了两杯香槟，这对我后来的发言是有帮助的。

可以容纳万人的大厅里已经座无虚席。台上坐了几位美国海军将领，还有旧金山市长罗西。前面发表的几篇演讲都措辞谨慎，模棱两可。市长说："我们必须承认这一事实：苏联人是我们的同盟者。"他很小心，不多谈苏联人的紧迫情况，不盛赞他们的英勇行为，也不提他们正在浴血奋战、前仆后继，抵挡住了将近两百个纳粹师。我那天晚上感觉到，一般人都抱着这样的态度：我们和自己的同盟者是同床异梦的。

委员会主席事前关照我，尽可能要讲一个小时。这可把我吓坏了。我想最多只能谈上四分钟。但是后来听了这些软弱无力的发言，我不禁怒火上升。我在席卡后面写了四条提纲。接着，又是紧张又是害怕，我在后台来回地踱步，等候着轮到我发言。后来，我听到有人给我做了介绍。

我打了一条黑领带，穿着一件无尾常礼服。台下响起了一片掌声，这给了我一点时间，让我可以镇定下来。掌声静息，我说了一句"同志们！"这时一阵哄堂大笑。笑声平息下去，我又加重语气说："我就是要说同志们。"接着又是一阵大笑，又是一阵掌声。我接下去说："我想，今天晚上这里有许多苏联朋友，你们的同胞正在前仆后继，浴血抗战，所以，管你们叫同志是一种光荣。”许多人在一片掌声中站了起来。

这时候，想起“让他们两败俱伤”那句话，我激动起来。我要对那句话表示愤慨，然而，我的内心却在提醒和阻止我，于是我改变了口气，说：“我虽然不是一个共产党员，但同样是一个人，我知道人类的反应。共产党员和一般人并没什么不同之处；不管他们是缺了胳膊还是断了腿，他们会和我们一样感到痛苦，会和我们一样送了性命。共产党员的母亲也和一般母亲一样。她们听到自己的儿子一去不复返的悲惨消息，会和一般母亲一样痛哭。这一切，我不必身为一个共产党员就会知道。我只要是一个人就会知道。这会儿，苏联有许多母亲正在痛哭，她们的儿子正在做出巨大的牺牲……”

我说了四十分钟，想到什么就说什么。我谈到罗斯福的一些逸事，谈到我在第一次世界大战中募购战时公债时发表的演讲，我的话招得听众们又是笑又是鼓掌——我说得很好。

我接下去说：“现在又打仗了，我在这里讲话，是为了战时苏联难民的救济工作。”我停了一下，又重复了一句：“是为了战时苏联难民的救济工作。钱可以帮助他们，但他们需要的并不单是钱。我听说，同盟国现在有两百万军队在爱尔兰北部闲待着，而苏联人则在单独对抗大约两百个纳粹师。”一时间大厅里鸦雀无声。“苏联人，”我加重语气说，“是我们的盟友，他们现在不但是在捍卫他们的生活方式，同时也是在捍卫我们的生活方式，据我了解，美国人是愿意自己去战斗的。斯大林为此提出了要求，罗斯福为此发出了号召，所以让咱们大家都发出呼吁：让我们现在就开辟第二战场！”

这时响起了一片狂热的欢呼声，持续了七分钟之久。我说出了听众们的心里话。他们不让我再往下说了，他们不停地跺着脚鼓掌。看他们这样顿足狂呼，把帽子扔到了空中，我开始思忖，我是不是说得太多了，说得太过火了。但是接着，一想起千百万正在战斗和牺牲的人，我又对自己怯懦的想法动了气。最后，听众们安静下来，这时我说："既然诸位对这个意见抱有同感，是不是可以请你们每个人拍一封电报给总统？我们希望，他明天就收到一万封电报，要求开辟第二战场！"

大会结束，我觉得当时的气氛紧张得令人难受。达德利·菲尔德·马隆和约翰·加菲尔德陪着我去吃夜宵。"你真有勇气呀。"加菲尔德说，他指的是我的那篇演讲。这句话使我感到很不安，因为我既无意于赢得英勇的名声，更不想要介入一次轰动全国的政治事件。我只是谈出了自己的切身感受，以及自己的主观看法罢了。然而听了约翰的话，我那天晚上一直感到忧郁烦闷。虽然我预感不妙，但焦虑感渐渐转淡，我回到贝弗利山，生活又恢复正常了。

过了几个星期，又有人邀请我在电话里向麦迪逊广场上的一次群众集会发表演说。既然这次演说的目的与上次相同，所以我就接受了邀请——我心里想，为什么不可以接受呢？这次演讲是由几个最有声望的名流和组织发起的。我讲了十四分钟，后来产业工会联合会发表了那篇演讲。从刊行的小册子里可以看出，不是只有我一个人在为此努力：

演说

"苏联战场

将决定民主的存亡"

一大群人事先已经受到叮嘱，不要让掌声打断演讲，所以这时都屏声静气，竭力要听真切每一句话。

于是，连续十四分钟，他们听着美国伟大的人民艺术家查尔斯·卓别林从好莱坞电话里发表的演说。

1942 年 7 月 22 日傍晚，工会会员，以及市民团体、互助会、退伍军人协会、社区团体和教会的会员，共六万人，在纽约麦迪逊广场公园集会，拥护富兰克林·D. 罗斯福总统，要求立即开辟第二战场，更快取得对希特勒和轴心国的最后胜利。

发起这次大集会的，是大纽约地区产业工会联合会的二百五十个分会。温德尔·L. 威尔基[①]、菲利普·默里[②]、西德尼·希尔曼[③]，以及其他许多美国知名人士，都向大会发来热情洋溢的贺电。

那天天气晴朗。讲台上美国星条旗两旁悬挂着同盟国的国旗。公园附近街道上一片人海的上空，是一幅幅拥护总统和呼吁开辟第二战场的宣传画和标语。

大会开始，露西·门罗领唱美国国歌，珍妮·弗罗曼、阿伦·弗朗西斯，以及美国戏剧分会的其他几位名演员表演了文娱节目。主要发言人有美国参议员詹姆斯·M. 米德、克劳德·佩珀，市长 F.H. 拉瓜迪亚，副州长查尔斯·波莱蒂，众议员维托·马尔坎通尼奥、迈克尔·奎尔，以及纽约产联理事会主席约瑟夫·柯仑等。

参议员米德说："我们要赢得这场战争，就必须设法在亚洲、在沦陷的欧洲、在非洲，取得广大人民群众的支持，必须由他们来热心和积极地为自由进行斗争。"参议员佩珀说："凡是那些阻碍我们做出努力的，凡是那些要求采取限制措施的，都是共和国的敌人。"约瑟夫·柯仑说："我们有的是人力。我们有的是物资。我们已经知道赢得胜利的唯一方法，那就是，立即开辟第二战场。"

提到总统，提到第二战场，提到我们英勇的盟友，提到苏联、英国和中国英勇的战士与人民，密集的人群就发出欢呼。后来，查尔斯·卓别林在长途电话中发表了演说。

---

① 温德尔·L. 威尔基（1892—1944）：美国律师、政治活动家，1940 年与罗斯福竞选总统。
② 菲利普·默里（1886—1952）：美国劳工领袖，当时为美国产业工会联合会主席。
③ 西德尼·希尔曼（1887—1946）：美国工会领袖。

拥护总统号召

立即开辟第二战场！

（麦迪逊广场公园，1942 年 7 月 22 日）

苏联战场将决定民主的存亡。共产党人正掌握着同盟国的命运。如果苏联战败，整个亚洲大陆——全世界面积最广大、物产最丰富的大陆——将处于法西斯统治之下。如果整个东方大部分落入日本人之手，法西斯就可以染指世界上几乎所有的重要战时物资。到了那时候，我们还有什么希望可以打败希特勒？

由于运输上存在着困难，由于我们的交通线连绵几千英里，由于钢铁、石油和橡胶都成问题，而希特勒又采取了各个击破的战略，万一苏联战败，我们势必陷入绝境。

有人说，如果发生了以上的事情，战争将延长十年至二十年。然而，依我看，这种说法未免过于乐观。在这种情形之下，面对着这样强大的敌人，将来胜负谁属，是难以预料的。

我们还在等待什么？

现在苏联人迫切需要支援。他们呼吁开辟第二战场。但是，在目前是否可以开辟第二战场这一问题上，一些同盟国持有不同意见。有人说，那是因为同盟国没有充分的给养可以支持第二战场。又有人说，他们是有充分的给养的。还有人说，他们不愿意在这个时刻冒险开辟第二战场，唯恐遭到失败。他们必须等到满有把握和充分准备好了的时候，否则他们是不肯冒险的。

但是，形势能够让我们等到满有把握和充分准备好了吗？能够让我们事事都拿得稳了吗？打仗没有一个十拿九稳的战略。德国人这会儿离高加索只有三十五英里。如果高加索不守，苏联人百分之九十五的石油就要被掠夺。眼看着上万人不断地牺牲，百万人面临死亡，这时候我们就必须把自己的思想亮出来。人民都在向自己提问。我们听说，大队的远征军已经抵达爱尔兰，我们有百分之九十五的护航队正在顺利到达欧洲，两百万全副武装的美国人正在摩拳擦掌，准备上阵。苏联的情况已经这样紧迫，我们还在等待什么？

我们都可以接受

请注意，华盛顿当局和伦敦当局，我们提出这些问题，并不是为了要制造分歧。我们提出这些问题，是为了消除思想上的混乱，为了树立信心，增强团结，取得最后的胜利。你们不论给我们什么样的答复，我们都可以接受。

苏联人正在背城苦战。那是同盟国最坚强的防线。我们守卫利比亚，结果把它丢了。我们守卫克里特岛，结果把它丢了。我们守卫菲律宾群岛和太平洋上的其他岛屿，结果把它们一起丢了。但是，我们可经不起再丢掉苏联，因为那是为民主作战的前线。眼看我们的世界、我们的生活、我们的文化正在崩溃瓦解，我们必须冒一次险。

如果苏联人丢了高加索，将给同盟国的事业带来最大的灾难，到那时，我们可得注意一伙绥靖主义者，他们会从洞里爬出来。他们要向胜利的希特勒求和。他们会说："再多牺牲美国人的性命也没用了，还是让咱们和希特勒做一笔好交易吧。"

谨防落进纳粹的圈套

谨防纳粹设下的圈套。这些纳粹狼都会披上羊皮。他们会把媾和的事向我们说得天花乱坠，我们还不曾觉察，就可能已经被迫接受了他们的意识形态。到那时，我们就会成为他们的奴隶。他们就会夺去我们的自由，控制我们的思想。整个世界将被盖世太保所控制。他们将从空中控制我们。可不是，将来就是要凭这制空权。

制空权一旦落在纳粹手里，对发号施令的纳粹进行的一切反抗都将被摧毁。人类不再会有进步。不再会有少数族裔的权利，不再会有工人的权利，不再会有公民的权利。所有这一切，都将化为乌有。一旦我们听从那些绥靖主义者的话，去跟一个胜利的希特勒讲和，全世界就要受到他的野蛮统治。

我们不妨冒一次险

要警惕那些每逢灾难降临之后，就应运而生的绥靖主义者。

只要我们提高警惕，只要我们保持士气，我们就没什么可怕的。记住这一点：是士气拯救了英国。只要保持士气，我们就能稳操胜算。

希特勒已经冒过很多次险。他最大的一次冒险，就是向苏联进军。上帝保佑，别让他今年夏天突破了高加索。上帝保佑，让他再在莫斯科郊外度一个冬天吧。他不一定能够成功，然而他选择冒险。既然希特勒能冒险，为什么我们就不能冒险？让我们发动攻势。让我们在柏林上空扔更多的炸弹。让我们用格伦·马丁水上飞机解决我们的运输问题。最重要的是，让我们开辟第二战场。

必须在明年春天胜利结束战争

让我们把明年春天胜利结束战争作为行动的目标。你们做工的、你们种田的、你们当兵的，你们世界公民，让我们一起为了这个目标工作和战斗吧。你们华盛顿当局、你们伦敦当局，让我们把这作为我们的目标：必须在明年春天胜利结束战争。

如果我们经常想到这一点，工作时想到它，生活中想到它，我们就会产生一种精神，这种精神将增强我们的力量，加速我们的攻势。

让我们努力投入艰难的事业中吧。要记住：历史上所有伟大的成就，都是由于战胜了看来是不可能的困难而取得的。

我的生活暂时是平静的。但这只是暴风雨前片刻的宁静。下面这段离奇故事的开头倒是很简单的。那是一个星期日，打完了网球，蒂姆·杜兰特对我说，他和一位名叫琼·芭莉的年轻姑娘有一个约会，这位姑娘是保罗·格蒂的女友，她带着蒂姆的朋友 A.C. 布卢门撒尔的一封介绍信，刚从墨西哥城回到美国。蒂姆说他要陪同芭莉小姐和另一位姑娘去吃晚餐，问我是否愿意一起去，因为芭莉小姐曾经表示要见我。后来我们就在珀林诺餐厅里见了面。这位小姐活泼有趣，于是我们四个人一起度过了一个很愉快的晚上，此后我从未想到要再见她。

但是下一个星期日，一些客人来我家打网球，蒂姆把她也带来了。每逢星期日晚上，我总是让仆人们休息，自己去外面吃饭，所以我就邀请蒂姆和芭莉小姐到罗曼诺夫餐厅吃晚餐，餐后我用车把他们送回家。可是第二天早晨她来看我了，问我是不是可以陪她去吃午餐。我说打算到九十英里以外的圣巴巴拉看拍卖，如果她没事的话，不妨和我一起去，我们可以先在那儿吃午餐，然后去看拍卖。那天我买了一两件东西，然后把她送回洛杉矶。

芭莉小姐那年二十二岁，长得高大漂亮，身体结实，胸部异常丰满，穿一套领子极低的夏装，那样袒胸露肩，显得十分动人，一路上激起了我的情欲和好奇心。这时她告诉我，她已经和保罗·格蒂吵翻了，打算第二天晚上就回纽约，但如果我要留她的话，她可以留下来，不再去任何地方。我不觉动了疑，因为这个提议来得太突兀，也太奇怪了。我很坦率地叫她不要因为我的缘故留下。一经把话交代清楚后，我就让她在她的公寓门前下了车，向她道了别。

真没想到，过了一两天她打电话来，说已决定留下来不走，要我当天晚上去看她。坚持就是胜利。她就这样达到了她的目的，而我也就开始常常和她相会，此后那些日子倒也愉快，然而总有点奇特和不寻常。她往往事先不打电话，晚上很迟的时候突然来到我家里。这情形使我不堪其扰。此后，她又会接连着一个星期不见踪影。我虽然不曾说明，但已开始感到不安。不过，只要她一来到，我见她喜笑颜开，就会感到情意难却，对她的疑虑也就消失了。

有一天，我同塞德里克·哈德威克[①]爵士和辛克莱·刘易斯[②]一起吃午餐，谈话中刘易斯提到塞德里克演过的那出《梦里人生》。刘易斯称剧中的布里奇特为现代的圣女贞德，认为可以将这出戏拍成一部精彩的电影。我听了很感兴趣，向塞德里克要剧本看。于是他送了我一本。

过了一两天，琼·芭莉来吃晚饭，我向她谈起了这出戏。她说她也看过，很想演戏里的那个姑娘。我并没有把她说的当真，但是那天晚上她读台词给我听时，我大为惊奇，没想到她会念得那么动人，甚至带有爱尔兰口音。我非常高兴，让她做了一次表情测验，看她是否适合上镜，测验的结果是令人满意的。

我原来对她那些古怪举动所抱有的疑虑完全消失了。说真的，我还以为自己发现了什么新大陆。我把她送进了马克斯·莱因哈特办的戏剧学校，因为她还需要技巧训练；此后，由于她忙于上课，我难得和她见面。我还没买下改编剧本的权利，所以就和塞德里克联系；承他帮忙，终于用 2.5 万美元买下了拍摄电影的权利。然后我和芭莉签了合同，给她的报酬是每星期 250 美元。

神秘主义者相信，我们的生活半属梦境：很难确知，梦境是在哪里结束的，现实又是从哪里开始的。我对此也有同感。于是，接连着几个

---

① 塞德里克·哈德威克（1893—1964）：英国演员。

② 辛克莱·刘易斯（1885—1951）：美国小说家、剧作家，是第一位获得诺贝尔文学奖的美国作家。

月，我一直专心地创作这个电影剧本。后来，离奇古怪的事情出现了。芭莉常常喝得醉醺醺的，驾着她那辆“凯迪拉克”，夜里随时跑来找我，我只得唤醒我的司机，把她送回家去。有一次，她在车道上撞坏了她的车，不得不把它抛在那里。由于她的名字现在已经和卓别林的电影制片厂发生了联系，所以我很担心：如果她因醉酒开车而被警察逮去，会引起流言蜚语。最后，她更加任性胡闹了，有时候深更半夜打电话来，或者自己跑了来，我不接她的电话，也不开门让她进来，她就会砸碎窗子冲进来。整个夜里，我都被噩梦缠绕着。

后来我发现，她已有几个星期没去莱因哈特的学校上课。我为此向她提出质问，她突然宣布，说她不要做演员了，只要我给她们母女俩回纽约的旅费，再付她 5000 美元，她就取消那份合同。这对我来说是求之不得的，我当即同意了她的要求，付了她们母女的旅费和她索要的 5000 美元，很高兴地把她打发走了。

虽然芭莉拍电影的事情告吹，但我并不因买下了《梦里人生》的改编权而懊恼，因为我已经把电影剧本差不多写完，认为那是一个很好的剧本。

旧金山大会召开后，又过了几个月，苏联人仍旧在呼吁开辟第二战场。这时纽约又有人邀我去卡内基音乐厅发表演说。我私下考虑这次是否应当去，最后我想，我已经把这件事发动起来了，我也无意继续下去。但是，过了一天，杰克·华纳在我的网球场上打球时，我向他谈起了这件事，他神秘地摇了摇头。“你别去啦。”他说。

“为什么呢？”我问。

他不肯回答，但是补充了一句：“我警告你：不要去。”

他的话起了相反的作用。这好像是在向我挑战一样。当时，不需要雄辩的口才，也能使一般美国人赞同开辟第二战场，因为苏联人刚在斯大林格勒打了一场胜仗。于是，我和蒂姆·杜兰特一起去了。

出席卡内基音乐厅大会的有赛珍珠、罗克韦尔·肯特[①]、奥逊·威尔斯[②]，以及其他许多知名人士。奥逊·威尔斯那天也发了言，但是我认为，由于反对势力增强，他的措辞很谨慎。他被排在我前面一个发言，他说，既然这次开会是为了救济苏联难民，而苏联人又是我们的盟友，他当然可以谈上几句。但他所谈的都是一些无关痛痒的话。这就更使我决心要说出自己的想法。我一开头就提到了一位专栏作家，因为那位作家指责我对作战指手画脚，我说："瞧他那样疯狂地叫嚣，应当说他是心怀妒忌，对作战指手画脚的人是他。现在的问题是，我们对战略抱着不同的看法：他不相信应当在这时开辟第二战场，但是我相信！"

"在大会上，查理和听众打成了一片。"《每日工人报》这样报道。然而，我当时的心情是复杂的；我虽然感到满意，但同时又很担心。

离开了卡内基音乐厅，我和蒂姆陪同出席大会的康斯坦斯·科莉尔去吃夜宵。康斯坦斯根本不是什么左派，但我那篇演说深深地打动了她。我们到了华尔道夫–阿斯多里亚酒店，那里已经有琼·芭莉几次打来电话留下的条子。我看了不禁毛骨悚然，把它们一下子都撕了，但这时候电话铃又响了。我要吩咐接线生别把电话接进来，但是蒂姆说："可别这样做，你还是接她的电话吧，否则她会跑来大闹的。"

后来她又打来电话，我就去接了。她仿佛又变得像平时那样和气了，说她只是要来看看我。于是我答应了她，但关照蒂姆别单留下我和她在一起。那天晚上她告诉我，自从来到纽约，她就一直住在保罗·格蒂开的那家皮埃尔酒店。我向她扯了一个谎，说我们要再在那里待一两天，还说我打算请她在什么地方吃一顿饭。她坐了半小时，问我是否可以送她回皮埃尔酒店。后来，当她再三要我送她上电梯时，我犯了疑。我只

① 罗克韦尔·肯特（1882—1971）：美国画家，曾为《莎士比亚全集》《坎特伯雷故事集》《十日谈》等创作插图。

② 奥逊·威尔斯（1915—1985）：美国演员、导演。

把她送到了大门口，那是我在纽约见到她的最初一次，也是最后一次。

自从发表了呼吁开辟第二战场的演说，我在纽约的社交活动就日趋减少。再没有人来邀我到豪华的乡间别墅去度周末了。卡内基音乐厅大会后，又有当时为哥伦比亚广播公司工作的作家克利夫顿·法迪曼到酒店里来找我，问我是否愿意在国际电台广播。电台给我七分钟时间发表意见。我都已经准备答应了，但接着他又说，这是凯特·史密斯安排的一个节目。于是我谢绝了他的邀请，说我原来是要发表对作战的看法，但这样就变成了是给“杰洛[①]”做广告了。我并没有开罪法迪曼的意思。他是一位富有才华和学识渊博的好人，听我提到“杰洛”，他脸都羞红了。我立刻觉得很过意不去，恨不得收回自己的话。

此后我收到了各式各样的来信。有一封是美国第一委员会的知名会员杰拉尔德·K. 史密斯寄来的，他要在这个问题上和我展开辩论。其他的来信，有的是邀我去讲学的，也有的是请我呼吁开辟第二战场的。

这时我才意识到，自己已被卷入一场政治风暴。于是我开始分析自己的动机：我在多大程度上是受了演员心理与观众反应的刺激？如果当时我不拍那部反纳粹影片，现在我会投入这场冲动的冒险活动吗？这是不是说明，我对有声电影的愤怒与反感都到了一个更高的程度呢？我想，这些因素都是有关系的，然而最强有力的因素仍是我对纳粹制度的仇恨和鄙视。

---

① 一种作为点心的果冻。

二十七

我回到贝弗利山，继续编写《梦里人生》的电影剧本，一天奥逊·威尔斯来看我，说他打算根据真人真事拍一系列纪录片，其中的一部将基于轰动法国的蓝胡子朗德吕谋杀案[①]，他认为，如果由我来扮演这个角色，一定是精彩的。

我听了很感兴趣，因为这对我来说将是一个转变：此后不再拍喜剧片，也不再像多年来那样自编自导自演了。于是我向他讨电影剧本来看。

“哦，我还没写呢，”他说，“但是，只要把审讯朗德吕的记录都找来，所有的材料就齐备啦。”他接着又说：“我还以为你乐意帮着写这个电影剧本呢。”

我失望了。我说：“要我来帮着写剧本呀，我可没这个兴致。”于是这件事就被丢开了。

但是过了一两天，我忽然想到，可以把朗德吕的故事编成一部极好的喜剧片。于是我打电话给威尔斯。我说：“你建议根据朗德吕案件拍一部纪录片，我倒觉得可以拍一部喜剧片，它和朗德吕的事没关系，但是因为听了你的建议才想到这个主意，所以为了还你这个人情，我愿意给你 5000 美元。”

他嗯呃了几声。

---

① 第一次世界大战后不久，法国发生了朗德吕杀妻的事件。“蓝胡子”原本是法国作家夏尔·佩罗（1628—1703）所写的一篇童话，讲的是蓝胡子骑士拉乌尔多次谋杀妻子的故事，有人以为蓝胡子影射的是英王亨利八世，嗣后又有许多作家写了蓝胡子的故事。

“你听我说，朗德吕案并不是你或者其他什么人新编的故事，”我说，“它是大家都知道的一件事。”

他想了一会儿，然后叫我和他的经纪人联系。谈判的结果是：威尔斯到手 5000 美元，我了清了一切义务。威尔斯接受了这个办法，但提出了一个要求：这部影片拍好后，将注明“本片故事灵感由奥逊·威尔斯提供”。我当时只想到要拍电影，没去注意这一要求。如果早知道他后来要利用这条文字大做广告，我是决不会同意的。

于是我就放下了《梦里人生》，开始编写《凡尔杜先生》。我刚写了三个月，一天琼·芭莉闯到了贝弗利山，我的管家告诉我，她曾打过电话来。我说我无论如何也不去见她。

此后发生的事既卑鄙又阴险。她因为我不肯见她，就强行闯进了我家里，砸碎了窗子，说要打死我，还向我勒索钱财。最后我不得不报警，其实我早就应该这样做了，以前只是因为不愿闹得满城风雨。警务人员和我采取了一致行动。他们说，如果我愿意为她支付回纽约的路费，他们可以暂时不以流浪罪拘捕她。于是我又一次支付了她的路费，警察局警告她，如果她再在贝弗利山附近出现，就要以流浪罪拘捕她了。

也许有人会说，没想到我一生中最大的幸福，竟会是紧随着这样一件卑鄙龌龊的事情来临的。无论如何，阴影终于随着黑夜消失，太阳升起来了。

又过了几个月，一天好莱坞的电影经纪人米娜·华莱士小姐打电话来，说她有一个刚从纽约来的委托人，可能适于扮演《梦里人生》的主角布里奇特。当时我正在为《凡尔杜先生》这个故事不容易写下去而伤脑筋，听了华莱士小姐的话，倒觉得这是一个好消息，我可以重新拍摄《梦里人生》，暂时把《凡尔杜先生》搁下。于是我在电话里问她详细的情况。华莱士说，她的委托人是著名剧作家尤金·奥尼尔的女儿乌娜·奥尼尔。我从前没有会过尤金·奥尼尔，但是因为他的剧本写得很严肃，我就认为他的女儿也很严肃。于是我简单地问华莱士小姐："她会演戏吗？"

"她在东部参加过一个夏季演出的剧团，稍许有一点演戏的经验。你最好是亲自试一试，看她会不会拍电影，"她说，"或者，如果你不愿意主动出面，最好是到我家来吃晚餐，我把她也邀来。"

我很早就去了，一走进客厅，就看见一个年轻姑娘独自坐在火炉旁边。那时华莱士小姐还没回来，我就做了自我介绍，并说我猜想她大概就是奥尼尔小姐。她笑了笑。与我原来想象的完全相反，她长得很清秀，有一种十分动人的、温柔娴静的美。等候女主人的时候，我们就坐在那里闲谈起来。

最后，华莱士小姐回来了，这时她才给我们正式介绍了。华莱士小姐、奥尼尔小姐、蒂姆·杜兰特和我共进了晚餐。我们虽然没有谈到业务，但偶尔也涉及一些这方面的事情。我提到《梦里人生》中的姑娘很年轻，这时华莱士小姐脱口而出，说奥尼尔小姐刚十七岁多一点。我听了很失望。这个角色虽是一个年轻姑娘，但性格却非常复杂，所以需要一个年龄较大、阅历更深的女演员。因此我不得不把聘用她的念头打消了。

但是过了几天，华莱士小姐来电话，问我奥尼尔小姐的事怎样办，因为福克斯电影公司也有意要雇用她。于是我立即和她签订了合同。从此开始了我们俩最幸福的生活，这生活到现在已有二十多年，我希望这幸福永远延续下去。

自从我认识了乌娜，她的幽默感和宽容常常使我感到惊奇；她永远能够体谅别人。由于这一点，以及许多其他原因，我爱上了她。当时她刚满十八岁，但是我深信，她不会像同龄的姑娘那样性情多变。虽然起初我也曾担心，年龄相差太大的配偶不会和谐，但是，乌娜是一个例外。

她很坚定，仿佛是在坚持一条真理。于是我们决定，一俟拍好《梦里人生》就结婚。

我写完电影剧本的初稿，已准备拍摄电影。如果我能把乌娜独特的美丽动人之处搬上银幕，《梦里人生》肯定是一部成功之作。

可就在这个时候，芭莉又闯回来了，她在电话里恬不知耻地对我的管家说，她现在一贫如洗，已经怀孕三个月，但她并没有指控我，或暗示这应由谁负责。这种事肯定是与我无关的，于是我吩咐管家，如果她再在附近胡闹，我不管是否会引起笑话，无论如何会去报警。但是，第二天她高高兴兴地来了，在屋子和花园四周走了几圈。显然，她这是在按照一项预定计划行事。后来我才知道，她请教过一个专写伤感文章的女记者，那个女记者教她回到这里，让警察逮捕。我当面警告她，如果她再不离开那儿，我就要报警了。但是她只是冷笑。这种敲诈和骚扰已使我忍无可忍，于是我吩咐管家打电话报了警。

几小时后，报上已登满了新闻。报纸指控我、辱骂我、诋毁我，说什么她腹内孩子的父亲卓别林抛弃了她，使她穷苦无依，害得她横遭逮捕。一星期后，她以亲父遗弃罪控诉了我。我被告发后，就去找我的律师劳埃德·赖特，说明我已两年没有和这个女人芭莉发生任何关系。

赖特知道我准备拍《梦里人生》，就很慎重地劝我暂时把这件事搁下，还劝我让乌娜回纽约去。但是我们不准备照他的话做。我们也不去理会芭莉这个女人的谎言，或报纸上的报道。既然已经谈到嫁娶，乌娜和我决定就在当时当地结婚。我的朋友哈里·克罗克为我们做好了一切准备。此时哈里为赫斯特工作，答应只拍几张婚礼照片，他解释说我们与其受到其他报纸围攻，还不如由他的朋友露爱娜·帕森斯执笔写一篇报道，专由赫斯特报纸刊出。

我们将在离圣巴巴拉十五英里的宁静小村庄卡平特里亚举行婚礼。但是我们必须先到圣巴巴拉的镇公所登记，才能够领到结婚证。那时是清晨 8 点，镇上还是静悄悄的。登记的配偶中如果有一个是知名人物，登记人员就会按一按桌子底下的秘密按钮，通知报社里的人。因此，为了不让记者围观拍照，哈里事先做好安排，在乌娜没有办完登记手续之前，让我先候在办公室外面。工作人员填写了一般登记事项，记下了乌娜的姓名和年龄，然后说："那么，新郎呢？"

我一走进去，他如获至宝。"啊，这真是意想不到呀！"这时哈里看见他的一只手伸到了桌子底下。但是我们紧催着他办手续，他虽然尽量地磨蹭，但最后只好把证书发给了我们。我们刚离开，正登上汽车，记者们的车就已经驶进了院子。我们没命地驾车飞驶，驶过圣巴巴拉清晨冷落的街道，车一会儿打了滑，一会儿发出尖厉的声音，然后突然拐上一条支路，接着又拐上另一条支路。就这样，我和乌娜躲开了新闻记者，到了卡平特里亚，在那里悄悄地举行了婚礼。

我们在圣巴巴拉租了一幢房子，准备在那里住上两个月。尽管报纸对我疯狂地进行攻击，但因为记者不知道我们在哪里，所以我们过着安静的生活——只是每次门铃一响，就会把我们吓得跳起来。

每天傍晚，我们总是很悠闲地在乡间散一会儿步，留心不要被人看见了认出来。有时候，想到自己被所有的人深恶痛绝，电影事业已成泡影，我就感到非常愁闷。而每逢这种时刻，乌娜总是逗我高兴，读《特里尔比》[①]给我听。这部维多利亚时代色彩浓厚的小说，听来很好笑，尤其是作者连篇累牍地提出了许多理由，说明特里尔比为什么一再慨然牺牲她的贞操。乌娜总是在烧得很旺的炉火前面，在一张安乐椅里，蜷着身体读小说。在圣巴巴拉，虽然我偶尔也感到烦闷，但那两个月是富有浪漫情趣的：有时快乐，有时焦虑，也有时感到绝望。

① 英国小说家乔治·路易·迪莫耶（1834—1896）所写的一部言情小说，后被改编为剧本。

我们刚回到洛杉矶，我的朋友美国最高法院大法官墨菲[1]就告诉了我一个恼人的消息，他向我透露，在一次有几个显赫政要参加的筵席上，他听到一个人说，他们准备“把卓别林关起来”。“万一要打官司，”墨菲法官在信里说，“你最好是请一个名气不大、地位不高的律师，可别去请一个收费昂贵的。”

又过了一些日子，联邦政府终于动手了。报纸老板一致支持政府；在他们心目中，我已是一个十恶不赦的流氓。

这时，我们正在为生父确认诉讼打官司，这是一桩民事案件，按说和联邦政府无关。劳埃德·赖特提议采用血型鉴定法：如果血型不同，就可以证明我绝对不是芭莉所生婴儿的父亲。后来赖特跑来告诉我，说已经和芭莉的律师达成协议：只要我们付给琼·芭莉 2500 美元，她和孩子就可以做一次血型鉴定，如果鉴定证明我不可能是孩子的父亲，她就撤诉。我欣然接受了这一提议。然而，我仍有十四分之一被冤枉的可能性，因为有许多人的血型是相同的。赖特还说明，如果孩子的血型既不和母亲的相同，又不和被指控为父亲的人的相同，那么血型肯定是从第三者那里遗传来的。

芭莉的孩子生下来了，联邦政府启动了大陪审团审查，向芭莉进行调查，目的只是为了要控诉我；至于根据是什么，却是我怎么也想不到的。一些朋友劝我请大名鼎鼎的刑事案辩护律师吉斯勒，于是不顾墨菲法官的忠告，我径自聘请了吉斯勒。这件事我做错了，因为这样就给了人们一个印象，好像我的问题十分严重。劳埃德·赖特和吉斯勒安排了一次会晤，讨论大陪审团将根据哪条法律提出控诉。两位律师风闻，政府将控诉我违反了曼恩法案。

联邦政府有时利用这条法律进行讹诈，以破坏一个政敌的名誉。曼

---

① 墨菲（1890—1949）：美国最高法院大法官（1940—1949）。

恩法案原来是为禁止将妇女拐卖到另一个州卖淫而制定的。自从取消了红灯区，这条法令早已失去立法时的意义，但它仍被用来陷害美国公民。如果有人陪同已离异的妻子越过州境，并和她发生了性关系，他就违反了曼恩法案，可能被判处五年徒刑。现在美国政府就是在玩弄这项法律条文，向我提出控诉。

除了这条令人难以置信的罪状外，政府又找出了一个久已弃置不用的法律程序上的技术细节，给我罗织了另一条罪状，但由于这个细节过于荒诞不经，最后只好放弃。赖特和吉斯勒都认为，这两条罪状都是荒谬可笑的，如果因此被控，我们是不难打赢这场官司的。

这时大陪审团正在进行调查。我很有把握，认为他们是白费心机，因为我知道，芭莉来去纽约时都有她母亲陪着。又过了几天，吉斯勒来看我。“查理，他们控告了你好几件事，”他说，“再过不久，我们就可以看到详情诉状了。到那时候，我会让你知道初审的日期。”

此后的几个星期，就像卡夫卡的故事里所描绘的一样，我一心只想为捍卫我的自由而斗争。如果指控罪名被判成立的话，我就要坐二十年牢。

法院初审结束时，摄影记者和新闻记者大肆活动。他们趁我录指纹的时候，不顾我提出的抗议，一起拥进联邦法院执法官的办公室给我拍照。

“他们可以这样吗？”我质问。

“不可以，”联邦法院执法官说，“可是你禁止不了这些人呀。”我没想到，这句话竟然出自一位联邦政府官员之口。

这时芭莉的孩子已经可以验血了。经过双方律师的协议，选择了一家私人医院，芭莉、她的孩子和我都验了血。

后来，我的律师来了，他声音颤抖着说：“查理，你被宣布无罪！血型鉴定证明，你不可能是孩子的父亲！”

“这真是善有善报！”我激动地说。

这条消息一时成为所有报纸上的重要新闻。一份报纸上登的是：“查尔斯·卓别林被宣布无罪。”另一份报纸上登的是：“血型鉴定证明卓别林绝非生父！”

虽然血型鉴定的结果使联邦政府大丢面子，但是它继续起诉。开庭的日子临近，我只好在吉斯勒家度过冗长沉闷的黄昏，回忆我何时和如何见到琼·芭莉的每一个恼人的细节。旧金山的一位天主教神父寄来了一封很重要的信，说他获悉芭莉被一个法西斯组织雇用，他愿意从旧金山到洛杉矶来作证。但是吉斯勒认为这并不能起什么作用。

我们还收集了许多足以证明芭莉品性恶劣、历史不清白的材料。我们在这方面做了几个星期的工作，但是没想到，一天晚上吉斯勒会突然对大家说，攻击她的人品是一个老办法，这办法虽然曾为埃罗尔·弗林[①]打赢了官司，但这一次倒不一定需要这样做。他说：“即使不用这些无聊的材料，咱们照样可以很容易地打赢这场官司。”这些有关芭莉的背景调查，虽然在吉斯勒看来是无聊的，但我却认为很重要。

我以前还收到过芭莉的一些信。在这些信里，她因为我受了打扰向我表示歉意，对我的慷慨厚道一再致谢。我要用这些信件作证明，因为它们驳斥了报刊上那些恶意的诽谤。现在有一点使我感到高兴，即谣言已经到了尽头，此后报刊只好披露真实情况了。我想，至少在美国公众心目中，我已经是一个清白无辜的人了。

这里我必须提到埃德加·胡佛和他的联邦调查局，因为这次是联邦政府提出了控诉，所以，为检察官搜集证据时，联邦调查局也大大地插了一手。记得，许多年前，我在一次晚宴上见到了胡佛。他冷酷的面容和塌下去的鼻子开始会让我觉得不舒服，但后来我觉得他这个人还是相

① 埃罗尔·弗林（1909—1959）：美国电影演员，曾卷入多场离婚诉讼案。

当可亲的。那次他很热情地和我谈话，说他怎样把一些有教养的人，包括读法律的大学生，吸引来为他工作。

我被控诉后过了几天的一个晚上，埃德加·胡佛和联邦调查局的那伙人在查森餐厅吃饭，坐在距离我和乌娜三张桌子的地方。蒂皮·格雷也在他们的桌旁，1918 年以来我间或在好莱坞看到过此人。这个吊儿郎当、反面类型的人物，有时在好莱坞的宴会上出现，老是咧开嘴傻笑，那样子我看了就讨厌。我总是把他当作一个花花公子，或者演电影的小配角。这时我觉得奇怪，不知道他在胡佛的桌上干什么。乌娜和我站起来，准备离开，我转过身去，而蒂皮·格雷恰巧转过身来，一刹那间我们目光相遇。他装出一副毫不介意的样子咧嘴一笑。我突然明白了那一笑所起的巨大作用。

审判的日子终于到来。吉斯勒关照我 9 点 50 分准时在联邦大厦外和他会齐，然后一起出庭。

法庭设在二楼。我们走进去时，并没引起什么骚动，实际上新闻记者已经不大注意我了。我想，他们从审讯中已经获得很多材料了。吉斯勒让我在一张椅子上坐好，然后他就在法庭里走来走去，和几个人谈话。看起来，不像是我，而像是什么别的人在打官司。

我望了望那位联邦检察官。他正在读文件，一会儿记下一些什么，一会儿又和几个人很亲切地谈笑几句。蒂皮·格雷也在，他不时向我偷偷地瞟上一眼，然后装出毫不介意的样子咧嘴一笑。

吉斯勒在桌上摆了一支铅笔和几张纸，以便审讯时做摘记，我因为不愿意呆坐在那儿看着，就拿起笔来画画玩。这时吉斯勒立刻赶过来。“别画！”他一边悄声说，一边夺过那张纸给撕了，“要是被记者们拿去，他们就会进行分析，得出种种结论。”我画的是一条河和一座乡间小桥，那是我小时候喜欢画的画。

后来，法庭上的气氛紧张起来，所有的人都坐好了。接着，书记员把小木槌敲了三下，开庭了。向我提出的控诉一共有四项：两项有关曼恩法案，另两项涉及一条久已过时、自从美国内战以来就没听过的法律条款，而这样就可以罗织成罪，说我侵犯了一个公民的权利。吉斯勒首先要求对全部控诉不予受理。但这只不过是做做样子而已；正如观众已经买了门票，却要取消一场马戏一样，是不可能办到的。

确定陪审员人选花了两天的时间；必须从二十四位备选的陪审员中选出十二位，双方各有权否决对方选出的六位。陪审员都要受到双方仔细的盘询和严格的查核。审查的程序是这样的：法官和检察官盘问每一个陪审员，了解他是否具备公平判断的条件，他们提出了这样的问题：陪审员读过那些报纸吗？如果读过，可曾受到它们的影响或形成什么偏见？他认识与本案有牵连的人吗？（在我看来，这是一个讽刺性的程序，因为最近十四个月以来，百分之九十的报纸都登满了敌视我的文章。）每次盘问一位待选的陪审员，一共需要大约半小时，在这段时间里，双方的律师各自派出调查员，迅速收集有关这个人的材料。每当一个待选的陪审员被叫进来时，吉斯勒就做些记录，交给调查员，调查员就立即走开。十分钟后，他们回来了，把一张写有信息的条子塞给吉斯勒："约翰·多克斯：服饰用品杂货店职员，已婚，有两个孩子，从来不看电影。""好的，咱们暂时把他留下来。"吉斯勒悄声说。选择就这样进行下去，每一方接受或拒绝一位陪审员，联邦检查官就会小声和他的调查员商量一些什么，蒂皮·格雷偶尔像平时那样笑着向我瞥上一眼。

已经选好八位陪审员了，这时一个女人走进了陪审席。吉斯勒立即说："我不喜欢她。"他重复说："我不喜欢她——她有那么一种神态，是我不喜欢的。"她还在答复问题时，调查员已经把一张字条递给了吉斯勒。"果然，不出我所料，"他看完了字条悄声说："她是洛杉矶《时报》记者！咱们非去掉她不可！再说，对方接受她，也接受得太快了。"我想要仔细地看一看她那张脸，但是看不太真，于是就伸手去取我的眼镜。

吉斯勒急忙扯住了我的胳膊。“别戴眼镜。”他悄声说。我当时的印象是，这位女记者正在想什么心事，但是没戴眼镜我一点也看不清楚。“真倒霉，”吉斯勒说，“咱们只可以再行使两次否决权了，所以，暂时留下她吧。”但是，随着选择程序的进行，他不得不用掉最后的两次否决权，排除两个显然对我们存有偏见的人，于是我们只好接受了这位女记者。

我听双方律师侈谈法律名词，只觉得他们是在做什么与我无关的游戏。尽管所举的罪状听来十分荒谬，但是我心里却在嘀咕，既害怕我会稀里糊涂地被判了罪，但又不相信会发生这样的事情。有时我也会想到我的事业和前途，但它们显得那么渺茫、那么混乱。于是我又把它们抛到脑后，因为我不能一心二用啊！

一个人无论处于什么困境，都不可能永远保持严肃。有一次休庭研究一个法律论点。陪审团离开了，律师和法官退到休息室去了，审判室里只留下了我同一些旁听者和一个摄影记者。摄影记者在等候机会，要给我抓拍一张照片。每当我戴上眼镜看报，他就拿起照相机，于是我摘去了眼镜。这动作把留在审判室里的人都逗乐了。他放下照相机，我又戴上了眼镜。两人好像是在兴致勃勃地玩猫捉老鼠的游戏，他拿起照相机，我摘下了眼镜——旁边的人觉得很有趣。后来又开庭了，我当然摘下了眼镜，装出了一副严肃的神情。

审讯继续进行了几天。这是联邦政府提出的控诉，所以琼·芭莉的相识保罗·格蒂先生，以及两个德国青年和其他几个人，也必须出庭作证。保罗·格蒂被迫承认，他从前就和琼·芭莉相好，并且给过她钱。但是重要的还是她写给我的那些信，她在信里对我的受累表示歉意，并对我的慷慨厚道一再致谢。吉斯勒虽然提出了这些信件作为证据，但法庭拒不接受。我觉得，在这方面，吉斯勒也没有十分坚持。

审讯时证实，在闯进我家之前的一个夜里，芭莉曾经在一个德国青年的寓所里睡了一宿，德国青年不得不在证人席中承认了这件事。

我扮演了这一肮脏龌龊事件的中心人物，这会儿像是在示众。但是，一离开法庭，我就丢开了这一切；我和乌娜安安静静地吃完了晚餐，疲倦得只想去睡了。

除了受审时感到紧张烦恼，我还得每天早晨 7 点起床，一吃好早餐就出门，因为要驾车在洛杉矶热闹的街道上行驶一小时，在开庭前十分钟准时赶到。

最后，案情审讯完毕。双方律师同意用两个半小时的时间做总结。我根本无法想象，他们有什么话可以谈这样长的时间。在我看来，这件事已经十分清楚：政府提出的控诉是完全站不住脚的。我当然不会想到，有可能被判定各条罪名都成立，要坐二十年的牢。我以为法官的判词是毋庸多加推敲的。我想要看看这件事对那位《时报》女记者产生的影响，但这时她的脸偏向了一边。当陪审员都出去考虑裁决时，她也随着一队人，目不斜视地走了出去。

吉斯勒陪我走出审判室，小心地低声对我说："咱们今天一直要等到法庭做出裁决之后，才能离开这儿，但是，"他很乐观地接下去说，"这会儿咱们还可以到外面坐在栏杆上晒晒太阳。"这几句微妙的话，使我觉得一种阴森可怕、无所不在的力量正在悄悄地压迫我，提醒我，我已经成为法律的掌中之物。

这时是 1 点 30 分，我以为最多不过二十分钟就可以做出裁决了。所以我准备索性再等一会儿打电话给乌娜。但是，一个小时过去了！我只好先打了个电话给她，说陪审团还没回来，等我一获悉裁决就让她知道。

又是一个小时过去了，但仍旧没有做出裁决！什么导致了延迟？他们最多只需要十分钟就够了嘛，他们只能做出无罪的裁决嘛。这时我和吉斯勒坐在外面的石头栏杆上，谁也不去提他们在拖延时间，最后吉斯勒不得不看了看表。"4 点了，"他漫不经心地说，"不知道他们为什么会耽搁这么久？"于是我们开始很冷静地讨论，案件中的哪几点会使他们耽搁这么多时间……

4 点 45 分，铃声响了，陪审团已经做出裁决。我的心急跳起来；吉斯勒陪同我走进大厦时，急忙中悄声对我说："不管他们做出什么裁决，你可别流露出感情呀。"检察官激动得气喘吁吁，他越过了我们，沿着楼梯奔进了法庭，他的几个助手兴冲冲地从后面赶上去。蒂皮·格雷跟在最后面，走过我们时扭转头来咧开嘴望了我们一眼。

法庭里很快就坐满了人，气氛紧张极了。虽然我的一颗心快跳到嗓子眼里，但是不知道什么缘故，外表仍旧很镇定。

书记员把槌子敲了三下，表示法官出庭了，于是我们都站起来。等大家又坐好以后，陪审员进来了，这时首席陪审员把一份文件递交给书记员。吉斯勒坐在那儿，耷拉着脑袋，低垂着目光，紧张地悄声嘟哝："如果被判有罪，那可是我从未听说过的最大冤案！"接着又重复说："那可是我从未听说过的最大冤案！"

这时书记员开始宣读那份文件，读到后面，把小木槌敲了三下。在极度的寂静中，他宣布："查尔斯·卓别林，刑事案第 337068 号……有关第一款——"（说到这里，他停顿了好半晌）"现宣布无罪！"

听众中突然发出惊呼声，接着突然又是一片寂静，因为大家都等着书记员往下宣布。"有关第二款……现宣布无罪！"

听众中一时大乱。我以前从来不知道，自己有这么多要好的朋友——他们有的越过了隔开席位的栏杆，紧搂住我吻我。这时我瞥见了蒂皮·格雷。他脸上的奸笑消失了，只留下一副呆板的表情。

法官向我简单地说了这么几句："卓别林先生，以后您不必再来这儿了；现在您没事了。"说到这里，他从座位上伸出手来，向我祝贺，检察官也和我握手，向我祝贺。后来吉斯勒小声说："现在去和陪审员握手吧。"

我走近他们，吉斯勒怀疑的那个女记者站起来，向我伸出手，这时我第一次仔细地看了看她的脸。那张脸长得很美，一看就知道她是聪明、明事理的。和我握手时，她笑着说："一切都很好，查理。这儿仍旧是一片自由乐土。"

我简直说不出话来了，她的话使我震惊。我只能点头微笑，她接下去说："我从陪审员室的窗子里，看见您在来回踱步，我真想关照您别着急。要不是因为有一个人反对，我们十分钟内就可以做出决定了。"

听了这些话，要不落泪是很难的，但是我只苦笑了一声，向她道了谢，然后转身去谢其他的人。他们都热诚地和我握手，除了其中一个女人，她对我怒目而视。我刚要走开，只听见首席陪审员说："快过来，大姐，不要拘束，大家握手嘛！"她勉强地和我握了手，我冷冷地向她道了谢。

乌娜已有四个月身孕，这时正坐在家里的草坪上。那儿只有她一个人；从广播里听到这消息，她晕过去了。

那天晚上，只有我和乌娜两个人，我们安安静静地在家里吃了饭。我们不想看报纸，不想接电话。我不想接见任何人，也不想和任何人谈话，我只感到一阵空虚，觉得受了委屈，仿佛自己的一切都被暴露无遗。连家中用人在旁边都使我感到局促不安。

饭后，乌娜在杜松子酒里调了一些汽水，我们坐在炉火旁喝着，我告诉她为什么会耽搁那么多时间才做出裁决，还谈到那位女记者，她说这里仍旧是一片自由乐土。经过好几个星期的紧张，我们的生活突然转入平淡。那天晚上，我踏着不稳的步子去睡觉，因第二天不必一大早就出庭而感到欣慰。

一两天后，莱昂·福伊希特万格幽默地说："戏剧界里只有你一位演员，将来会因为引起全国的政治对立而列入美国史册。"

我以为确认生父的诉讼已在血型鉴定后结束，但后来它又被提出来。

经过一番巧妙的安排，另一位在当地政界有势力的律师申请复审；他用了一个很狡猾的手法，将孩子的监护权由生母名下转移至法院，这样母亲就可以不致违反自己的协议，仍旧保留那 2500 美元。而法院，现在既然作为监护人，就可以在抚养孩子的问题上向我提起诉讼。

第一次庭审时，陪审员之间意见不一致，我的律师对此很失望，因为他满以为这场官司是稳赢的。第二次庭审时，尽管加州法律承认血型鉴定在确认生父的诉讼中足以证明一切，但我还是败诉了。

我和乌娜一心想离开加州。在结婚的头一年里，我们受尽了烦恼折磨，亟须休息。于是，带着我们的小黑猫，我们搭火车去纽约，然后转赴奈阿克，在那里租了一幢房子。住处远离市井人家，四周是一片荒瘠的石头地，但自有一种特殊的美。那幢很可爱的房了是 1780 年建造的。付了租金，不但有房子住，而且有一个仆人侍候，仆人很尽心地给我们管家，同时还烧得一手好菜。

我们连同房子收下了一条可爱的黑色老猎犬，这猎犬像一个温柔体贴的女人那样陪伴着我们。每到早餐时刻，它总是走到游廊上，先是很斯文地摇摆着尾巴，然后悄悄地趴下来，我们吃早餐时，它并不引我们去注意它。我们的小黑猫第一次见了它，向它又是嘶嘶地嘘，又是呼呼地哼。但是它只把下巴贴在地上趴着，表示它是愿意和睦共处的。

奈阿克的那段生活，虽然显得冷清，但是饶有田园之乐。我们不去拜访任何人，也没任何人来访问我们。这样也好，因为我当时还没有摆脱受审后的难堪。

虽然这场痛苦的考验影响了我的创作能力，但《凡尔杜先生》差不多已近终篇。现在我又想起要把它全部写完。

我原来打算在东部至少住上六个月，让乌娜在那里分娩。但是我没法在奈阿克工作，所以只在那里待了五个星期，我们就回到了加州。

婚后不久，乌娜就表示无意成为演员或明星。这使我感到高兴，因为我终于娶到了一个眷恋家庭的妻子，而不是一个热衷事业的女性。打那时起，我就放弃了拍摄《梦里人生》的计划，重新创作《凡尔杜先生》，直到后来政府粗暴地打断了我的工作。我常常想，电影界损失了一个优秀的喜剧演员，因为乌娜是富于幽默感的。

受审之前，有一天我和乌娜去贝弗利山的一家珠宝店，修理她的梳妆盒。我们在那里等候的时候，就去看一些镯子。有一只镶着钻石和红宝石的镯子非常精致，我们都很喜欢，但是乌娜嫌它太贵了，于是我对珠宝商说，让我们再考虑考虑，后来就离开了那家店。我们一坐上车，我就神情紧张地说："赶紧。快开车！"接着我就把一只手放进口袋，小心翼翼地掏出了她夸赞的那只镯子。我说："趁店员给你看另一些镯子，我把这只拿来了。"

乌娜面色煞白。"哦，你不该拿的呀！"她又开了一段路，接着拐上了一条小街，靠近人行道边停下了。她说："咱们想个主意吧！"接着她又说："你不该拿的呀！"

"可是，现在我已经没法再送回去了。"我说。这时我的假戏再也演不下去了，忍不住哈哈大笑，向她说明我刚才是在闹着玩的，原来，趁她看其他的首饰时，我把珠宝商拉到一边，买下了那只镯子。

"可是你——以为是偷来的——但是又愿意做一个事后的从犯！"我笑着说。

"哦，我是不愿意你再招惹上什么麻烦。"她说。

二十八

在我受审的那些日子里，许多要好的朋友都来安慰我们，他们对我们是那样忠实，那样同情。这些朋友中有萨尔卡·维尔特、克利福德·奥德茨[①]夫妇、汉斯·艾斯勒夫妇、福伊希特万格夫妇，以及其他许多人。

波兰女演员萨尔卡·维尔特常在圣莫尼卡的家中举行晚宴，宾主欢聚一堂。慕名而往的客人有托马斯·曼、贝克特·布莱希特、勋伯格、汉斯·艾斯勒、莱昂·福伊希特万格、斯蒂芬·斯彭德[②]、西里尔·康诺利[③]，以及其他许多艺术家和文人。萨尔卡流寓在哪里，哪里就会成为一个“科佩[④]之家”。

我们经常在汉斯·艾斯勒家遇到贝克特·布莱希特；我记得，这个剪短了头发、显得精力很充沛的人，老是叼着一支雪茄。又过了几个月，我给他看《凡尔杜先生》的剧本，他翻阅了一遍，只给出一句评语：“哦，您写了一部有中国风味的电影剧本。”

我问莱昂·福伊希特万格对美国政局有什么看法。他突发异想地说：“这些事也许是有某种意义的：我在柏林盖好了新房子，希特勒掌了权，结果我搬走了。我在巴黎布置好了一套公寓，纳粹党人开进了巴黎，结

① 克利福德·奥德茨（1906—1963）：美国剧作家，写过很多好莱坞电影剧本。

② 斯蒂芬·斯彭德（1909—1995）：英国诗人、散文作家、文艺批评家。

③ 西里尔·康诺利（1903—1974）：英国小说家、文艺批评家、杂志编辑。

④ 日内瓦北面的一座小镇，邻近日内瓦湖，法王路易十六时代财政大臣内克尔及其女德斯塔埃尔夫人在此筑有私邸，为当时显贵名流聚会之地。

果我又搬走了。现在到了美国，我刚在圣莫尼卡买了一幢房子。”说到这里，他耸了耸肩，意味深长地笑了。

我们有时候还会见到奥尔德斯·赫胥黎[①]夫妇。那时赫胥黎已深受神秘主义的影响。老实说，我倒更喜欢他二十多岁时愤世嫉俗的样子。

一天，我们的朋友弗兰克·泰勒来电话，说威尔士诗人迪伦·托马斯要会见我们。我们欢迎他来。“这么着吧，”弗兰克踌躇地说，“等他清醒的时候，我陪他来吧。”那天黄昏后，门铃响了，我一开门，迪伦·托马斯就跌了进来。我心里想，如果清醒时是这样，不知道他醉酒时又是什么样子。过了一两天，他来吃晚饭，这次人比较清醒。他用低沉宽亮的嗓子，向我们朗诵了一首他写的诗。我已不记得那些形象化的描绘，但“玻璃纸”一词在他美妙的诗句中像日光反照般闪出了异彩。

我们的朋友中，还有我十分崇拜的西奥多·德莱塞。他有时和他娇媚的妻子海伦一起来我家吃晚饭。德莱塞虽然有时怀着满腔怒火，但为人却温和可亲。他逝世后，剧作家约翰·劳森[②]在丧礼上致悼词，要我去抬灵柩，并朗诵一首德莱塞写的诗，我都照办了。

我虽然有时候对自己的事业怀有疑虑，但始终坚信一点：只要能够拍出一部精彩的喜剧片，我的一切烦恼都会随之消失。由于抱着这样坚定的信心，我终于写完了《凡尔杜先生》。剧本很不容易动笔，所以编写一共花了两年时间，但拍摄却只用了十二个星期，打破了我的拍片纪录。后来我把电影剧本寄给了布林办事处，请他们进行审查。不久我就收到复信，我的剧本被认为是应当禁止拍摄的。

布林办事处隶属道德联合会，是电影联合会自己组织的一个审查机构。我也认为审查工作是必需的，但实行起来很困难。我只能提出一点

---

① 奥尔德斯·赫胥黎（1894—1963）：英国小说家、戏剧家、诗人、散文与传记作家，《天演论》作者托马斯·赫胥黎之孙。

② 约翰·劳森（1894—1977）：美国剧作家、电影剧本作家。

建议：我们应为审查工作制定一些灵活的条例，而不是刻板的教条，并且评断时不应根据题材，而应根据高尚的趣味、隽永的智巧和细腻的处理手法。

我认为，从道德观点上来说，对肉体横加残害，或就哲理进行歪曲，与淫荡的描绘同样有害。萧伯纳说得好，在反派腮帮子上揍一拳挺容易，但并不能解决生活中的问题。

在谈到《凡尔杜先生》受审查一事前，我必须简单地介绍一下它的故事内容。凡尔杜这个“蓝胡子”是一个银行小职员，他在经济萧条期失了业，就异想天开，和一些老处女结婚，然后谋财害命。他的发妻是一个残疾人，跟她的小儿子住在乡下，并不知道丈夫干这些罪恶勾当。凡尔杜每谋害一个女人，就像一般小资产阶级的丈夫辛勤工作了一天那样回到家里。他的性格是矛盾的，既有邪恶的一面，又有善良的一面：他给玫瑰花修剪枝条，生怕踩死一条小青虫，同时，花园深处一个焚化炉里正烧着一具被害者的尸体。故事里有许多冷峭的幽默、辛辣的讽刺，以及对社会问题的批评。

负责审查电影的工作人员寄给我一封长信，说明他们禁映这部影片的理由。下面我摘录来信中的一部分：

> ……我们且不去计较那些在概念与含意上看来是反社会制度的部分。有几段故事里，凡尔杜控诉了“制度”，并且抨击了当下的社会结构。我们要请您注意的，是那些更为危险的并且有可能被判罪的地方，因为根据条文……
>
> 如果加以引申，凡尔杜的观点可以概括如下：对他那些残忍的罪行感到震惊是可笑的，因为与战争中那些为法律所允许、被这个“制度”用金色穗带所奖励的大规模屠杀相比，他的行为只不过是一出“屠杀的喜剧”而已。这里，我们且不去就战争究竟是大规模的

屠杀还是合理的杀伤这一点进行辩论，但是事实俱在，凡尔杜在好几段讲话中都大肆吹嘘了他那些罪行的道德价值。

可以更简略地申述一下我们不能接受这个故事的第二个主要原因。这个故事大部分讲的是一个骗子，他诱骗了许多女性和他非法结婚，把她们的钱财都弄到了手。在这一方面，故事里有一些地方表现了淫乱的、恶劣的趣味，我们认为那是要不得的。

他们提出了许多具体的反对意见。我现在先从剧本中摘引一两页有关莉迪亚的描写来试举一个例子，莉迪亚这个老太婆也是凡尔杜骗娶的妻子之一，那天晚上他正要向她下毒手。

莉迪亚走进光线朦胧的门厅，扭熄了灯，然后回到卧室里，可以看见卧室里的灯亮了，光线照射进黑暗的过道中。这时凡尔杜慢腾腾地走进来。门厅尽头是一扇大窗，从窗子里可以看到一轮满月闪耀着清辉。凡尔杜陶醉在月色中，慢慢地走向窗口。

凡尔杜 ［低声说］多美啊……这样苍白、恩底弥翁[①]的一刻……

莉迪亚的声音 ［从卧室内传来］你在说什么呀？

凡尔杜 ［迷茫地］恩底弥翁，亲爱的……一个被月亮迷住了的美少年。

莉迪亚的声音 得啦，别老是去想他啦，来睡觉吧。

凡尔杜 好的，亲爱的……软绵绵，我们踏着那落红。[②]

他走进了莉迪亚的卧室，门厅里空了，半明半暗，只有照射进

① 希腊神话中，月亮女神爱恋的一个英俊的牧羊人。英国诗人济慈和美国诗人朗费罗等都写过以其为题的诗。

② 引自济慈《恩底弥翁》中的诗句：啊，不怕死的人！/我竟敢撮起双颊，/将她的面颊紧凑向/我的丹唇，/于是，就在那片刻，/只觉得浑身/浸入暖融融的气流，/又稍停，/软绵绵，/我们踏着那落红。

来的月光。

凡尔杜的声音 ［从莉迪亚的卧室中传来］瞧那月亮。我从来没见过它这样光辉灿烂！……这色眯眯的月亮。

莉迪亚的声音 色眯眯的月亮！瞧你这个傻子……哈哈！哈哈！色眯眯的月亮！

音乐迅速增强，到后来声音高得可怕了，接着镜头渐隐，等到渐显时已是第二天早晨。仍旧是那条过道，但此刻那里已布满阳光。凡尔杜哼着曲调，从莉迪亚的卧室里走出来。

审查人对以上一场提出的反对意见是："请将莉迪亚的这句话'得啦，别老是去想他啦，来睡觉吧'，改为'……去睡觉吧'。我们以为，以上的所有动作，应避免使观众有这种感觉，即凡尔杜和莉迪亚将恣意贪欢作乐。再请改去'色眯眯的月亮'这一重复出现的句子，以及第二天早晨凡尔杜哼着曲调从他妻子卧室里走出来的那个动作。"

他们下一个反对的，是凡尔杜和他在一天深夜里遇见的那个姑娘的对话。他们说，根据描绘，那个姑娘显然是个妓女，因此这一段不能用。

我故事里的这个姑娘当然是一个暗娼，如果以为她到凡尔杜的公寓里只是为了要看看他的蚀刻画，那未免太天真了。但是凡尔杜之所以挑中那个姑娘，只是为了要利用她试验一种毒药，这种毒药她服后不会留下任何痕迹，但离开他的公寓一小时内就会毒发毙命。这样的一个镜头，是不可能具有淫荡、挑逗性质的。我原来的剧本里是这样写的：

镜头渐隐，渐显出的是巴黎一家家具店楼上凡尔杜的寓所。两人走进屋子，凡尔杜发现姑娘雨衣里藏了一只在街上拾到的小猫。

凡尔杜 你喜欢猫吗？

姑　娘 不太喜欢，可是，瞧，它浑身又湿又冷。你这儿大概找不出一点牛奶来喂它吧？

凡尔杜 你猜错啦，这儿有的是牛奶。由此见得，情况并不像你想象的那样毫无希望。

姑　娘 我的话听起来很悲观吗？

凡尔杜 是呀，但是我不相信你是一个悲观的人。

姑　娘 为什么呢？

凡尔杜 在这样一个夜里跑出来，你肯定是乐观的。

姑　娘 我根本不乐观。

凡尔杜 经济上有困难，是吗？

姑　娘 ［讥讽地］你的观察能力可真强。

凡尔杜 这一行干了多久？

姑　娘 哦……三个月了。

凡尔杜 我不相信。

姑　娘 为什么？

凡尔杜 像你这样的漂亮姑娘，应该不至于沦落至此吧。

姑　娘 ［傲慢地］谢谢。

凡尔杜 老实告诉我吧。你是刚离开医院，还是监狱……到底是哪儿？

姑　娘 ［显出了愉快，但带有挑衅的神情］你要知道这些干什么？

凡尔杜 因为，我要帮助你呀。

姑　娘 原来是位慈善家，是吗？

凡尔杜 ［殷勤地］正是……并且，我是不要报酬的。

姑　娘 ［仔细打量他］这是怎么回事……是救世军吧？

凡尔杜 得了。如果你这样想，你可以请便啦。

姑　娘 ［干脆地］我是刚从监狱里出来的。

凡尔杜　为什么把你关进去?

姑　娘　［耸肩膀］问它做什么，还不是为了那些事。他们管它叫轻微盗窃罪……把一架租来的打字机送去当了。

凡尔杜　哎呀，哎呀……你就没有更好的办法了吗?究竟被判了多久?

姑　娘　三个月。

凡尔杜　所以，今天是第一天出狱。

姑　娘　是的。

凡尔杜　你肚子饿吗?

她点点头，苦笑了一声。

凡尔杜　那么，我去烧点吃的，你到厨房里帮我把它们端出来。来呀。

他们一同走到了厨房里。他一边准备炒鸡蛋，一边帮她把一些夜宵放在一只托盘上，由她端进客厅。她一走出厨房，他就小心翼翼地在后面盯着她，接着赶快打开小橱，拿出毒药，倒在一瓶红葡萄酒里，然后赶快塞紧了瓶塞，把那瓶酒和两只酒杯放在一只托盘上，走到客厅里。

凡尔杜　我不知道，这些是不是合你的口味……炒蛋、吐司，再来点红葡萄酒。

姑　娘　太美啦!

她放下了刚在看的一本书，打了一个哈欠。

凡尔杜　我看，你累了，等一吃完夜宵我就送你回旅馆去。

他拔出瓶塞。

姑　娘　［仔细打量他］你真是一个好人。我不明白，你为什么待我这样好。

凡尔杜　为什么不可以这样呢?［说时把毒酒斟在杯子里］难

道，待人好一点，是一件稀罕的事不成？

姑　娘　我已经开始有这种想法了。

他装出要把酒斟在自己的杯子里，但这时找了一个借口。

凡尔杜　哦，还有吐司！

他拿着那瓶酒走进厨房，赶快在那里调换了另一瓶，拿起吐司，又走向客厅。他走进客厅，把吐司放在桌上［说了声“喏！”］，然后用调换过的瓶子给自己斟了一杯酒。

姑　娘　［露出困惑不解的神气］你这人真怪。

凡尔杜　我？为什么？

姑　娘　我不知道。

凡尔杜　啊，你饿了，请用餐吧。

她开始吃夜宵，他看见了桌上的书。

凡尔杜　你看的是什么书？

姑　娘　叔本华的书。

凡尔杜　你喜欢他的书吗？

姑　娘　马马虎虎。

凡尔杜　你看过他论自杀的那篇文章吗？

姑　娘　我对那篇文章并不感兴趣。

凡尔杜　［有一种催眠的力量］如果死的方法挺简单，你也不感兴趣吗？喏，比如说，你去睡觉的时候，并没想到会死，可是生命突然结束了……难道，你不觉得这比过现在这种苦闷的生活更好吗？

姑　娘　我不知道……

凡尔杜　觉察到死亡在逐渐临近，那才是可怕的。

姑　娘　［陷入沉思］我在猜想，那些没离开母胎的人，如果知道生命正在逐渐临近，他们会一样感到害怕的。

凡尔杜表示赞赏地微笑起来，接着就去喝他的酒。她端起了她那杯毒酒要喝，但是又放了下来。

姑　娘　［在考虑什么］可是，生活是美妙的呀。

凡尔杜　它美妙在哪儿了？

姑　娘　一切都是美妙的……春天的早晨，夏天的夜晚……音乐、艺术、爱情……

凡尔杜　［鄙夷地］爱情！

姑　娘　［微露出挑衅的神气］爱情的确是有的。

凡尔杜　你怎么知道的？

姑　娘　我爱过一个人。

凡尔杜　意思是说，你在肉体方面被一个男人吸引住了？

姑　娘　［好奇地］你不喜欢女人，对吗？

凡尔杜　相反，我爱女人……但是，我不赞美她们。

姑　娘　为什么？

凡尔杜　女人都是俗气的……现实的、被肉体的享受支配着的。

姑　娘　［不相信地］胡说！

凡尔杜　一个女人一旦抛弃了一个男人，就会瞧不起他。不管那个男人性情多么好，地位多么高，她照样会抛弃他，去爱另一个不及他的男人……只要那个男人在肉体方面是更有吸引力的。

姑　娘　你真不了解女人。

凡尔杜　你会感到吃惊的。

姑　娘　那不是爱情。

凡尔杜　什么是爱情？

姑　娘　给予……牺牲……就像一个母亲待她的孩子那样。

凡尔杜　［笑着说］你就是那样爱的吗？

姑　娘　是呀。

凡尔杜　爱的是谁？

姑　娘　我丈夫。

凡尔杜　［吃了一惊］你有丈夫？

姑　娘　有过……我坐牢的时候，他死了。

凡尔杜　原来是这么一回事……那么谈点有关他的事情吧。

姑　娘　一言难尽哪……［停顿了一会儿］他在西班牙内战中受了伤……成了一个治不好的残废。

凡尔杜　［向前凑过去］一个残废？

姑　娘　［点点头］因此，我爱他。他需要我……依靠我。他像一个孩子。但是，对我来说，他不单是一个孩子。他是我的宗教……我的生命……我情愿为了他牺牲我自己。

她咽下了眼泪，准备去喝那杯毒酒。

凡尔杜　等一等……瞧那酒里有点瓶塞屑。让我给你换一杯。

他拿起那杯酒，放在餐具架上，另取了一只干净的杯子，把好酒斟在里面。好一会儿，他们默默地喝着酒。后来凡尔杜站了起来。

凡尔杜　时间很晚了，你也累了……喏……［把钱递给她］这点钱可以维持你一两天的生活……祝你一切如意。

她看了看那些钱。

姑　娘　哦，太多啦……我没想到……［双手捂着脸哭起来］我真蠢……瞧我多么蠢。我已经开始对一切失去信心。可是现在，遇到了你，我又要相信一切都是美好的了。

凡尔杜　可别过分地相信呀。这是一个邪恶的世界。

姑　娘　［摇了摇头］你说的不对。应当说，这是一个是非颠倒的世界，一个非常悲哀的世界……但是，只要有一点善心，就可以使它变得美好起来。

凡尔杜　你还是快点走吧，可别叫你这套哲学把我毒害了。

姑娘走向门口，转身向他一笑，说了句“再见”就走出去了。

审查人对以上这场提出了反对意见，这里我不妨引用几句：

“凡尔杜和姑娘的这几句对话，俱希予以修改：‘在这样一个夜里跑出来，你肯定是乐观的’‘这一行干了多久？’‘像你这样的漂亮姑娘，应该不至于沦落至此吧’。

“应当指出，剧本中涉及救世军的地方，我们认为可能开罪属于这一团体的人士。”

在剧本将近结尾的地方，凡尔杜和那姑娘经过了许多人事变迁，又再次相遇。这时凡尔杜已经穷途末路，可是那姑娘却变得很阔绰了。审查人对于她会变得阔绰表示反对。那一场是这样写的：

镜头渐隐，渐显出的是一家咖啡馆的外景。凡尔杜坐在一张桌前看报，看欧洲战事即将爆发的消息。他会了账走出去。穿过马路时，一辆漂亮的轿车突然拐弯，驶近人行道边，差点把他撞倒。司机刹住车，按喇叭；一个人戴着手套，从车里向凡尔杜招手；他没想到，车窗里的人就是他一度救济过的那个姑娘，这时正朝着他笑。她打扮得很优雅。

姑　娘　你好呀，慈善家先生。

凡尔杜被闹糊涂了。

姑　娘　［接下去说］你不记得我了吗？有一次，你把我带到你的公寓里……那个阴雨天的夜里。

凡尔杜　［惊讶］有这种事？

姑　娘　让我吃饱了，又给了我钱，你送我走，像是在送一位正派的姑娘。

凡尔杜　［嘲笑的口气］当时我准是一个傻瓜。

姑　娘　［诚恳地］不，你非常善良——你这会儿上哪儿去？

凡尔杜　没地方可去。

姑　娘　上车来吧。

凡尔杜坐上汽车。

汽车里面。

姑　娘　［向司机说］到拉法热餐厅……我总觉得，你还是没想起我来……可是，这怎么可能呢？

凡尔杜　［用赞美的眼光瞅着她］看来这是很可能的嘛。

姑　娘　［笑着］你不记得了吗？咱们遇见的那个夜晚……我刚从监狱里出来。

凡尔杜把手指放到唇边。

凡尔杜　嘘！［他指了指司机，再摸了摸窗玻璃］还好……窗子关上了。［他看了看她，露出迷茫的神气］可是你……所有这些……［指指那汽车］这是怎么一回事？

姑　娘　还不是那老一套……穷人发了邪财。自从上次遇见了你，我就走了运。我遇到了一个大阔佬——一个军火制造商。

凡尔杜　我早干这一行就好了。他是怎样一个人？

姑　娘　他非常和气大方，可做起生意来挺辣手的。

凡尔杜　做生意就是要辣手嘛，亲爱的……你爱他吗？

姑　娘　不，可他就是因为这个缘故被我迷住了。

对上述几个镜头，审查人提出了以下反对意见：

“请修改下面的对话：‘你送我走，像是在送一位正派的姑娘’‘当时我准是一个傻瓜’；这样可以使对话中不再含有现在暗示的那种意味；更请在对话中增添一些有关军火制造商的细节，表示他是姑娘的未婚夫；这样观众就不致联想到姑娘是他的姘妇了。”

此外还有一些意见，是反对其他一些镜头，以及一些零星的动作的。这里我引上几条：

不必庸俗地突出那个中年妇女“前面和后面奇怪的曲线”。

不得冒犯歌舞女伶的服装或舞步。更不要拍出吊袜带以上的那截光腿。

有关“搔她屁股”的笑话不可以用。

不应显露或暗示浴室中的用品。

请将凡尔杜所说的“淫荡”一词加以删改。

来信最后说，审查人非常乐意和我讨论这件事，希望电影故事可以既符合电影法规的要求，又不致严重影响了娱乐价值。于是我拜访了布林办事处，随即被领进去见布林先生。过了一会儿，布林先生的助手，一个身材高大、神情严肃的年轻人出来了。他说话的口气是很不客气的。

“你为什么要反对天主教?”他问。

“你为什么要向我提出这个问题?”我反问他。

“瞧这儿，”他把那部剧本猛地向桌上一放，一页页地翻了过去，“在牢房里的那个镜头，罪犯凡尔杜对神父说：‘有什么事情我可以为您效劳的，我的好人?’”

“怎么，难道神父不是一位好人吗?”

“这是无理取闹。”他一边说，一边摆着手表示轻蔑。

“说一个人‘好’，我看不出这有什么无理取闹的意味。”我回答。

我们这样继续讨论下去时，我发现自己已经是在用一种萧伯纳的方式和他对话。

“不能管一个传教士叫‘好人’，要管他叫‘神父’。”

“好吧，那么我们就管他叫‘神父’吧。”我说。

“再瞧这一行，”他指着另一页说，“你让神父说：‘我到这儿来，是要你向上帝求和。’但是凡尔杜回说：‘我和上帝倒能和平共处，可我和人类发生了冲突。’要知道，这是亵渎神明。”

“你可以有你的看法，”我接着说，“我也可以有我的看法。”

“还有这儿，”他打断了我的话，接着就去读剧本，“神父说：‘你犯了罪还不后悔吗？’凡尔杜回答说：‘谁知道罪是个什么玩意儿，罪是在天堂里犯下的，是上帝的堕落天使带到人间来的，谁知道它在神秘的命运中起了什么作用？’”

“我认为，罪恶和美德同样是十分神秘的。”我回答。

“剧本里有很多地方妄谈哲理，”他鄙夷地说，“然后，你让凡尔杜瞧了瞧神父，说：‘如果人人都不犯罪，那您还有什么活可干呀？’”

“我承认，那行有点争议，但是，这也只是为了诙谐招笑，并不是为了侮慢神父。”

“可你老是让凡尔杜演得比神父更出色。”

“你要神父演什么，也演丑角吗？”

“当然不是演丑角，但是，你为什么不让他回答几句有趣的话呢？”

“你瞧，”我说，“犯人已经要就刑了，所以他故意装出了一副满不在乎的神情。神父是始终保持着尊严的，所以说的都是稳重的话。不过，我要再想想怎么改改神父的回答。”

“还有这句，”他接下去说，“‘愿主饶恕你的灵魂。’可是凡尔杜回答：‘为什么不饶恕？灵魂毕竟是属于他的嘛。’”

“这句又错在哪儿了？”我问。

他简单地重复说：“‘为什么不饶恕’！凭他是谁，也不能对神父说这样的话呀。”

“这句话是他的内心独白，等看了电影，你就知道了。”我说。

“你抨击了社会和整个政府。”他说。

“要知道，政府和社会毕竟都不是无懈可击的，也不是不容许人批评的，对吗？”

经过一两处其他的小修改，剧本终于获得通过。凭良心说，布林先生提出的许多批评都是建设性的。后来，他闷闷不乐地说：“别再把那个姑娘演成一个妓女了吧。几乎每部好莱坞电影剧本里都有一个妓女。”

老实说，他这句话使我感到很窘迫。我答应决不突出这个情节。

影片拍好后，先为道德联合会的二三十个成员试映，他们代表了审查团和各宗教团体。我从来不曾像那次试映时那样感到孤独。但是，影片放映结束，灯光刚亮起时，布林就向其他人转过身去。“我认为这部影片没问题……就通过了吧！”他急忙说。

这时大家都不开口，后来另一个人说：“好吧，我也觉得可以通过，没有不同的意见。”但其他人则怒形于色。

布林向他们做了一个苦脸，把手挥了一下：“没问题了，咱们让它通过，好吗？”

大家毫无反应；有的人勉强点了点头。布林不等他们提出反对意见，在我背上拍了拍，说：“好啦，查理，开动吧。”意思是说：“去制作拷贝吧。”

看到他们就这样通过了我的影片，我感到有些惊奇，因为最初他们是要全部禁映的。为什么突然通过了呢，我犯了疑。会不会又是在耍什么别的花招呢？

正在重新剪辑《凡尔杜先生》时，我接到美国联邦法院执行官打来的电话，要我到华盛顿去接受非美行动委员会的讯问。被传讯的一共有十九个人。

当时佛罗里达州参议员佩珀正在洛杉矶，有人建议，我可以去请教他。但是我没有去，因为我的情况不同：我不是美国公民。那次会见佩珀的人一致表示，如果被传到华盛顿，他们要捍卫公民的宪法权利。（后来，这些捍卫自己权利的人，都因为藐视法庭罪坐了一年牢。）

传讯时说明，我将在十天内接到去华盛顿的正式通知；但是，过了不久，又来了一封电报，说讯问日期延迟了十天。

第三次延期后，我发出了电报，说我有一个很大的组织，它的工作已因此停顿，这给我带来了巨大损失；既然非美行动委员会最近在好莱坞讯问我的朋友汉斯·艾斯勒，他们尽可以同时讯问我，这样也可以为政府节省一笔开支。“不过，”我在电报的结尾说，“为了方便你们的工作，我可以奉告一件想来是你们需要知道的事。我不是共产党员，我从未参加任何政党组织。我是一个你们所谓的‘和平贩子’。希望我这几句话不致冒犯了你们。请明确告知，我究竟应当何时去华盛顿。查尔斯·卓别林谨启。”

我收到了一份措辞特别客气的复电，说我不必再去受讯，这件事已经结束了。

二十九

我因为操心这些私人问题，一直没工夫多关心联美电影公司的业务。我的律师警告我说，公司已经亏欠了 100 万美元。从前生意兴隆时，公司每年可以收入四五千万美元，但是记得我最多只分到过两次红利。联美电影公司鼎盛时，没有花一分钱去收购，就拥有四百家英国电影院百分之二十五的股票。我不大清楚，我们究竟是怎样获得这些股份的。想来，那些影院是为了要我们保证给他们供应影片而以此作为一种交换条件吧。另一些美国电影公司，也以同样的方式拥有大量的英国电影院股票。我们在兰克公司[①] 拥有的股份，总额高达 1000 万美元。

但是，后来联美电影公司的股东，一个个都把股票回卖给了公司，公司几乎用光了所有的现金。就这样，我突然发现，负债 100 万美元的联美电影公司，只剩下了我和玛丽·璧克馥两个股份各占一半的合伙人。玛丽来信警告我，银行已经拒绝再向我们提供贷款。我倒并不为此十分担心，因为以前我们也曾闹过亏空，但只要有一部成功的影片，一切困难都会迎刃而解。何况这时我刚拍了《凡尔杜先生》，估计它的票房价值是非常高的。我的代理人阿瑟·凯利预测，它总共至少可以赚到 1200 万美元。如果真是这样的话，公司不但可以偿清欠债，还可以积累 100 万美元的赢利。

我在好莱坞为几个朋友放映了这部影片。影片放映完，托马斯·曼、

① 英国电影发行商约瑟夫·阿瑟·兰克开办的公司，控制了英国电影的制作和在世界各地的发行。

莱昂·福伊希特万格，以及其他几个人都站起来，鼓掌达一分钟。

我满怀信心，启程奔赴纽约，但是刚抵达那里，就遭到了《每日新闻》的攻击：

> 卓别林来至本市，主持其新片的放映。他既然充分扮演了一位“同路人”[①]的角色，我料他不敢出席记者招待会，我要在会上向他提出一两个问题，叫他下不了台。

联美电影公司的宣传人员开始考虑，我这会儿去招待美国新闻记者是否合适。我很恼火，因为前一天早晨我已经招待了外国记者，他们都向我表示热烈欢迎。再说，我不是一个能被谁吓倒的人。

第二天早晨，我们在酒店里包了一间大厅，招待美国记者。记者们喝完鸡尾酒，我走了进去，但立即觉察出一种含有恶意的气氛。我坐在台上一张小桌子后面发言，竭力装得很殷勤地说：

“女士们，先生们，你们好。一切有关我的影片和将来创作计划的问题，凡是你们感兴趣的，都可以提出来，我准备在这儿回答。”

他们一声不吭。“请别同时发言。”我笑嘻嘻地说。

最后，一位坐在前排的女记者问：“你是共产党员吗？”

“不是，”我明确地答复她，“请提下一个问题吧。”

这时一个人在嘟哝着什么。我原来以为他就是我那位供职于《每日新闻》的朋友，但是那位朋友竟然没来。这会儿说话的是一个样子邋遢的人，他没脱去大衣，正俯身凑近一份发言稿在宣读。

“对不起，”我说，“只好请您再读一遍，我一个字也听不出您说些什么。”

---

① 指同情共产党的人士。

他开始读道："我们，代表天主教退伍军人……"

我打断了他的话："我不是到这儿来答复什么天主教退伍军人的问题的，这是一次记者招待会。"

"你为什么不入美国籍？"另一个人问。

"我认为无须改变我的国籍。我把自己看作一个世界公民。"我回答。

下面起了一阵骚动。两三个人同时抢着发言。一个人盖过了其他人的声音："可是，你是在美国赚钱。"

"啊，"我笑着说，"如果您要算钱的账，那咱们可得把问题谈谈清楚。我做的买卖是国际性的；我的收入百分之七十五来自海外各地，美国从这些收入里大大地抽了一笔税，可见，我还是一个花了大钱、应当受欢迎的旅客呢。"

那个天主教退伍军人的代表又逼尖了嗓子说："不管你的钱是不是在这儿赚的，我们在法国登陆[①]的人，看你不做这个国家的公民，都很愤慨。"

"在法国海岸登陆的人也不止您一位，"我说，"我的两个儿子也在那儿，在巴顿[②]的部队里，在最前线，可他们并没像您这样发牢骚，或者夸耀这件事。"

"你可认识汉斯·艾斯勒？"另一个记者问。

"认识的，他是我很要好的朋友，也是一位伟大的音乐家。"

"你知道他是一个共产党员吗？"

"我不管他是什么党员，我不根据政治交朋友。"

"可是，你好像是喜欢共产党人。"另一个记者说。

"没有人会吩咐我应当喜欢谁或仇视谁。现在我们还没到那个

---

① 第二次世界大战中，英美军队于 1944 年 6 月在法国诺曼底登陆，向德军反攻。

② 巴顿（1885—1945）：美国将军，第二次世界大战中任美国第三集团军司令。

地步。”

这时，在气势汹汹的人群当中，有一个人说：“一位艺术家，他给世界上带来了这么多的欢乐，使我们对小人物有了这么深的了解，可是所谓美国报界代表，却这样嘲笑他，还故意要大家仇视和侮辱他，这样，他会做何感想呢？”

我压根没想到会有人向我表示同情，所以直接打断了他：“对不起，我没听清楚，把你的问题再说一遍。”

我的宣传人员用臂肘碰了碰我，小声说：“这个人是为你说话的，他说得很好。”原来他是美国诗人和小说家吉姆·阿吉[①]，当时正在给《时代》杂志写专栏和批评文章。我立刻慌乱失措了。

“很抱歉，”我说，“我没听清——可不可以请您重复一遍？”

“我不知道能否说清楚。”他有点害羞了，接着就把原话大致重复了一遍。

我想不出应当怎样回答他，只好摇摇头说：“我没什么意见……可是，谢谢您。”

此后我无心答复那些问题了。听了他那几句善意的话，我反而软下来了。“很抱歉，女士们，先生们，”我说，“我原来以为，在这次记者招待会上，是要谈谈我的影片，没想到这会变成一场政治辩论，所以我再没其他可以奉告的了。”会后，我心里很不舒服，因为知道自己已被一些人深恶痛绝了。

我仍旧不能十分相信这件事。记得，在《大独裁者》上映之前，我也曾遭到许多攻击，但后来我收到的信却对它赞扬备至，都在祝贺它的成功，它赚的钱比我以往哪一部影片都多。再说，我对《凡尔杜先生》很有信心，认为它准是一部成功之作，而联美电影公司的工作人员也抱

① 吉姆·阿吉（1909—1955）：美国作家。

有同样的想法。

玛丽·璧克馥来电话，说想同乌娜和我一起去看这部影片的首映，于是我们邀请她在“二十一号”餐厅吃晚餐。玛丽到得很晚，她说刚在一个鸡尾酒宴上被人拉住了，一时走不开。

我们抵达电影院时，外面熙熙攘攘，全都是人。我们挤进休息室，看见一个人正对着无线电广播：“查理·卓别林夫妇到了。啊，他们还请来了玛丽·璧克馥小姐，无声电影时代美丽娇小的女演员，现在仍旧是美国的甜心。玛丽，你可以为这次盛大的首映说几句吗？”

休息室里站满了人，玛丽一边向麦克风挤过去，一边仍旧拉着我的一只手。

“现在，女士们，先生们，玛丽·璧克馥来发言了。”

玛丽在推推搡搡的人群中说：“两千年前，基督降生，今天晚上……”这时她再也说不下去了，因为，虽然她仍旧拉着我的一只手，但突然被一群人从麦克风旁边挤开了——此后我常常猜想，她下面还打算说些什么。

那天晚上，电影院内笼罩着一种令人不安的气氛，让人感觉，观众们来这里，只是为了要证明什么。影片一开映，不像从前那样有着一种急切的期待和快乐的骚动，只零零落落地起了一些紧张的掌声，其中还夹杂着几个人的嘘声。我非常不愿意说，然而又不得不承认，那几个人的嘘声，比报界的一切敌意攻击更刺伤了我的心。

影片继续放映，我开始感到心绪不宁，也听到了笑声，但那是分散的。不是从前的那种笑声，不是看《淘金记》、《城市之光》或《从军梦》时的笑声。那是向电影院中另一部分发出嘘声的人挑战的笑声。我的心冷下去了。我再也坐不住了。我悄声对乌娜说：“我要到休息室里去，我受不了啦。”她捏了捏我的手。那张被我揉得皱巴巴的节目单，刺痛了我的掌心，我把它扔在座位底下。我悄悄地走过过道，在休息室里来回踱步。这时我既想要听那些笑声，又想要赶快离开那里。后来我又轻轻地走进放映厅，去看看那儿是什么情形。有一个人笑得比其他人都厉害，那个人肯定是我的朋友，但那是一种牵强的、神经质的笑，仿佛笑的人是要以此证明一件什么事情似的。

此后两小时，我先在休息室里踱步，再在电影院附近的马路上徘徊，然后又进去看电影。那段时间仿佛漫长得过不完似的。电影终于放映完了。写专栏文章的厄尔·威尔逊是一个很正派的人，我在休息室里第一个遇见了他。“我喜欢这部电影。”他把那个“我”字说得特别重。接着，我的经纪人阿瑟·凯利走过来了。他说：“当然，咱们不能指望它总共卖1200万。”我开玩笑说：“就卖个半数也成。”

电影散了场，我们招待大约一百五十位客人共进晚餐，其中有几个是我的老朋友。那天晚上，能在席上觉察出暗潮涌动，大伙虽然喝着香槟，但都显得郁郁寡欢。乌娜悄悄离席，回家去睡了，我在那儿又待了半小时。

贝阿德·斯沃普是我一向喜欢并且认为是很精明的一个人，这时他正在和我的朋友唐纳德·斯图尔特[①]谈论这部电影。斯沃普表示厌恶这部影片。那天晚上只有少数人说了几句恭维我的话。唐纳德·斯图尔特和我已有几分醉意，他说：“查理，他们这些杂种，是要利用你的影片搞政治呀，其实，这部电影是你的成功之作，观众们喜爱看。”

我已将人们的看法置之度外，我已失去反抗的能力，唐纳德·斯图尔特送我回去。我们到了酒店，乌娜已经睡了。

“这是几楼？”唐纳德问我。

“十七楼。”

“天哪！你知道这是一间什么房间吗？这儿就是那个男孩子走到窗台

---

① 唐纳德·斯图尔特（1894—1980）：美国作家、演员。

外面，站了十二个小时，再跳下去自杀的地方呀！”

他谈起了这条新闻，确实使那天晚上的气氛紧张到了极点。然而我相信，在我所拍摄的影片中，《凡尔杜先生》是最能展示我的机智与才华的一部。

出乎我意料的是，《凡尔杜先生》在纽约连续上映六个星期，卖座极盛。但是后来它的票房突然变差了。我问联美电影公司的格拉德·西尔斯，这是什么缘故。他说：“凡是你拍的电影，在头三四个星期里卖座总是好的，因为去看的都是你的老影迷。往后再去看的就是一般观众了；老实说，报刊上已经连续攻击了你十多年，一般观众肯定是受到了影响；所以后来卖座就差了。”

“可是，一般观众总也有幽默感吧？”我说。

“瞧这儿！”他给我看《每日新闻》和几份赫斯特系报纸，“全国各地，看的都是这样的报道。”

一份报纸上的照片，是新泽西某地放映《凡尔杜先生》的情景，该州天主教退伍军团在电影院外布置了纠察员。纠察员们举着这些标语牌：

> 卓别林是同路人。
>
> 外国佬滚蛋。
>
> 不能让卓别林长期喧宾夺主。
>
> 卓别林——忘恩负义的共产党同情者。
>
> 把卓别林赶到苏联去……

一个人尽遇到失意烦恼的事情时，如果没有陷入绝望，一定是因为他能悟通哲理或自我解嘲。格拉德给我看那张纠察员的照片时，我看到电影院外面没有一个买电影票的人，就开玩笑道：“这明明是清晨5点拍的嘛。”但是，在那些没有受到干扰的地方，《凡尔杜先生》的卖座是很好的。

全国各地轮流放映电影的大电影院，起先都来订这部影片。但是后来，它们收到了美国退伍军团和其他压力集团的恐吓信，都纷纷取消了放映。美国退伍军团恐吓电影院老板时，采取了一个很有效的办法，他们威胁，如果哪家电影院上映一部卓别林影片，或是他们所反对的其他影片，他们就要连续抵制那家电影院一年。在丹佛，一些电影院上映了这部影片，头一天晚上卖座极盛，但是，由于受到恫吓，第二天就停映了。

我们在纽约停留的那几天是最不愉快的。我们每天都要收到几个电影院取消放映的通知。此外，又有人对我提起诉讼，说《大独裁者》是抄袭来的；当时报刊与公众都极度仇恨和敌视我，四位参议员又在参议院里攻击我，虽然我要求推迟审讯，但是这个案子仍由陪审团如期参与审判。

我这里要声明一下：我的电影剧本一向都是自己构思创作的。法官刚要审理这个案件，就说他父亲病危，问双方是否同意和解，可以让他去探望父亲。原告看出这场官司还是趁早收场为妙，于是赶紧抓住了和解的机会。正常情况下，我是要坚持把这场官司打下去的。但是，由于我当时在美国不受人欢迎，加上法院施加压力，我很害怕，不知道以后会出什么事故，于是与对方和解了。

原以为《凡尔杜先生》总共可以收入1200万美元，现在希望落了空。它的收入几乎还不够支付摄制费用，于是联美电影公司的经济情况就变得岌岌可危了。玛丽为了节省开支，坚持要辞退我的经纪人阿瑟·凯利，我提醒她，我也是公司里股权占一半的合伙人，她听了很生气。我又说："如果叫我的经纪人回家，玛丽，那么你的经纪人也得开路。"这样一来我们俩就闹僵了，最后我说："现在必须由咱们当中的一个人收购另一人的股份或者卖出自己的股份，那么，就由你来开个价吧。”但是玛丽不肯开价，我也不肯说出一个数目来。

到后来，代表东部轮流上演剧院的一个律师事务所救了我们的急。他们要收购这个公司，愿意支付我们1200万美元——700万美元付现，500万美元用股票抵偿。这真是喜从天降。

“这么着吧，”我对玛丽说，“现在给我500万美元现款，让我退出，其余都是你的了。”她和公司都同意了。

经过几个星期的谈判，文件都已经准备好了。我的律师打电话给我，说：“查理，再过十分钟，你就有500万美元的身家了。”

可是，十分钟后他来电话，说：“查理，那笔交易吹了。玛丽已经提起笔准备签字了，可是忽然说：‘不行！为什么他现在500万美元到手，可是我要再等上两年才能拿到我的份额？’我们跟她讲理，说她可以拿到700万美元——要比你多拿200万美元。可是她的借口是，这样她在所得税方面会遇到问题。”其实，当时是我们最好的一个机会；后来我们不得不以低很多的价钱把公司盘了出去。

回到加州后，我完全摆脱了《凡尔杜先生》给我带来的痛苦，又开始思索新的电影题材。我很乐观，我仍旧不能相信，美国人民已经对我完全失去了好感，会在政治问题上耿耿于怀，会缺乏幽默感，甚至会抵制一个能给他们带来快乐的人。我想到了一个主题，受到这个主题的激发，我不顾一切后果，决心要拍好这部影片。

时代无论怎么变，世人骨子里喜欢的仍是爱情故事。正如黑兹利特所说，情感要比智力更能吸引人，所以它对一件艺术作品的贡献也更大。这次我要写的是一个爱情故事；和《凡尔杜先生》冷酷的悲观主义相比，它完全是别具一格的。更重要的是，这个主题鼓舞了我。

《舞台春秋》的准备工作，总共历时十八个月。我需要为它创作几支可以演奏十二分钟的芭蕾舞曲，并且必须预先设定芭蕾舞的动作，这对我来说几乎是一个难以克服的困难。过去我也曾编制过乐曲，但只是等到影片已经拍好，可以看到舞蹈的动作了，我才开始作曲。这次我全凭对舞蹈的想象，编制了全部音乐。可是，直到音乐都已配好，我仍旧不知道它是否适于跳芭蕾舞，因为芭蕾舞的舞蹈动作，或多或少是要由舞者本人创作的。

由于非常赞赏安德列·叶格列夫斯基[①]的艺术，在芭蕾舞方面我就想要请教他。当时他在纽约，于是我打电话给他，问他是否愿意就不同的乐曲表演他的"青鸟"舞，并推荐一位芭蕾舞女演员。他说必须先听一听音乐。"青鸟"舞是配合柴可夫斯基的舞曲的，一共跳四十五秒钟。因此我写了一支需要演奏那么长时间的舞曲。

我们已经花了好几个月的时间，改编那几支总共需要演奏十二分钟的芭蕾舞曲，还请了一个由五十人组成的交响乐队录音，这时我急于要知道芭蕾舞演员对乐曲的反应如何。最后安德列·叶格列夫斯基和芭蕾舞女演员麦丽莎·海登飞抵好莱坞，来听这支乐曲。他们坐在那儿听的时候，我感到非常拘束和紧张，但是，谢天谢地，他们俩都表示赞许，说乐曲是适于跳芭蕾舞的。看他们伴着乐曲舞蹈，那是我从事电影生涯以来最兴奋激动的一刻。他们的表演令人非常满意，使舞曲增色不少。

遴选女主角时，我提出了几个极难达到的条件：长得美丽，擅长演戏，并且富有感情。经过几个月的物色和试境，我一再感到失望，但总算运气好，我终于和克莱尔·布鲁姆签订了合同，她是我的朋友阿瑟·劳伦茨推荐的。

我们的天性中存在着某种东西，能使我们淡忘仇恨与懊恼。那次的受审，以及受审时受到的种种恶毒讥讽，都像雪花似的消融了。在这段时期，乌娜已经有了四个孩子：杰拉尔丁、迈克尔、乔西和维基[②]。现在贝弗利山的生活又欣欣向荣起来。我们的家被整理得井井有条，一切都

① 安德列·叶格列夫斯基（1917—1977）：美籍俄罗斯芭蕾舞演员和导演。
② 分别为约瑟芬和维多利亚的爱称。

十分顺适。每逢星期日，客人随意来访，我们会见了许多老朋友，其中有到好莱坞来为约翰·休斯顿[①]写剧本的吉姆·阿吉。

那时作家和哲学家威尔·杜兰特也在好莱坞，在加州大学洛杉矶分校讲学。威尔是我的老朋友，他有时也来我家吃晚餐，我们一起度过愉快的夜晚。威尔为人热情，他并不需要什么刺激，单是生活本身就能使他陶醉；有一次他问我："你对美是怎么看的？"我说，我认为美是死亡与美好无所不在的表现，是我们在自然和一切事物中觉察到的带有笑意的悲哀，是诗人能够感觉到的心灵与外物的神秘冥合——它可以是照射在垃圾箱上的一道阳光，也可以是丢弃在阴沟里的一朵玫瑰。埃尔·格列柯[②]曾经从十字架上我们的救世主身上发现了美。

还有一次，我们在小道格拉斯·范朋克家里遇见了威尔·杜兰特。那天克莱门斯·戴恩[③]和克莱尔·布思·卢斯[④]也在。许多年前在纽约，我就认识了克莱尔，那是在一次赫斯特举行的化装舞会上。那天晚上，她穿着18世纪的服装，戴着白色假发，打扮得美丽迷人；起先我也觉得她很可爱，但后来听到她和乔治·摩尔[⑤]这位有修养、会体贴的人争吵起来。我清清楚楚地听见她在一群奉承她的人中责骂乔治："你好像有点神秘，你的钱是打哪儿来的？"

这句话问得人很难堪，尤其是在大庭广众之下。但是乔治仍旧和颜悦色地笑着说："我贩煤，有时还和我的朋友希区柯克玩玩马球，喏，"（这时我刚巧从旁边走过），"我的朋友查理·卓别林知道我的底细。"打那时起，我就对克莱尔有了看法。后来听说她当上了国会议员，为美国政治提出了那条十分高明的标语"全球谎言"时，我也就不以为奇了。

---

① 约翰·休斯顿（1906—1987）：美籍爱尔兰电影剧本作家和导演。
② 埃尔·格列柯（约1541—1614）：西班牙宗教和肖像画家。
③ 克莱门斯·戴恩（1888—1965）：英国小说家、剧作家。
④ 克莱尔·布思·卢斯（1903—1987）：美国国会议员、剧作家。
⑤ 乔治·摩尔（1852—1933）：英国小说家、诗人、剧作家、文艺批评家。

那天晚上，我听到克莱尔·卢斯像是在宣示神谕；这时话题当然转到了宗教问题上（她当时刚皈依天主教），我趁她谈得天花乱坠的时候插嘴道：“一个人用不着把信仰印在脑门上；在圣徒和罪人身上都可以看出来；一切事物中，都有圣灵存在。”那天晚上分手时，我们彼此就有点疏远了。

《舞台春秋》拍好后，我对它的成功抱着无比的信心。我们为几个朋友举行了试映，每个人看了都很兴奋。于是我们准备去欧洲，因为乌娜不愿孩子受到好莱坞的影响，急于送他们去欧洲读书。

三个月前我已申请再入境签证，但是至今还没批下来。后来我就开始料理杂务，准备出国。我已经申报了应缴的税，并将其全部付清。但是国内税务署一经获悉我要去欧洲，忽然发现我欠了更多的钱。他们捏造了一个数目，达数十万美元之巨，并责令我交付 200 万美元押金，押金的数目比他们要我现付的金额多十倍。我的直觉告诉我不应当留下任何押金，应当坚持立即依法解决。这样总算以很小的数目了结了这笔账。现在，既然他们不再提出其他要求，我就又一次申请了再入境签证，结果等候了几个星期也没有答复。于是我去信华盛顿，通知说，如果不愿给我再入境签证，我就要不等签证，径自动身了。

一星期后，我接到移民局的电话，说他们要再向我提出几个问题，问是否可以到我家里来。

“当然可以。”我回答。

来了三个男人和一个女人，女人带了一架速记打字机。其他几个人都带了小的方形公文包——里面明明装的都是录音设备。为首提问的人年纪四十岁上下，身材瘦长，英俊而精明。我发觉他们和我的人数之比是四比一，心想应当让我的律师来的，但是好在我没有什么事情要隐瞒他们。

我把他们领进了由玻璃封闭的走道，女人拿出了她的速记打字机，放在一张小桌子上。其他几个人坐在一张长椅上，把装有录音设备的公文包放在面前。提问的人取出来的档案材料足有一英尺厚，都整整齐齐地摞在旁边的一张桌子上。我坐在他对面。然后他就一页页地翻阅档案材料。

“查尔斯·卓别林是你的真实姓名吗？”

“是的。”

“有人说你名叫——”他说了一个听来非常像外国人的名字，“还说你是从加利西亚[①]来的。”

“不对。我叫查尔斯·卓别林，和我父亲同名，我出生在英国伦敦。”

“你说你从来没有加入过共产党？”

“从来没有。我生平没有加入任何政治组织。”

“你有一次发表演说，用了‘同志们’这个词——这个词是什么意思？”

“就是那个词的意思嘛。去词典里查一查吧。共产党人并没有用那个词的优先权。”

他继续提出这一类的问题，后来忽然问：“你和别人通奸过吗？”

“听我说，”我回答，“如果你们要找一个法律专门名词，好让我离开这个国家，你们不妨直说，我也好结束我的业务，因为我不愿意在任何国家做一个不受欢迎的人。”

“并没有这个意思，”他说，“发放再入境签证时，我们都会提出这个问题。”

“‘通奸’一词的定义是什么？”我问。

我们两人都到词典里去查。“可以理解为‘与有夫之妇私通’。”他说。

我思索了一下。“据我所知，不曾有过。”我说。

---

① 叫加利西亚的地方有两个：一个在西班牙西北部，另一个在欧洲中部，包括波兰东南部和乌克兰西北部的部分地区。

“如果这个国家受到侵略，你愿意为它作战吗？”

“当然愿意。我爱这个国家——我的家在这里，我已经在这里生活了四十年。”我回答。

“可是你始终没有入美国籍。”

“这并不违法呀。而且我在这个国家是缴税的。”

“但是，你为什么要奉行共产党的路线呢？”

“如果你告诉我共产党的路线是什么，我就告诉你我是否在奉行共产党的路线。”

一阵沉默过后，我接着说：“你知道我是怎样招惹上这么多麻烦的吗？”

他摇摇头。

“这件事要感谢你们的政府。”

他吃惊地抬起了头。

“美国驻苏联大使约瑟夫·戴维斯先生，为了捐款救济战时的苏联难民，预备在旧金山发表演说，但是临时患了喉炎，美国政府的一位高级代表问我是否可以代大使说几句话，打那时起，我就吃尽了苦头。”

我被盘问了三个小时。一星期后，他们又来电话，问我是否可以到移民局办事处去一趟。我的律师坚持要和我一起去，他说：“说不定，他们还要向你提出什么问题。”

我们到达那里，受到了殷勤得无以复加的招待。移民局办事处主任是一位很和蔼的中年人，他几乎像是在安慰我似的说：“我很抱歉，我们耽搁了您很久，卓别林先生。但是现在我们已经在洛杉矶新设了一个移民局办事处，我们可以更快地把这件事办妥，用不着公文往返，再去华盛顿申请了。只有一件事还要请问一下，卓别林先生——您打算去多久？”

“最多六个月，”我回答，“我们只是去度假。”

“如果您要在国外多待一些日子，就要申请延长限期。”他把一份文件放在桌上，就走出去了。我的律师赶快去看那份文件。“可不是！”他说，“这就是签证！”

主任拿着一支笔回到屋子里：“请您在上面签个字，卓别林先生。当然，您还得办好旅客登记手续。”

我签好了字，他亲切地拍了拍我的背：“这是您的签证。希望您假期愉快，查理——尽早回来！”

那天是星期六，我们星期日早晨搭火车去纽约。我早就催乌娜去办理启用我的保管箱的手续，以防万一我出了什么事情，因为我大部分财产都在那里面。但是乌娜老是磨蹭，没有去银行办理这项手续。现在是我们在洛杉矶的最后一天了，再过十分钟银行就要关门了。“咱们只有十分钟时间了，赶快去吧。”我说。乌娜遇到这类事情，总是喜欢拖拉。“为什么不可以等咱们度完假，回来以后再去办呢？”但是我坚持要去。这件事我做得很对，否则为了要把我们的财产从这个国家提取出来，我们下半辈子就要靠打官司过日子了。

去纽约的那一天是令人惆怅的。乌娜在收拾整理家中最后一批东西，我站在外面的草坪上，怀着矛盾的心情看那幢房子。我在这幢房子里经历了这么多事情，享受了这么多快乐，又备尝了这么多痛苦。现在，花园和房屋显得这样安静而亲切，我想到要离开它们时，不禁黯然神伤。

我辞退了女仆海伦和男仆亨利，再赶到厨房里去向厨娘安娜道别。我在这种时刻总是显得十分腼腆，而安娜这个肥胖的女人又有点耳聋。“再见啦。”我又说了一遍，然后碰了碰她的胳膊。乌娜是最后一个离开的；后来她告诉我，她看见厨娘和女仆都在那儿哭。我的副导演杰里·爱泼斯坦到车站给我们送行。

横贯美国的旅程使我精神一爽。上船之前，我们在纽约待了一个星期。我正打算要痛痛快快地玩一下，可是我的律师查尔斯·施瓦茨赶来告诉我，联美电影公司的一个前雇员提出控诉，要公司赔偿几百万美元。“这不过是一个妨害诉讼，查理；但我还是希望你躲开它，免得法院传你出庭，可能不让你去度假。”所以最后那四天里，我一直躲在屋子里，不敢陪乌娜和孩子们去纽约各处游逛。但是为《舞台春秋》举行的记者招待会，我一定要出席，也没法顾虑传票会不会递送来了。

给我做宣传工作的克罗克，已经安排了一次午宴，招待《时代》和《生活》杂志的编辑人员，这次我们要在自己名声扫地的情况下勉力做好宣传工作。编辑部办公室里是光溜溜的白色灰泥墙壁，和那次午宴上冷淡的气氛倒是挺相称的，我尽力对一排像太空人那样神情严肃、头发剪短了的《时代》的工作人员竭力表示亲热。菜肴和当时的气氛同样冷淡，淡而无味的鸡肉上面浇了一些淡黄色、薄浆似的肉汁。尽管我出席了午宴，尽管我竭力讨好，并且预备了那些菜肴，但结果仍旧没能把《舞台春秋》的宣传工作做好；这些杂志无情地抨击了这部电影。

报界对于试映的反应当然是不友好的，但是后来有几份大报上却刊出了我意想不到的好评。

三十

清晨 5 点我登上了“伊丽莎白女王”号，看来好像是故意选了一个富有浪漫色彩的时刻，其实说来也可怜，这只是为了要躲开递送传票的法警。我的律师让我偷偷地登上船，把自己锁在房舱里，一直等到领港员下了船才可以走上甲板。由于近十年来接受了不少教训，唯恐再出什么岔子，我就照律师的话做了。

我老早就巴望着和一家人站在上层甲板上，等候那个激动人心的时刻：船离开海岸，平稳地前进，然后驶入另一个世界。可是，现在不能这样做了，我被狼狈地关在自己的房舱里，只好从舷窗里向外张望。

“是我。”乌娜敲门。

我开了门。

“吉姆·阿吉刚赶到，送咱们来了。他正站在码头上。我向他喊，告诉他你在躲避那些递送传票的人，还说你会从舷窗里向他招手。喏，现在他在码头尽头那里。”她说。

我看见吉姆远离人群，站在烈日底下，目光在船身上下搜寻。我赶快摘下我的浅顶软呢帽，从舷窗里伸出胳膊向他招手，乌娜从旁边一个舷窗里向外望。“他还是没看见你。”她说。

吉姆始终没有看见我，而那是我最后一次看见他，他孤零零地站在那儿，仿佛脱离了世上所有人，在那儿东张西望地找我。两年后，他心脏病发作逝世了。

我们的船终于启碇；还没等到领港员离开船，我已经打开房舱门，走上甲板，恢复了自由。瞧那儿——纽约的天际线，显得超然和雄伟，在阳光下迅速地远离我，在烟云缥缈中逐渐地变得更加美丽……当辽阔的大陆消失在迷雾中时，我有一种异样的感觉。

想到一家人要去英国，我心情很激动，但又很舒畅。浩瀚的大西洋洗涤了人的胸襟。我感到自己已经成为另一个人。我已经不再是电影界中一个神秘的人物，不再是一个恶毒诽谤的对象，而是一个带着妻儿去度假的人。孩子们在甲板上尽兴地玩耍，我和乌娜坐在两张帆布睡椅上。这时我体会到了理想的快乐———一种极其近似悲哀的心情。

我们恋恋不舍地谈到那些别离了的朋友。我们甚至谈到移民局工作人员的亲切态度。一个人受了少许礼遇，就会多么容易地心软下来啊——仇恨心理并不是容易滋长的。

我和乌娜打算及时行乐，度一次很长的假，同时由于要为《舞台春秋》的放映做好安排，我们这次休假不是毫无目标的。想到能使工作与娱乐相结合，我们都非常高兴。

第二天的午餐吃得极为愉快。我们的客人有阿图尔·鲁宾斯坦夫妇和阿道夫·格林。可是，刚吃到一半，有人递给哈里·克罗克一封海底电报。他已经准备把电报放进口袋了，可是送电报的人说："人家等着您发无线电报回复。"哈里读着电报脸色就沉下来了，接着他道了一声歉走开了。

后来，他唤我到他的房舱里，把那封电报读给我听。电报上说，美国政府将限制我再次入境；在获准入境之前，我必须先去移民调查委员会，对一些涉及政治和道德的控诉进行申辩。现在合众社来打听，我是否准备对此发表什么意见。

我的每一根神经都紧张起来。我是否能够再回到那个不愉快的国家，这对我已经是一件无所谓的事情了。当时我很想告诉他们：我能够越早离开那种仇恨的气氛越好；美国政府那样对别人进行侮辱，一副道貌岸然的样子，已经使我觉得腻烦；这整件事使我感到厌恶。然而，现在我的全部财产都在美国，一想到美国政府可能会变着法儿没收它们，我就害怕起来。要知道，他们是可以不择手段的。因此我发表了一篇冠冕堂皇的声明，说我要回到美国，对当局提出的控诉进行申辩，说发给我的再入境签证并不是一张“废纸”，而是美国政府给我的一份正式文件等等。

此后我们在船上就再没有安静的时刻了。通讯社从世界各地拍来无线电报，要我发表声明。驶抵南安普顿之前，我们的船第一站先停靠瑟堡，一百多位欧洲新闻记者登上船，要我接见他们。午餐后我在餐厅里安排了一个小时的会见。虽然他们都对我表示同情，但这种煎熬令人感到烦闷和疲劳。

从南安普顿去伦敦，我一路上惴惴不安；比美国政府拒绝我再次入境更为焦虑，我急于要知道，乌娜和孩子们初看到英国乡间景色时会有什么反应。多年来我一直夸赞德文郡和康沃尔郡等英国西南部地区的风景有多么秀丽，可是现在我们经过的都是盖在丘陵上的一排排形式单调的住房，以及一簇簇黯淡的红砖建筑。乌娜说：“它们看上去都是一样的。”

“咱们再等等看，”我说，“这会儿咱们经过的只是南安普顿的外围。”果然，我们一路前进，乡间的景色越来越美了。

我们的火车抵达伦敦滑铁卢站，一大群人又像以前那样热情地等候在那里。我们走出车站时，他们挥手欢呼。一个人说：“瞧你可真能呀，查理。”这话听来令人感到温暖。

最后乌娜和我把事情都料理好了，一起站在沙威酒店六楼我们房间的窗口。我指给她看那座新建的滑铁卢大桥；大桥虽然壮观，但现在对我并没有多大意义，只有桥下那条路引向了我的童年时代。我们默默地站在那里，观赏世界上最激动人心的城市的景色。我也曾赞叹巴黎协和广场上富有浪漫色彩的美景，也曾感受日落时纽约千万扇光彩闪烁的窗户给人的神秘启示，然而我认为，从我们酒店窗户向外看到的伦敦泰晤士河的景色凌驾于一切之上，因为它具有那么一种世俗的伟大气概，一种几乎是十分富有人情味的美。

我向乌娜瞥了一眼，这时她正在那儿仔细观赏下面的景色，在兴奋中显得很紧张，这让她看上去比她的实际年龄二十七岁更为年轻了。自从我们结婚以来，她已经和我共同经受了多次考验；这会儿她凝视着伦敦的全景，阳光在她的乌发上闪耀着，我第一次发现了一两根银丝。当时我没有说什么，但是心里只想将一切都毫无保留地献给她，我只听见她悄声说："我喜欢伦敦。"

自从我上次来到此地，已经有二十年了。在我的视野中，河流蜿蜒曲折，两岸的轮廓已经具有现代的丑恶形式，它们破坏了城市的天际线。至于我的童年时代，一半已经化为煤烟的余烬了。

我陪着乌娜在皮卡迪利和莱斯特广场上漫步，发现那儿已经被一些美国玩意儿弄得面目全非：快餐柜台、热狗摊，以及鲜奶吧；我们还看见一些不戴帽子的青年和穿着牛仔裤的少女，正在到处闲荡。我记得，从前人们学西区居民的穿着打扮，上街都戴着黄色手套，拄着手杖。可是，那个社会已经消失了，已由另一个社会替代了，人们的眼光改变了，爱好不同了。男人听了爵士乐会落泪，行凶已经变为纵欲。这是时代在向前推进。

我们雇了一辆汽车，到肯宁顿去看波纳尔弄 3 号，但是那幢房子已经人去楼空，即将进行翻造。我们在肯宁顿路 287 号门口停下，因为雪尼和我曾随同父亲在那里住过。后来，我们穿过贝尔格莱维亚区，看见从前是华丽的私人住宅的房间里都亮着日光灯，一些职员坐在桌前办公；其他住宅已被改建为层层叠起的长方形的房子，以及玻璃和水泥围起的空间——据说，这一切都代表着进步。

我们有许多问题亟待解决：首先是要将我们的钱从美国提取出来。这就是说，乌娜必须飞回加州，从我们的保管箱里取出所有的东西。她去了十天，回来后把经过详细地说给我听。她到了银行，职员仔细地核对了她签字的笔迹，向她望了望，接着就走开去和银行经理商量了好一会儿。乌娜当时很着急，但他们最后还是让她开了我们的保管箱。

她说，在银行办完一切手续后，她回到贝弗利山的家里。一切仍和我们走时一样，花儿和庭园仍是那样美丽可爱。她颇为伤感，在起居室里独自站了一会儿。后来，她看到我们家的瑞士男仆亨利，亨利告诉她，我们走后，联邦调查局的人去过两次，每次都要盘问他，打听我是一个什么样的人，问他可知道这里是否举行过什么荒淫放荡的聚会，可有裸体的姑娘参加，此外还提出了其他诸如此类的问题。他回答说，我和妻子儿女都过着很安静的生活，于是他们就恫吓他，问他是哪国人，问他来美国多少年了，还要看他的护照。

乌娜说，她一听这些话，不管多么留恋那幢房子，也决意立刻舍弃它。即使我们的女仆看见她走时哭了，也不能打动她，她还是赶紧离开了那儿。

一些朋友问我，怎么会招致了美国人的反感。我最大的罪过是（当时是，现在仍旧是）我这个人是不肯与人同流合污的。虽然我并不是一个共产党员，但我不肯随波逐流地去仇恨共产党。当然这样我就开罪了许多人，其中包括美国退伍军团人员。美国退伍军团从事着具有真正建设性意义的工作，比如制定美国军人权利法案，为退伍军人和军属中的穷苦儿童创办福利等，我并不反对这个组织，因为这些措施都是十分有益的，都是富有人道主义的。但是，一旦军团人员滥用他们的合法权利，并假托爱国的名义，滥用自己的权力去侵犯他人，这就破坏了美国政府的基本结构。这种特权爱国者，可能使美国演变成为一个法西斯国家。

第二，我反对非美行动委员会，因为它就是一个滑头的名称，伸缩性很大，可以用来套住任何美国公民的脖子，钳制他们的言论，而这些人的坦率言论正代表了持不同意见的少数。

第三，我从未打算入美国籍。要知道，也有很多美国人在英国挣钱过活，但并不打算入英国籍；比如，米高梅电影公司的一位美籍经理，每周薪金高达几千美元，在英国生活和工作了三十五年以上，并不曾入英国籍，但英国人从来不介意这件事。

我之所以做这番说明，并不是为了要进行辩解。我写这本书时，一开始就问自己怀着什么动机。动机有很多，但辩解并不是其中的一个。如果总结一下我当时的处境，我可以这样说一句：在许多强大的党派与无形的政府所形成的一种气氛中，我使一个国家对我怀有敌意，从而很是不幸，失去了美国公众对我的好感。

《舞台春秋》在莱斯特广场欧典电影院里放映。因为这部影片不是往常的那种卓别林喜剧片，所以我很担心，不知道观众的反应如何。首映之前，我们先给新闻界举行了一次试映。电影拍好到现在已隔了一段很长的时间，所以我可以客观地评价这部影片了；应当说，看后我很受感动。这并不是自我陶醉，因为我看自己的影片时，既会欣赏其中的某些镜头，也会厌恶其中的另一些镜头。然而我并没有像某位恶意造谣的记者所说的那样，看得哭了起来——再说，即便我哭了，那又怎样呢？如果一个创作者不对他的作品产生感情，那他就很难指望公众会对它产生感情。说真的，我欣赏自己的喜剧片，往往有甚于一般观众。

《舞台春秋》的那次首映，是为了给慈善事业捐款，所以玛格丽特公主[①] 也去了。第二天影片才开始公映。虽然影评是冷淡的，但影片打破了

① 指英王乔治六世之女。

世界票房纪录；尽管在美国受到了抵制，但它的收入仍超过了我以前拍摄的任何一部电影。

我和乌娜离开伦敦去巴黎之前，斯特拉博尔吉男爵在上议院设宴招待我们。席上我坐在赫伯特·莫里森[①]旁边，听说他拥护原子防卫政策，我不禁感到惊奇。我对他说，无论英国如何增强原子反应堆，英国总是一个易受攻击的目标，因为它是一个小小的岛国，等我们已被化为灰烬，也不可能再去进行报复了。我深信，对英国国防来说，最可靠的战略是严守中立，因为我不相信在原子时代里，绝对中立会遭到破坏。但是，莫里森根本不同意我的看法。

使我感到奇怪的是，竟然会有那么多聪明人都主张使用原子武器。我在下议院里见到了索尔兹伯里勋爵，他和莫里森抱有同样的观点，我表示痛恨原子防卫政策，但同时意识到，我的话勋爵听了甚为逆耳。

写到这里，我想应当概括地谈几句我现在对世界形势的看法。由于现代生活越来越复杂，再加上 20 世纪动力学的发展，个人在政治、科学和经济各方面，都被一些庞大的组织所包围，并受到它们的威胁。思想需符合条件，行事需经过批准，举动需获得允许：我们正在成为这一切的牺牲者。

我们之所以会变成这样，是因为自己缺乏文化见解。我们已经不知不觉地变得丑陋和臃肿，失去了审美观念。同时，我们的生活由于追求利润、权力与垄断而变得麻木。我们已经让这些影响蒙蔽了自己，以致完全忽略了那些严重的后果。

缺乏慎重指导或责任感的科学知识，为政客和军人提供了具有强大杀伤力的武器，以至世界上所有人的命运都被这些人所掌控。

一些人的道德责任感和智力才干可以说是不够格的（在许多情况下

---

① 赫伯特·莫里森（1888—1965）：英国工党领袖。

甚至是成问题的），让权力过分集中在那些人手中，到后来就会导致一场毁灭人类的战争。然而，对此我们却熟视无睹，听之任之。

有一次，罗伯特·奥本海默[①]博士对我说："人永远受到求知欲的驱使。"按说这是一件好事，然而我认为，在许多情况下，人们并没注意追求知识带来的后果。博士也同意我的这种看法。有些科学家就像宗教狂热者一样。只顾研究科学，相信他们的发现永远是有益的，认为他们的求知信条就是道德标准。

人类以谋求生存为主要本能。因此独创性的发展先于心灵的发展。可见，科学的进步远远超出了人类的道德行为。

在人类进步的道路上，利他主义的发展是缓慢的。它慢慢地踱步，时时会跌倒，落在科学的后面。只有在环境许可的条件下，它才能发挥作用。要消除贫穷，不能指望利他主义或政府的慈善事业，只能求助于辩证唯物主义。

卡莱尔[②]说过，要世界得救，必得人们思考。然而，只有情势危急，到了迫不得已的时候，人们才会进行思考。

原子裂变的时候，人们陷入困境，必须进行思考。他们必须选择一条道路：或是毁灭自己，或是约束自己；科学的发展势头强迫他们做出选择。在这种情况之下，我相信利他主义最后仍将为人信奉，对人类怀抱的善意终将战胜一切。

自从离开美国后，我们在生活中受到了特殊的待遇。在巴黎和罗马，我们都像凯旋的英雄那样受到欢迎：樊尚·奥里奥尔总统在爱丽舍宫设午宴招待我们，英国大使馆也为我们设了午宴。后来，法国政府授予我荣誉军团军官勋章；同一天，法国戏剧电影作家协会聘我为名誉会员。

---

① 罗伯特·奥本海默（1904—1967）：美国原子物理学家，被誉为"原子弹之父"。

② 卡莱尔（1795—1881）：英国评论家、历史学家、哲学家。

我还收到了该会主席罗歇·费迪南先生特为此事写来的一封非常动人的信。现将该信翻译如下：

亲爱的卓别林先生：

如果有人对于您光临敝地时引起了这样的轰动感到惊奇，那么这些人就根本不会理解我们为什么这样敬爱您；他们也就不会很好地评判人类的价值，不会特意去列举近四十年来您给我们带来的许多快乐，也不会衷心感谢您的教益，或正确评价您大量赐给我们的喜悦，以及您向我们表示的同情；至少可以这样说一句，这些人是完全忘恩负义的。

您是世界上最伟大的人物之一，您和那些取得了最辉煌成就的人齐名。

首先要谈到的是您的天才。天才这一被人滥用了的名词，只有赠给下面这位方才名副其实：这人不但是一位非凡的喜剧演员，同时又是一位作家、一位作曲家、一位电影制片人，更重要的，是一位性情诚恳、气度宽宏的人。而现在，您就是兼具了以上所有这些特点的一位，此外，您又是这么朴实，这就使得您的人格更加崇高，您当然会使现代遭到和您同样折磨的人感到温暖，受到感动。单是具有天才，还不能赢得人们的崇敬，也不能引起人们的爱慕。然而，您所激起的那种情感，却只有“爱”这个字可以代表。

观赏《舞台春秋》的时候，我们笑，发自内心地笑；我们哭，流下真诚的泪——也可以说是您的泪，因为是您赠给了我们眼泪这份宝贵的礼物。

真正的名声永远无法被夺走；只有为人类造福而享有的盛名是有意义的，有价值的，历久不衰的。您的演技之所以成功，是因为您演出时潇洒自如、率真随分，不受教条束缚，但又并非全凭机灵，这是由于您自己从前有过那些苦难、快乐、希望与失望；许多人都理解这一切，因为他们也曾受到难以忍受的痛苦，需要获得同情，经常希望得到安慰，在笑中暂时忘了痛苦，而这种笑也并非是要治愈人的创伤，它只是要给人一些慰藉。

即使我们不知道，但我们仍可以想象出，您曾经付出多么大的代价，才能够练就这套神奇的本领，能使我们哄堂大笑，接着又突然痛哭。人们可以猜想，或者应当说可以看出，您本人经历了多少痛苦，才能那样细致入微地描绘所有那些琐碎的小事，那些事深深地打动了我们，那些事是您从自己的生活片段中汲取来的。

这是因为您的记性很好。您忠实于您所记得的童年生活。您一点也不曾忘记那个时期里自己的悲哀，那个时期里亲人的死亡；您是要别人不再遭受您的那些痛苦，至少是要所有的人都知道如何怀抱着希望。您从来不曾因为一朝得意而忘了您那悲哀的少年时代，名气始终不能把您和过去的历史分割开来——然而说来也可叹，那种情形在一般人中却是屡见不鲜的。

能这样永远怀念您的早年生活，这也许是您最大的优点和最重要的资产，并且，这真实地说明了，群众为什么会那样崇拜您。您细腻的表演，引起了他们的共鸣。您好像是永远与他们心连着心。的确，没有比这更为协调的了：您将编剧、表演、导演等工作合而为一，集合了几方面的才能，为拍摄富有人情味和旨在让人得到教益的影片做出了贡献。

正是由于以上原因，您的作品总是精深博大的。它不受理论的阻碍——甚至极少受到技术的阻碍；它永远是一篇自白、一席私话、一篇祷词。每个观众都是您的伙伴，因为他们所想的和您一样，所感受的和您相同。

单凭您的才能，您已经使一般批评者折服，您已经使他们倾倒。

这可不是一件容易做到的事。一般批评者永远不肯承认：您不但发挥了老式舞剧的可爱之处，而且表现了费多[①]般的极度热情。然而，您确实具有这些特点，同时您还表现出一种使我们联想到缪塞的风度，虽然您并没仿效任何人，也不和任何人相似。而这也是您成名的一个秘诀。

今天，有机会欢迎您来，我们戏剧电影作家协会感到十分荣幸和高兴。原谅我们增添了您的麻烦。我们十分希望您来到我们当中，听我们告诉您：我们是多么敬爱您，您确实是属于我们这个协会的。因为，您影片中的故事是您写的，音乐是您作的，片子是您导演的。此外，作为一位喜剧演员，您的表演也是第一流的。

在这里，您可以会见一些法国作家、戏剧家、编剧、作曲家、制片人：所有这些人，和您一样，都以不同的方式熟悉了您所了解的艰苦工作，知道这工作是光荣的，但也是需要做出自我牺牲的，他们都有着同样的抱负：要使观众受到感动，获得快乐；要让他们看到生活中的种种悲欢离合；要描绘那种失去爱人的恐惧；要同情那些无端受害的人；要满怀希望，本着和平与友爱的精神，去弥补受到损毁的部分。

谨向您表示感谢，卓别林先生。

罗歇·费迪南（签名）

去看《舞台春秋》首映的都是一些知名人士，其中有法国内阁成员和各国使节。但是美国驻法国大使没有去。

我们做了法兰西喜剧院的贵宾，喜剧院特为我们上演莫里哀的《唐璜》，参加演出的是法国一流的艺术家。那天晚上，皇家宫殿里喷泉吐

---

① 费多（1862—1921）：法国著名喜剧作家，他所写的喜剧曾风靡一时。

水，灯火争辉，法兰西喜剧院的学生欢迎我和乌娜，他们穿着18世纪的学校制服，举着亮堂堂的烛架，把我们领进了上层楼厅，那里坐满了全欧洲最美丽的女性。

我们在罗马受到同样的接待，我接受了勋章，总统和部长们都接见了我。那次预映《舞台春秋》时，却发生了一件好笑的事情。文化部长建议我绕过人群，从剧场后门进去。我觉得部长的建议有些古怪，既然人们耐心地候在剧院外想见我一面，为了礼貌起见，我也应当从正门进去，让他们看上一眼。当时我觉得部长露出了一种奇怪的表情，他只是和善地重复说，从后面走可以省却我许多麻烦。但是我坚持不肯，而他也就不再勉强了。

那天晚上预映时，剧院外像往常那样灯火辉煌。我们乘的轿车驶近剧院，人群被绳子远远拦在马路对面——我心想，他们离开得太远了。我竭力装出了潇洒大方的神情，走下轿车，绕到路当中，在弧光灯的照耀下满脸堆笑，学着戴高乐的姿势挥起了双臂。立刻，卷心菜和番茄连珠炮似的在我旁边飞了过去。我一时没看清楚是些什么东西，也不知道发生了什么，后来只听见那位担任翻译的意大利朋友在后面伤心地说："真没想到，在我国会发生这样的事情。"幸好没有掷中我，于是我们三步并作两步走进了剧院。这时我才觉察出当时的情景令人发噱，忍不住哈哈大笑。我的意大利朋友也跟着我笑了。

后来我们才知道，原来闹事的是一些年轻的新法西斯主义者。他们向我扔蔬菜，并无意使用暴力，只不过是要示威罢了。他们当中有四个人当场被捕，警察局问我是否要起诉他们。"当然不要，"我说，"他们都还是年轻的孩子。"（他们是十四岁到十六岁的少年）于是这件事就这么过去了。

在我离开巴黎去罗马之前，主编《法兰西文学》的诗人路易·阿拉贡来电话说，让-保罗·萨特和毕加索想要见我，于是我邀他们共进晚餐。他们说要找一个幽静的地方，所以就选了我酒店的房间。负责宣传工作的哈里·克罗克一经获悉这件事，几乎是歇斯底里地发作了。“这样，咱们离开美国以来所做的工作都白搭啦。”“可是，哈里，”我说，“这儿是欧洲，又不是美国，何况这三位都是世界名人。”当时我已无意再回美国，但我很小心，还没有告诉哈里或其他任何人，因为我还有一些财产留在美国。哈里如此紧张，似乎同阿拉贡、毕加索和萨特聚会一次，就无异于合谋推翻西方民主制度。哈里虽然担心，但后来又特地留下了，让这几位先生在他的纪念册上签了名。那天我没有邀哈里一同吃晚餐。我告诉他，我们以为斯大林会来，不愿这件事被张扬出去。

我对那天晚上的酬酢不太有把握。只有阿拉贡会说英语，而依靠翻译交谈，就像是射击远处的目标，必须等待射击的结果。

阿拉贡轮廓分明，长得很漂亮。毕加索的样子挺滑稽，人家很可能把他当作一个杂技演员或小丑，再也不会想到他是一位画家。萨特有一张圆脸，虽然不容易从他的长相上分辨出他是什么样的人，但可以看出他有一种精明和灵敏的美。他是一个城府很深的人。那天晚上散席后，毕加索领我们到左岸去看他仍在使用的一间画室。我们上楼的时候，看见下面那层楼上一家住宅门口挂了一个牌子：“敝寓非毕加索画室——请更上一层楼。”

我们走进了一间样子十分寒碜、像间堆房似的阁楼，一个连查特顿[①]也不愿意死在那儿的地方。椽子上钉了一枚钉子，上面挂着一只光溜溜的灯泡，我们借着灯光可以看出一张摇摇晃晃的铁床和一只已经坏了的炉子。墙脚下是一堆积满了灰尘的旧油画。他捡起了一幅——塞尚的作品，而且是一幅精品。他捡起了另一幅，接着又是一幅。我们至少看

---

① 查特顿（1752—1770）：英国诗人，一生穷愁潦倒，最后服毒自杀，他的作品多数是死后发表的。

了五十幅名画。我真恨不得向他出一大笔钱，把所有的画都买下来——只是为了要让它们离开那个垃圾堆。在高尔基的“底层”[①]中，埋藏着一座金矿。

① 《底层》是高尔基以客店为背景描写平民生活片段的一个剧本，这里“底层”指贫民窟。

三十一

到巴黎和罗马主持献映后，我们又回到伦敦，在那里住了几个星期。我需要找一所住宅，好把一家人安顿下来。有一个朋友劝我去瑞士。我当然想留在伦敦，但我们不知道那儿的气候对孩子是否合适；再加上我们确实担心限制货币①的问题。

因此，怀着略带忧郁的心情，我们收拾起什物，带着四个孩子到了瑞士。我们暂时下榻洛桑面临湖水的美岸酒店。那时已是秋天，景象萧疏，但群山仍是那么秀美。

接连四个月，我们一直在寻找一所合适的房子。此时乌娜即将生第五个孩子，她很着急，说出院后不愿再住酒店，由于时间紧迫，我忙着到处去找房子，最后在沃韦②稍北科西尔村的德班庄园定居下来。我们没有想到，那座庄园占地三十七英亩，有一片果园，里面有大颗的黑樱桃、鲜美的青皮李、苹果和梨；还有一个菜园，里面种有草莓、玉米和极其可口的芦笋，后来，无论我们外出到哪儿，遇到这些蔬菜当令的时节，总要老远地赶回来。阳台前面是一片占地五英亩的草坪，四周是葱茏的大树，衬托着远处的湖泊和群山。

我聘用了几位很得力的助手：雷切尔·福特小姐为我们安排家务，后来当了我的管家，比尔尼埃夫人担任我在瑞士的英文秘书，这本书的原稿经她用打字机打了好几遍。

---

① 指使用范围受限制、不能兑换外汇的货币。

② 日内瓦湖北岸的一座城镇，以风景优美著称。

我们起初看到这么气派的一所住宅，有点胆怯，不知道我们的收入能否维持开销，但是房东告诉了我们所需的费用，我们算算自己的钱还是够的。就这样我们住进了人口有一千三百五十人的科西尔村。

至少经过了一年，我们才适应了当地的环境。孩子们暂时进了科西尔的村校。他们一下子样样都使用法文，的确是很吃力的，我们担心这样会对他们的心理产生不好的影响。但是，不久他们已经能说流利的法语，看到他们能很好地适应瑞士的生活，我们是很激动的。连孩子们的两个保姆凯凯和平妮，也用功地学起法语来。

我们开始斩断自己和美国的一切关系。这还需要相当长的一段时间。我到美国领事馆上交了我的再入境签证，对领事说，我已决定不再去美国居住了。

“你不打算回去了吗，查理？”

“不去了，”我说时几乎像是在道歉，“我太老了，再招惹不起那些无谓的麻烦了。”

他没发表什么意见，只说了这么几句：“好吧，你如果再要回去，随时凭普通签证都可以去。”

我笑着摇了摇头：“我已经决定在瑞士长住下去了。”我们彼此握了握手，于是这件事就这样结束了。

乌娜决定放弃她的美国国籍。于是，她趁去伦敦的时候，通知了美国大使馆。但是使馆人员说，办这个手续至少需要四十五分钟。“胡说！”我对乌娜说，“要这么长的时间，简直太荒谬了。我陪你一起去。”

我们一到大使馆，因种种侮辱和诽谤所受到的怨气一时迸发，我像一只气球似的爆炸了。我大声问移民局办事处在哪里。乌娜觉得不好意思。一间办公室的房门打开了，一个人走出来说：“喂，查理，你和你夫人进来好吗？”

他肯定已经看出我的来意，所以第一句话就说：“一个美国人要放弃国籍，必须经过全面考虑，并且是在头脑清醒的时候考虑。所以我们要履行询问的手续，这是为了保护一个公民的权利。”

不用说，我觉得这话有它的道理。

他是一个年近六旬的人。“1911 年我在丹佛皇后剧院看过你的演出。”他说时带着责怪的神情瞅着我。

这样一来我的怒气当然平息下去了，于是我们谈起多年前那些快乐的日子。

讨厌的询问结束了，所有的文件都签好了，我们和和气气地道了别，想到自己对这种事感到麻木，我又觉得有些难过了。

去伦敦的时候，我们偶尔也会见一些朋友，这些朋友当中有西德尼·伯恩斯坦、艾弗·蒙塔古、爱德华·贝丁顿-贝伦斯[①] 爵士、唐纳德·奥格登·斯图尔特、埃拉·温特、格雷厄姆·格林、J. B. 普里斯特利、马克斯·莱因哈特，以及小道格拉斯·范朋克等。虽然有些朋友我们不常会晤，但想到他们也会感到快慰，就像我们要驶进某个港口时，知道自己在那儿有个可以停泊的地方而感到高兴一样。

有一次去伦敦，我们接到通知，苏联大使馆将在克拉里奇酒店举行宴会，赫鲁晓夫和布尔加宁想要在那儿会见我们。我们到达酒店时，大堂里已经挤满了来来往往、神情激动的人群。我们由一位苏联使馆人员陪同着，在人群中一路挤了过去。忽然，我们看见赫鲁晓夫和布尔加宁从对面走过来；他们也是一路挤着，脸上的那副表情说明，他们已经感到厌烦，不高兴再等，正要退出去。

赫鲁晓夫即使是在懊恼的时刻，仍旧带着一副幽默的神情。他正挤向出口，陪同我们的人唤道：“赫鲁晓夫！”但是赫鲁晓夫向他挥了挥手，

① 爱德华·贝丁顿-贝伦斯（1897—1968）：英国经济学家。

表示不高兴再等了。陪同我们的人喊："赫鲁晓夫，查理·卓别林！"布尔加宁和赫鲁晓夫都止住脚步，转过身来，脸上露出了喜悦的神情。我真感到得意。我们在汹涌的人潮中互相介绍了。赫鲁晓夫谈了几句话，由一位译员翻译。他说苏联人非常喜欢看我的电影，接着我们就喝了一些伏特加。我觉得里面撒了不少胡椒粉，但是乌娜觉得它的味道不错。

我们好容易在一小圈腾空了的地方一同拍了照。由于声音太吵闹，我们根本没法谈话。"咱们到隔壁屋子里去吧。"赫鲁晓夫说。一群人觉察出了我们的意图，于是一场混战开始了。我们由四个人护卫着，被猛地推进了里面一间屋子。一离开人群，赫鲁晓夫和我们所有的人都舒了一口气。这时我才定下神来，可以安心谈话了。赫鲁晓夫刚刚就他的到来发表了一场绝妙的友好演说。这场演说像是一缕阳光，我告诉他，它给全世界数百万人民带去了和平的希望。

一个美国记者打断了我们的谈话："赫鲁晓夫先生，我听说，令郎昨天晚上离开了学校，进城寻欢作乐来了。"

赫鲁晓夫露出了半恼半笑的神情："我儿子是个很规矩的青年，他准备做工程师，读书很用功，但是我想，他有时候也要找点娱乐。"

我们谈了几分钟，有人来通知说哈罗德·史塔生①先生在外面候见赫鲁晓夫先生。赫鲁晓夫向我转过身来开玩笑说："您介意吗？他是一个美国人。"

我笑了起来，说："我不介意。"后来，史塔生先生和夫人同葛罗米柯②先生及夫人一起快步走进来。赫鲁晓夫向我们道了声歉，说他只过去说几分钟话，接着就走到屋子那面的角落里去同史塔生和葛罗米柯谈话了。

为了找些话说，我问葛罗米柯夫人是否准备回苏联。她说要去美国。我说她和她丈夫已经在美国住了很久。她笑了，有点不好意思的样子。

---

① 哈罗德·史塔生（1907—2001）：美国律师、政治家，曾任明尼苏达州州长、共同安全署署长。

② 葛罗米柯（1909—1989）：苏联外交官，当时任驻英国大使，之前任驻美国大使。

“我倒不在乎，”她说，“我喜欢那里。”

我说：“我不相信，真正的美国是在纽约或太平洋沿岸；就我个人来说，我更喜欢美国的中西部，比如北达科他、南达科他、明尼阿波利斯和圣保罗。我觉得那些地方住的才是真正的美国人。”

史塔生夫人突然激动地说：“啊，听了您这话真高兴！我和我丈夫在明尼苏达州待过呀。”她又兴奋地笑着重复了一句：“听了您这话真高兴。”我心想，她原以为我受到那些恶意中伤后仍耿耿于怀，要对美国大发牢骚。然而实际并非如此，再说，即便如此，我也不会向史塔生夫人这样一位和蔼可亲的女士发泄满腹怨气。

我看赫鲁晓夫还有好一会儿工夫要和其他几个人谈话，就和乌娜站了起来。赫鲁晓夫看见屋里一阵骚动，就离开了史塔生，走过来送我们。我们握手时，我一眼瞥见了史塔生；他背靠着墙，漫不经心地向前瞅着。我向所有的人告了别，单单没去招呼史塔生——在当时的情况下，我觉得，那样的做法还是得体的——然而，从那一瞥中，我觉得史塔生这个人是可爱的。

第二天晚上，我和乌娜两人在沙威酒店烤肉餐厅里吃晚餐。饭后我们正在吃点心，温斯顿·丘吉尔爵士和他夫人走进来，在我们桌前站住了。1931 年以后，我就一直没见到过温斯顿爵士，也不曾收到过他的信。但是，《舞台春秋》在伦敦放映后，联美电影公司问我，是否可以将这部影片送到温斯顿爵士的宅邸放映。我当然非常乐意。过了几天，他寄来了一封信，向我再三致谢，说他很喜欢这部电影。

这时温斯顿爵士面对着我们站在桌前。“好呀！”他说。

“好呀！”中似乎含有一种不满意的口气。

我赶快站起来，满面堆笑，给他介绍了乌娜，她正准备回房间去。

乌娜走后，我问是否可以陪温斯顿爵士和夫人一起喝咖啡，接着就坐到他们桌边。丘吉尔夫人说，她在报上看到我会见赫鲁晓夫的新闻。

“我一向和赫鲁晓夫相处得挺好。”温斯顿爵士说。

但是，我始终觉得温斯顿爵士有什么事不高兴。这也难怪，自从1931年以来，发生了许多事情。虽然他个人以百折不挠的勇气和鼓舞人心的辞令拯救了英国；然而我认为，他那篇提到“铁幕”的富尔顿演说并没有取得什么成就，只不过加剧了冷战而已。

后来，话题转到了我的《舞台春秋》上。温斯顿爵士终于道出了这么几句：“两年前，我写过一封信给你，祝贺你的影片成功。你收到了吗？”

“哦，收到了。”我热情激动地说。

“那么，你为什么不回我的信？”

“我没想到需要回信。”我表示歉意。

但他可不是能哄得过去的。“哼，”他悻悻地说，“我还以为那是你对我表示见怪呢。”

“哦，绝对不是。”我回答。

“不过，”他接下去说，这样一来就把我的话岔开了，“我是一向爱看你的影片的。”

这样一位伟大的人物，竟然会留心这样一件小事，还记得两年前一封不曾见复的信，这一点使我很感动。但是，在政治上，我始终和他看法不同。丘吉尔说：“我到这儿来，并不是为了主持英帝国的解体。”[①]这种说法可能是妙于辞令的，然而面对当今的世事，这种说法是不现实的。

他所说的“解体”，并不能归咎于政治活动、革命军队、暴力煽动，或肥皂箱上的演说[②]。真正的阴谋者倒是那些肥皂包装纸：国际间的广告宣传，包括广播、电视和电影，还有汽车、拖拉机、科学发明、交通和

---

① 1942年2月，美国《生活》杂志发表评论，建议英国和它的殖民地分开，同年11月丘吉尔发表讲话，说他“任英王的首相，并不是为了使英帝国瓦解”。

② 街头演说者会将肥皂箱用作临时演说台。

速度的加快等等。帝国的瓦解，实际上都是由这些革命势力促成的。

刚回到瑞士，我就收到尼赫鲁的一封信，内附蒙巴顿勋爵夫人的介绍信。勋爵夫人认为尼赫鲁和我有许多地方意气相投。她说尼赫鲁将路过科西尔，也许我们有机会见一次面。尼赫鲁去洛桑参加大使年会时寄来了这封信，说希望我去他那儿过夜，第二天再搭他的车回德班庄园。于是我就到洛桑去了。

出乎我意料的是，尼赫鲁和我长得一般矮小。他的女儿甘地夫人也在那里——一个对人亲切、态度安详的女性。尼赫鲁给我的印象是：他遇事十分警惕，思虑辨析入微，既是富于感情的，又是严肃和敏锐的。起先他显得很腼腆，但后来就放松了，他应我的邀请去我家吃午餐，于是我们一同离开洛桑，驱车去德班庄园，而他的女儿则取道日内瓦，乘了另一辆车尾随在后面。一路上我们谈得很高兴。他盛赞蒙巴顿勋爵，说他任印度总督时，为结束英国在印度的利益做出了极大的努力。

我问他印度在意识形态方面将朝哪个方向发展。他说："不论是哪个方向，总是为了改善印度人民的生活。"接着他又说，他们已经开始执行一项五年计划。途中，他一直高谈阔论，而他的司机则以每小时七十英里或更快的速度沿着陡狭的公路飞驶，时不时来一个急拐弯。尼赫鲁只顾说明印度的政策，可是老实说，他的话我有一半没有听进，因为我只想要去干涉那个司机。汽车不时在尖厉的声音中突然刹住，我们向前撞了出去，可是尼赫鲁仍旧显得若无其事。谢天谢地，后来总算让我定了一会儿神，汽车暂时在十字路口停下了，尼赫鲁的女儿要和他分路走了。在这个时刻，他才显出是一个体贴入微的慈父，他拥抱着女儿，亲切地对她说："你要自个儿当心呀。"听来这更像是他女儿应向父亲说的话。

正值朝鲜危机，全世界都十分焦灼地关注极端紧张的局势，中国大使馆打来电话，问我是否可以在日内瓦为周恩来放映《城市之光》，周恩来当时是决定和战的关键人物。

第二天，总理邀我们去日内瓦和他共进晚餐。我们临去日内瓦之前，总理的秘书来电话，说总理阁下可能被一些事情耽搁，因为会议上突然出现了重大事件（这是一条很不完整的报告），届时我们不必等候他，稍迟他会出席的。

没想到，我们到达那里时，周恩来已经在他住处的台阶上等候我们了。和世界上其他各地的人一样，我也急于知道会议上发生的事，于是向他请教。他亲切地拍了拍我的肩膀。“一切都和平地解决了，”他说，“是五分钟前解决的。”

我以前听过许多有趣的故事，讲到20世纪30年代共产党人如何被迫转移，深入中国内地，已经分散的少数军队，如何在毛泽东的领导下又被组织起来，然后沿途重振军威，转向北京。那次的进军为共产党赢得了六亿中国人民的拥护。

那天晚上，周恩来向我讲了一个毛泽东胜利进入北京的动人故事。一百万中国人去欢迎他。在巨大的广场尽头，搭了一个高十五英尺的高台，他从台后登上阶梯，一露出头来，一百万人就掀起了怒涛般的欢呼，随着他高大的身躯全部映入眼帘，欢呼声越来越高。当领袖毛泽东看见这样一大群人时，他站定了一会儿，接着突然热泪盈眶。

周恩来曾经和毛泽东一同参加那次横贯中国的著名长征，备尝艰辛和痛苦，但是我望着那张神采奕奕的英俊的脸，不禁感到惊奇，他看来是那么沉着和年轻。

我告诉他，我上次去上海是在1936年。

“是吗，”他若有所思地说，“那是在我们长征之前呀。”

“看来，您现在再用不着走那么远的路了。”我开玩笑说。

那次宴会上，我们喝了中国香槟（味道挺不错），并像苏联人那样一再祝酒。我祝中国国运昌明，说我虽然不是共产党员，但衷心地抱着和他们同样的希望，愿中国人民，愿全世界人民过更美好的生活。

我们在沃韦交了一些新朋友，这些朋友当中有埃米尔·罗西尔先生和米歇尔·罗西尔先生，还有他们的家属，他们都是热爱音乐的。经埃米尔介绍，我认识了钢琴演奏家克拉拉·哈丝姬尔。克拉拉住在沃韦，我们每次去镇上，她就同罗西尔两家人来和我们一起进餐，餐后为我们演奏。她虽然已经年过六旬，但在欧美各地备受听众欢迎，她的事业正在鼎盛时期。可是，1960 年去比利时时，她从火车车厢踏板上跌下来受了伤，送进医院后不治而亡。

我常常听她逝世前灌的最后几张唱片。第六次修改这部书稿之前，我曾经听克拉拉演奏、马尔克凯维指挥的贝多芬第三钢琴协奏曲，觉得那是最能表达原作神韵的伟大艺术作品，它激励我写完了这部书。

如果不是由于家庭羁绊，我们在瑞士的社交生活可能会很活跃，因为跟我们最亲密的西班牙王后和谢弗罗·丹特雷居伯爵夫妇，都住得离我们比较近，许多电影明星和作家也离我们的住处不远。我们常常会见到乔治·桑德斯和贝尼塔·桑德斯，诺埃尔·科沃德也是我们的近邻。每到春天，许多英国和美国的朋友都来看我们。杜鲁门·卡波特有时在瑞士工作时，也常常来访。到了复活节，我们总是带孩子去爱尔兰南部。这是全家人每年盼望的一次旅行。

夏天，我们常常穿着短裤在阳台上吃晚餐，遥望苍茫的暮色，在外面一直要待到 10 点。我们常常会临时决定去伦敦或巴黎，有时也去威尼斯或罗马：去这些地方都很方便，只需要几个小时。

去巴黎时，我们常常受到好友保罗-路易·韦耶的款待。逢到 8 月，他总要邀我们一家去地中海岸他称为“青年女王”的那所华丽别墅里住上一个月，于是孩子们都尽兴地游泳或滑水。

有些朋友问我：想念美国吗？想念纽约吗？老实说，我不想念。美国改变了，纽约也改变了。规模庞大的工业组织机构，以及报刊、电视和商业广告，已经完全使我和美国的生活方式格格不入了。我需要的是另一种绝对不同的生活方式，一种更简单、个人的生活方式，而不是繁华热闹的大道、高耸入云的大厦，因为，一看见这些，我就会想起庞大的商业及其沉闷的成就。

又过了一年多，我才结清了在美国的全部资产。美国政府要就《舞台春秋》一片在欧洲赚的钱向我征税，一直计算到1955年为止，说我仍旧是美国居民，虽然我从1952年起即被拒绝重返美国。自从我的美国律师说，我再没有机会回到美国为自己进行辩护，我已经失去法定地址了。

我已解散了我在美国所有的合伙企业，结清了我在美国所有的资产，我尽可以对他们的要求置之不理。然而，由于不愿为了这件事去依托另一个国家的庇护，我还是结清了这笔账，数目要比他们原先向我索取的少了许多，但仍比我实际应付的多出不少。

和美国斩断一切关系，是一件令人难受的事。贝弗利山住宅里的女仆海伦听说我们不再回去时，寄来了以下这封信：

亲爱的卓别林先生和夫人：

我已经给你们写过好多封信，可就是没把它们寄出去。自从你们走了以后，看来一切都出了毛病——除了为自己的亲人以外，我从来没有为谁这样伤心难受过。可是，所有的事情都是那样不公正，做得那样过火，真叫我受不了呀。再说，后来我们听到了最担心害怕的消息——说什么，要把几乎所有的东西都收拾了——这简直是意想不到的事情嘛——简直是不可能的事情嘛——我们收拾的那些东西，差点都被眼泪给冲走了，我伤心得一直到这会儿还在脑袋疼——我真不知道你们这些人是怎样受得了的。求你，求求你，卓别林夫人，只要有一丝办法可想，你千万别让卓别林先生卖了这幢房子呀。所有的房间，虽然里面几乎只剩下地毯和窗帘，但是都有它们可爱的地方呀——我这个人可真想不开，我永远也不甘心让别人来住这幢房子。要是我自个儿有这笔钱，那该有多么好，可这是在转傻念头，这是在胡思乱想啊。尽可能节省别的开支吧。可是，求你，求求你留下这幢房子吧。我知道这些话没我说的份儿，可我仍旧忍不住要说——同时，我永远希望，将来有一天你们会回来，卓别林夫人，我就写到这里啦——我有三封信要寄给你，我可得找大点的信封。向府上所有人问好，原谅我用铅笔，连我的那支墨水笔也出毛病啦。

海伦谨启

我们还收到男仆亨利的一封信，他是这样写的：

亲爱的卓别林先生和夫人：

我有好多时候没写信给你们了，因为我的瑞士英文很难准确表达我的思想。几个星期前，我有一件很快乐的事情，我有机会看到了《舞台春秋》。那是一次内部放映。是朗塞尔小姐请我去看的。看的人一共有二十来个。我认得的只有雪尼·卓别林先生和夫人、朗塞尔小姐，还有罗利。我坐在后面老远的地方，为的是要独个儿静静地想一想。这影片可真美呀。大概，我笑得最大声，可眼泪也流得最多。我从来没看过这么精彩的电影。它从来没在洛杉矶放映过。电台里倒广播过好几张唱片，都是《舞台春秋》里的音乐。多么美的音乐啊。我听的时候，被它深深地感动了。他们没提到那是卓别林先生作的曲。孩子们喜欢瑞士，我听了很高兴。当然，成年人需要更多的时间，才能习惯外国的生活。我就是要说瑞士是一个美丽的国家。那儿有世界上最好的学校。而且，它是世界上最古老的共和国，1191 年起就成立了。那儿的 8 月 1 日是这儿的 7 月 4 日，是独立纪念日。那天不放假，但是可以看到所有的山顶上升起了焰火。总而言之，那是少数保守的、繁荣的国家之一。我是 1918 年离开那儿去南美洲的。后来我回去过两次。我还在瑞士部队里服过两期兵役。我出生在瑞士东部的圣加仑。我有一个兄弟在伯尔尼，还有一个兄弟在圣加仑。

向府上各位致以最良好的祝愿。

亨利谨上

此前我所有在加州的工作人员都照常领薪水，但是现在我已在瑞士定居下来，再也无力支付这笔钱了。我结算了解雇费，让他们每人领了一笔补助，总数是 8 万美元。埃德娜·普文斯除了领到补助外，仍旧作为我的雇员领薪，直至逝世为止。

为《凡尔杜先生》一片选择演员时，我想到要让埃德娜扮演重要角色葛罗斯奈夫人。她一向不来电影制片厂，每周的薪水都是由办事处汇给她的，所以我和她已有二十年没见面。事后她对人说，接到制片厂的通知时，她不但是兴奋，简直是震惊了。

埃德娜一到，摄影师罗利就跑到我的化装室来。他也二十年不曾见到她了。“她来啦。”他说时一双眼睛炯炯闪亮，“当然，她已经不是从前的样子了——可是，她看起来很棒！”他还告诉我说，这时她正在化装室外面的草坪上等着呢。

我不喜欢久别重逢后的激动场景，所以装出了一副无所谓的神情，好像前几个星期还见到过她似的。“好呀！好呀！我们到底把你找来了。”我高兴地说。

日光下，我注意到她笑时嘴唇在哆嗦；于是我赶紧说明为什么要找她来，并且兴冲冲地把电影故事说给她听。“故事好像非常精彩呢。”她说——埃德娜永远兴头十足。

她的台词读得还不错，但是有她在身边，我就会生出一种忧郁的怀旧感，因为她会使我想起早年那些顺利的日子——那些日子里的一切都给人带来了希望！

埃德娜很卖力，但是结果仍旧没用，因为扮演这个角色需要有欧洲人那种矫揉造作的姿态，这却是埃德娜所不具备的。和她一起工作了三四天，我不得不承认，她不适于扮演这个角色。埃德娜并没表示失望，反而如释重负。此后我很久没听到她的消息，直到我移居瑞士，才接到她收到解雇费后写来的信：

亲爱的查理：

这是我第一次写信给你，感谢你多年来一直厚待我，给我种种照顾。我们早年里好像不曾有过这么多的麻烦，你现在可惹上了。但你有可爱的妻子和儿女，我相信你的生活是十分美好的……

（以下她描写了她的病痛，埋怨医生和护士的费用太高，但最后，仍像往常一样，她又讲了一则笑话：）

现在讲一个我听到的故事吧。一个人被关在一艘飞船里，发射到高空中，测验他能够飞多高——所以，事先关照他，要记录高度。于是他就这样继续数了下去：25000——30000——100000——500000……数到这里，他自言自语地说：“耶稣基督呀！”这时就听见有人以极低的声音应道：“你有什么话呀——”

千万请你，请你早日来信，查理。你还是回来吧，你是属于这儿的呀。祝好！

真心诚意最最崇拜你的

埃德娜

多年来，我始终没有给埃德娜写过信；每次都由电影制片厂向她转达我的意思。她的最后一封信，是她获悉可以继续支薪后写给我的：

亲爱的查理：

现在我又满怀感谢的心情，回到了医院（黎巴嫩的雪松林），给我的颈部进行钴射线治疗。再没有比这手术更痛苦的了！一动就痛。但是，我患的这种毛病，这算是最好的疗法了。希望这个周末能够回家，此后就可以单看门诊了（那可太好了）。幸亏我的内脏都正常，医生说，这只是局部的毛病——我想起了那个站在第七大道和百老汇大街路口的人，他把纸撕成小碎片，向四面抛撒。一个警察走过去，问他这是干吗。他回答说："这是要大象躲开点呀。"警察说："这一带一头大象也没有。"那个人说："真的呀，可见这方法是有效的了，对吗？"我就是爱说笑话，请你原谅。

祝你和府上好，祝你们事事称心如意。永远问好。

埃德娜

1956 年 11 月 13 日

我收到此信后不久，她就去世了。所以，这个世界变得更年轻了。青年接管了这个世界。而我们这些活得比较久的人，随着生活历程的前进，变得稍显生疏了。

现在我即将结束我历尽险阻的人生旅程。我明白，我是时运的宠儿。我受到世人的关注，赢得了他们的爱，也遭到了他们的恨。这世界赐予了我一世恩典，只给了我极少的波折。不论经历了什么拂意的人事变迁，我都相信好运与逆境都好像浮云那样偶然在我上空飘过。一经领悟了这一点，我对自己遭遇的那些坏事就不致过分震惊，而对那些好事就会意外地愉快。我对生活没有计划，对人生不懂哲理，只知道智者也好，愚人也好，我们都必须为生活而奋斗。我的思想是摇摆不定的，是前后矛盾的；有时我会为了一些小事感到烦恼，但有时又会对一些灾难无动于衷。

但是，我现在的生活比以往更令人激动了。我身体很康健，仍旧有创作能力，并且有计划再拍几部电影——也许不是自己去演，而是编写剧本，指导我的孩子们去演——有几个很有表演才能。我依旧雄心勃勃，永远也不服老。我有许多事情要做：除了几个尚未完篇的电影剧本需要完成，我还要写一个剧本，编一出歌剧——如果岁月许可的话。

叔本华说，快乐是一种消极的状态，但我不同意这种说法。最近二十年来，我明白了快乐的意义。我很幸运，娶了一个出色的妻子。我希望能在这方面再多写一些，然而，这就要谈到爱情，完美的爱情是最美丽的，但也是令人无可奈何的，因为它是人们无法表达的。我和乌娜生活在一起时，她性格中的深沉与恬静，对我永远是一种启示。她沿着沃韦狭窄的道路，在我前面婉约而端庄地走着时，我看见那挺直了的匀称娇小的身体、拢向后面的黑发中露出的几根银丝，就会突然对她的一切产生爱慕，觉得自己的嗓子被一块什么东西堵住了。

怀着这种快乐，我有时候坐在外面的阳台上，夕阳西沉，我的视线越过了大片青绿的草坪，眺望远处的湖水，而湖水之外则是熟悉的群山。怀着这种心情，我一无其他杂念，只知道欣赏那庄严的、宁静的美。

查理·卓别林主要电影作品

基斯顿电影公司

1914 年

《谋生之路》 (*Making a Living*)
《威尼斯儿童赛车》 (*Kid Auto Races at Venice*)
《梅布尔的困境》 (*Mabel's Strange Predicament*)
《阵雨之间》 (*Between Showers*)
《拍电影》 (*A Film Johnnie*)
《探戈纷乱》 (*Tango Tangles*)
《他的消遣》 (*His Favorite Pastime*)
《残酷的爱情》 (*Cruel, Cruel Love*)
《女房东的宠物》 (*The Star Boarder*)
《完美结局》 (*Mabel at the Wheel*)
《二十分钟的爱情》 (*Twenty Minutes of Love*)
《侍者》 (*Caught in a Cabaret*)
《遇雨》 (*Caught in the Rain*)
《忙碌的一天》 (*A Busy Day*)
《致命的球棍》 (*The Fatal Mallet*)
《她的强盗朋友》 (*Her Friend the Bandit*)
《击倒》 (*The Knockout*)
《梅布尔的忙碌一天》 (*Mabel's Busy Day*)
《梅布尔的婚后生活》 (*Mabel's Married Life*)
《奇怪的气体》 (*Laughing Gas*)
《道具员》 (*The Property Man*)
《受辱记》 (*The Face on the Bar Room Floor*)
《娱乐》 (*Recreation*)
《冒充者》 (*The Masquerader*)
《一无是处》 (*His New Profession*)
《酒鬼》 (*The Rounders*)

《新看门人》（*The New Janitor*）
《竞争对手》（*Those Love Pangs*）
《面团与炸药》（*Dough and Dynamite*）
《勇敢的绅士》（*Gentlemen of Nerve*）
《音乐流浪汉》（*His Musical Career*）
《查理的约会》（*His Trysting Place*）
《破灭的美梦》（*Tillie's Punctured Romance*）
《公平交易》（*Getting Acquainted*）
《查理的过去》（*His Prehistoric Past*）

埃山奈电影公司

1915 年 《他的新工作》（*His New Job*）
《漫漫长夜》（*A Night Out*）
《冠军》（*The Champion*）
《在公园》（*In the Park*）
《驾车私奔记》（*A Jitney Elopement*）
《流浪汉》（*The Tramp*）
《在海边》（*By the Sea*）
《工作》（*Work*）
《一位女士》（*A Woman*）
《银行》（*The Bank*）
《诱拐》（*Shanghaied*）
《演出之夜》（*A Night in the Show*）
1916 年 《卡门》（*Carmen*）
《警察》（*Police*）
1918 年 《三个人的麻烦》（*Triple Trouble*）

互助电影公司

1916 年 《百货店巡视员》（*The Floorwalker*）
《救火员》（*The Fireman*）
《流浪乐手》（*The Vagabond*）

	《凌晨一点》（*One a.m.*）
	《伯爵》（*The Count*）
	《当铺》（*The Pawnshop*）
	《银幕背后》（*Behind the Screen*）
	《溜冰场》（*The Rink*）
1917 年	《安乐街》（*Easy Street*）
	《疗养》（*The Cure*）
	《移民》（*The Immigrant*）
	《冒险者》（*The Adventurer*）

第一国家电影公司

1918 年	《狗的生活》（*A Dog's Life*）
	《债券》（*The Bond*）
	《从军记》（*Shoulder Arms*）
1919 年	《田园牧歌》（*Sunnyside*）
	《快乐的一天》（*A Day's Pleasure*）
1920 年	《寻子遇仙记》（*The Kid*）
	《有闲阶级》（*The Idle Class*）
1922 年	《发薪日》（*Pay Day*）
1923 年	《朝圣者》（*The Pilgrim*）

联美电影公司

1923 年	《巴黎一妇人》（*A Woman of Paris*）
1925 年	《淘金记》（*The Gold Rush*）
1928 年	《马戏团》（*The Circus*）
1931 年	《城市之光》（*City Lights*）
1936 年	《摩登时代》（*Modern Times*）
1940 年	《大独裁者》（*The Great Dictator*）
1947 年	《凡尔杜先生》（*Monsieur Verdoux*）
1953 年	《舞台春秋》（*Limelight*）
1957 年	《纽约之王》（*A King in New York*）

致　谢

衷心感谢阿尔弗雷德·A. 克诺普夫出版公司允许使用休·拜尔斯所著的《暗杀政府》中的一段文字，感谢作者和威廉·海恩曼出版公司允许使用 W. 萨默塞特·毛姆所著的《作家笔记》中的一段文字和《约翰·梅斯菲尔德诗集》中的诗句，感谢利夫莱特出版公司允许使用《哈特·克莱恩诗集》中的《白房子》一诗。

感谢卓别林协会对于本版文稿的协助。